유니티 게임 이펙트
마스터 가이드
셰이더 그래프, 슈리켄, 후디니,
서브스턴스 디자이너로 만드는 고품질 게임 이펙트

유니티 게임 이펙트

마스터 가이드

**셰이더 그래프, 슈리켄, 후디니,
서브스턴스 디자이너로 만드는 고품질 게임 이펙트**

지은이 **아키야마 타카히로**

옮긴이 **윤윤**

펴낸이 **박찬규** 엮은이 **윤가희, 김윤래** 디자인 **북누리** 표지 디자인 **Arowa & Arowana**

펴낸곳 **위키북스** 전화 **031-955-3658, 3659** 팩스 **031-955-3660**

주소 **경기도 파주시 문발로 115 세종출판벤처타운 311호**

가격 **42,000** 페이지 **632** 책규격 **188 x 240mm**

초판 발행 **2020년 10월 28일**

ISBN **979-11-5839-222-2 (93000)**

등록번호 **제406-2006-000036호** 등록일자 **2006년 05월 19일**

홈페이지 **wikibook.co.kr** 전자우편 **wikibook@wikibook.co.kr**

Unity GAME EFFECT MASTER GUIDE by Takahiro Akiyama

Copyright © 2019 Takahiro Akiyama

All rights reserved.

Original Japanese edition published by Gijutsu-Hyoron Co., Ltd., Tokyo

This Korean language edition published by arrangement with Gijutsu-Hyoron Co., Ltd., Tokyo

in care of Tuttle-Mori Agency, Inc., Tokyo through Botong Agency, Seoul.

이 책의 한국어판 저작권은 Botong Agency를 통한 저작권자와의 독점 계약으로 위키아카데미가 소유합니다.

신저작권법에 의해 한국 내에서 보호를 받는 저작물이므로 무단 전재와 복제를 금합니다.

이 책의 내용에 대한 추가 지원과 문의는 위키북스 출판사 홈페이지 wikibook.co.kr이나

이메일 wikibook@wikibook.co.kr을 이용해 주세요.

이 도서의 국립중앙도서관 출판시도서목록 CIP는

서지정보유통지원시스템 홈페이지(http://seoji.nl.go.kr)와

국가자료공동목록시스템(http://www.nl.go.kr/kolisnet)에서 이용하실 수 있습니다.

CIP 제어번호 CIP2020042624

유니티 게임 이펙트
─── 마스터 가이드 ───

셰이더 그래프, 슈리켄, 후디니, 서브스턴스 디자이너로 만드는 고품질 게임 이펙트

아키야마 타카히로 지음 / 윤윤 옮김

위키북스

구입과 이용 전에 반드시 읽어주세요.

- 이 책에 기재된 내용은 정보 제공만을 목적으로 합니다. 따라서 이 책의 활용은 반드시 자신의 책임과 판단에 따라 사용해 주세요. 이 책의 정보에 따라 운용한 결과에 대해 저자와 출판사는 어떠한 책임도 지지 않습니다.

- 이 책에 게재된 내용은 2020년 9월 현재의 내용입니다. 이 책을 구매한 시기에 따라 변경된 내용이 있을 수 있습니다. 또한 소프트웨어 버전이 변경된 경우도 있을 수 있으므로 이 책의 내용과 기능 설명, 그림 등이 다를 수 있습니다. 책을 구입하기 전에 반드시 확인 바랍니다.

- 이 책에서 설명하는 예제는 출판사 사이트에서 내려받아 이용할 수 있습니다. 또, 샘플 데이터의 저작권은 모두 저자에게 귀속됩니다. 이 책을 구입한 독자에 한해 자습 목적으로만 자유롭게 이용할 수 있습니다.

- 이 책에서 동작하는 프로그램은 아래의 작업 환경에서 동작 검증을 진행하였습니다.

이와 다른 환경에서 사용할 경우 조작 방법, 화면 그림, 프로그램의 동작 등이 이 책의 내용과 다를 수 있으므로 양지하기 바랍니다.

유니티 (Unity)	2020.1.1f1
후디니 (Houdini)	16.5.571
에프터 이펙트 (After Effects)	CC 17.1.3
서브스턴스 디자이너 (Substance Designer)	2020.1

이 책에 대한 추가 정보 및 샘플 예제는 아래 사이트에서 공개하고 있습니다.

- **홈페이지**: https://wikibook.co.kr/ugemg/

- **예제코드**: https://github.com/wikibook/ugemg

현재 유니티에 관한 책이 많이 출판되고 있지만, 게임 이펙트에 대해 전문적으로 쓴 책은 제가 아는 한 손에 꼽힐 정도밖에 없습니다.

업계에서는 게임 이펙트 디자이너의 수요가 높음에도 불구하고 게임 이펙트를 배우기 위한 자원은 매우 제한되어 있습니다.

이러한 상황을 조금이라도 개선하고 게임 이펙트 디자이너가 되고자 하는 분들이 더 늘어났으면 하는 마음으로 이 책을 집필하였습니다.

이 책에서는 유니티의 버전이 계속 올라감에 따라 기능이 새롭게 바뀌고 있는 표준 파티클 에디터인 '슈리켄'과 노드 기반으로 셰이더 구축이 가능한 '셰이더 그래프'를 사용하여 고품질의 이펙트를 제작하는 방법에 대해 설명하고 있습니다. 또, 후디니를 이용한 이펙트용 모델의 제작에 대해서도 알아봅니다.

이펙트를 처음 배우는 초보자에게 이 책의 내용은 조금 어려울지도 모릅니다. 하지만 이 책에서 설명하는 노드 기반의 셰이더 구축 개념은 유니티뿐 아니라 언리얼 엔진(Unreal Engine)에서도 활용할 수 있습니다.

독자 여러분이 게임 엔진의 울타리를 넘어 여러 분야에서 활약하는 게임 이펙트 디자이너의 출발점으로 생각하고 이 책을 학습해 주면 좋겠습니다.

마지막으로 이 책의 집필에 도움을 주신 @moko님, 유니티·테크놀로지·재팬 합동회사의 이케와다님, 집필의 기회를 주신 기술평론사 도이님께 감사합니다.

합동회사 Flypot 대표

아키야마 다카히로

CHAPTER

04

기본적인 이펙트
제작

CHAPTER

05

방벽 이펙트 제작

CHAPTER

06

어둠의 기둥
이펙트 제작

이펙트의 개요

1-1 이펙트와 파티클

이번 절에서는 게임 이펙트의 정의와 기초 지식, 알아둬야 할 기술과 슈리켄(Shuriken)의 개요를 설명합니다.

1-1-1 게임 이펙트 정의

여러분은 평소에 게임을 하면서 게임 이펙트를 주의 깊게 관찰한 적이 있나요?

이펙트라 하면 화려한 필살기 등을 상상하는 독자도 있을 거라 생각합니다만 게임 안에서 등장하는 이펙트에는 필살기 외에도 다양한 종류가 있습니다. 마법과 마법진, 캐릭터가 검을 휘두를 때 나오는 참격, 필드에 자욱한 연기나 횃불을 밝히는 불꽃 등 이펙트의 종류는 그야말로 다양합니다.

아래 그림은 필자가 이전 유니티 에셋스토어에 출시했던 이펙트셋의 일부입니다(현재는 판매하고 있지 않습니다).

▶ 다양한 이펙트의 종류

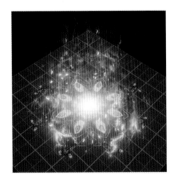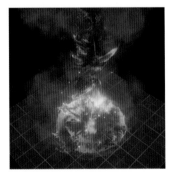

게임 내에서 이펙트를 사용할 기회가 상당히 많음에도 불구하고 의외로 현재 게임 이펙트를 전문적으로 만드는 이펙트 디자이너는 많지 않습니다. 이 책에서는 스마트폰 게임 제작에서 점유율이 높은 게임엔진인 유니티를 사용하며, 유니티에서 제공하는 파티클 시스템인 슈리켄(huriken)을 이용한 이펙트 제작에 대해 설명합니다.

1-1-2 **이 책의 구성**

이 책에서는 셰이더 그래프(Shader Graph)를 사용하여 셰이더를 작성하며, 슈리켄에서 이펙트를 제작하는 과정을 설명합니다. 또 후디니(Houdini) 등의 DCC(Digital Content Creation) 툴을 사용한 리소스 제작 방법에 대해서도 설명합니다.

슈리켄 설명에만 목표를 두지 않고, 이펙트에 필요한 셰이더 제작이나 리소스 제작 등도 차근차근 설명해 나가므로 이 책의 난이도는 조금 높다고 생각하면 됩니다.

▶ 유니티 외에 후디니, DCC 툴의 사용법도 설명

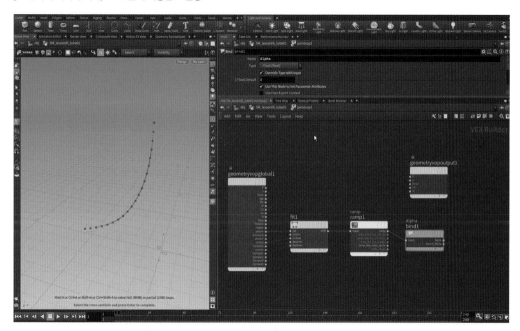

아래 표는 각 장에서 다루는 내용을 요약한 표입니다.

▶ 각 장에서 설명하는 내용

장 번호	내용
1장	이 책에서 사용하는 툴의 개요와 이펙트 제작의 워크플로, 유니티의 각 뷰에 대해 설명
2장	슈리켄의 모듈과 파라미터의 설정 방법, 이펙트 제작에 빠질 수 없는 UV 스크롤과 텍스처 애니메이션 구조에 대해 설명
3장	슈리켄의 각 모듈과 파라미터 설명

장 번호	내용
4장	이 장부터 실제 제작을 통해 슈리켄의 다양한 기능을 설명  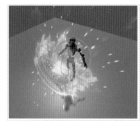
5장	이 장부터 외부 툴인 후디니와 유니티 셰이더 그래프를 사용해 이펙트 제작을 설명. 이 장에서는 에너지 볼을 제작 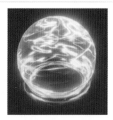
6장	어둠의 기둥 이펙트 제작 
7장	전기 충격 이펙트 제작  
8장	툰 계열의 참격(칼로 베는 듯한 공격) 이펙트 제작  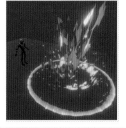

장 번호	내용		
9장	기본적인 텍스처 제작 방법에 대해 서브스턴스 디자이너(Substance Designer)와 에프터 이펙트(After Effects)를 예를 들어 소개		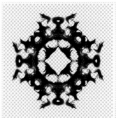

실제 제작을 통해서 얻을 수 있는 구체적인 지식에 대해서는 각 장의 첫 번째 절에서 설명하겠습니다.

또 슈리켄과 셰이더 그래프 외에 후디니 등 외부 툴까지 포함해서 설명함에 따라 설명할 내용이 많은 관계로 제작에 사용하는 텍스처에 관해서는 설명하지 않겠습니다. 참고로 이 책에서 설명하는 텍스처의 대부분은 필터 포지(Filter Forge)라는 소프트웨어를 사용해서 제작했습니다.

9장에서는 에프터 이펙트와 서브스턴스 디자이너에서의 기본적인 텍스처 제작 방법만을 설명합니다.

이 책의 내용은 이펙트를 처음 접하는 독자에게는 조금 어려운 내용일지 모르지만, 게임 이펙트의 리소스를 제작하는 부분까지 차근차근 설명하므로 실전에서 좀 더 도움이 되는 지식을 얻을 수 있으리라 생각합니다.

1-1-3 유니티의 표준 파티클 시스템, 슈리켄

유니티의 표준 파티클 시스템인 슈리켄은 Unity 5.2 버전까지는 기능이 부족하여 사용하기 어려운 부분이 있었지만 이후 업데이트에서 꾸준하게 새로운 기능이 추가되고 개선돼 왔습니다. Unity 5.2 버전과 비교하면 모듈의 수가 증가했으며 이전보다 기능이 많아졌습니다. 반가운 소식이기도 하지만 이를 배우려는 쪽에서 보면 모듈이나 파라미터가 많아서 어디서부터 손을 대야 좋을지 잘 모르겠다고 생각할 수도 있습니다.

1~4장에서 기본적인 부분을 설명하고 있으므로 학습의 발판으로 삼고 공부해 두면 좋겠습니다.

▶ 슈리켄을 구성하는 많은 모듈

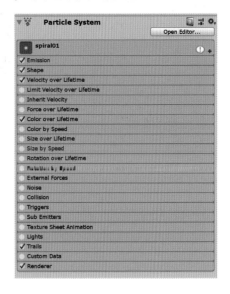

또 Unity 2018.3 버전부터 비주얼 이펙트 그래프(Visual Effect Graph)라는 새로운 파티클 에디터가 탑재되었습니다. 이 비주얼 이펙트 그래프는 고성능 고품질을 지향하는 경향이 있어 당분간 하이엔드 이펙트 제작은 비주얼 이펙트 그래프, 모바일용 이펙트 제작은 슈리켄이라는 형태로 공존해 나갈 거라고 생각됩니다.

1-1-4 앞으로의 게임 이펙트 디자이너

유니티의 슈리켄은 나날이 발전하고 있으며 자주 업데이트되고 있습니다. 또 Unity 2018부터 탑재된 셰이더 그래프를 사용하여 디자이너도 손쉽게 셰이더를 구축할 수 있게 되었습니다. 셰이더 작성을 포함하여 화면을 만드는 것이 이제는 게임 이펙트 디자이너의 기본 요건이 돼 가고 있다는 생각이 듭니다.

▶ 셰이더 그래프의 작업 화면

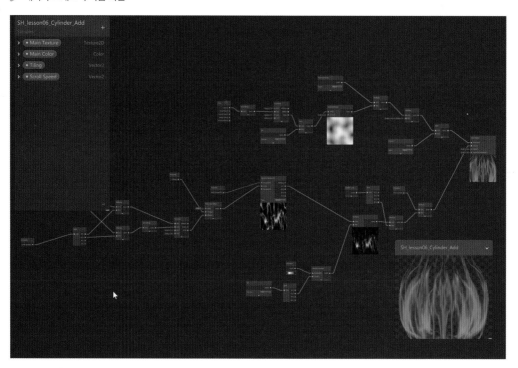

또 후디니와 서브스턴스 디자이너 등으로 대표되는 절차적인 리소스 제작 기법을 채용하는 사례도 증가해 왔습니다. 최근의 제작 방법에도 관심을 가진다는 의미에서 여러분이 후디니와 서브스턴스 디자이너에 흥미를 느낀다면 좋겠습니다.

이 책의 4장부터는 파티클에서 사용하는 메시 모델을 제작하는 데 후디니를 사용하고 있습니다. 또한 9장에서 기본적인 텍스처 제작 방법을 다루면서 서브스턴스 디자이너를 사용합니다.

▶ 후디니의 화면

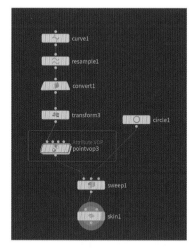 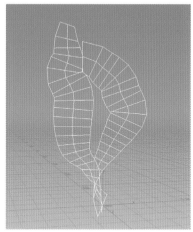

▶ 서브스턴스 디자이너의 화면

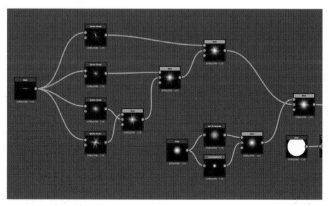 

이 책에서 사용하는 도구

이번 절에서는 유니티 외에 이 책에서 사용하는 외부 도구에 대하여 간단하게 설명합니다. 또한 외부 도구의 버전에 관해서도 설명합니다.

1-2-1 후디니

후디니는 SideFX 사가 판매하는, Autodesk 사의 Maya와 3dsMAX와 같은 DCC 툴입니다. 이 책에서는 이펙트에 사용하는 메시 오브젝트 등을 만들 때 후디니를 사용하여 제작합니다.

또 이 책에서는 설명하지 않지만 SideFX 사가 판매하는 후디니 엔진(Houdini Engine)을 함께 사용하면 후디니로 작성한 에셋을 유니티로 불러와 사용할 수도 있습니다.

▶ 후디니의 작업 화면

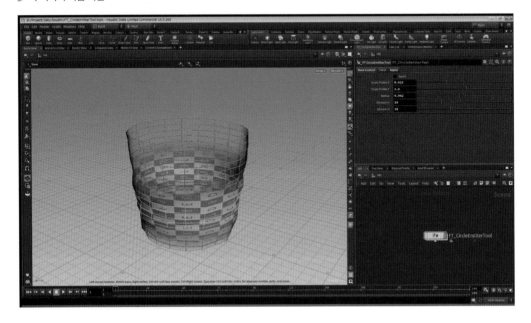

▶ 후디니로 작성한 에셋을 후디니 엔진을 통해 유니티에서 읽어 들인 모습

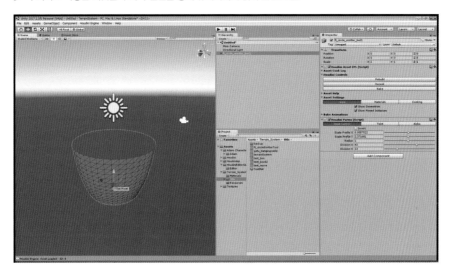

후디니는 여러 버전이 있는데 버전별로 상업적으로 이용 가능한지 여부와 가격[1]은 다음과 같습니다.

▶ 후디니의 버전

에디션	상업 이용	가격
Houdini FX	가능	$4,495
Houdini Core	가능	$1,995
Houdini Indie	제한적	2$269/year
Houdini Apprentice	불가능	무료

위 표는 간단하게 요약한 정보이므로 자세한 정보는 SideFX 사의 홈페이지를 참조하기 바랍니다.

그리고 Houdini Indie는 연 매출 제한이 있으며, 상업적 이용이 한정적인 에디션입니다. 또 Houdini Indie는 한국의 판매대리점에서는 취급하지 않으므로 SideFX 본사를 통해 구입해야 합니다.

만일 이 책에서 후디니를 공부하고자 한다면 학습용 Houdini Apprentice로 시작할 것을 권장합니다. 이 경우 후디니 사용이 제한적이어서 FBX를 내보낼(Export) 수 없기 때문에 직접 순서만 익혀 두고, FBX 데이터는 샘플 파일의 UnityPackage 안에 수록된 것을 사용하면 됩니다.

---

1 가격은 2020년 후디니 공식 홈페이지에 안내된 금액이며 변동될 수 있습니다. 가격과 관련된 자세한 내용은 후디니 공식 홈페이지를 참고하기 바랍니다.
   https://www.sidefx.com/buy/#houdini-artists

1-2-2 **에프터 이펙트 CC**

에프터 이펙트는 Adobe 사가 판매하는 영상 디지털 합성과 모션 그래픽 제작에 특화된 소프트웨어입
니다. 텍스처 제작에는 동일 회사의 포토샵을 많이 사용하리라 생각되지만 저자는 에프터 이펙트로 텍
스처를 제작하고 있습니다. 이 책에서는 간단하게나마 9장에서 에프터 이펙트를 설명하고 있습니다.

▶ 에프터 이펙트 화면

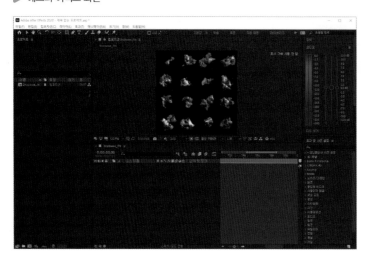

에프터 이펙트를 사용하려면 어도비(Adobe) 사에 가입하고 프로그램을 구매해야 하지만, 이 책에서
에프터 이펙트를 사용하는 부분은 9장뿐이므로 학습을 위해 프로그램을 구매할 필요는 없습니다. 이
미 에프터 이펙트를 가지고 있는 독자분들만 참고하기 바랍니다.

1-2-3 **서브스턴스 디자이너**

서브스턴스 디자이너는 어도비(Adobe) 사가 판매하는 노드를 바탕으로 텍스처를 제작할 수 있는 툴
입니다. 특별한 작업을 하지 않으면 심리스(seamless) 상태에서 텍스처를 제작할 수 있어 이펙트의
UV 스크롤 등에서 사용하는 텍스처를 만들 때 편리합니다.

작성한 sbs 파일을 퍼블리싱해서 sbsar 형식으로 익스포트하면 유니티에서 읽어 들일 수도 있습니
다. 게임 배경으로 많이 사용되지만 이펙트 제작에서도 유용합니다.

서브스턴스 디자이너는 공식 홈페이지에서 구입 가능하며 개인적으로는 월정액 구독 서비스를 추천
합니다(인디 라이선스로 월 20불 정도). 월정액 구독 서비스로 등록하면 서브스턴스 디자이너뿐 아니
라 서브스턴스 페인터(Substance Painter) 등 다른 제품도 이용할 수 있습니다. 또 1개월 무료 사용
도 가능하므로 제품을 사용해 보고 나서 구입을 결정해도 됩니다.

▶ 서브스턴스 디자이너의 화면

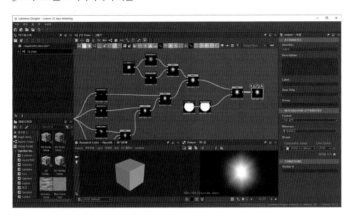

1-2-4 **필터 포지**

필터 포지(Filter Forge)는 필터 포지 사가 판매하는 이미지 제작과 가공 전문 툴입니다. 1만 종류가 넘는 필터가 있어 손쉽게 이펙트용 텍스처를 제작, 가공할 수 있습니다. 필터는 처음부터 들어 있는 형태가 아니라 필요한 것을 공식 페이지에서 내려받는 형식입니다.

필터 포지에는 독립적으로 사용 가능한(스탠드 얼론) 버전과 포토샵 플러그인 버전이 있습니다. 필자는 독립판을 사용하고 있습니다. 가격은 Professional 에디션이 $399(2020년 기준) 정도입니다만 할인하는 경우가 많아서 20~30% 할인된 가격 가격에 구입할 수 있습니다.

▶ 필터 포지의 화면

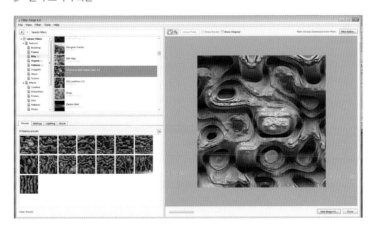

이 책에서 대부분의 텍스처는 필터 포지의 프리셋으로 제작되었으며 필터 포지의 작업 순서에 관해서는 설명하지 않습니다.

이펙트 제작의 워크플로

이번 절에서는 이펙트 제작의 흐름과 이펙트 제작에 필요한 소재와 기술에 관해 설명합니다.

1-3-1 이펙트 제작의 워크플로

아래 그림은 이펙트를 제작할 때의 일반적인 워크플로입니다.

▶ 이펙트 제작의 일반적인 흐름

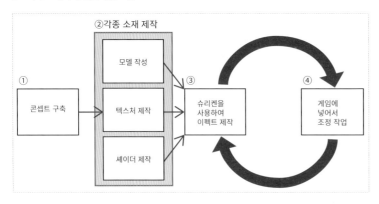

▶ 이펙트 제작의 워크플로

그림 안 번호	작업	내용
①	콘셉트 구축	콘셉트 제작과 자료수집을 통해 제작물의 이미지를 명확화
②	각종 소재 제작	이펙트를 구성하는 소재를 제작한다. 일반적으로 모델 제작에는 후디니, Maya, 3dsMax, 텍스처 제작에는 에프터 이펙트, 서브스턴스 디자이너, 셰이더 제작에는 셰이더 그래프, Amplify Shader Editor를 사용한다.
③	이펙트 제작	②에서 작성한 소재를 조합하여 슈리켄으로 이펙트 제작
④	조정 작업	완성된 이펙트를 게임 내에 배치하고 미세 조정

이펙트 제작의 흐름을 그림으로 살펴봤는데, 그림에 있는 화살표와 같이 ③과 ④는 원형의 공정으로 테스트 플레이를 통해 반복해서 조정하는 경우가 많습니다. 이 공정에서 ②번 작업에서도 수정 작업을 할 경우가 많아서 ②, ③, ④번 공정은 상당히 밀접한 관계라 할 수 있습니다.

1-3-2 이펙트 제작에 요구되는 기술

이펙트 제작에서는 모델, 텍스처, 셰이더 등 다양한 소재가 필요하며 이들을 사용해 제작하려면 광범위한 기술이 요구됩니다.

▶ 이펙트 제작에 필요한 기술

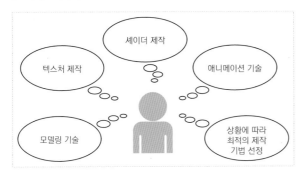

- **모델링 기술**

  U V 스크롤용 메시 모델과 파티클을 방출하는 이미터 메시(emitter mesh) 작성을 위한 모델링 기술이 필요합니다. 여기서 필요한 모델링 기술은 캐릭터 모델링과 배경 모델링에서 필요한 기술과는 조금 다릅니다. 대표적인 제작 예로 나선형 메시와 참격용 메시 등이 있습니다.

- **애니메이션 기술**

  매력적인 이펙트를 만들기 위해서는 애니메이션 기술이 빠질 수 없습니다. 방사형으로 넓게 충격파 하나를 보내거나 등속으로 움직이게 하거나 완급 조절이 필요한 움직임을 설정하는 등의 방식으로 상당히 인상적인 변화를 줄 수 있습니다. 또 이펙트를 구성하는 각 요소를 출현시키는 타이밍도 매우 중요합니다. 발생시킨 타이밍이 0.1초만 바뀌어도 이펙트의 느낌이 확연히 달라집니다. 애니메이션 기술만 잘 다뤄도 볼수록 기분 좋은 효과를 만들 수 있습니다.

- **텍스처 작성 기술**

  텍스처를 작성할 때 필터 포지 등의 툴을 사용해 밑바닥부터 만들지 않아도 파라미터 조정만으로 어느 정도 기대에 근접한 결과물을 얻을 수 있습니다. 하지만 그것만으로는 만족스러운 최종 결과물을 얻지 못하는 경우가 대부분입니다. 에프터 이펙트와 포토샵을 사용해서 새로운 텍스처를 제작하거나, 이미 만들어진 이미지를 가공 및 편집하는 기술이 필요합니다. 또 서브스턴스 디자이너 등의 툴을 사용해 재사용 가능한 텍스처를 작성하는 기술도 기본적으로 갖춰야 할 기술이 돼 가고 있습니다.

- **셰이더 작성 기술**

  앞서 얘기한 기본적인 3가지 기술을 갖고 있으면 최소한의 이펙트는 제작할 수 있습니다. 하지만 고품질의 표현, 디스토션(distortion, 왜곡), UV스크롤, 마스크 애니메이션 등은 셰이더로 구현해야 합니다. 이전에는 코드로 작성하거나 Shader Forge와 Amplify Shader Editor 같은 유료의 노드 기반 셰이더 작성 툴을 사용해서 셰이더를 작성했지만 Unity 2018부터는 표준으로 노드 기반 셰이더 구축 툴인 셰이더 그래프가 탑재되었으므로 이 책에서는 셰이더 그래프를 사용해서 셰이더를 구축합니다.

▶ Unity 2018부터 탑재된 셰이더 그래프

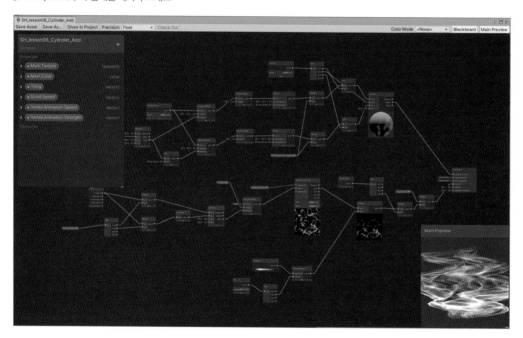

- **프로그래밍 기술**

  꼭 필요하진 않지만 많은 양의 이펙트를 작성할 때에 발생하는 반복 작업 등은 스크립트를 작성하여 자동화함으로써 창조적인 작업에 집중할 수 있습니다.

특히 유니티 에디터 확장에 대해 공부해 둘 필요가 있으므로 권장합니다. 저자는 이펙트 작업에서 흔히 있는 색상을 변경하는 작업(이펙트는 그대로이지만 속성마다 다른 색감을 입히는 작업)을 반자동화하는 도구와 규제를 검사하는 도구 등을 스크립트로 작성했습니다. 오른쪽 그림은 필자가 이전에 만든 툴로 당시에는 커스텀 모듈의 각 항목에 임의의 이름을 붙일 수 없어서(이 기능은 Unity 2017.2 이후 버전부터 가능), 에디터 확장에서 항목을 보기 쉽게 셰이더마다 대응하는 이미지로 표시했습니다.

▶ 필자가 이전에 자작한 툴

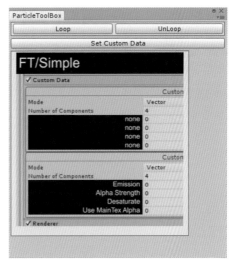

1-3-3 최적의 방법 선택

1-3-2에서 설명하는 기술에 추가해 게임의 사양과 레귤레이션(규약·룰)을 이해하고 그때그때 최적의 이펙트 제작 방법을 선정할 필요가 있습니다. 예를 들면 다음과 같습니다.

- 플레이 시에 발생하는 이펙트인가? 컷씬(Cut scene) 등 플레이하지 않을 때 발생하는 이펙트인가?
  일반적으로 컷씬에서는 다른 처리가 들어가지 않으므로 게임을 플레이할 때에 비해 풍부한(부하가 높은) 이펙트를 만들 수 있습니다.

- 카메라는 고정인가? 가변인가? 또 애니메이션이 붙는가?
  카메라가 고정이라면 빌보드에서 문제없는 이펙트라도, 카메라가 돌아갈 때에는 메시 파티클 등에서 작성해야 할 수도 있습니다.

- 화면에서 몇 개 정도의 이펙트가 발생하는가?
  일반적으로 MMO와 같은 장르 게임에서는 여러 개의 이펙트가 화면 내에 뒤섞여 표현되는 것을 전제로 퍼포먼스를 고려해서 제작할 필요가 있습니다. 반대로 턴 방식의 카드 게임이라면 이펙트 발생 타이밍과 표현되는 총량을 사전에 어느 정도 알 수 있으므로 좀 더 이펙트에 리소스를 할애하는 것이 가능할 수도 있습니다.

위에서 설명한 예들을 바탕으로 이펙트가 배치되는 환경을 계속 고려해서 제작해야 합니다. 이러한 전제 조건이 제시되지 않는 경우 사전에 질문을 해서 확실하게 해 두는 것도 기술의 하나라고 할 수 있습니다.

1-4 유니티 화면 구성

슈리켄의 설명에 들어가기에 앞서 유니티의 화면 구성을 살펴봅니다. 기본적인 부분도 많으므로 이미 알고 있는 독자는 건너뛰어도 무방합니다.

1-4-1 유니티 각 뷰의 역할

여기서는 유니티 각 뷰의 역할을 간단하게 설명합니다. 아래 그림은 유니티 메인 화면입니다.

▶ 유니티 메인 화면

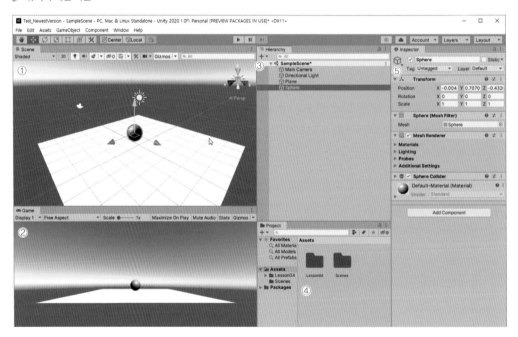

▶ 유니티 각 뷰

그림 안 번호	뷰 명칭	내용
①	씬 뷰(Scene View)	현재 열려 있는 씬이 표시된다
②	게임 뷰(Game View)	실제 게임에서 나타나는 모습을 볼 수 있는 뷰. 씬에 배치된 카메라에서 본 외형이 표시된다

③	하이러키 뷰(Hierarchy View)	현재 열려 있는 씬에 배치된 오브젝트의 목록이 표시된다
④	프로젝트 뷰(Project View)	프로젝트에 불러들인 오브젝트의 목록이 표시된다. 뷰 내에서 좌우로 분할돼 있으며, 왼쪽에는 프로젝트의 폴더가 트리 형태로 표시되고, 오른쪽에는 현재 선택한 폴더의 내용과 검색창의 검색 결과가 표시된다
⑤	인스펙터 뷰(Inspector View)	선택한 오브젝트의 정보가 표시된다. 오브젝트에 컴포넌트가 적용돼 있을 경우 해당 설정의 변경도 할 수 있다

1-4-2 씬 뷰의 각종 설정

1-4-1에서 각 뷰의 역할에 대해 간단하게 설명했는데 이펙트를 제작하거나 변경할 때, 씬 뷰에서 설정해야 하는 몇 가지 항목이 있어서 좀 더 자세히 살펴보겠습니다.

씬 뷰의 왼쪽 윗부분에 있는 목록에서는 뷰의 표시 방법(Draw Mode)을 변경할 수 있습니다. 기본적으로 Draw Mode는 Shaded로 설정돼 있지만, 이펙트를 제작할 때는 Overdraw 모드도 많이 사용합니다.

▶ Shaded Mode의 표시

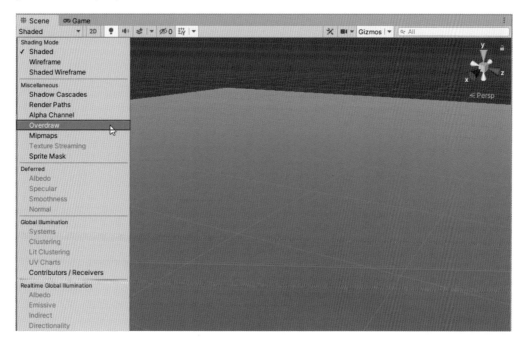

Draw Mode를 Overdraw로 변경하면 다음 화면처럼 화면이 주황색으로 표시됩니다. Overdraw 모드를 이용해서 이펙트 퍼포먼스(부하)를 확인할 수 있습니다.

▶ 디폴트 상태인 Shaded 모드(왼쪽)와 Overdraw 모드(오른쪽)

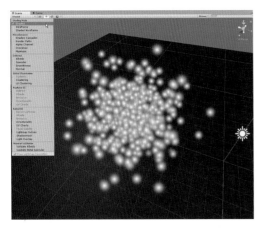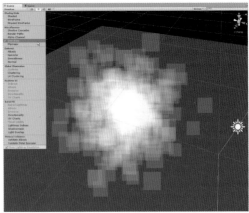

흰색에 가까울수록 입자끼리 겹치는 부분이 많은 부하가 높은 상태입니다. 그림과 같은 상태가 지속될 경우 파티클 수를 줄이거나 다른 표현 방법을 고려해서 뭔가 대책을 강구할 필요가 있습니다. 다만, 순간적이라면 허용되는 경우도 있습니다.

참고로 4장과 5장에서 설명하는 유니티 허브를 이용해 신규 프로젝트를 생성할 때, 템플릿에서 Universal Render Pipeline을 선택하면 다음 그림처럼 Overdraw와 Miscellaneous 항목이 표시되지 않습니다.

▶ Universal Render Pipeline에서는 Overdraw 항목이 표시되지 않음

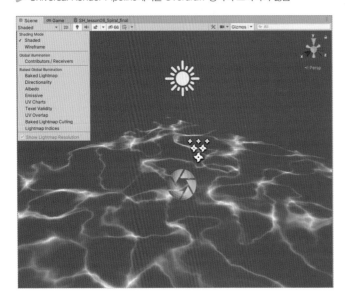

다음으로 씬 뷰의 위쪽에 있는 액자 모양의 아이콘(오른쪽 그림의 빨간색 부분)을 클릭하면 표시되는 메뉴 중에 Animated Materials라는 항목이 있는데 이 항목을 체크합니다. 이미 체크가 돼 있다면 그대로 둬도 됩니다. Animated Materials 항목에 체크하면 뒤에서 설명할 UV스크롤의 움직임을 씬 뷰에서 확인할 수 있습니다.

또 씬 뷰에서 오브젝트 등을 선택할 때 오브젝트의 아웃라인을 표시해 주는 Selection Outline이라는 기능이 있습니다.

이 기능은 씬에 여러 오브젝트가 배치돼 있을 경우에 현재 선택한 오브젝트를 인식하기 쉽게 해주므로 편리하지만 파티클을 사용할 때 아래에 있는 그림처럼 각 파티클에 아웃라인이 표시되어 종종 방해가 되기도 합니다.

Selection Outline 기능을 무효로 할 때는 씬 뷰의 상단에 있는 Gizmos 버튼을 눌러 표시된 목록에서 Selection Outline을 선택해서 체크를 해제합니다.

▶ Animated Material에 체크

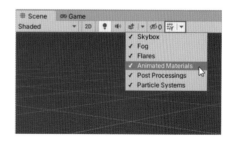

▶ Selection Outline 기능에서 아웃라인 표시

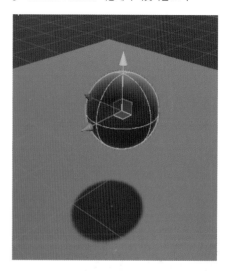

▶ 파티클마다 아웃라인이 표시되어 보기 어려움

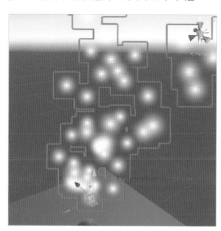

▶ Selection Outline 기능 해제

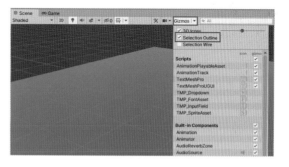

이펙트 폴더 구성과 관리

이번 절에서는 이펙트를 작성할 때의 폴더 구성에 대해 설명합니다. 어디까지나 자주 사용되는 일반적인 예이므로 동일하게 설정하지 않아도 됩니다.

1-5-1 이펙트를 작성할 때의 폴더 구성

이펙트를 제작할 때는 모델, 텍스처, 머티리얼, 애니메이션 파일 등 다양한 소재가 필요합니다. 이들을 저장하는 폴더 구성에 대해 설명하겠습니다. 프로젝트에 따라 폴더를 구성하는 최적의 방법은 다양하겠지만, 기본적으로는 이펙트와 관련한 소재와 캐릭터나 배경에 관련한 소재는 대부분 별도의 폴더로 분리해서 관리합니다. 다음은 일반적인 이펙트 폴더 구성의 예입니다.

▶ 일반적인 이펙트 폴더 구성

▶ 폴더 구성

폴더 이름	관리하는 소재
Animations	애니메이션 컨트롤러와 클립을 저장
Materials	이펙트에서 사용하는 머티리얼을 저장
Models	주로 메시 파티클 등에서 사용하는 메시를 저장
Scripts	이펙트에서 사용하는 스크립트를 저장하는 장소. 프로젝트에 따라 게임 본체 부분의 스크립트를 모아서 별도의 폴더에서 관리할 수도 있음
Shaders	이펙트에서 사용하는 셰이더를 저장. 경우에 따라 별도의 폴더에서 관리할 수도 있음
Textures	이펙트에서 사용하는 텍스처를 저장

어디까지나 하나의 사례이지만, 이 책에서는 이와 같이 텍스처와 모델 등 소재별로 폴더를 만들어 관리해 나가겠습니다.

1-5-2 이펙트 소재의 검색 방법

1-5-1에서 표준적인 이펙트 폴더 구성에 대해 설명했지만 하나의 게임을 완성하는 데 필요한 이펙트 수는 게임 장르와 규모에 따라 다양합니다. 대부분의 경우 매우 많은 수의 이펙트가 필요합니다.

그래서 이펙트에 사용되는 각종 소재의 개수도 점점 증가합니다. 방대한 양의 소재 중에서 필요한 소재를 찾으려면 폴더로 구분하는 것만으로 충분하지 않아서 검색 기능을 활용해야 하는 경우가 많이 생깁니다.

유니티의 프로젝트 뷰에는 검색창이 있어서 간단한 이름 검색부터, 소재 종류에 따른 검색, 레이블 검색 등 다양한 조건을 추가해서 프로젝트 내의 파일을 검색할 수 있습니다. 하이러키 뷰에도 검색창이 있지만 여기에서는 씬 내에 있는 오브젝트만 검색할 수 있습니다.

소재를 쉽게 검색하려면 알기 쉬운 이름을 붙이는 것이 중요합니다. 예를 들어 화염에 관한 소재라면 파일명에 fire라는 문자열을 포함시키면 쉽게 검색해서 찾을 수 있습니다. 오른쪽 그림에 있는 프로젝트 파일은 설명을 위한 그림으로 이 책의 예제 파일에는 포함돼 있지 않습니다.

▶ 프로젝트 뷰와 하이러키 뷰의 검색창

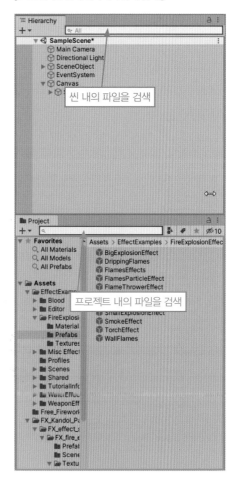

▶ 프로젝트 뷰에서 파일명으로 검색

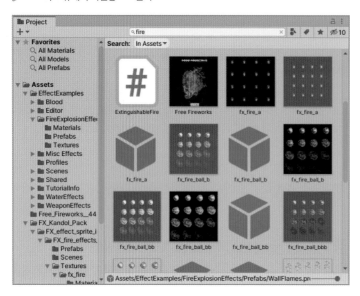

아래 그림에서는 종류별 검색 방법을 보여주고 있습니다. 검색창에 't:종류명'으로 입력하면 종류별로 검색이 가능합니다. 예를 들어 't:Texture'라고 입력하면 프로젝트 내에서 텍스처 소재만 검색할 수 있습니다.

▶ 프로젝트 뷰 검색창에서 't:Texture'로 검색한 결과

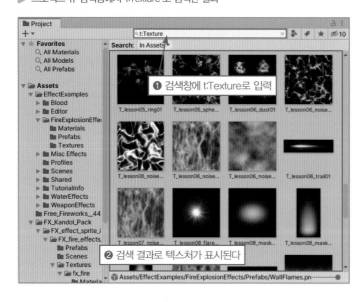

또 여기서 소재별 검색과 이름 검색을 조합해서 사용할 수도 있습니다.

't:Texture fire'로 검색하면 텍스처 소재 중에서 파일명에 fire가 포함된 파일만 결과로 표시됩니다.

▶ 't:Texture fire'로 검색

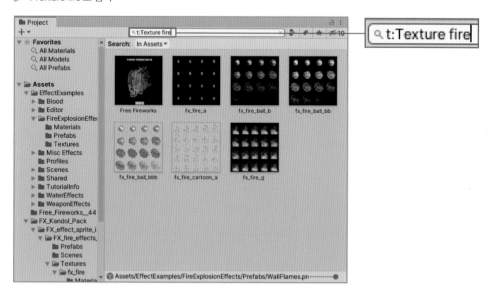

또한 일일이 입력하는 것이 귀찮을 때에는 검색할 파일 이름을 입력한 후 검색창 오른쪽에 있는 버튼을 눌러 종류를 지정할 수 있습니다(아래 그림의 ②)

▶ 버튼을 이용해 특정 소재 검색

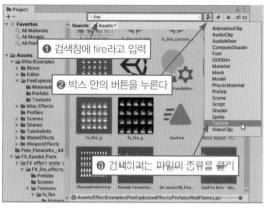

1-5-3 레이블 기능을 사용한 검색 방법

1-5-2에서 설명한 검색 방법 외에 유니티에는 레이블이라는 편리한 기능이 있습니다. 다른 애플리케이션에서 얘기하는 태그 같은 기능으로, 레이블을 설정하면 좀 더 유연하게 파일을 검색할 수 있습니다.

검색창에 'l:Fire'를 입력하면 Fire라는 레이블이 붙은 텍스처만 검색할 수 있습니다. 또 종류별 검색과 마찬가지로 버튼을 눌러 목록에서 레이블을 선택할 수도 있습니다.

▶ 레이블이 설정된 텍스처 소재

텍스처에 Color, Fire, Sc라는 3개의 레이블이 설정돼 있다.

▶ 레이블에 따른 검색 방법

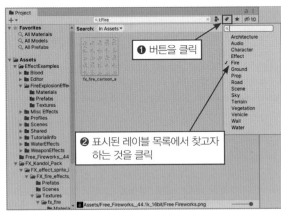

❶ 버튼을 클릭

❷ 표시된 레이블 목록에서 찾고자 하는 것을 클릭

파일에 새로운 레이블을 설정할 때는 프로젝트 뷰에서 레이블을 추가하고자 하는 파일을 선택하고 인스펙터 뷰의 오른쪽 아래 부분에 있는 아이콘을 클릭해서 검색창을 띄운 다음 추가하고자 하는 레이블 이름을 입력하고 [Enter] 키를 누른다.

▶ 레이블 추가 방법

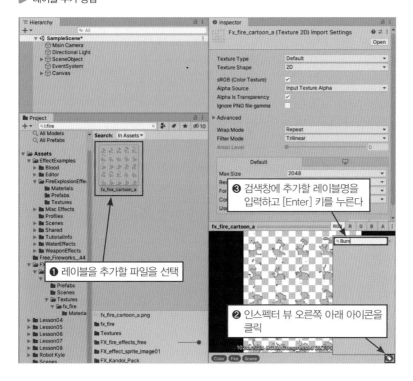

파일에서 설정한 레이블을 제거하고자 할 때는 레이블을 추가할 때와 같은 방법으로 검색창을 띄우고 체크 표시가 돼 있는 레이블을 클릭하면 파일에서 레이블을 제거할 수 있습니다.

▶ 레이블 제거 방법

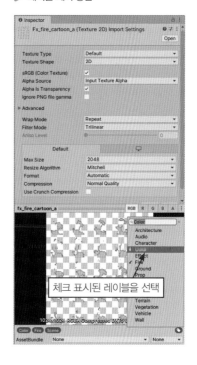

1-5-4 **이펙트에 사용되는 소재**

이펙트 소재의 검색 방법에 대해 설명했지만 이펙트의 프리팹(prefab)에 사용되는 파일 목록을 알고 싶은 경우도 있습니다. 이 방법에 대해서도 설명합니다.

프로젝트 뷰에서 이펙트의 프리팹을 선택하고 마우스 오른쪽 버튼을 클릭한 다음 메뉴에서 Select Dependencies를 선택하면 프리팹에서 사용되는 파일 목록을 볼 수 있습니다.

▶ 마우스 오른쪽 버튼을 클릭하면 나오는 메뉴에서 Select Dependencies를 선택해서 사용하는 파일 목록 보기

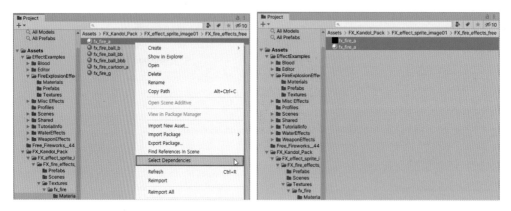

또 프로젝트에서가 아닌 씬에 배치된 이펙트 프리팹에서 목록을 알고 싶을 때에는 하이러키 뷰에서 이펙트를 선택한 다음 인스펙터 뷰의 Select 버튼을 누릅니다. 이 Select 버튼은 프리팹을 선택했을 때만 표시됩니다.

Select 버튼을 누르면 방금 선택한 프리팹이 프로젝트 뷰에서 눈에 띄게 표시되므로 이를 마우스 오른쪽 버튼으로 클릭한 다음 메뉴에서 Select Dependencies를 선택하는 방법으로 사용되는 파일 목록을 얻을 수 있습니다.

▶ 인스펙터 뷰에서 Select 버튼을 누르면 해당하는 프리팹이 프로젝트 뷰에서 눈에 띄게 표시된다

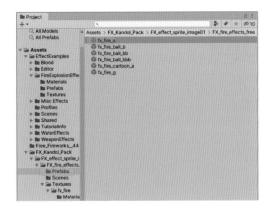

또 프로젝트 뷰에서 텍스처 등의 소재를 선택하고 마우스 오른쪽 버튼으로 클릭한 다음 메뉴 가운데에서 Find References In Scene을 선택하면 하이러키 뷰에서 그 텍스처가 사용되는 오브젝트 목록을 얻을 수 있습니다.

▶ Find References In Scene을 선택해 그 소재가 사용되는 오브젝트 목록을 얻음

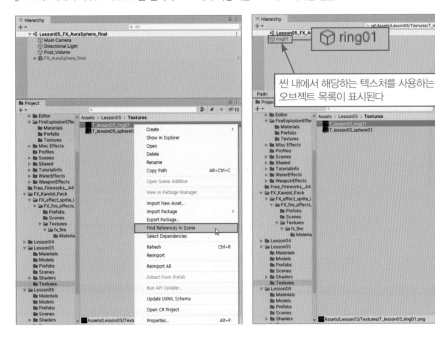

이러한 내용은 이펙트 제작뿐만 아니라 게임을 제작에 전반적으로 유용하므로 익혀두는 게 좋습니다.

이펙트에서 사용하는 머티리얼과 셰이더

 1-6

이펙트에서 외형을 좌우하는 머티리얼과 셰이더는 이펙트 제작에서 매우 중요한 요소입니다. 이번 절에서는 머티리얼과 셰이더에 대해 알아봅니다.

1-6-1 머티리얼과 셰이더란?

머티리얼은 텍스처와 컬러 정보 등을 포함하고 있어서 오브젝트와 파티클의 겉모습을 결정합니다. 머티리얼에 어느 정도 정보와 파라미터를 부여할지는 셰이더에 의해 결정됩니다. 또 셰이더에서 프로퍼티로서 등록한 파라미터는 머티리얼에 표시되어 조정이 가능합니다.

▶ 셰이더와 머티리얼의 관계

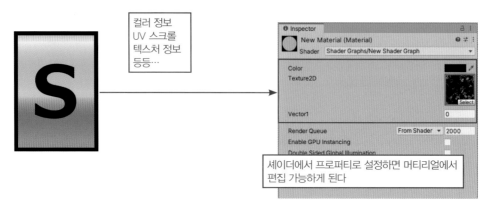

유니티에서는 파티클을 위한 셰이더가 미리 준비돼 있습니다. 모바일용의 가벼운 것부터 PC와 콘솔 등 하이엔드용까지 다양합니다. 4장의 실습에서는 유니티의 기존 셰이더를 사용해서 이펙트를 제작하지만 5장부터는 셰이더 그래프를 이용해서 오리지널 셰이더를 구축해 나갑니다.

▶ 유니티에 미리 준비된 표준 파티클용 셰이더를 적용한 머티리얼

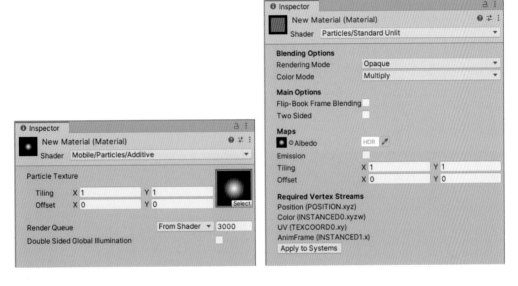

머티리얼에 설정된 셰이더를 변경하고자 할 경우 머티리얼 윗부분에 있는 Shader의 리스트 항목에서 선택해서 변경할 수 있습니다.

▶ 셰이더 변경 방법

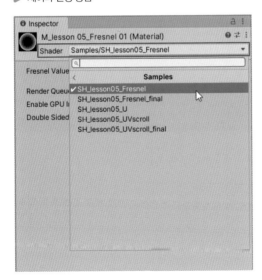

1-6-2 셰이더 만들기

1-6-1에서 설명한 것처럼 유니티에는 표준 파티클용 셰이더가 준비돼 있지만, 셰이더를 직접 만들 수도 있습니다. 이 경우 셰이더 코드를 작성해서 제작하는 방법과 셰이더 그래프(Shader Graph)를 사용해서 노드 기반으로 셰이더를 만드는 2가지 방법이 있습니다. 이 책에서는 셰이더 그래프를 사용해서 셰이더를 만드는 방법을 설명하겠습니다.

▶ 셰이더 그래프 화면

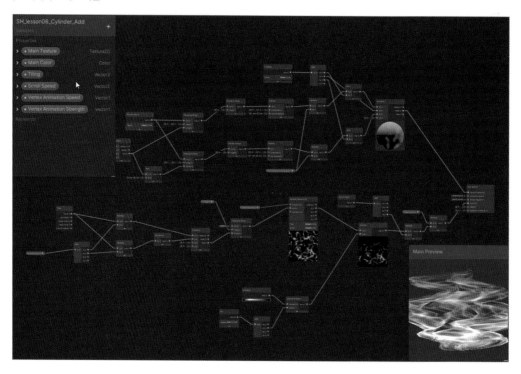

셰이더 그래프를 사용하면 코드를 작성하지 않고 셰이더를 만들 수 있습니다. 하지만 셰이더 성능을 최적화할 때는 셰이더 코드를 직접 작성하고 수정해야 하는 경우가 대부분입니다. 따라서 디자이너가 셰이더 그래프를 사용해서 이펙트의 외형을 정의하고, 이것을 바탕으로 프로그래머가 성능을 튜닝하는 방법이 일반적입니다.

뒤에 나오는 장에서도 설명하겠지만 셰이더와 슈리켄의 Custom Vertex Streams 기능을 조합하면 파티클마다 정보를 셰이더에 전달해서 계산하게 하는 고급 기법도 사용할 수 있습니다. 이 책의 5장에서는 셰이더 그래프를 사용한 셰이더 제작 기법을 설명합니다.

1-7 작성한 소재 불러오기와 설정 방법

유니티에서 이펙트를 제작할 때는 모델과 텍스처 등의 리소스가 필요합니다. 이번 절에서는 제작한 리소스를 유니티에 불러들이는 방법을 설명합니다.

1-7-1 후디니에서 제작한 소재 내보내기

후디니를 사용해 제작한 메시 모델을 유니티에서 임포트하는 방법을 설명하겠습니다.

▶ 후디니를 사용하여 작성한 메시 모델

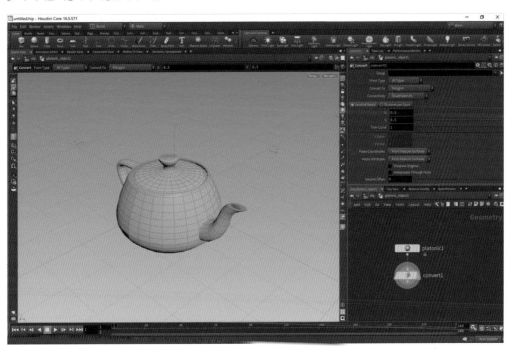

후디니에서 작성한 메시 모델을 유니티로 불러들일 때는 후디니 익스포트 메뉴에서 FBX 파일로 내보내고 유니티 프로젝트 폴더에 저장합니다. 후디니 메인 메뉴에서 File → Export → Filmbox FBX 를 순서대로 클릭합니다. 그러면 FBX Export Options 윈도우가 열립니다.

▶ 후디니의 FBX 파일 익스포트 메뉴

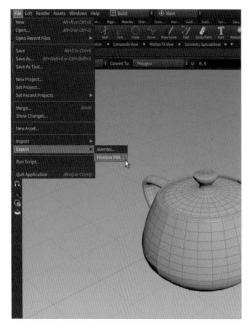
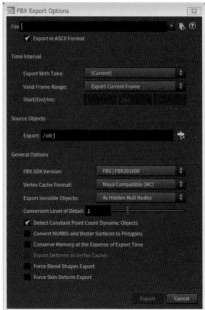

유니티 프로젝트에 메시 데이터를 저장한 후에 데이터를 다시 갱신했다면 다시 한 번 같은 순서로 익스포트해서 저장해 주세요. 그 밖에도 ROP FBX Output 노드를 사용한 내보내기 방법도 있습니다만 이 책에서는 설명하지 않습니다. 또 탐색기에서 FBX 등의 파일을 그대로 유니티의 프로젝트 뷰로 드래그 앤 드롭하는 방법도 가능합니다.

▶ 탐색기에서 유니티 프로젝트 뷰로 드래그 앤 드롭

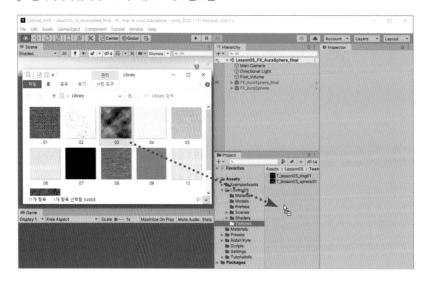

하지만 탐색기에서 유니티 프로젝트 폴더의 파일(Assets 폴더 아래의 파일)을 직접 조작하는 방법은 위험합니다. 탐색기에서 유니티 프로젝트 폴더 내의 파일을 이동시키거나 조작하면 파일이 손상될 염려도 있습니다. 또 파일 이름을 바꾸는 등의 작업도 반드시 유니티의 프로젝트 뷰에서 하기 바랍니다.

1-7-2 Unity Package 파일 임포트와 익스포트

Unity Package를 임포트할 경우에는 파일 메뉴의 Assets → Import Package → Custom Package...를 선택하거나, Project 뷰에 Unity Package 파일을 직접 드래그 앤 드롭하면 Import Unity Package 다이얼로그가 열립니다. 필요한 파일을 선택해서 Import 버튼을 누르면 데이터가 프로젝트로 임포트됩니다.

▶ 파일 메뉴에서 선택

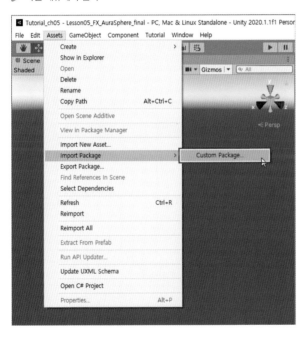

▶ Unity Package 파일을 직접 프로젝트 뷰로 드래그 앤 드롭

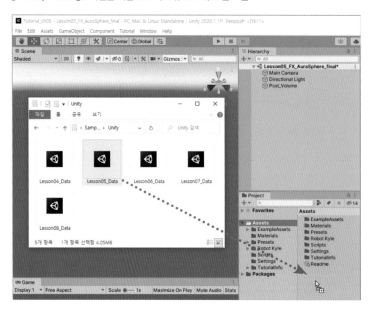

▶ 파일을 에디터 내로 드롭해서 다이얼로그가 열린 상태

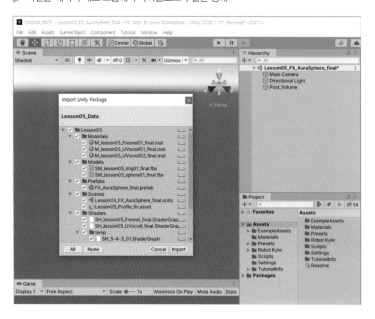

데이터를 익스포트할 때에는 필요한 파일을 선택하고 파일 메뉴에서 Assets → Export Package를
선택하면 Exporting package 다이얼로그가 열리므로 그곳에서 필요한 데이터에 체크하고 Export
버튼을 누릅니다.

▶ Exporting package 다이얼로그가 열린 상태

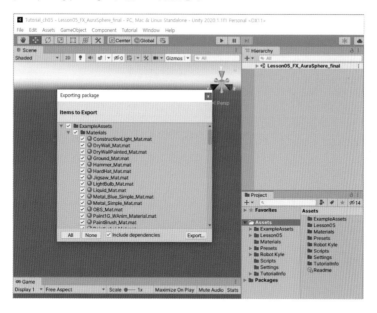

1-7-3 불러들인 파일의 설정 변경

불러들인 메시 파일은 초기 설정 그대로는 이펙트 작업에 필요하지 않은 것까지 체크돼 있기 때문에
설정을 변경해 둡니다.

UV 스크롤용 메시와 Shape
모듈로 사용할 경우, 아래 그
림의 빨간 네모 부분은 대부
분의 경우 불필요하므로 사
용하지 않는 걸로 해 두어도
문제가 없습니다.

▶ 메시 파일을 선택했을 때 표시되는 설정
　항목

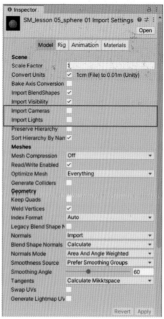

텍스처 파일은 사용 용도에 따라 Wrap Mode를 변경해야 할 때도 있습니다.

▶ 텍스처 파일의 설정 항목

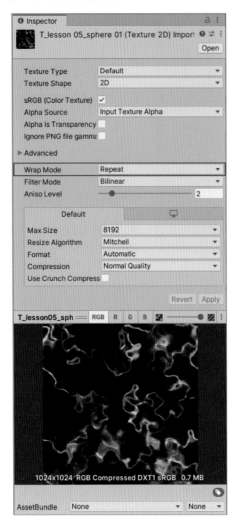

▶ Wrap Mode의 선택 항목

항목	내용
Repeat	UV 스크롤 등에서 사용할 경우에는 선택(디폴트 설정)
Clamp	타일 모양으로 반복할 필요가 없을 경우 선택
Mirror	텍스처를 거울 모양(반전)으로 반복한다

메시 오브젝트를 임포트할 때마다 설정하는 것은 귀찮은 일일 수도 있으므로 Unity 2018부터 탑재된 프리셋 기능을 사용해서 어느 정도 자동화하는 방법도 있습니다. 프리셋 기능의 사용 방법에 대해서는 2-4-2에서 설명하므로 참조하기 바랍니다.

CHAPTER

02

파티클 에디터의
개요

에디터와 모듈 설명

이번 절에서는 유니티의 파티클 시스템인 슈리켄의 개요와 이펙트를 작성하기 전에 알아둬야 할 사전 지식과 설정 항목을 설명합니다.

2-1-1 파티클 시스템 생성 방법

새로운 파티클 시스템을 만드는 방법은 여러 가지가 있습니다.

- 메인 메뉴의 GameObject 메뉴에서 Effects → Particle System 선택

- 하이러키 뷰에서 마우스 오른쪽 버튼을 클릭한 다음 메뉴에서 Effects → Particle System 선택

- 씬 내부에 이미 있는 게임 오브젝트에 Particle System 컴포넌트 추가

위에서 기술한 방법으로 파티클 시스템을 생성할 수 있습니다.

▶ GameObject 메뉴에서 선택하는 방법(왼쪽), 하이러키 뷰를 마우스 오른쪽 버튼으로 클릭한 다음 메뉴에서 선택하는 방법(오른쪽)

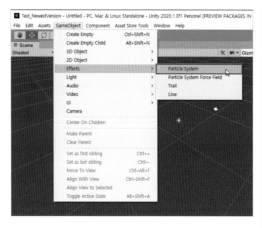
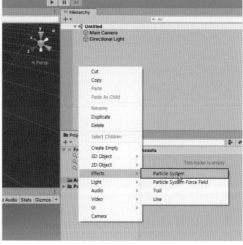

▶ 기존의 게임 오브젝트에 ParticleSystem 컴포넌트를 추가하는 방법

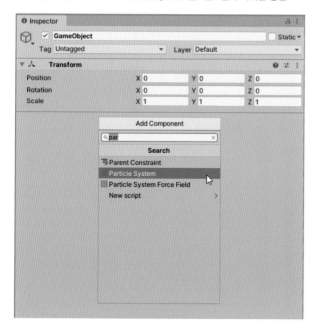

이후에 나오는 설명에서 파티클 시스템, Particle System 컴포넌트, 슈리켄이라는 용어가 나오는데, 모두 같은 것으로 해석해도 무방합니다.

다음으로 파티클 재생 방법을 설명합니다.

생성한 파티클을 선택하면 씬 뷰의 오른쪽 아래에 다음 그림과 같은 플레이바가 표시됩니다. 버튼이 3개인데 왼쪽부터 순서대로 [재생/일시정지], [처음부터 재생], [정지]이며 파티클 재생에 관해서 조작 가능합니다.

또 보통의 파티클 시스템은 부모 자식 구조로 여러 개의 이미터로 구성된 경우가 대부분인데, 그럴 경우 부모와 자식 구조 내의 여러 파티클 시스템을 동시에 재생할 수 있습니다. 플레이바 맨 아래에 있는 Show Only Selected를 체크하면 선택한 파티클 시스템만 재생 가능합니다.

▶ 파티클을 선택하면 표시되는 플레이바

2-1-2 파티클 에디터 열기

2-1-1의 방법으로 작성한 파티클 시스템(Particle System 컴포넌트)을 슈리켄이라고 부릅니다. 인스펙터 뷰에서 추가된 Particle System 컴포넌트의 Open Editor 버튼을 누르면 파티클 에디터 창이 열립니다.

▶ 인스펙터 뷰에 표시된 Particle System 컴포넌트(위)와 Open Editor 버튼을 눌러서 연 파티클 에디터(아래)

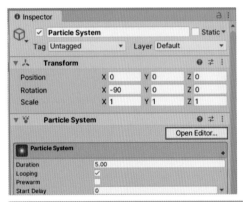

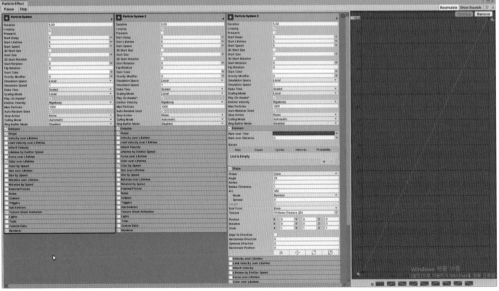

Open Editor 버튼을 눌러서 연 파티클 에디터를 사용해 이펙트를 만드는 방법과, 인스펙터 뷰에서 이펙트를 만드는 방법이 있는데 이 책에서는 주로 인스펙터 뷰에 표시된 Particle System 컴포넌트를 편집해 나가는 방법으로 이펙트를 제작하겠습니다.

파티클 에디터는 부모 자식 관계에 있는 파티클을 모아서 표시할 수 있어 편리합니다. 하지만 앞서 설명한 페이지의 그림처럼 디스플레이 표시 영역을 꽤 많이 차지하기 때문에 필자는 잘 사용하지 않습니다.

2-1-3 파티클 시스템의 일괄 편집

이펙트를 제작하면서 여러 파티클의 값을 한꺼번에 변경하고 싶을 때는 하이러키 뷰에서 여러 개의 파티클을 선택해서 파라미터를 일괄 편집할 수 있습니다.

여러 개의 파티클 시스템을 선택하면 아래 그림에서 빨간색 네모로 강조한 부분처럼 인스펙터 뷰에 Multiple Particle Systems라고 표시됩니다. 주의할 점으로는 여러 파티클을 선택할 때 Particle System 컴포넌트를 가지고 있지 않은 오브젝트가 섞여 있으면 Particle System 컴포넌트가 표시되지 않고 편집도 할 수 없습니다.

▶ 여러 개의 파티클을 선택했을 때의 인스펙터 뷰

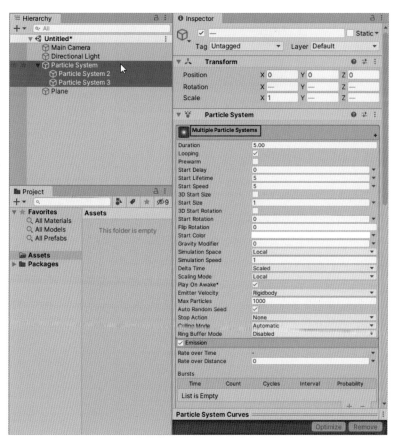

2-1-4 **모듈**

모듈은 파티클 시스템을 구성하는 부품과 같습니다. 파티클 시스템은 여러 모듈로 구성되며 자동차로 예를 든다면 자동차 본체가 파티클 시스템, 엔진과 핸들, 서스펜션 등의 각 부품이 모듈이라 할 수 있습니다. 각 모듈 왼쪽에 있는 체크 박스에 체크를 하면 모듈의 기능을 활성화 할 수 있습니다.

최근의 적극적인 버전업으로 많은 기능이 탑재되어 매우 편리해진 반면, 모듈이 추가되어서 초보자에게는 조금 어렵게 보일지도 모릅니다. 각 모듈의 구체적인 설명은 3장에서 설명하겠습니다.

▶ 파티클 시스템은 모듈의 집합체

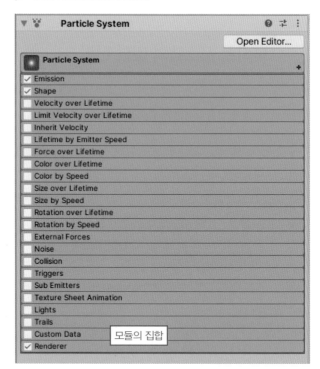

2-1-5 **파라미터 설정**

파티클에 움직임을 주거나, 색상을 바꾸거나, 크기를 변경하고자 할 경우에는 해당 모듈의 파라미터 값을 설정해야 합니다. 파라미터의 설정 방법에는 여러 종류가 있는데 시간축에 따라 파티클의 방출량을 조정하거나, 크기를 랜덤으로 하거나, 복잡한 움직임을 설정하는 등 용도별로 구분해서 설정할 수 있습니다.

파라미터의 오른쪽에 있는 아랫쪽 방향의 삼각형을 클릭하면 다음과 같이 선택창이 표시되어 설정 방법을 변경할 수 있습니다.

값의 설정 방법에는 다음과 같은 종류가 있습니다.

▶ 설정 방법을 선택

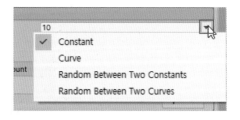

- Constant

파라미터에 정수를 설정합니다.

▶ 정수로 설정

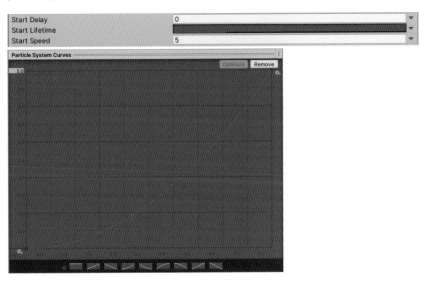

- Curve

곡선을 사용해서 파라미터를 설정할 수 있으며 파티클의 수명이나 지속 시간에 따라 값을 변화시킬 수도 있습니다.

▶ 커브 설정과 커브 에디터

- Random Between Two Constants

2개의 정수(최댓값과 최솟값)로 범위를 설정하면 각 파티클이 그 범위 내의 랜덤한 값으로 설정됩니다.

▶ 최댓값과 최솟값에 따른 설정

- Random Between Two Curves

  2개의 커브를 설정하면 각 파라미터가 범위 내의 값으로 랜덤하게 설정됩니다.

  ▶ 최대 커브와 최소 커브에 따른 설정

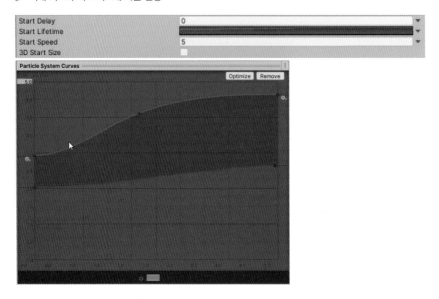

컬러와 커브 에디터
사용 방법

이번 절에서는 파티클에 색을 설정하거나 색이 변하는 애니메이션을 입힐 때 사용하는 컬러 피커와 Gradient Editor, 커브 에디터를 설명합니다.

2-2-1 컬러 피커와 Gradient Editor

파티클이 발생할 때의 색을 설정하거나 수명에 따라 파티클의 색에 변화를 줄 때 컬러 피커와 Gradient Editor를 사용해 색을 설정합니다. 컬러 피커와 Gradient Editor는 Start color 파라미터와 Color over lifetime 모듈에서 주로 사용합니다.

Main 모듈의 Start Color 파라미터에서 값의 설정 방법을 Constant나 Random Between two Colors로 설정한 경우 컬러 피커로 색을 지정합니다.

Main 모듈의 Start Color 파라미터에서 Gradient, Random Between two Gradients, Random Color를 선택한 경우나 Color over Lifetime 모듈에서는 Gradient Editor를 사용합니다. Gradient Editor에서는 컬러바의 상단에서 알파를, 하단에서 컬러를 설정할 수 있습니다.

▶ Start Color 항목에서 사용하는 컬러 피커

▶ 컬러와 알파 설정 방법

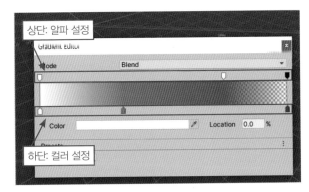

또 Mode를 Fixed로 설정하면 색과 색 사이에 보간이 이뤄지지 않도록 색상을 설정할 수 있습니다.

▶ Mode를 바꿔서 색의 보간 방법 변경

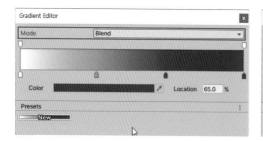 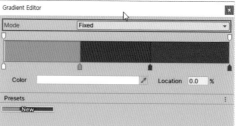

컬러 피커와 Gradient Editor 함께 프리셋으로 설정하는 항목이 있으며, 작성한 데이터를 프리셋으로 저장해두면 다른 파티클에서 동일한 설정을 할 때 클릭 한 번으로 적용할 수 있어 편리합니다.

▶ 프리셋 추가 방법

2-2-2 커브 에디터

파티클의 수명에 따라 스피드를 변경하거나, 지속기간(duration)에 따라 파티클의 생성량을 변화시키고 싶을 때는 커브를 사용해 파티클을 제어합니다. 각 파라미터의 설정 방법에서 Curve 또는 Random Between Two Curves를 선택하면 커브 에디터를 사용할 수 있습니다.

▶ 커브를 사용해 값을 설정

커브 에디터에서는 세로축이 파티클의 양과 속도 등의
변화량을, 가로축이 파티클의 수명과 지속시간 등의 시
간을 의미합니다.

▶ 커브 에디터 표시

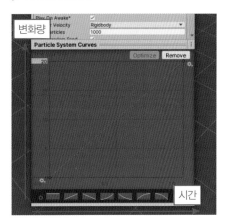

커브를 더블클릭하면 포인트(편집점)를 추가할 수 있으
며, 포인트를 마우스 오른쪽 버튼으로 클릭하면 포인트
사이의 보간 방법을 변경할 수 있습니다.

▶ 포인트를 마우스 오른쪽 버튼으로 클릭하면 메뉴가
표시됨

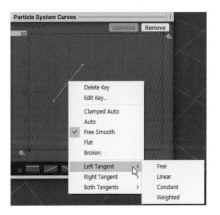

Delete Key 메뉴를 선택하면 포인트를 제거할 수 있
으며 Edit Key... 메뉴를 선택하면 오른쪽 그림과 같이
포인트의 설정값과 시간을 직접 입력할 수도 있습니다.

▶ Edit Key로 설정값과 시간을 직접 편집할 수 있다

또 마우스 오른쪽 버튼을 클릭하면 나오는 메뉴에서 접선 타입을 변경하는 것도 가능합니다. 접선 타입을 Broken으로 설정하면 좌우의 접선 핸들을 따로따로 조작할 수 있습니다.

▶ Broken으로 설정하고 접선 핸들을 독립적으로 편집

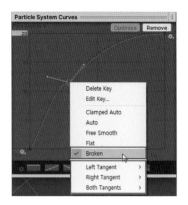

메뉴 맨 아래에 있는 3가지 목록 Left Tangent, Right Tangent, Both Tangents에서는 각각 포인트를 좌측, 우측, 양방향의 접선으로 변경할 수 있습니다. Right Tangent에서 Free, Linear, Constant를 선택했을 때의 모습은 아래 그림과 같습니다.

▶ 위에서부터 각각 오른쪽의 접선 타입을 Free, Linear, Constant로 설정한 경우의 커브 변화

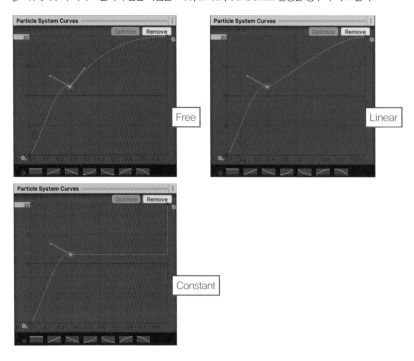

또, 커브의 시작점과 끝점에 있는 톱니바퀴 모양의 아이콘을 클릭하면 커브의 반복 보간 방법을 지정할 수 있습니다.

▶ 에디터에 표시된 톱니바퀴 모양 아이콘

 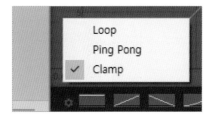

이를테면 아래 왼쪽 그림 같은 커브에서 끝점의 보간 방법을 Loop로 설정하고 끝점 포인트를 왼쪽으로 움직이면 끝점 이후의 커브가 반복되면서 톱날 모양의 커브가 형성됩니다.

▶ Loop를 사용한 커브 반복

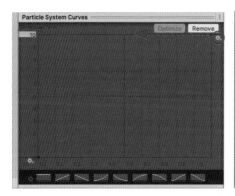 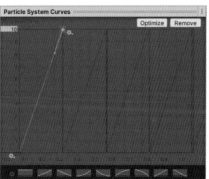

이처럼 시작점부터 끝점까지 커브를 반복할 수 있습니다. 이 방법으로 사인커브와 같은 움직임을 간단하게 설정할 수 있습니다. 각 보간 방법을 Loop, Ping Pong, Clamp로 설정했을 때의 모습은 다음 그림과 같습니다.

▶ 보간 방법에 따른 커브의 변화

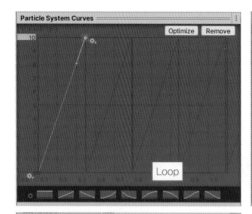

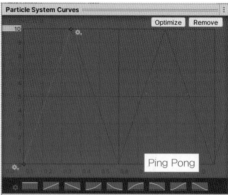

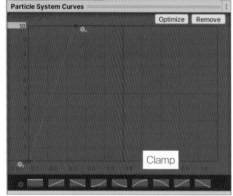

텍스처 애니메이션과 UV 스크롤

이번 절에서는 이펙트를 제작하는 과정에서 필요한 텍스처 애니메이션과 UV 스크롤을 살펴봅니다. UV 스크롤에 관해서는 슈리켄의 기능이 아닌 셰이더의 기능을 설명합니다.

2-3-1 텍스처 애니메이션

예를 들어 폭발과 같은 이펙트를 만들 때 아래 그림처럼 연속해서 동작하는 여러 개의 텍스처를 준비합니다. 하나하나는 정지 화면이지만 이 이미지를 순차적으로 전환하여 연속해서 재생하면 애니메이션처럼 보이게 할 수 있습니다.

▶ 폭발 텍스처

이처럼 여러 이미지를 연속해서 재생할 때 텍스처를 1장씩 전환하면서 표시하는 것이 아니라, 여러 이미지를 한 장의 사진 안에 함께 배치하고 나서 슈리켄에서 재생 방법과 재생 속도를 지정합니다. 여러 이미지를 1장으로 모으는 작업은 에프터 이펙트와 후디니 등으로 하고 유니티에 하나의 텍스처로 가져 옵니다.

또, 유니티가 제공하는 VFX Toolbox의 Image Sequencer를 사용해도 동일하게 처리할 수 있습니다.

▶ 여러 장의 텍스처를 1장으로 저장

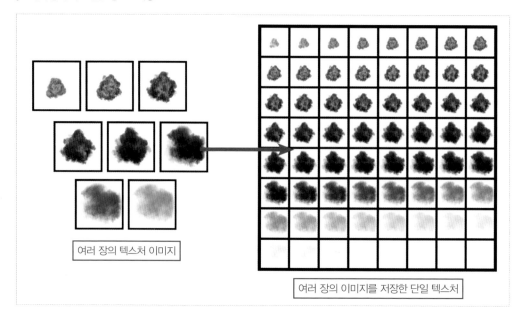

재생할 때는 슈리켄의 Texture Sheet Animation 모듈을 사용해서 설정합니다.

▶ 슈리켄의 Texture Sheet Animation 모듈

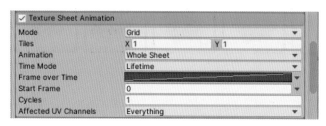

Texture Sheet Animation 모듈의 설정 방법에 대해서는 실제 제작을 해 보면서 설명하겠습니다.

2-3-2 텍스처의 아틀라스화

2-3-1에서는 애니메이션을 위해 여러 장의 이미지를 1장으로 모으는 작업을 살펴봤습니다. 이처럼 여러 장의 서로 다른 이미지를 1장의 텍스처에 저장하는 기술을 아틀라스화라고 하며, 애니메이이션으로 동작하게 하는 목적뿐 아니라 처리부하를 줄이기 위한 목적으로도 자주 사용합니다.

예를 들어 다음의 그림처럼 4장의 텍스처와 그 텍스처가 적용된 4개의 머티리얼이 있다고 합시다.

이것을 아틀라스화하면 1장의 텍스처 내에 저장
돼서 머티리얼도 1개로 줄일 수 있습니다. 4장의
머티리얼을 1장으로 저장하느라 텍스처 크기 자
체는 커질지 모르지만 보통 이렇게 하면 처리부하
를 줄일 수 있습니다.

▶ 4장의 텍스처와 이를 적용한 머티리얼

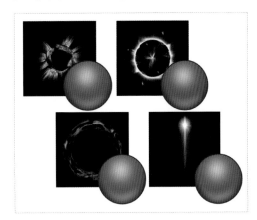

▶ 아틀라스화하면 머티리얼 수를 줄일 수 있다

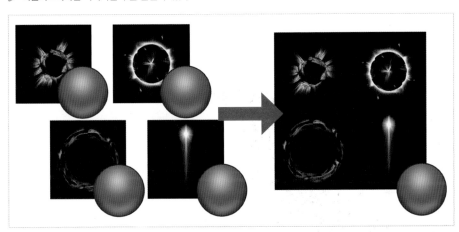

아틀라스화할 때에도 Texture Sheet Animation 모듈을 사용해 각 이펙트에서 처리하는 부분을 지
정할 수 있습니다.

▶ Texture Sheet Animation 모듈로 텍스처 내에서 사용하는 부분을 지정 가능

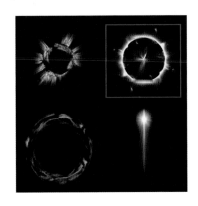

Sub Emitters	
✓ Texture Sheet Animation	
Mode	Grid
Tiles	X 2　　Y 2
Animation	Whole Sheet
Time Mode	Lifetime
Frame over Time	1
Start Frame	0
▼ Cycles	1
Affected UV Channels	Everything
Lights	

아틀라스화한 텍스처의 일부분만 지정해서
사용할 수 있다.

2-3-3 UV 스크롤

텍스처 애니메이션과 더불어 이펙트 제작에서 빼놓을 수 없는 기술 중 하나가 UV 스크롤입니다. 메시 등에 설정된 UV 좌표를 옵셋해 애니메이션시키면서 텍스처가 움직이는 것처럼 보이게 하는 기법입니다.

▶ 5장에서 제작할 UV 스크롤이 적용된 이펙트

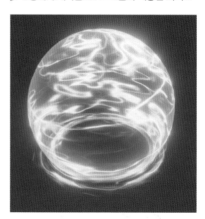

하늘을 수놓은 오로라처럼 일정한 속도와 일정한 방향으로 움직이는 것에 적용하는 경우가 많습니다.

UV 스크롤 기능은 슈리켄에는 탑재돼 있지 않기 때문에 스크립트로 작성하거나 셰이더로 구현해야 합니다. 이 책에서는 셰이더로 구현합니다. 이 후 실제로 제작할 때 셰이더의 구현 방법에 대해 설명하겠습니다.

▶ UV 스크롤을 셰이더 그래프로 구현

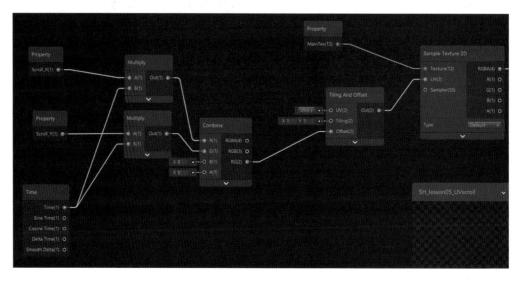

사용할 기회가 많은 UV 스크롤이지만 주의할 점으로는 사용할 텍스처는 대부분 심리스(이음새가 없는 상태)로 돼야 합니다.

▶ 심리스와 심리스가 아닌 상태 비교

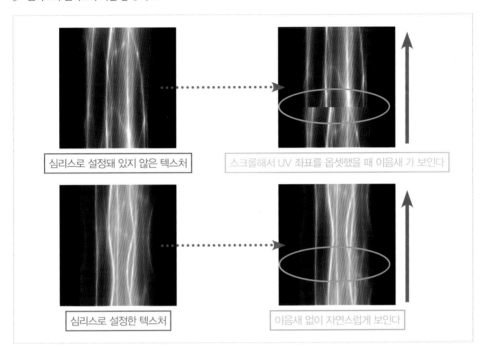

메시 등에서 UV 스크롤을 하는 경우에는 형태에 따라 다르겠지만 정점 알파를 설정하여 메시의 끝부분을 투명하게 해 둡니다. 참고로 이 책에서는 뒤에서 다룰 실제 제작에서 후디니를 사용해서 정점 알파를 설정합니다.

▶ 정점 알파를 설정한 메시(왼쪽)와 설정하지 않은 메시(오른쪽)

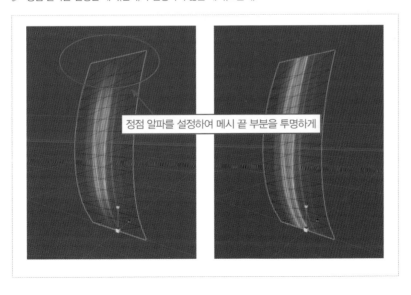

Custom Vertex Streams와 프리셋 기능

슈리켄에서 고급 이펙트 표현을 실현하기 위해 필요한 Custom Vertex Streams를 설명합니다.

2-4-1 Custom Vertex Streams란

Custom Vertex Streams는 유니티 5.5 버전부터 탑재된 기능으로 각 파티클이 가진 위치 정보와 크기, 수명 등의 파라미터와 사용자가 정의한 값을 셰이더에 전달할 수 있습니다. 이 설명만으로는 이해하기 어려울 수 있으므로 예를 들어 설명하겠습니다.

▶ Custom Vertex Streams와 Custom Data 모듈

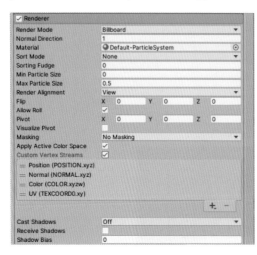

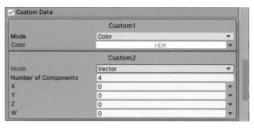

예를 들어 다음 그림과 같은 불꽃 셰이더가 있다고 합시다. 불꽃의 텍스처를 디스토션(왜곡) 텍스처로 일그러뜨려서 불꽃의 흔들림을 표현하고 있습니다.

▶ 불꽃의 텍스처에 디스토션(왜곡)을 적용

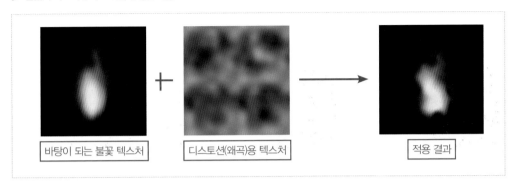

| 바탕이 되는 불꽃 텍스처 | 디스토션(왜곡)용 텍스처 | 적용 결과 |

이러한 처리로 셰이더에서 불꽃을 표현할 수 있지만 이런 불꽃을 파티클에서 여러 개 발생시킬 경우 디스토션 텍스처가 모두 동일한 UV 좌표를 이용하므로 모든 불꽃의 외형이 동일하게 보입니다.

▶ 불꽃을 1개만 내보이는 경우에는 문제 없지만 여러 개의 파티클을 내보낼 경우에는 외형이 동일하게 보인다

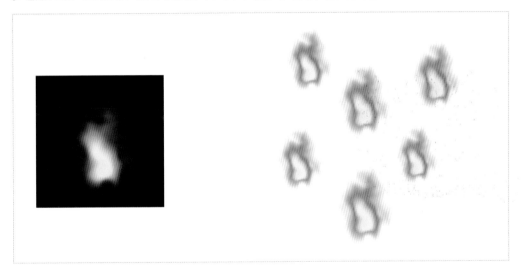

그래서 이럴 때 Custom Vertex Streams를 이용합니다. Custom Vertex Streams의 Stable Random 파라미터를 사용하면 파티클 하나하나가 랜덤한 값을 갖게 할 수 있습니다. 이 랜덤 값을 디스토션 텍스처의 UV 좌표에 가산 처리해서 각 파티클에 적용하면 파티클마다 다른 결과로 왜곡되어 나타납니다.

▶ 디스토션 텍스처의 UV 좌표를 옵셋하면 왜곡된 결과가 파티클마다 한층 다르게 나타난다

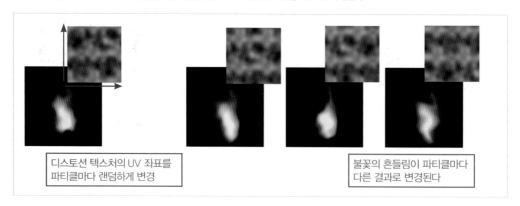

디스토션 텍스처의 UV 좌표를
파티클마다 랜덤하게 변경

불꽃의 흔들림이 파티클마다
다른 결과로 변경된다

결과적으로 불꽃의 외형이 파티클마다 변경되어 모두 다른 외형으로 변경됩니다.

▶ 불꽃의 외형이 전부 다른 결과로 변경됨

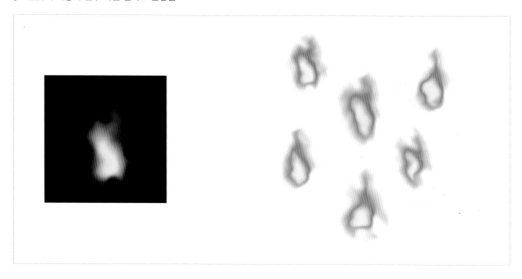

이러한 예는 어디까지나 하나의 사례이고, Custom Vertex Streams를 사용해 셰이더에 파티클 정
보를 건네면 다양한 효과를 얻을 수 있습니다. 초보자에게는 조금 어려울 수도 있지만 실제 제작을 통
해 학습해 보면 사용해 볼 만한 기술입니다.

2-4-2 **프리셋 기능**

유니티 2018.1 버전부터 프리셋이라는 기능을 사용할 수 있습니다. 2-2-1에서 설명한 프리셋 기능과는 또 다른 기능입니다. 이 기능을 사용하면 프리셋 설정으로 저장해 둔 컴포넌트와 에셋의 설정을 순식간에 반영할 수 있습니다. 또, 텍스처 등의 리소스를 임포트할 때 초기 설정값을 변경할 수도 있습니다.

▶ 프리셋 윈도우

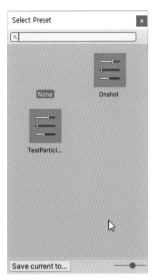

프리셋 기능의 사용 방법을 살펴보겠습니다. 우선 새로운 파티클 시스템을 생성하고 적당히 파라미터를 변경합니다. 다음 그림에서는 Main 모듈의 Duration과 Start Lifetime 파라미터, Color over Lifetime 모듈을 각각 변경했습니다.

▶ 초기 상태에서 일부 파라미터를 변경한 모습

다음으로 Particle System 컴포넌트 오른쪽 위에 있는 슬라이더 모양의 아이콘을 클릭하면 프리셋 설정 창이 나타납니다. 이 설정을 프리셋으로 저장하려면 표시된 창의 왼쪽 아래에 있는 Save current to… 버튼을 클릭합니다.

▶ 프리셋 등록

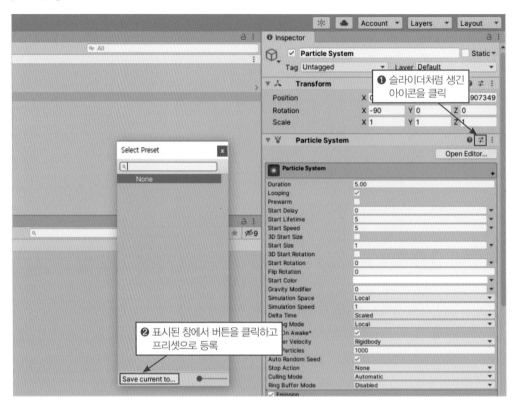

저장 대화상자가 열리면 적당한 이름을 입력하고 저장합니다(이 책에는 Test라는 이름으로 저장). 이제 프리셋으로 등록되었으므로 이번에는 이 프리셋을 적용해 보겠습니다.

다시 한 번 파티클 시스템을 새로 만들고 슬라이더 아이콘을 클릭합니다. 열린 프리셋 창에서 앞서 저장한 Test라는 항목이 보이면 이를 더블클릭해서 적용합니다.

▶ 프리셋 창에 앞서 등록한 항목이 표시된다

2

프리셋을 적용하면 파티클의 모양이 방금 등록한 프리셋 설정으로 바뀌는 것을 알 수 있습니다.

▶ 파티클의 모양이 초기 상태에서 방금 등록한 프리셋 설정으로 변경된다

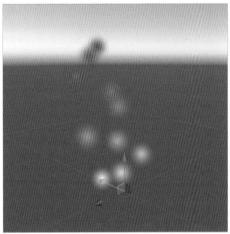

이처럼 프리셋 기능은 편리하지만, 주의할 점도 있습니다. 파티클 모듈 중에서 Renderer 모듈은 변경해도 프리셋에 저장되지 않습니다. 추측하건대 슈리켄의 각 모듈은 스크립트 등에서 엑세스할 때 Particle System 컴포넌트로서 액세스하지만, Renderer 모듈은 Particle System Renderer 컴포넌트로서 다루어져 다른 모듈과는 다르기 때문에 파라미터가 저장되지 않는 게 아닐까 생각됩니다.

스크립트로 작성하면 Renderer 모듈 값도 프리셋으로 저장할 수 있습니다.

▶ Renderer 모듈만 프리셋에 값이 저장되지 않는다

Sub Emitters	
Texture Sheet Animation	
Lights	
Trails	
Custom Data	
✓ Renderer	
Render Mode	Billboard
Normal Direction	1
Material	Default-ParticleSystem
Sort Mode	None
Sorting Fudge	0
Min Particle Size	0
Max Particle Size	0.5
Render Alignment	View
Flip	X 0　Y 0　Z 0
Allow Roll	✓
Pivot	X 0　Y 0　Z 0
Visualize Pivot	
Masking	No Masking
Apply Active Color Space	✓
Custom Vertex Streams	
Cast Shadows	Off
Receive Shadows	
Shadow Bias	0
Motion Vectors	Per Object Motion
Sorting Layer ID	Default
Order in Layer	0
Light Probes	Off
Reflection Probes	Off

Default-Par

Shader　Par

Renderer 모듈 내의 파라미터만 프리셋으로 저장되지 않음

다음으로 텍스처 등을 임포트할 때 초기 설정을 변경하는 방법을 살펴보겠습니다. 텍스처 등의 설정을 변경하고 이전 페이지에서 살펴본 파티클과 같은 방법으로 프리셋 파일로 저장합니다. 저장한 프리셋 파일을 선택하면 인스펙터 뷰에 Add to TextureImporter Default 버튼(텍스처 파일의 경우)이 표시되므로 클릭합니다.

이 방법으로 파일을 임포트할 때의 초기 설정을 변경할 수 있습니다. 원래대로 돌아가고자 할 경우에는 버튼의 표시가 Remove from TextureImporter Default로 바뀌므로 다시 한 번 클릭하면 원래로 돌아갑니다.

▶ 변경한 설정 항목을 디폴트 설정으로 지정

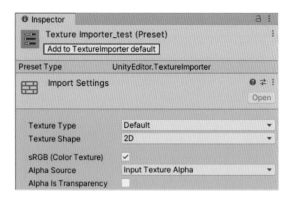

▶ 변경한 설정을 원래대로 돌린다

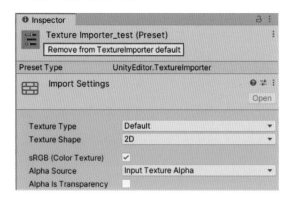

각 모듈의 기능

Main 모듈

슈리켄은 각각 다른 기능을 가진 여러 모듈이 모여서 구성돼 있습니다.
이번 절에서는 이 모듈들에 대해서 설명합니다.

3-1-1 Main 모듈의 개요

Main 모듈은 파티클의 초기 상태를 정의하는 모듈로 중요한 파라미터가 여러 개 포함돼 있습니다.

그렇다고 해서 모듈의 모든 파라미터를 설명하기에는 상당한 분량이 필요하므로 우선 각 파라미터를 간단하게 설명한 후 사용 빈도가 높은 기능과 편리한 기능에 대해 개별적으로 설명하겠습니다.

▶ Main 모듈

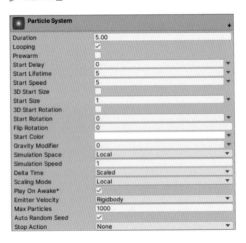

▶ Main 모듈의 설정 항목

파라미터	내용
Duration	파티클 재생 시간을 설정(3-1-2에서 자세히 설명)
Looping	ON으로 설정하면 Duration에서 설정한 값에 다랐을 때 다시 시작해 반복 재생
Prewarm	ON으로 설정하면 파티클이 전체 주기를 이미 한 번 완료한 것처럼 초기화됨. 이 파라미터는 Looping이 ON으로 설정돼 있을 때만 설정 가능
Start Delay	파티클의 발생 시간을 늦춤
Start Lifetime	파티클의 초기 수명을 설정
Start Speed	파티클의 초기 속도를 설정
3D Start Size	ON으로 설정하면 Start Size 항목을 각 축(X축, Y축, Z축)마다 독자적으로 설정 가능
Start Size	파티클 발생 시의 크기를 설정

파라미터	내용
3D Start Rotation	ON으로 설정하면 Start Rotation 항목을 각 축(X축, Y축, Z축)마다 독자적으로 설정 가능
Start Rotation	파티클의 초기 회전 각도를 설정
Flip Rotation	파티클의 회전 방향을 설정
Start Color	파티클 발생 시의 색을 설정(3-1-3에서 자세히 설명)
Gravity Modifier	파티클에 중력을 설정
Simulation Space	파티클을 부모 오브젝트의 로컬 공간에서 애니메이션하도록 할지(Local), 지정한 커스텀 오브젝트를 따라 상대적으로 애니메이션하게 할지(Custom), 월드 공간에서 애니메이션하도록 할지(World) 설정 (3-1-4에서 자세히 설명)
Simulation Speed	파티클의 업데이트 속도를 설정
Delta Time	파티클의 재생 속도를 Time Manager(Edit → Project Settings → Time)의 Time Scale 값에 의존하게 할 것인지 설정. 예를 들어 게임 내에서 일시 정지 상태에서도 재생하고 싶을 경우에는 Unscaled로 설정
Scaling Mode	파티클이 부모의 스케일링을 상속할지 설정(3-1-5에서 자세히 설명)
Play On Awake	오브젝트가 생성될 때 자동으로 파티클을 재생할 것인지 설정
Emitter Velocity	속도 계산 방법을 설정
Max Particles	파티클의 최대 발생 수를 설정
Auto Random Seed	ON으로 설정하면 파티클의 재생 결과가 매번 랜덤하게 변화(3-1-6에서 자세히 설명)
Stop Action	파티클 재생이 종료했을 때의 동작을 설정(3-1-6에서 자세히 설명)

3-1-2 Duraion 파라미터

Duration 파라미터로 파티클 시스템이 실행되는 시간을 설정합니다. Duration 파라미터에 설정된 값 동안 파티클이 재생되며, 루프가 설정돼 있는 경우 Duration 파라미터에 설정한 시간만큼 반복 재생됩니다. 또 Delay 파라미터가 설정돼 있는 경우에는 그만큼 Duration이 늦게 재생됩니다. 다음 그림에서 Duration과 관련된 파라미터를 모아서 정리했습니다.

▶ Duration의 개요

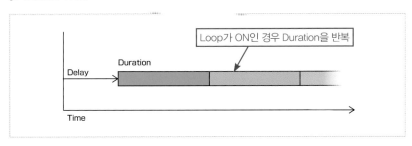

또, 유니티의 애니메이션 창 등에서 사용되는 시간 축과 파티클에서 다루는 시간 축에서 카운트하는 방법이 다르기 때문에 주의해야 합니다. 애니메이션 창에서는 Samples 파라미터(초당 프레임수)가 기본적으로 60으로 설정돼 있습니다. 예를 들면 파티클 시스템의 06초는 애니메이션 창에서는 60× 0.6으로 36번째 프레임에 해당합니다.

▶ 애니메이션 창에서의 시간 설정

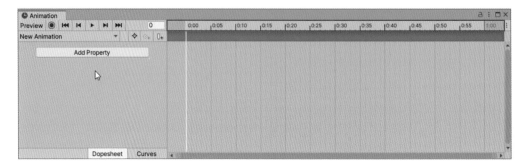

주의할 점으로 설명하긴 했지만 캐릭터 애니메이션에 맞게 파티클을 발생시키는 경우, 애니메이션 이벤트 등을 사용해 발생시키는 경우가 대부분이므로 시간 축의 차이를 의식할 만한 장면은 그렇게 많지 않으리라 생각합니다.

3-1-3 Start Color 파라미터

Start Color의 파라미터로 파티클 생성 시에 색을 설정할 수 있습니다. 여러 가지 설정 방법이 있지만 여기서는 Gradient와 Random Color에 대해 설명합니다. Start Color 파라미터에서 사용하는 Gradient Editor의 사용 방법은 2-2를 참조해 주세요.

▶ Start Color 파라미터의 여러 설정 방법

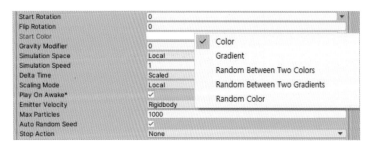

설정 방법에서 Gradient를 지정한 경우 오른쪽 그림과 같은 대화창에서 설정할 수 있습니다. 오른쪽 그림과 같이 설정한 경우 파티클의 색이 청색으로 시작해서 종료에 가까워질수록 빨간색으로 변화합니다.

▶ Gradient 설정 화면

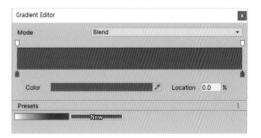

여기서 설정하는 색의 변화는 파티클의 수명에 대한 색의 변화가 아니라 듀레이션(재생시간)에 대한 파티클 색의 변화라는 점에 유의하기 바랍니다.

▶ 파티클 생성 시의 색 변화

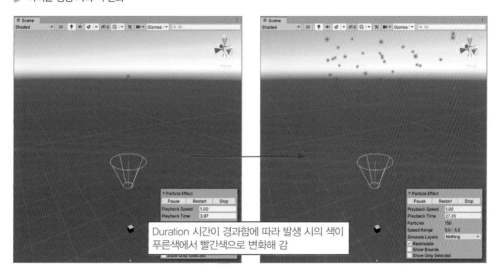

Duration 시간이 경과함에 따라 발생 시의 색이 푸른색에서 빨간색으로 변화해 감

다음으로 Random Color에 대해 알아봅시다. Random Color도 사용하는 대화창은 동일하지만 Random Color는 시간에 따라 색이 변화하는 것이 아니고 설정한 그라데이션의 띠에서 색을 랜덤으로 선택합니다. 여러 색을 동시에 발생시키고자 할 경우에 사용합니다.

▶ Random Color의 설정 화면

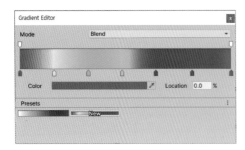

▶ Random Color의 실행 결과, 다양한 색의 파티클이 발생되고 있다

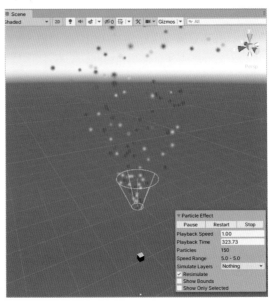

또, 예를 들어 빨간색, 파란색, 하늘색, 보라색 등 특정 색만 랜덤으로 내보내고 싶을 경우에는 Mode 를 Fixed로 설정하면 됩니다.

▶ Random Color, Mode를 Fixed로 설정한 화면

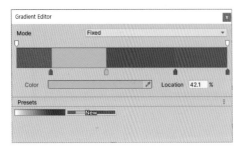

▶ Random Color에서 Mode를 Fixed로 설정한 경우의 실행 결과, 지정한 색만 랜덤으로 선택되어 나타난다

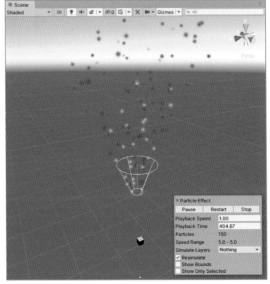

3-1-4 Simulation Space 파라미터

Simulation Space도 중요한 파라미터입니다. 기본값은 Local로 설정돼 있지만 작성할 이펙트의 종류에 따라 변경해야 합니다.

다음 그림은 이동하는 구체의 오브젝트에서 파티클을 발생시키고 있습니다. Simulation Space 파라미터를 왼쪽은 Local로, 오른쪽은 World로 설정하였습니다. Local에서는 구체의 움직임에 맞춰서 파티클이 따라가고 있지만 World로 설정하면 구체의 움직임에 파티클이 함께 따라가지 않고 발생장소에 머무르기 때문에 구체가 움직이는 궤적을 따라 파티클을 남기는 것처럼 보입니다. 구체적인 예로 자동차 등이 달린 뒤에 일어나는 흙먼지 같은 것에 해당한다고 보면 됩니다.

▶ Simulation Space 파라미터를 Local(왼쪽)과 World(오른쪽)로 설정했을 때의 차이

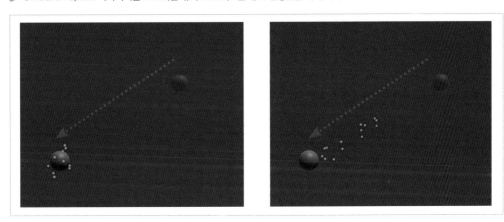

3-1-5 Scaling Mode 파라미터

Scaling Mode 파라미터를 설정하면 부모 오브젝트의 스케일링 상속 방법을 변경할 수 있습니다.

▶ Scaling Mode의 설정 항목

설정 항목	내용
Hierarchy	파티클이 부모 오브젝트의 스케일링을 상속해서 사이즈가 변화
Local	기본값 설정, 파티클은 부모 오브젝트의 스케일을 상속하지 않음
Shape	파티클의 셰이프(Shape 모듈의 Shape 파라미터)의 형태만 부모 오브젝트의 스케일링 영향을 받고, 파티클 자체의 사이즈는 변화하지 않음

다음 그림에서는 부모 오브젝트의 스케일링을 2배로 설정한 경우, 각 모드의 결과가 어떻게 다른지 보여주고 있습니다. 왼쪽부터 Hierarchy, Local, Shape입니다.

Hierarchy에서는 부모 오브젝트의 스케일링이 그대로 상속돼 파티클도 함께 확대됐습니다. Local 에서는 스케일링의 영향을 받지 않아서 크기가 변하지 않았습니다. Shape에서는 Shape 모듈에서 설정한 파티클의 발생 범위의 모양만 영향을 받아서 원추형의 모양만 커지고 파티클 자체는 크기가 변하지 않았습니다.

▶ 부모 오브젝트가 스케일링되었을 때 각 모드의 차이

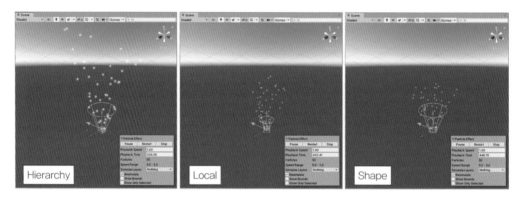

기본값은 Local이지만, 특별히 이유가 없다면 부모 오브젝트의 스케일링을 이어 받도록 Hierarchy 로 설정해 두는 것이 좋습니다. 프리셋 기능을 사용해서 Hierarchy가 초기 설정이 되도록 변경해 둬 도 괜찮습니다.

3-1-6 Auto Random Seed 파라미터와 Stop Action 파라미터

Auto Random Seed 파라미터는 기본값으로 설정돼 있지만 OFF로 하면 Random Seed의 항목 이 표시되므로 값을 설정해서 파티클의 계산 결과를 고정할 수 있습니다. Random Seed의 값을 변 경하면 고정된 결과를 다른 패턴으로 바꿀 수 있습니다. 매번 같은 결과를 얻고 싶은 상황도 의외로 많을 수 있으므로 잘 기억해 두면 좋습니다.

▶ Auto Random Seed를 OFF로 설정했을 때의 화면

Stop Action 파라미터로는 파티클 재생을 종료했을 때의 처리를 설정할 수 있습니다. 이전에는 스크립트로 파티클 시스템의 파괴(Destroy) 처리 등을 작성해야 했지만 Stop Action 파라미터로 슈리켄에서 직접 지정할 수 있게 되어 편리해졌습니다. 이 파라미터는 Loop 파라미터의 체크를 해제했을 때에만 작동합니다.

▶ Stop Action의 설정 항목

설정 항목	내용
None	특별히 어떤 것도 처리하지 않음, 기본값 설정
Disable	재생 종료 후, 파티클을 숨김
Destroy	재생 종료 후, 파티클을 제거
Callback	재생 종료 후, 스크립트로 이벤트를 전송. 재생이 종료되는 시점에 스크립트를 실행하고 싶을 때 사용

▶ 파티클 재생 종료 시 각 모드의 처리가 다름

None으로 설정한 경우
파티클은 Duration이 종료되어도 계속 남음

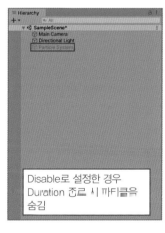

Disable로 설정한 경우
Duration 종료 시 파티클을 숨김

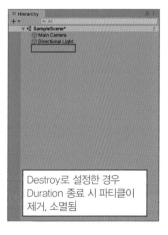

Destroy로 설정한 경우
Duration 종료 시 파티클이 제거, 소멸됨

Emission 모듈과
Shape 모듈

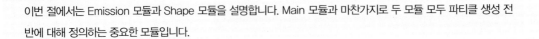

이번 절에서는 Emission 모듈과 Shape 모듈을 설명합니다. Main 모듈과 마찬가지로 두 모듈 모두 파티클 생성 전반에 대해 정의하는 중요한 모듈입니다.

3-2-1 Emission 모듈의 개요

Emission 모듈에서는 파티클의 발생 개수와 발생 타이밍을 상세하게 설정할 수 있습니다.

▶ Emission 모듈

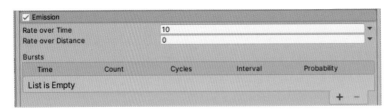

▶ Emission 모듈의 설정 항목

파라미터	내용
Rate over Time	시간에 따라 파티클을 발생시킨다. 만일 10으로 설정하면 1초당 10개의 파티클이 생성된다.
Rate over Distance	파티클의 이동 거리에 따라 파티클을 발생시킨다.(3-2-2에서 자세히 설명)
Bursts	파티클을 정해진 시간에 정해진 개수로 발생시킨다. 반복 횟수도 지정 가능(3-2-3에서 자세히 설명)

3-2-2 Rate over Distance 파라미터

Rate over Time은 시간에 따라 파티클을 생성하는 반면, Rate over Distance는 이동 거리에 따라 파티클을 생성합니다. 따라서 파티클을 생성하는 오브젝트 자체가 이동하지 않고 정지해 있는 경우에는 파티클을 생성하지 않습니다. 사용 예로는 고속으로 날아가는 미사일에서 나오는 연기 등을 떠올릴 수 있습니다.

다음의 그림에서는 고속으로 이동하는 공모양 오브젝트에서 파티클을 생성하고 있습니다. 이 경우 Rate over Time 파라미터를 사용해 파티클을 발생하면 아래에 있는 그림처럼 각 파티클의 간격이 듬성듬성 비게 됩니다. 이는 파티클을 생성하는 시간 간격보다 오브젝트의 이동 거리가 커서 일어나는 현상입니다.

이동 속도가 느릴 때는 Rate over Time으로도 문제 없을지도 모르지만 이런 결과가 나올 경우에는 Rate over Distance를 사용하기 바랍니다.

▶ 고속으로 이동하는 공모양 오브젝트에서 생성된 파티클. 위쪽은 Rate over Distance를 사용, 아래쪽은 Rate over Time을 사용

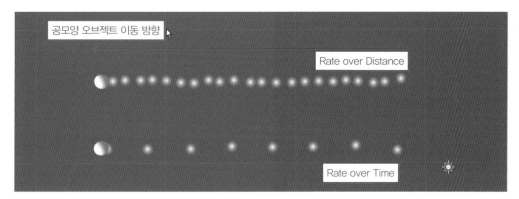

또한 Rate over Distance 파라미터를 사용해서 파티클을 생성할 경우 Main 모듈의 Simlation Space 파라미터를 World로 설정합니다.

3-2-3 Bursts 파라미터

Rate over Time과 Rate over Distance가 시간과 거리에 따라 지속적으로 파티클을 생성하는 반면 Bursts는 정해진 시간에 정해진 양의 파티클을 생성하는 데 사용합니다.

예를 들어 다음 그림과 같이 설정하면 파티클의 재생 시간(Duration)이 0.3초 경과한 시점에서 20개의 파티클을 0.1초마다 3번 생성합니다.

▶ Bursts 파라미터 설성 예

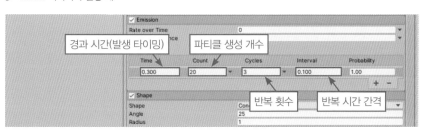

▶ 재생 결과

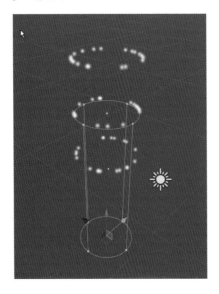

3-2-4 Shape 모듈의 개요

Shape 모듈로는 파티클의 발생 범위를 상세하게 설정할 수 있습니다. 최근 업데이트에서 꽤 많은 파라미터가 추가된 모듈입니다.

▶ Shape 모듈

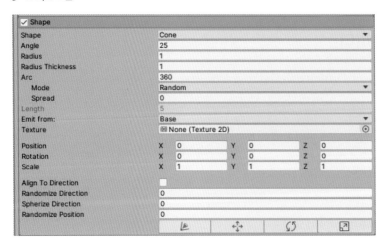

▶ Shape 모듈 설정 항목

파라미터	내용
Shape	파티클 발생 범위의 모양을 설정. 선택한 형상에 따라 Shape 이하의 항목(이전 페이지의 아래에 있는 그림에서는 Angle부터 Emit from:까지)이 변화(3-2-5에서 자세히 설명)
Texture	파티클 발생 범위의 텍스처 컬러와 알파 정보를 참조해서 반영하는 것이 가능(3-2-6에서 자세히 설명)
Position	발생 범위 모양(Shape)의 이동 값을 변경
Rotation	발생 범위 모양(Shape)의 회전 값을 변경
Scale	발생 범위 모양(Shape)의 스케일링을 변경
Align To Direction	발생한 파티클을 진행 방향으로 향하게 함
Randomize Direction	발행한 파티클의 진행 방향을 랜덤으로 설정. 0은 아무런 영향을 미치지 않고, 1은 완전한 랜덤(3-2-7에서 자세히 설명)
Spherize Direction	파티클 방향이 구체 방향이 되도록 블렌드한다. 파티클이 트랜스폼의 중앙을 기준으로 방사형으로 방출된다. 0으로 설정하면 아무런 영향도 미치지 않는다. 1로 설정하면 파티클 방향이 중앙을 기준으로 방사형이 된다. 이는 모양을 구체로 설정했을 때와 똑같이 작동한다(3-2-7에서 자세히 설명)
Randomize Position	파티클의 발생 위치를 랜덤으로 옵셋

3-2-5 Shape 파라미터와 각 모양의 설정 항목

파티클의 발생 범위를 설정하는 Shape 파라미터에는 여러 종류가 있습니다. 그래서 선택한 모양에 따라 설정할 수 있는 파라미터가 바뀝니다. Skinned Mesh Renderer를 선택한 경우 본 애니메이션(bone animation)하고 있는 캐릭터의 메시에서 파티클을 발생시킬 수도 있습니다. 각 모양 모두 다 설명하기에는 양이 많아서 대표적인 모양인 Cone으로 설명합니다.

▶ Shape 파라미터를 Cone으로 설정했을 때의 설정 항목

설정 항목	내용
Angle	Cone의 원뿔 꼭지점의 각도
Radius	Cone의 원형 부분의 반지름
Radius Thickness	파티클을 생성하는 면적의 비율. 0으로 설정하면 바깥 표면에서만 생성되고, 1에 가까워질수록 전체 면적에서 생성
Arc	파티클을 생성하는 면적의 각도. 완전한 원 전체가 아닌 부분적인 원호에서 발생시키고자 하는 경우 사용
Mode	발생 모양의 원. 원호에 대해 파티클이 어떻게 생성되는지를 지정

설정 항목	내용
Spread	파티클끼리의 발생 간격
Speed	Mode에서 Loop, Ping-Pong을 지정한 경우에만 사용 가능. 방출 포지션이 원호를 따라 움직이는 속도
Length	Emit from:을 Volume으로 설정되었을 때에만 적용 가능. Cone의 길이를 설정
Emit from:	파티클의 생성 위치. Base로 설정하면 Cone의 밑바닥 원에서만 생성되고, Volume으로 설정하면 Cone 전체에서 생성

▶ Radius Thickness

▶ Arc   ▶ Length

▶ Emit from:

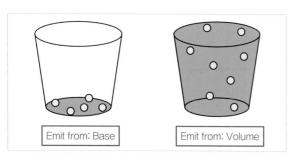

3-2-6 Texture 파라미터

Texture 파라미터를 사용하면 파티클 생성에 대해 좀 더 유연하게 제어할 수 있습니다. 다음 그림의
별모양 텍스처를 예로 설명하겠습니다.

▶ Texture 파라미터에 사용하는 별 텍스처(왼쪽: 컬러, 오른쪽: 알파)

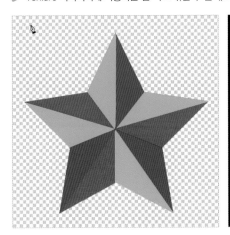

▶ Shape 모듈 설정

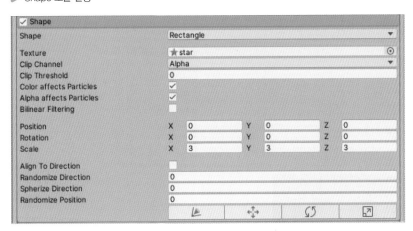

위 그림처럼 Shape 모듈을 설정한 경우 결과
는 오른쪽 그림처럼 됩니다. Color affsects
Particles가 ON으로 돼 있어 파티클이 텍스
처의 컬러 값을 상속하고 있습니다. 또 Alpha
affects Particles가 ON으로 돼 있어 알파 값
도 같은 형태로 상속돼 별모양보다 바깥에 있
는 파티클은 알파 값이 0으로 완전히 투명하게
됩니다.

여기에 Clip Channel을 Red로 설정하고
Clip Threshold(임계값)를 0.8로 설정하면
다음 그림처럼 텍스처의 빨간색 부분에서만 파
티클을 발생시킬 수 있습니다.

▶ Shape 모듈 설정 결과

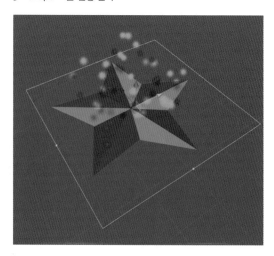

▶ Shape 모듈의 설정과 결과

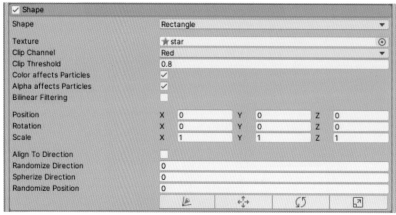

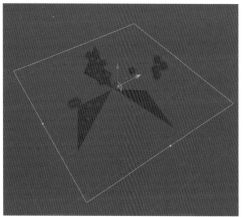

3-2-7 Randomize Direction 파라미터와 Spherize Direction 파라미터

Randomize Direction 파라미터, Spherize Direction 파라미터를 사용하면 파티클 발생 시의 진행 방향에 변화를 줄 수 있습니다. Shape Type에 Box를 지정한 경우 진행 방향의 변화는 아래 그림과 같습니다.

▶ 각 설정에서의 변화

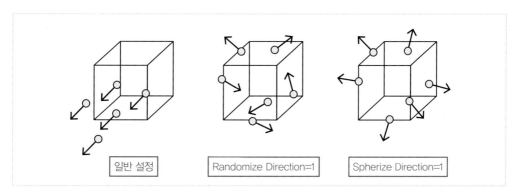

Velocity 계열 모듈

이번 절에서는 파티클의 움직임을 제어하는 Velocity over Lifetime, Limit Velocity over Lifetime, Inherit Velocity, Force over Lifetime 4개 모듈을 설명합니다.

3-3-1 Velocity over Lifetime 모듈의 개요

Velocity over Lifetime 모듈을 사용해 파티클의 속도를 조정할 수 있습니다. Unity 2018.1 버전 업데이트로 선회하는 움직임(Orbital)을 간단하게 설정할 수 있게 되었습니다.

▶ Velocity over Lifetime 모듈

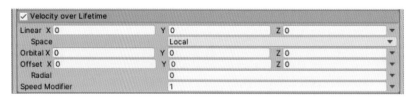

▶ Velocity over Lifetime 모듈의 설정 항목

파라미터	내용
Linear	축마다 파티클의 속도를 설정
Space	Linear 축이 로컬 좌표와 월드 좌표 중에서 어느 쪽을 참조할지 설정
Orbital	파티클에 선회하는 듯한 움직임을 설정
Offset	궤도를 따라 파티클을 회전시키기 위한 궤도의 중앙 포지션
Radial	중앙 포지션에서 멀어지거나 가까워지는 파티클의 방사성 속도
Speed Modifier	파티클이 현재 이동하는 방향 주위를 따라 파티클의 속도에 멀티플라이어를 적용

Orbital 파라미터를 사용하면 선회 운동을 간단하게 설정할 수 있어 토네이도 같은 소용돌이 모양의 움직임을 간단하게 만들 수 있습니다. Radial 파라미터로 선회의 반경을, Speed Modifier 파라미터로 선회의 속도를 조정합니다.

▶ 이전 버전에서는 어려웠던 소용돌이 움직임을 간단하게 설정 가능

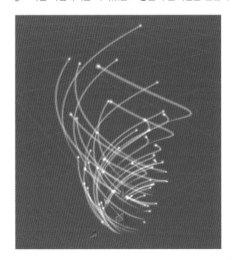

3-3-2 Limit Velocity over Lifetime 모듈의 개요

Limit Velocity over Lifetime 모듈을 사용하면 파티클 속도의 감쇠를 제어할 수 있습니다. 예를 들어 파티클 발생 시의 초기 속도를 빠르게 해서 터질 듯한 움직임을 설정하고, 어느 정도 진행된 곳에서 감쇠시켜 움직임을 느리게 할 수 있습니다.

▶ Limit Velocity over Lifetime 모듈

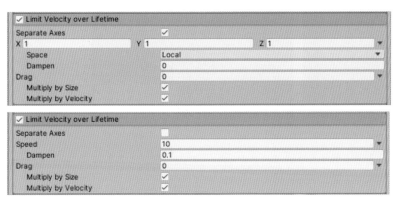

▶ Limit Velocity over Lifetime 모듈의 설정 항목

파라미터	내용
Separate Axes	ON으로 하면 축마다 파티클의 속도를 제어 가능
X, Y, Z	축마다 파티클의 속도를 제한
Space	제한 속도가 로컬 좌표와 월드 좌표 중에서 어느 쪽을 참조할지 설정

Speed	설정한 값으로 파티클의 속도를 제한
Dampen	파티클의 속도가 감소되는 비율, 0이면 OFF로 됨
Drag	파티클에 중력을 적용
Multiply by Size	ON으로 하면 파티클 크기가 클수록 Drag 파라미터의 영향 정도가 커짐
Multiply by Velocity	ON으로 하면 파티클의 속도가 빠를수록 Drag 파라미터의 영향 정도가 커짐

Multiply by Size 파라미터를 ON으로 할 경우 사이즈가 큰 파티클일수록 Drag 파라미터의 영향을
받기가 쉽습니다. 아래 그림은 상승하는 파티클에 Drag를 적용한 모습입니다.

▶ Multiply by Size 파라미터가 OFF일 때와 ON일 때

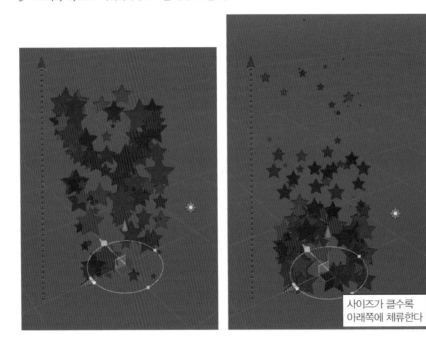

조금 복잡하긴 하지만 ON으로 설정하면 사이즈가 큰 파티클일수록 Drag가 강하게 영향을 미쳐 아
래쪽에 머물러 있다고 이해하면 됩니다.

3-3-3 Inherit Velocity 모듈의 개요

Inherit Velocity 모듈을 사용해서 부모 오브젝트의 이동 속도를 어느 정도 상속할지, 그리고 그
상속 방법은 어떻게 할지를 지정할 수 있습니다. 이 모듈은 Main 모듈에서 Simulation Space가
World로 설정돼 있을 때에만 유효합니다.

▶ Inherit Velocity 모듈

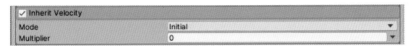

▶ Inherit Velocity 모듈의 설정 항목

파라미터	항목
Mode	부모 오브젝트의 속도를 상속하는 방법 지정
Multiplier	부모 오브젝트의 속도를 상속하는 비율

Mode 파라미터에서는 속도 상속 방법을 Current나 Initial로 선택할 수 있습니다.

▶ Mode 파라미터의 설정 항목

파라미터	내용
Current	항상 부모 오브젝트의 속도를 참조
Initial	파티클 발생 시에만 부모 오브젝트의 속도를 상속

3-3-4 Force over Lifetime 모듈의 개요

Velocity over Lifetime 모듈과 비슷하지만 Velocity over Lifetime이 파티클 자체의 스피드를 정의하는 것에 반해, Force over Lifetime 모듈은 외부의 힘(바람 같이 바깥에서부터 가해지는 힘)을 정의합니다.

▶ Force over Lifetime 모듈

▶ Force over Lifetime 모듈의 설정 항목

파라미터	내용
X, Y, Z	축마다 파티클에 적용되는 힘(외력)을 설정
Space	힘이 로컬 좌표와 월드 좌표 중에서 어느 쪽을 참조할지 설정
Randomize	Two Constants 또는 Two Curves 모드를 사용한 경우 프레임마다 설정한 범위 내에서 값이 랜덤으로 설정된다

Color 계열 모듈

3-4

이번 절에서는 파티클의 색을 설정하는 Color over Lifetime 모듈과 Color by Speed 모듈을 설명합니다.

3-4-1 Color over Lifetime 모듈의 개요

Color over Lifetime 모듈을 사용하면 파티클의 수명에 따라 색을 조정할 수 있습니다. 이 모듈은 Gradient Editor를 사용해 색을 설정합니다.

▶ Color over Lifetime 모듈

▶ Color over Lifetime 모듈의 설정 항목

파라미터	내용
Color	파티클의 수명에 따라 색과 알파 설정

▶ 색을 설정할 때 사용하는 Gradient Editor

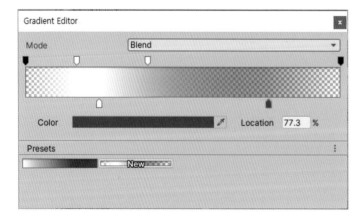

Gradient Editor의 사용 방법은 2-2를 참조해 주세요.

3-4-2 Color by Speed 모듈의 개요

Color by Speed 모듈을 사용하면 파티클의 속도를 참조해서 색을 설정할 수 있습니다. 파티클의 속도가 감소함에 따라 색을 변경하고자 할 때 사용합니다.

▶ Color by Speed 모듈

▶ Color by Speed 모듈의 설정 항목

파라미터	항목
Color	파티클의 속도에 따라 색과 알파 설정
Speed Range	위의 Color 파라미터가 참조하는 최댓값과 최솟값을 설정

다음 그림은 정지화면이라 설명하기가 조금 힘들긴 합니다만 방사형 모양으로 고속 방출되는 파티클의 속도를 Limit Velocity over Lifetime으로 줄이고 있습니다. 그리고 Color by Speed 모듈을 이용해 속도가 빠른 경우에는 빨간색으로, 속도가 감소해감에 따라 파란색으로 변화하도록 설정하고 있습니다.

▶ Color by Speed 모듈의 사용 결과. Start Speed는 5로 설정

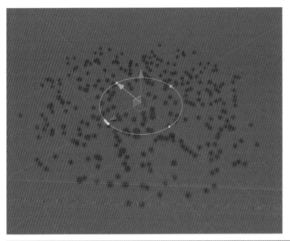

Size 모듈과
Rotation계열 모듈

3-5

이번 절에서는 파티클의 크기와 회전을 제어하는 Size over Lifetime, Size by Speed, Rotation over Lifetime, Rotation by Speed 4가지 모듈을 설명합니다.

3-5-1 Size over Lifetime 모듈의 개요

Size over Lifetime, Size by Speed, Rotation over Lifetime, Rotation by Speed 4가지 모듈은 기본적으로 3-4에서 설명한 Color over Lifetime, Color by Speed 모듈과 사용법이 동일한 파라미터이므로 상세한 설명은 생략하겠습니다.

Size over Lifetime 모듈을 사용해 파티클의 수명에 따라 사이즈를 제어할 수 있습니다.

▶ Size over Lifetime 모듈

▶ Size over Lifetime 모듈의 설정 항목

파라미터	내용
Separate Axes	ON으로 하면 축마다 파티클 사이즈 설정 가능
Size	파티클의 수명에 따라 사이즈를 설정

3-5-2 Size by Speed 모듈의 개요

파티클의 속도를 참조해서 사이즈를 변경할 수 있습니다.

▶ Size by Speed 모듈

▶ Size by Speed 모듈의 설정 항목

파라미터	내용
Separate Axes	ON으로 하면 축마다 파티클 사이즈 설정 가능
Size	파티클 속도에 따라 사이즈를 설정
Speed Range	파티클이 참조하는 최댓값과 최솟값을 설정

3-5-3 Rotation over Lifetime 모듈의 개요

Rotation over Lifetime 모듈을 사용해 파티클의 수명에 따라 회전 속도를 제어할 수 있습니다.

▶ Rotation over Lifetime 모듈

▶ Rotation over Lifetime 모듈의 설정 항목

파라미터	내용
Separate Axes	ON으로 하면 축마다 파티클의 회전 속도 설정 가능
Angular Velocity	파티클 수명에 따라 회전 속도를 설정

3-5-4 Rotation by Speed 모듈의 개요

파티클의 속도를 참조해서 회전 속도를 변경할 수 있습니다.

▶ Rotation by Speed 모듈

▶ Rotation by Speed 모듈의 설정 항목

파라미터	내용
Separate Axes	ON으로 하면 축마다 파티클의 회전 속도를 설정 가능
Angular Velocity	파티클의 속도에 따라 회전 속도를 설정
Speed Range	Angular Velocity 파라미터가 참조하는 최댓값과 최솟값을 설정

Noise 모듈과 External Forces 모듈

이번 절에서는 파티클에 노이즈의 움직임을 추가하는 Noise 모듈과 External Forces 모듈에 대해 설명합니다.

3-6-1 Noise 모듈의 개요

Noise 모듈을 사용하면 파티클에 터뷸런스 노이즈(난기류와 같은 움직임)를 추가할 수 있습니다.

▶ Noise 모듈

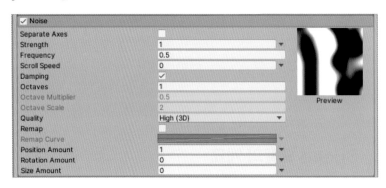

▶ Noise 모듈의 설정 항목

파라미터	내용
Separate Axes	ON으로 하면 축마다 노이즈의 강도를 설정 가능
Strength	노이즈의 강도 설정
Frequency	노이즈의 주파수. 주파수가 클수록 세밀해지고 파티클이 자잘하게 움직이는 듯한 동작이 된다
Scroll Speed	노이즈를 이동해서 애니메이션시킨다. Quality의 설정에 따라 결과가 달라진다
Damping	ON으로 하면 노이즈의 속도를 유지하면서 Frequency를 변경 가능. OFF로 한 경우 노이즈의 스피드는 Frequency에 의존
Octaves	노이즈의 레이어 수. 값이 클수록 복잡한 노이즈를 얻을 수 있지만 부하가 올라간다
Octave Multiplier	Octaves를 2 이상으로 설정한 경우에 활성화. 두 번째 이후 노이즈 레이어의 강도 영향
Octave Scale	Octaves를 2 이상으로 설정한 경우에 활성화. 두 번째 이후 노이즈 레이어의 주파수에 영향

Quality	노이즈의 품질을 설정. Quality를 높게 설정하면 할수록 복잡한 움직임이 되지만 부하가 커진다
Remap	노이즈맵의 리맵을 실행할지 설정
Remap Curve	Remap이 ON인 경우 이 파라미터에서 커브를 사용해 노이즈맵을 리맵
Position Amount	파티클의 위치에 대한 노이즈의 영향 범위를 설정
Rotation Amount	파티클의 회전에 대한 노이즈의 영향 범위를 설정
Size Amount	파티클의 사이즈에 대한 노이즈의 영향 범위를 설정

Noise 모듈은 설정 항목이 많지만 Preview 화면을 보며 결과를 확인해 가면서 작업할 수 있어서 조정하기 쉽습니다. 오른쪽에 파라미터를 변경했을 때의 Preview 화면의 변화를 게재해 두었습니다.

▶ Strength 파라미터의 설정에 따른 Preview 화면의 변화

▶ Frequency 파라미터의 설정에 따른 Preview 화면의 변화

▶ Remap 커브 설정에 따른 Preview 화면의 변화

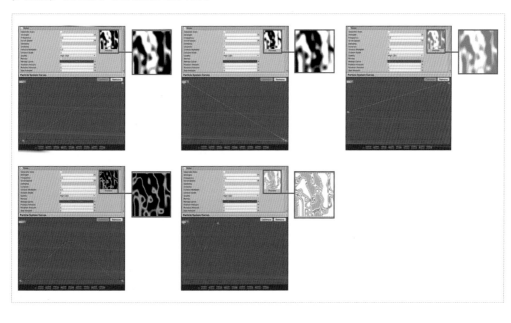

3-6-2 External Forces 모듈의 개요

External Forces 모듈을 사용하면 파티클에 Wind Zone 효과를 추가할 수 있습니다. Wind Zone
은 유니티의 Tree 에디터 등에서 작성한 나무들을 바람으로 흔드는 기능인데 이 바람의 힘을 파티클
에도 적용할 수 있는 기능입니다.

▶ External Forces 모듈

☑ **External Forces**	
Multiplier	1

▶ External Forces 모듈의 설정 항목

파라미터	항목
Multiplier	Wind Zone의 강도를 조정

위의 내용은 유니티 2018.2 버전까지
해당되는 내용으로 오랫동안 별 쓸모가
없었던 External Forces 모듈이지만
유니티 2018.3에서 새롭게 Particle
System Force Field 컴포넌트가 추가
되었습니다. Particle System Force
Field 컴포넌트를 사용하면 씬 내에 작
용하는 힘이 미치는 범위를 배치할 수
있습니다. 예를 들어 오른쪽 그림은 씬
에 Particle System Force Field를
배치하고 박스 모양으로 설정한 것입
니다.

▶ Particle System Force Field 컴포넌트를 배치

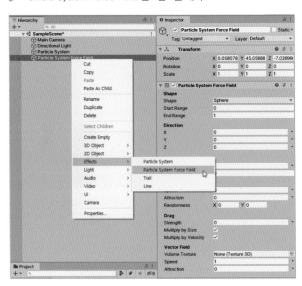

이 상태에서 파티클의 External Forces
모듈을 ON으로 하면 오른쪽 그림처럼
Particle System Force Field 컴포넌트
의 박스 내에 들어 온 파티클에만 Drag
(감쇠) 효과가 작용하여 움직임이 정체됩
니다. 그 밖에 자석처럼 중심으로 끌어 당
기는 듯한 재미있는 움직임을 설정할 수도
있습니다.

▶ Particle System Force Field 컴포넌트가 파티클에 작용

Particle System Force Field
박스 내에 들어온 파티클에만
Drag가 적용되고 있다.

Collision 모듈과 Trigger 모듈

이번 절에서는 파티클이 다른 오브젝트와 충돌할 때의 움직임을 설정하는 Collision 모듈과 지정한 오브젝트와 트리거 판정을 실시하는 Trigger 모듈을 설명합니다.

3-7-1 Collision 모듈의 개요

Collision 모듈을 설정하면 파티클이 다른 오브젝트와 충돌할 때의 움직임을 상세하게 지정할 수 있습니다.

▶ Collision 모듈

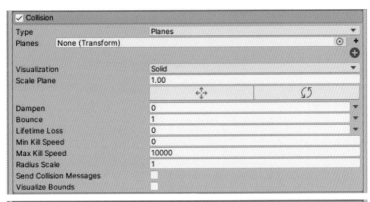

▶ Collision 모듈의 설정 항목

파라미터	내용
Type	파티클의 충돌에 사용하는 모드를 지정할 수 있다. Planes로 설정하면 충돌용의 가상 평면을 사용. World로 설정하면 실제로 씬에 배치되는 오브젝트를 사용
Mode	Type 파라미터에서 World로 설정했을 때만 선택 가능. 2D나 3D 선택
Planes	Type 파라미터에서 Plane로 설정했을 때만 선택 가능. 충돌에 사용하는 평면을 복수로 지정 가능
Visualization	충돌에 사용하는 평면의 가시화 방법. Grid나 Solid 중에서 선택
Scale Plane	충돌에 사용하는 평면의 사이즈를 지정
Dampen	충돌 후에 파티클을 감속시키는 힘. 마찰 같은 것
Bounce	충돌 후에 파티클의 튀어오르는 크기(바운드)를 지정
Lifetime Loss	충돌할 때마다 파티클의 수명을 줄이는 계수
Min Kill Speed	충돌 후에 설정 값보다 느린 파티클을 제거
Max Kill Speed	충돌 후에 설정 값보다 빠른 파티클을 제거
Radius Scale	파티클 충돌 구체의 반지름을 설정. Visualize Bounds 파라미터를 ON으로 하면 구의 범위 확인 가능
Collision Quality	충돌 판정의 정밀도를 설정
Collides With	여기서 지정한 레이어와만 파티클이 충돌 판정을 한다
Max Collision Shapes	파티클과의 충돌 계산에 사용되는 오브젝트의 최대 수. 최대 수를 넘은 오브젝트는 계산에서 제외
Enable Dynamic Colliders	ON으로 하면 파티클이 동적 오브젝트와의 충돌 계산을 실행한다
Collider Force	파티클과 충돌한 오브젝트에 힘을 가한다
Multiply by Collision Angle	충돌 오브젝트에 힘을 가할 때 충돌 시의 각도를 고려
Multiply by Particle Speed	충돌 오브젝트에 힘을 가할 때 파티클의 속도를 고려
Multiply by Particle Size	충돌 오브젝트에 힘을 가할 때 파티클의 크기를 고려
Send Collision Messages	ON으로 하면 파티클이 충돌할 때 스크립트에 이벤트를 보낼 수 있음
Visualize Bounds	ON으로 하면 파티클의 충돌 범위를 가시화할 수 있음

많은 파라미터가 있지만 자주 사용하는 것은 오브젝트에 충돌한 파티클의 움직임을 제어하는 파라미터로, 마찰(미끌림)을 조정하는 Dampen과 반동(튀어오름)을 조정하는 Bounce입니다. 충돌한 파티클을 제거하고 싶을 때에는 Lifetime Loss, Min Kill Speed, Max Kill Speed 등을 사용해 조정합니다.

▶ Bounce와 Dampen

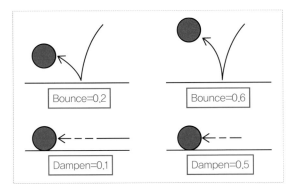

3-7-2 Trigger 모듈의 개요

Trigger 모듈은 파티클과 콜라이더(Collider)로 설정된 오브젝트 사이에서의 행동에 대해 정의합니다. 예를 들어 Collider로써 구(球) 오브젝트를 지정한 경우, 구의 안쪽에 있는 파티클만 소멸시킬 수 있습니다. 또, 판정에 사용하는 오브젝트의 콜라이더 컴포넌트에서 Is Trigger 파라미터가 ON으로 설정된 경우에만 동작합니다.

▶ Trigger 모듈

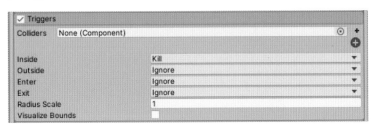

▶ Trigger 모듈의 설정 항목

파라미터	내용
Colliders	파티클과의 트리거 판정에 사용하는 컴포넌트를 지정
Inside	파티클이 Colliders의 내부에 있을 때의 동작을 정의
Outside	파티클이 Colliders의 외부에 있을 때의 동작을 정의
Enter	파티클이 Colliders에 들어왔을 때의 동작을 정의
Exit	파티클이 Colliders에서 빠져나왔을 때의 동작을 정의
Radius Scale	파티클의 충돌 범위를 조정
Visualize Bounds	ON으로 하면 Scene 뷰에서 파티클의 충돌 범위를 확인할 수 있다

각 행동(설정값)으로는 Ignore(무시, 사용안함), Kill(파티클을 파기), Callback(콜백이 발생, 스크립트와 연계하여 지시 도출)의 3가지 종류가 있습니다.

예를 들면 오른쪽 그림에서는 정육면체 오브젝트를 Collider로 지정하고 Inside를 Kill로 설정하여 정육면체의 안쪽에 있는 파티클이 파기됐습니다.

▶ Trigger 모듈 사용예

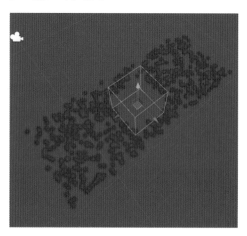

3-8

Sub Emitter모듈과
Texture Sheet Animation 모듈

이번 절에서는 조건에 따라 파티클에서 파티클을 생성할 수 있는 SubEmitter 모듈과 텍스처 애니메이션 전반을 설정하는 Texture Sheet Animation 모듈을 설명합니다.

3-8-1 Sub Emitter 모듈의 개요

Sub Emitter 모듈은 파티클에 조건을 설정하고 그 조건이 만족될 경우 별도의 파티클을 생성합니다. 예를 들어 파티클A가 수명이 다해 파괴될 때 그 위치에서 파티클B를 생성할 수 있습니다. 불꽃놀이 같이 쏘아올려서 터지는 효과에 최적입니다.

또, 파티클B를 생성할 때 부모 파티클A의 사이즈와 색, 수명 등을 상속할 수도 있습니다. 속도의 상속에 관해서는 Inherit Velocity 모듈을 사용합니다.

▶ Sub Emitter 모듈

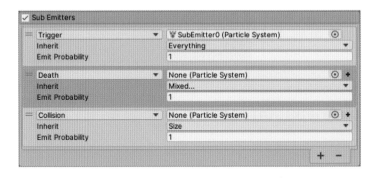

▶ 발생 조건(Sub Emitter 모듈의 설정 항목)

피리미디	내용
Birth	부모 파티클이 살아있는 동안 계속 생성된다
Collision	부모 파티클이 충돌했을 때 생성
Death	부모 파티클이 파괴됐을 때 생성
Trigger	Trigger 모듈이 ON 상태이고 파티클이 Trigger 모듈의 조건(Kill, Callback)을 만족했을 때 생성
Manual	스크립트에서의 액세스로 생성

▶ Inherit(Sub Emitter 모듈의 설정 항목)

파라미터	내용
Nothing	생성 시에 부모 파티클로부터 요소를 하나도 상속하지 않는다
Everything	생성 시에 부모 파티클로부터 모든 요소(컬러, 사이즈, 회전, 수명)를 상속하고, 자식 파라미터의 값과 곱셈
Color	생성 시에 부모 파라미터 컬러를 상속하고 자식 파티클의 컬러와 곱셈
Size	생성 시에 부모 파티클의 사이즈를 상속하고 자식 파티클의 사이즈와 곱셈
Rotation	생성 시에 부모 파티클의 회전 값을 상속하고 자식 파티클의 회전 값과 곱셈
Lifetime	생성 시에 부모 파티클의 경과 수명을 계승하고 자식 파티클의 수명과 곱셈. 또, 발생 조건 Death에서 상속한 경우 부모의 남은 수명이 0 이므로 아무것도 생성되지 않음

예를 들어, 다음 그림처럼 날아가는 불덩어리에서 발생하는 연기와 불꽃 등 다양한 상황에 응용 가 능합니다.

▶ SubEmitter의 사용 예

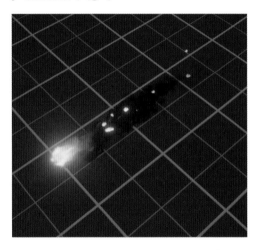

3-8-2 Texture Sheet Animation 모듈의 개요

Texture Sheet Animation 모듈을 사용하면 텍스처 시트의 재생이나 아 틀라스화된 텍스처에서 일부분만 사 용할 수 있습니다.

▶ Texture Sheet Animation 모듈

✓ Texture Sheet Animation		
Mode	Grid	
Tiles	X 2	Y 2
Animation	Whole Sheet	
Time Mode	Lifetime	
Frame over Time		
Start Frame	0	
Cycles	1	
Affected UV Channels	Everything	

▶ Texture Sheet Animation 모듈의 설정 항목

파라미터	내용
Mode	텍스처를 타일 분할해서 사용할지, 스프라이트를 사용할지 선택 가능
Tiles	텍스처 애니메이션 분할 수를 세로 방향과 가로 방향으로 지정
Animation	텍스처 애니메이션 재생 방식을 지정. Whole Sheet(하나로 이어서 재생) 또는 Single Row(행마다 재생) 두 가지가 있다
Random Row	Animation 파라미터에서 Single Row를 선택했을 때만 설정 가능. 파티클 발생 시에 각 행 중에서 랜덤으로 1행만 선택해서 애니메이션을 재생
Frame over Time	텍스처 애니메이션으로 사용할 범위를 지정
Start Frame	텍스처 애니메이션을 시작하는 프레임을 지정
Cycles	텍스처 애니메이션의 반복 횟수를 지정
Enables UV Channels	어느 UV 채널에 텍스처 애니메이션 설정이 반영되는지 지정. 단일 채널밖에 사용하지 않는 경우 디폴트 설정인 채로도 문제가 없다

Texture Sheet Animation 모듈의 구체적인 설정 예를 몇 가지 들어 보겠습니다.

다음 그림은 가로 8분할, 세로 8분할, 합계 64 프레임의 폭발 애니메이션을 재생할 때의 설정 예입니다. Flip U 파라미터에 값 0.5를 넣어 50%의 확률로 텍스처가 수평 방향으로 반전하고 폭발을 여러 번 발생시켰을 때 동일하게 보이는 것을 막아 줍니다. Flip 파라미터는 Unity 2018.4에서는 Renderer 모듈로 파라미터가 이동하였습니다.

▶ 폭발 애니메이션 텍스처의 설정 예

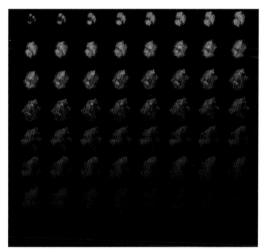

▶ 실행 결과

다음 페이지의 그림은 4개의 프레임에 각각 개별의 연기 텍스처가 배치된 경우입니다. Frame over Time 파라미터를 Random Between Two Constant로 설정하고, 4개의 프레임 중에서 1장만 랜덤으로 뽑아서 설정하고 있습니다.

▶ 연기를 랜덤으로 선택하는 설정 예

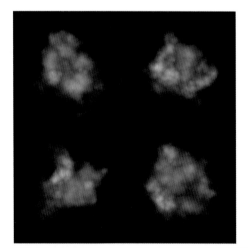

▶ 실행 결과

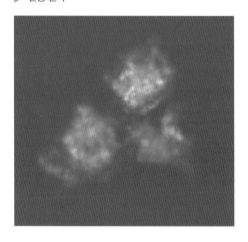

각 행마다 다른 애니메이션이 설정돼 있는 경우는 Animation 파라미터에서 Single Row를 선택해서 행마다 애니메이션을 재생할 수 있습니다. 다음 그림에서 Whole Sheet와 Single Row의 차이를 알 수 있습니다.

▶ Animation 파라미터 설정에 따른 재생 순서의 차이

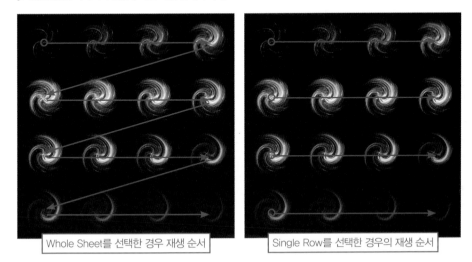

이처럼 각 행마다 재생하고 싶은 경우는 Single Row를 사용합니다. 다음 예에서는 행마다 다른 연기 애니메이션이 배치돼 있습니다.

▶ 연기를 행마다 랜덤으로 선택하고 애니메이션을 재생하는 설정 예

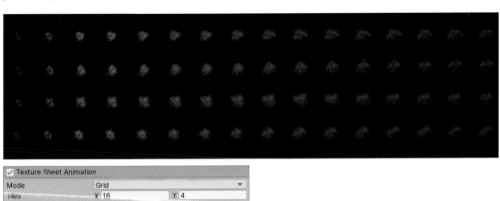

▶ 실행 결과

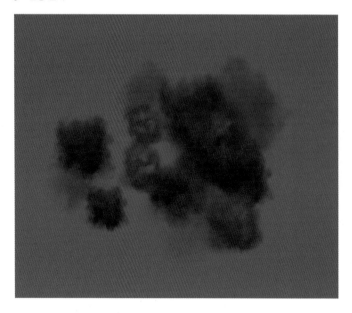

Light 모듈과 Trail 모듈

이번 절에서는 파티클에 불빛을 추가하는 Light 모듈과 불빛의 자취을 추가하는 Trail 모듈의 기능을 설명합니다.

3-9-1 Light 모듈의 개요

파티클에 불빛을 추가하고 조정하는 모듈입니다. 주변의 환경에 불빛으로 영향을 끼쳐 리얼리티를 크게 높이지만 불빛의 최대 수가 증가할수록 부하가 커지므로 한정적으로 사용해야 합니다.

▶ Light 모듈

✓ Lights	
Light	💡 Point Light (Light) ⊕
Ratio	0
Random Distribution	✓
Use Particle Color	✓
Size Affects Range	✓
Alpha Affects Intensity	✓
Range Multiplier	1 ▼
Intensity Multiplier	1 ▼
Maximum Lights	20

▶ Light 모듈의 설정 항목

파라미터	내용
Light	생성하는 빛을 지정
Ratio	파티클마다 빛이 생성될 확률을 지정
Random Distribution	Ratio 파라미터에서 지정한 확률에 근거하여 빛이 생성된다. OFF일 경우 일정 간격마다(예: 파티클 5개당 등) 생성. ON일 경우에는 발생 간격이 랜덤으로 결정
Use Particle Color	ON으로 하면 빛의 색에 파티클의 색을 배합한다
Size Affects Range	ON으로 하면 빛의 범위에 파티클의 크기를 곱한다
Alpha Affects Intensity	ON으로 하면 빛의 투명도에 파티클의 투명도를 곱한다
Range Multiplier	빛의 영향 범위를 파티클의 수명에 따라 조정
Intensity Multiplier	빛의 밝기를 파티클의 수명에 따라 조정
Maximum Lights	생성할 빛의 최대 수

Light 모듈을 사용하면 오른쪽 그림처럼 지면에도 빛이 맞닿아 보여 파티클의 발광 표현을 조금 더 사실적으로 표현할 수 있습니다. 하지만 이처럼 하나하나의 파티클에 빛을 추가하는 방식은 부하를 높여 그다지 권하지는 않습니다.

▶ Light 모듈을 사용한 발광 표현의 예

3-9-2 Trail 모듈의 개요

Trail 모듈을 사용하면 파티클에 궤적 같은 효과를 추가할 수 있습니다. Trail 모듈을 사용할 경우에는 파티클의 머티리얼과는 별도로 트레일용 머티리얼을 설정해야 합니다.

▶ Trail 모듈

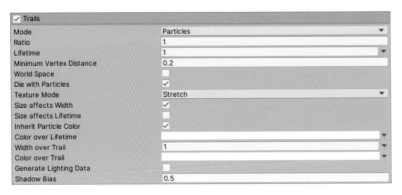

▶ Trail 모듈의 설정 항목

파라미터	내용
Mode	궤적의 생성 모드를 Particles과 Ribbon에서 선택 가능
Ratio	파티클마다 궤적이 생성되는 확률을 지정
Lifetime	궤적의 수명을 설정
Minimum Vertex Distance	궤적의 정점이 생성되는 간격. 값이 크면 각이 진 모양으로 된다

World Space	ON으로 하면 게임 오브젝트의 움직임이 궤적에 반영된다. Main 모듈의 Simulation Space 와 동일한 효과
Die with Particle	파티클이 사망한 경우 동시에 궤적도 삭제
Texture Mode	텍스처의 궤적에 투영 방법을 지정
Size affects Width	궤적의 폭에 파티클의 Start Size 파라미터 값을 곱한다
Size affects Lifetime	궤적의 폭에 Size over Lifetime 모듈의 값을 곱한다
Inherit Particle Color	파티클 컬러 정보를 승계하여 현재 궤적의 컬러에 배합시킨다
Color over Lifetime	궤적의 컬러를 수명에 따라 변경
Width over Trail	궤적의 폭을 지정
Color over Trail	궤적에 색과 그라데이션 설정
Generate Lighting Data	ON으로 하면 법선과 접선을 포함한 트레일 지오메트리가 생성됨

Trail 모듈을 사용하여 간단하게 파티클에서 궤적을 만들 수 있습니다.

 Trail 모듈의 예

Renderer 모듈과
Custom Data 모듈

이번 절에서는 파티클의 외형을 좌우하는 Renderer 모듈과 Custom Vertex Streams에서 독자적인 파라미터를 사용할 때 이용할 수 있는 Custom Data 모듈에 대해 설명하겠습니다.

3-10-1 Renderer 모듈의 개요

Renderer 모듈에는 파티클의 타입이나 표시 순서 설정 등 중요한 파라미터가 다수 있습니다. 특히 중요도가 높은 파라미터에 대해서는 개별적으로 설명해 갈 것입니다.

▶ Renderer 모듈

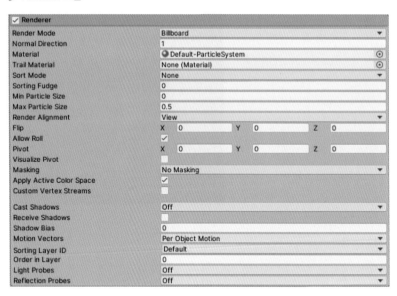

▶ Renderer 모듈의 설정 항목

파라미터	내용
Render Mode	사용할 빌보드의 타입 또는 메시를 지정 (3-10-2에서 자세히 설명)
Camera Scale	Render Mode에서 Stretched Billboard 선택 시 설정 가능. 카메라 움직임 방향으로 파티클이 뻗어 나간다
Speed Scale	Render Mode에서 Stretched Billboard 선택 시 설정 가능. 파티클의 진행 방향으로 파티클이 뻗어 나간다. 뻗어 나가는 길이는 속도에 비례함
Length Scale	Render Mode에서 Stretched Billboard 선택 시 설정 가능. 파티클의 진행 방향으로 파티클이 뻗어 나간다. 속도에 관계 없이 일정
Mesh	Render Mode에서 Mesh 선택 시 설정 가능. 사용할 메시 지정
Normal Direction	빌보드 사용 시의 법선 방향. 1은 카메라 방향, 0은 스크린 중심
Material	파티클에서 사용할 머티리얼 지정
Trail Material	트레일로 사용할 머티리얼 지정. Trail 모듈이 OFF이면 화면에 반영되지 않는다
Sort Mode	파티클이 그려지는 순서 지정 방법(3-10-3에서 자세히 설명)
Sorting Fudge	이펙트 내에 있는 여러 파티클 시스템의 정렬 순서를 지정. 값이 작을수록 앞에 표시된다. 마이너스 값도 사용 가능
Min Particle Size	Render Mode가 Billboard일 경우에만 유효. 뷰포트 비율로 표시되는 파티클의 최소 크기
Max Particle Size	Render Mode가 Billboard일 경우에만 유효. 뷰포트 비율로 표시되는 파티클의 최대 크기. Main 모듈의 Start Size를 변경하여도 크기가 커지지 않을 경우 이 값을 크게 설정한다
Render Alignment	파티클의 방향을 설정(3-10-4에서 자세히 설명)
Enable GPU Instancing	GPU 인스턴스를 유효하게 한다
Pivot	파티클 회전 중심의 피봇 위치 조정
Visualize Pivot	파티클 피봇 위치를 가시화
Masking	Sprite Mask 기능을 파티클에도 적용 가능
Custom Vertex Streams	ON으로 하면 Custom Vertex Streams 기능을 사용할 수 있다. Custom Vertex Streams에 대한 설명은 2-4를 참조
Cast Shadows	파티클 그림자의 유효, 비활성, 생성 방법을 지정
Receive Shadows	파티클 자신에게 다른 오브젝트의 그림자를 투영할지 여부 설정
Motion Vectors	모션 벡터 적용 방법을 지정
Sorting Layer	정렬하는 레이어의 이름이 표시된다
Order in Layer	레이어 표시 순서. 값이 클수록 앞에 표시된다
Light Probes	라이트 프로브의 파티클 적용 방법
Reflection Probes	리플렉션 프로브의 파티클 적용 방법

3-10-2 Render Mode 파라미터

Render Mode 파라미터를 변경함으로써 파티클의 모양에 변화를 줄 수 있습니다.

▶ Render Mode 파라미터의 설정 항목

파라미터	내용
Billboard	디폴트 설정. 카메라에 대해서 항상 정면을 향하는 빌보드로서 파티클을 묘사. 파티클의 방향은 Render Alignment 파라미터로 변경 가능
Stretched Billboard	파티클이 진행 방향에 대해 속도에 비례하여 늘어나고 줄어듬
Horizontal Billboard	지면(XY 평면)에 대하여 항상 평행한 파티클을 묘사
Vertical Billboard	파티클이 XZ 평면에 대하여 평행하게 묘사된다
Mesh	빌보드 대신 메시 오브젝트를 파티클로 생성
None	아무것도 묘사하지 않는다. Trail 모듈을 사용할 때 트레일만 묘사하고자 하는 경우나 Light 모듈을 사용했을 때 라이트만 묘사하고자 하는 경우 등에 사용된다

Stretched Billboard를 사용할 경우 텍스처 방향에도 주의가 필요합니다. Stretched Billboard 사용 시에는 다음 그림과 같이 텍스처의 왼쪽 방향이 파티클 진행 방향과 일치하게 됩니다.

▶ Stretched Billboard 사용 시 텍스처 방향 (왼쪽 : 사용한 텍스처, 가운데 : Type이 Billboard일 때, 오른쪽 : Type이 Stretched Billboard일 때)

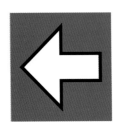
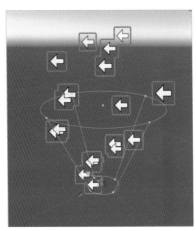
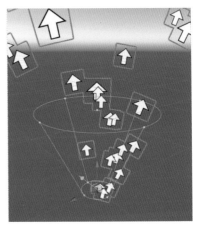

Renderer 모듈의 각 파라미터에 대해서는 실제로 값을 변경하면서 확인해 보는 것이 이해하기 쉬울 때도 많으므로 실제 사례 제작에서 다양한 패턴, 사용 예를 소개하겠습니다.

3-10-3 **Sort Mode 파라미터**

Sort Mode 파라미터를 사용하면 하나의 파티클 시스템 내에서 각 파티클의 표시 순서를 조정할 수 있습니다.

▶ Sort Mode 파라미터의 설정 항목

파라미터	내용
None	디폴트 설정. 특별히 변경하지 않는다
By Distance	파티클의 카메라로부터의 거리에 따라 파티클의 표시 순서를 바꾼다
Oldest in Front	발생 후 경과 시간이 긴 파티클일수록 앞에 표시된다
Youngest in Front	발생 후 경과 시간이 짧은 파티클일수록 앞에 표시된다

오른쪽 그림은 각 파라미터를 비교한 예입니다. Shape를 Circle로 설정하고 Color over Lifetime 모듈에서 수명에 따라 파티클 색상이 빨강에서 파랑으로 바뀌도록 설정했습니다.

Distance로 설정한 경우 카메라로부터의 거리에 따라 표시 순서가 정리돼 있는 것을 알 수 있습니다. 맨 아래 그림의 Youngest in Front에서는 발생 후 경과 시간이 짧은(빨간색) 파티클이 앞쪽에 표시돼 있습니다. 또 Oldest in Front에서는 그 반대로 발생 후 경과 시간이 긴(파란색) 파티클이 앞쪽에 표시돼 있습니다.

파티클이 겹쳐 모양새가 좋지 않은 경우 이 파라미터를 한번 세크해 봅시다.

▶ 각 Sort Mode의 사용 예

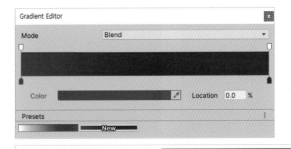

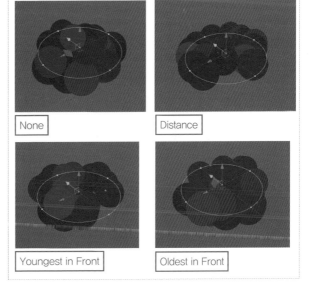

3-10-4 Render Alignment 파라미터

Render Alignment 파라미터 설정을 변경함으로써 빌보드의 방향을 바꿀 수 있습니다.

▶ Render Alignment 파라미터의 설정 항목

파라미터	내용
View	디폴트 설정. 모든 파티클 빌보드가 카메라의 투영면을 향해 있다
World	빌보드가 월드축에 따라 표시됨
Local	빌보드가 로컬축(오브젝트의 회전축)에 따라 표시됨
Facing	빌보드가 카메라 오브젝트의 위치로 향한다
Velocity	빌보드 면이 진행 방향으로 향한다

▶ 각 Render Alignment의 사용 예

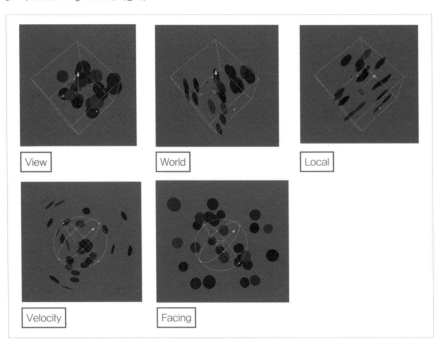

Velocity는 파티클의 진행 방향으로 향한다는 점에서 Stretched Billboard와 동일하지만 Streched Billboard는 면 자체가 카메라 쪽을 향하고, Velocity는 면이 진행 방향을 향합니다. 문장으로 설명해서는 알기 어렵기 때문에 실제로 설정해서 차이점을 확인해 보는 것이 좋습니다.

이 다섯 가지 설정 중 View와 Facing 은 둘 다 카메라 방향으로 향하는 것이 어서 똑같다고 생각할 수 있지만 오른쪽 그림과 같은 차이점이 있습니다.

▶ View(파란색)와 Facing(빨간색)으로 설정한 경우의 차이

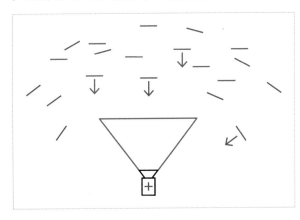

View로 설정했을 때에는 카메라의 투 영면 쪽으로 파티클의 빌보드가 향하기 때문에 화면의 중앙과 가장자리 어느 곳 에서도 빌보드 각도의 차이가 나지 않습 니다. 이와 달리 Facing으로 설정했을 때는 빌보드가 카메라 오브젝트의 중심

(그림에서 빨간색 십자가 부분)을 향하기 때문에 중앙과 가장자리에서 빌보드 각도에 차이가 납니다.

3-10-5 Custom Data 모듈의 개요

Custom Data 모듈은 특수한 모듈로 Renderer 모듈의 Custom Vertex Streams 파라미터를 ON 으로 해서 Custom 항목을 추가하고 셰이더 내에서 적절하게 설정해 두어야 비로소 기능합니다.

▶ Custom Data 모듈

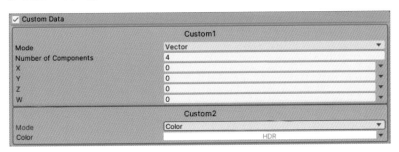

▶ Custom Data 모듈 설정 항목

파라미터	내용
Mode	커스텀 데이터의 데이터형을 Color와 Vector에서 지정 가능
Number of Components	Mode에서 Vector를 선택해야만 지정 가능. 벡터 값의 수(X,Y,Z,W, 최대 수 4)를 설정
Color	Mode에서 Color를 선택해야만 지정 가능. 이 컬러 지정에서는 HDR 컬러를 사용할 수 있음

자세한 사용법은 나중에 실제 사례 제작 부분에서 얘기하겠지만 Vector와 Color의 각 항목에 대해
이름을 붙일 수 있습니다. X, Y, Z, W라고 하는 초기 설정의 이름이라면 셰이더 내의 어떤 파라미터
에 대해 작용하는 항목인지 알기 어려우므로 사용할 때는 이름을 붙여두면 좋습니다.

▶ 커스텀 데이터의 각 항목 이름을 변경 가능

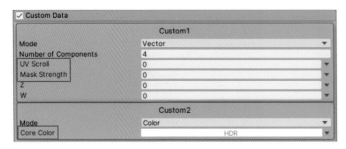

04

기본적인
이펙트 제작

4-1 춤추며 올라가는
나뭇잎 이펙트 제작

이번 장에서는 실제 제작을 통해 슈리켄의 기능을 접해 보면서 스킬을 습득하는 것을 목표로 합니다. 이펙트 제작에는 슈리켄에서 파티클을 제작하는 것 외에도 텍스처 작성, 모델 작성, 셰이더 제작 등 다양한 공정이 있습니다.

4-1-1 프로젝트의 생성과 임포트

우선 4장의 데이터를 임포트하기 위한 프로젝트를 새로 생성합니다. 프로젝트의 생성에는 Unity Hub를 사용하므로 유니티 공식 페이지에서 내려받아 설치해 두기 바랍니다.(https://unity3d.com/kr/get-unity/update).

▶ 공식 페이지에서 Unity Hub 다운로드

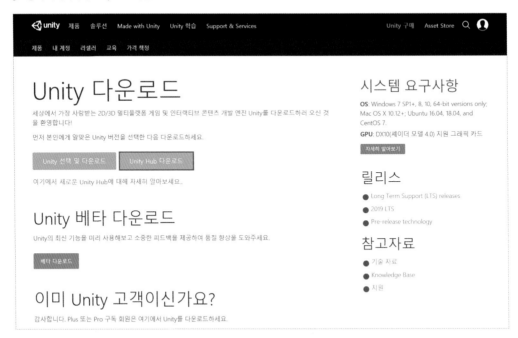

Unity Hub는 유니티의 프로젝트를 관리하는 툴로 Unity Hub에서는 새로운 프로젝트를 생성하거나, 버전이 다른 유니티의 설치와 제거를 관리할 수 있습니다.

이제 Unity Hub를 시작하고 새로운 프로젝트를 생성합니다. 화면 왼쪽에 있는 메뉴에서 [프로젝트] 메뉴를 선택한 다음 화면 오른쪽 위에 있는 [새로 생성] 버튼을 클릭합니다. 프로젝트 이름, 저장 위치를 설정하고 [생성] 버튼을 클릭합니다. 프로젝트 이름과 저장 위치는 자유롭게 설정해도 좋지만 유니티 버전은 2020.1을 사용하고, 템플릿은 3D를 선택해 주세요. Unity2020.1이 설치되지 않은 경우 왼쪽 메뉴에서 [설치] 메뉴를 선택한 다음 화면 오른쪽 위에 있는 [추가] 버튼을 클릭합니다. Unity 버전 추가에서 버전을 선택하면 설치 가능합니다.

▶ Unity Hub 프로젝트 생성 화면

▶ Unity 2020.1을 설치

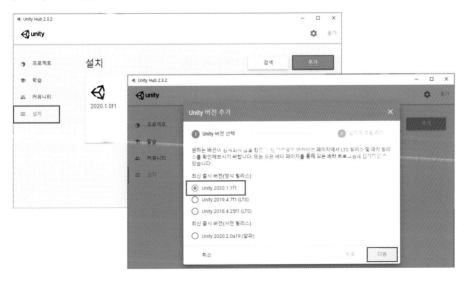

프로젝트를 생성했다면 다음으로 이번 장에서 사용할 데이터를 가져옵니다. 이번 장에서는 미리 준비한 간단한 머티리얼을 이용하여 슈리켄의 기능만 사용해 몇 가지 이펙트를 만들어 보겠습니다.

예제 폴더에 있는 Lesson04_Data.unitypackage를 유니티의 Project 뷰로 드래그 앤 드롭해 가져옵니다. 이 파일에는 이번 장에서 필요한 머티리얼과 텍스처 등의 데이터가 포함돼 있습니다.

▶ 예제 폴더에 있는 unitypackage 가져오기

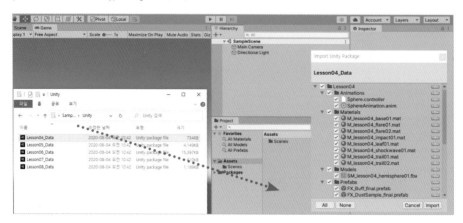

이번 나뭇잎 이펙트에서는 사용하지 않지만 에셋 스토어에서 캐릭터 에셋을 내려받고 임포트해 둡니다. 이 에셋은 나중에 4-3에서 사용합니다. 에셋 스토어에서 kyle로 검색[1]하면 아래 에셋을 찾을 수 있습니다.

▶ Space Robot Kyle 에셋

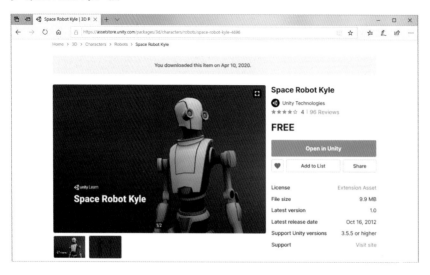

이 에셋은 무료입니다. 이 로봇 캐릭터 Space Robot Kyle을 내려받은 다음 프로젝트로 임포트(가져오기)해 둡니다.

4-1-2 나뭇잎 머티리얼의 적용과 각도의 조정

자, 이제 바로 제작에 들어가 보겠습니다. 우선 Hierarchy 뷰에서 빈 공간을 마우스 오른쪽 버튼으로 클릭한 다음 Create Empty를 선택하고 이펙트의 바탕이 되는 루트 오브젝트를 생성합니다. 단축키는 [Ctrl] + [Shift] + [N]입니다. (macOS 단축키는 [command] + [shift] + [N]입니다).

▶ 신규 오브젝트 생성

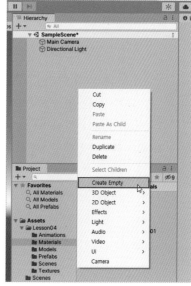

이름을 FX_Leaf로 변경하고 Transform 컴포넌트를 다음 그림처럼 설정하여 원점에 배치합니다.

▶ 생성한 오브젝트의 값 설정

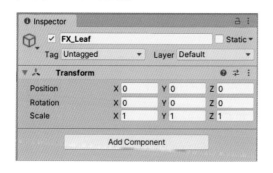

▶ Transform 컴포넌트

파라미터	값		
Position	X:0	Y:0	Z:0
Rotation	X:0	Y:0	Z:0
Scale	X:1	Y:1	Z:1

앞으로 특별히 언급하지 않으면 이펙트의 루트 오브젝트는 이동 값 '0', 회전 값 '0', 스케일 값 '1'로 원점에 배치하는 것으로 합니다.

다음으로 Hierarchy 뷰에서 FX_Leaf를 마우스 오른
쪽 버튼으로 클릭한 다음 Effect → Particle System
을 선택해 파티클을 생성합니다. 이 경우 FX_Leaf의
자식으로 생성됩니다. 생성된 파티클의 이름을 leaf01
로 변경합니다.

▶ 파티클 시스템을 FX_Leaf의 자식으로 생성

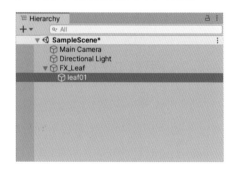

이 시점에서 Hierarchy 뷰의 FX_Leaf를 Project 뷰
의 Assets/Lesson04/Prefabs로 드래그 앤 드롭해서
프리팹을 만들어 둡니다. 프리팹을 작성해 두면 언제
든지 Project 뷰에서 씬에 배치해서 사용할 수 있게 됩
니다.

▶ 드래그 앤 드롭해서 프리팹을 작성

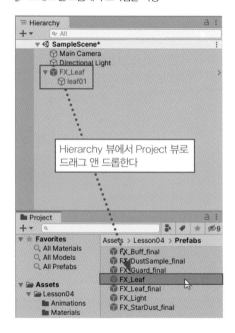

다음으로 leaf01을 선택하고 머티리얼을 적용합니다. 머티리얼은 최초에 임포트한 Lesson04/
Materials 폴더 내의 M_lesson04_leaf01.mat을 사용합니다. leaf01의 Renderer 모듈을 펼쳐서
Materials 파라미터 아무 곳에 M_lesson04_leaf01.mat을 드래그 앤 드롭합니다.

▶ 머티리얼을 적용

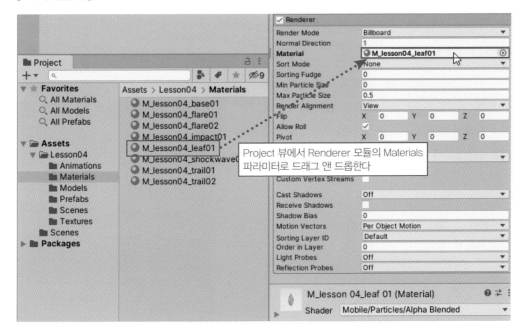

혹은 Materials 파라미터 오른쪽 단에 있는 작은 [◉] 기호 아이콘을 클릭하면 Select Material 창이 열리므로 그곳에서 머티리얼을 선택해도 됩니다.

▶ Select Material 창에서 머티리얼을 선택

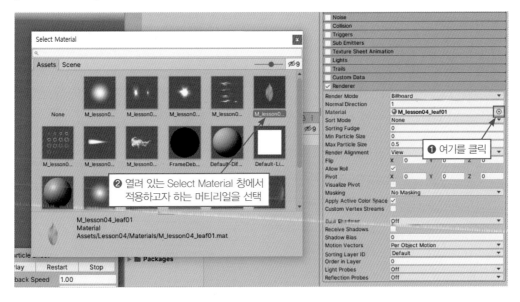

외형은 나뭇잎이 되었지만 머티리얼을 적용했을 뿐이므로 나뭇잎이 모두 똑같은 각도로 날리고 있는
모습뿐입니다. Shape 모듈과 Renderer 모듈, Main 모듈을 조정해서 나뭇잎을 랜덤한 각도로 바꿔
봅시다.

우선 Transform의 Rotation X에 '−90'을 입력하고 위
로 향한 나뭇잎이 나오는 것처럼 조정합니다. 다음으로
Shape 모듈을 열어 Angle 파라미터를 '0', Radius를 '3'
으로 설정합니다.

▶ Transform 컴포넌트

파라미터	값	값	값
Rotation	X:−90	Y:0	Z:0

▶ Shape 모듈

파라미터	값
Angle	0
Radius	3

▶ Transform과 Shape 모듈 설정

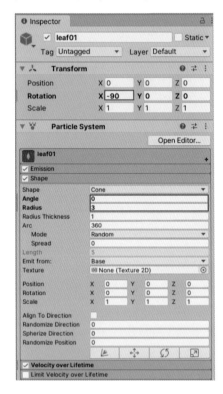

다음으로 Renderer 모듈의 Render Alignment를
View에서 Local로 변경합니다. 이제 모두 카메라 방향
으로 향하던 나뭇잎의 각도를 로컬 공간에서 제어할 수
있게 됩니다.

▶ Renderer 모듈

파라미터	값
Render Alignment	Local

▶ Render Alignment 를 View에서 Local로 변경

아울러 Main 모듈의 Start Rotation 파라미터를 조정해서 나뭇잎을 생성할 때의 방향을 랜덤으로
설정합니다. 우선 3D Start Rotation 파라미터에 체크해 축마다 독립적으로 값을 편집할 수 있도록
변경합니다. 그다음 Start Rotaion 파라미터 오른쪽 단에 있는 역삼각형 모양의 아이콘을 클릭하고
Random Between Two Constants를 선택해서 랜덤한 회전 값을 설정합니다.

▶ 값의 설정 방법을 선택

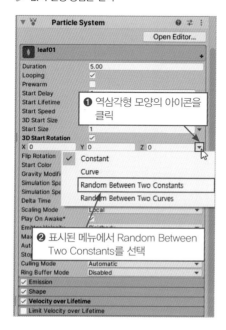

▶ Start Rotation 파라미터 설정

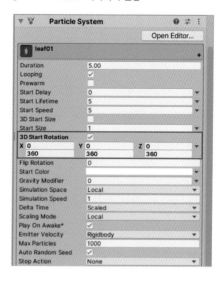

▶ Main 모듈

파라미터		값
3D Start Rotation		체크
X:0	Y:0	Z:0
X:360	Y:360	Z:360

▶ 지금까지 설정 결과

4-1-3 나뭇잎의 크기와 수명 설정

나뭇잎마다 랜덤하게 각도를 설정하였으므로 다음으로 크기, 수명, 초기 속도의 파라미터 등을 설정하겠습니다. Main 모듈을 열고 오른쪽 그림처럼 파라미터를 변경합니다. 이때 Start Lifetime, Start Speed, Start Size 세 개의 파라미터 모두 파라미터 오른쪽 단에 있는 역삼각형 모양의 아이콘을 클릭하고 Between Two Constants를 선택해야 합니다.

▶ Main 모듈의 설정을 변경

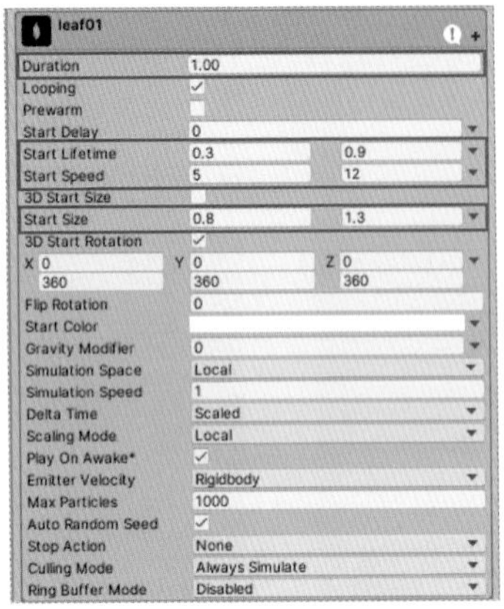

▶ Main 모듈

파라미터	값	
Duration	1.00	
Start Lifetime	0.3	0.9
Start Speed	5	12
Start Size	0.8	1.3

점점 상승해 가는 나뭇잎을 빙글빙글 회전시키기 위해 Rotation over Lifetime 모듈도 조정합니다. Start Rotation 때와 마찬가지로 우선 Separate Axes에 체크해 각 축을 독립적으로 설정할 수 있도록 한 후에 값을 설정해 주세요.

▶ Rotation over Lifetime 모듈의 설정을 변경

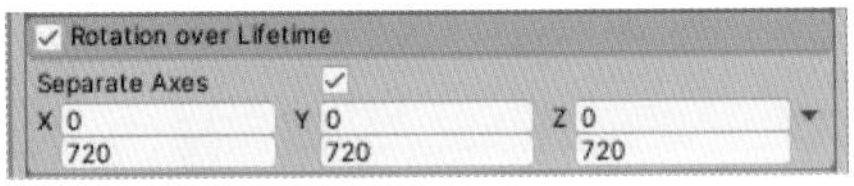

▶ Rotation over Lifetime 모듈

파라미터	값		
Separate Axes	체크		
	X:0	Y:0	Z:0
	X:720	Y:720	Z:720

또 Emission 모듈의 Rate over Time을 100으로 설정해 나뭇잎의 발생 수를 늘려 봅시다.

▶ Emission 모듈의 설정 변경

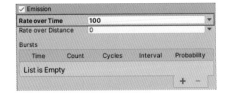

▶ Emission 모듈

파라미터	값
Rate over Time	100

회전하면서 상승하는 나뭇잎이 완성됐습니다. 이와 더불어 나뭇잎이 선회하는 움직임을 더해 보고자 합니다. 이전 버전의 유니티에서는 선회하는 움직임을 설정하기가 어려웠지만, Unity 2018부터 Velocity 모듈이 업데이트돼서 손쉽게 선회하는 움직임을 추가할 수 있게 됐습니다. Velocity over Lifetime 모듈을 확장하고, 다음 그림처럼 설정합니다.

▶ Velocity over Lifetime 모듈의 설정

☑ Shape			
☑ **Velocity over Lifetime**			
Linear X 0	Y 0	Z 0	▼
Space	Local		▼
Orbital X 0	Y 0	**Z 5**	▼
Offset X 0	Y 0	Z 0	▼
Radial	0		▼
Speed Modifier	1		▼

▶ Velocity over Lifetime 모듈

파라미터	값		
Orbital	X:0	Y:0	Z:5

이 책에서 설정한 파라미터 값은 어디까지나 참고용이 므로 직접 값을 적용해보면서 자연스러운 움직임을 찾 아 봅시다.

지금까지의 설정으로 회오리처럼 선회하면서 상승하 는 나뭇잎의 움직임을 완성했습니다. 마지막으로 Size over Lifetime 모듈을 사용해서 나뭇잎의 크기를 조 정해 봅시다. 오른쪽 그림처럼 설정 방법에서 Curve를 선택한 후 값을 설정해 주세요.

▶ Size over Lifetime 모듈의 Size 파라미터 설정

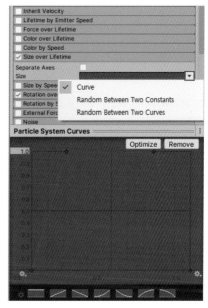

발생할 때부터 점점 커지다가 수명이 다할 때가 가까워 지면서 점점 작아지는 움직임을 완성했습니다. 현실 세 계에서는 있을 수 없는 일이지만 게임 이펙트에서는 짧 은 시간에 발생에서 소실까지의 과정을 표현해야 하기 때문에 이와 같이 스케일링을 사용해 표현하거나 알파 를 사용해 서서히 파티클을 지워가는 기법이 자주 사용 됩니다.

▶ 최종 결과

날아 올라가는 나뭇잎 이펙트는 이것으로 완성되었습니다. 마지막으로 Hierarchy 뷰에서 FX_Leaf를 선택하고 Inspector에서 Prefab 오른쪽에 있는 Overrides를 선택한 다음 Apply All 버튼을 눌러 변경 사항을 프리팹에 반영시킵니다.

▶ Apply 버튼을 눌러 프리팹을 갱신

이번 제작에서는 아래 4가지 요소에 대해 배웠습니다.

- 기본적인 파라미터의 설정 방법

- 랜덤한 파라미터의 설정 방법

- Velocity over Lifetime 모듈을 사용한 선회하는 움직임의 설정 방법

- 프리팹의 등록과 갱신

4-2 유성 이펙트 제작

이번 절에서는 4-1에서 작성한 나뭇잎 이펙트와 마찬가지로 상승하는 듯한 움직임의 유성 이펙트를 제작합니다. 유성 이펙트를 제작해 봄으로써 텍스처 애니메이션, 서브에미터, 트레일, 라이트의 기본적인 설정 방법을 익힐 수 있습니다.

4-2-1 유성 파티클 설정

4-1에서 학습용 데이터를 임포트했으므로 이 데이터를 사용해 제작을 진행하겠습니다. 우선 완성된 버전을 확인해 봅시다.

Project Assets/Lesson04/Scene 폴더 내에서 Lesson 04-2_FX_StarDust_final.scene을 열고 Hierarchy 뷰에서 FX_StarDust_final을 선택합니다. Scene 뷰에서 오른쪽 그림의 이펙트가 재생되는 모습을 볼 수 있습니다.

다음으로 유성 이펙트 제작에 들어가기 전에 파티클의 재생 구조에 대해 잠시 살펴보겠습니다. Hierarchy 뷰에서 FX_DustSample_final을 선택하면 오른쪽 그림처럼 적색, 청색, 녹색 3가지 종류의 입자가 상승하는 이펙트가 씬 뷰에서 재생됩니다.

▶ 유성 이펙트의 완성 버전을 확인

▶ FX_DustSample_final을 선택해서 재생

다음으로 FX_DustSample_final의 자식 요소인 dust_red를 선택해 주세요. 이 경우에도 dust_red의 빨간 파티클이 단독으로 재생되는 것이 아닌 이펙트 전체가 재생됩니다.

다음은 부모 오브젝트 FX_DustSample_final에서 Particle System 컴포넌트를 제거해 보겠습니다. Particle System 컴포넌트 오른쪽 끝에 있는 톱니바퀴 모양의 아이콘을 클릭하고 표시된 메뉴에서 Remove Component를 선택합니다.

제거한 상태에서 FX_DustSample_final을 선택하면 이펙트가 재생되지 않고, 자식 요소를 선택하면 해당 파티클만 단독으로 재생됩니다.

이처럼 부모 오브젝트에 Particle System 컴포넌트가 적용돼 있는지 없는지에 따라 이펙트 재생 방법이 달라집니다. 이 책에서는 대부분의 경우 루트 오브젝트에 Particle System 컴포넌트를 적용하고 있습니다.

다만 루트 오브젝트에 파티클을 적용하기만 하더라도 디폴트 파티클이 재생돼 버리므로 오른쪽 그림처럼 모든 모듈의 체크를 해제합니다. 이 책에서는 이를 더미 파티클이라고 부릅니다(공식 명칭은 아님).

▶ FX_DustSample_final에서 Particle System 컴포넌트를 제거

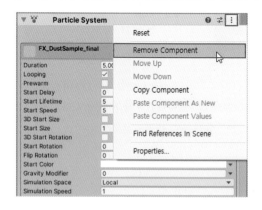

▶ 루트 오브젝트 파티클은 모든 모듈의 체크를 해제한다

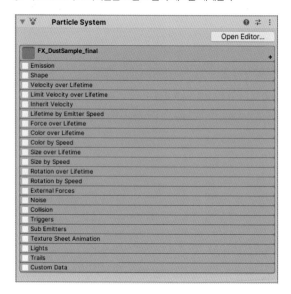

앞으로 이 책에서 '더미 파티클을 설정한다'라고 쓰여 있을 경우 Particle System 컴포넌트를 설정하고, 모든 모듈에서 체크를 해제하는 일련의 작업을 실행해 주세요.

완성 버전인 FX_StarDust_final은 씬에서 보이지 않게 숨기거나, 씬에서 제거해도 문제 없습니다.

이제 유성 이펙트를 생성하겠습니다. Hierarchy 뷰의 빈 곳을 마우스 오른쪽 버튼으로 클릭한 다음 Create Empty를 선택해서 신규 게임 오브젝트를 생성합니다. 단축키는 [Ctrl] + [Shift] + [N]입니다. 앞으로도 계속 반복돼서 나오는 작업이므로 가능하면 단축키를 사용해 생성하는 방법을 권합니다.

Transform을 원점으로 설정하고 이름을 FX_StarDust로 변경합니다. FX_StarDust를 선택한 상태로 마우스 오른쪽 버튼을 클릭하고 Effect → Particle System을 선택합니다. FX_StarDust의 자식으로 생성된 파티클의 이름을 star01이라고 명명합니다(이것도 원점으로 설정합니다).

다음으로 FX_StarDust에 앞서 설명한 더미 파티클의 설정을 실행해 주세요.

설정했다면 FX_StarDust를 선택하고 Project 뷰의 Assets/Lesson04/Prefabs 폴더 내로 드래그 앤 드롭해서 프리팹으로 만듭니다.

이 책에서는 루트 오브젝트를 작성할 때 신규 게임 오브젝트 생성 → Particle System 컴포넌트 추가 → 더미 파티클로 설정하는 순서로 진행하지만, 처음부터 신규 파티클 시스템 생성 → 더미 파티클을 설정하는 순서로 진행해도 무방합니다.

▶ 드래그 앤 드롭해서 프리팹을 작성

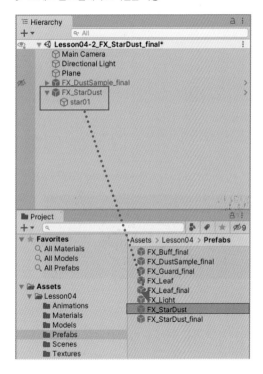

다음으로 머티리얼을 적용하고 텍스처 애니메이션을 설정하겠습니다. star01 Renderer 모듈의 Materials 파라미터에 M_lesson04_flare01.mat 머티리얼을 적용하고 Texture Sheet Animation 모듈에 체크한 후 진행해 나갑니다.

▶ M_lesson04_flare01.mat 머티리얼을 적용

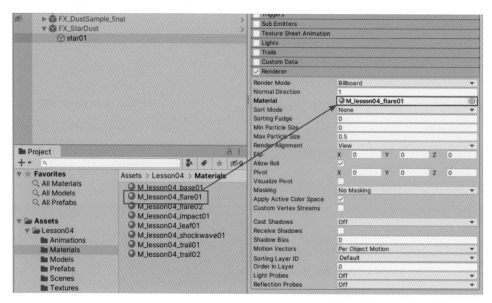

다음 그림을 참고해서 Texture Sheet Animation 모듈을 설정합니다.

▶ 텍스처 화면과 Texture Sheet Animation 모듈의 설정

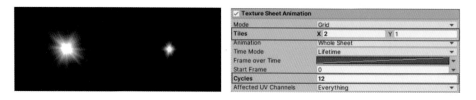

Cycles 파라미터의 값을 12로 설정한 것에 주목해 주세요. 이것은
파티클의 수명 내에서 애니메이션이 12회 재생된다는 것을 의미합니
다. 이번에는 심플한 2 프레임의 애니메이션이기 때문에 사이클 수를
늘림으로써 짧은 수명주기를 늘리면 연속해서 애니메이션이 재생되
고, 결과적으로 반짝반짝 불이 켜졌다 꺼졌다 하는 듯한 모습을 얻을
수 있습니다.

▶ Texture Sheet Animation 모듈

파라미터	값	
Tiles	X:2	Y:1
Cycles	12	

현재는 아직 Start Lifetime 파라미터의 값이 기본값인 5로 돼 있어서 Main 모듈을 조정해서 불이
켜졌다 꺼졌다하는 듯한 모양을 만듭니다. 다음 페이지의 그림과 같이 Main 모듈의 값을 변경합니다.
Start Color 파라미터의 설정 방법은 Random Color를 선택해 주세요.

▶ Main 모듈의 설정

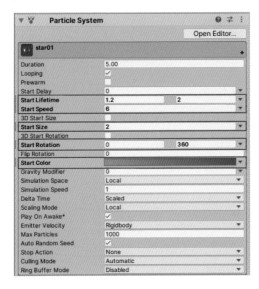

▶ Main 모듈

파라미터	값	
Start Lifetime	1.2	2
Start Speed	6	
Start Size	2	
Start Rotation	0	360
Start Color	아래 그림 참조	

▶ Start Color 파라미터의 설정

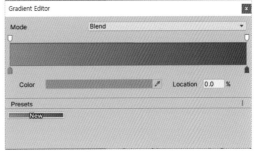

아울러 Emission 모듈, Shape 모듈,

Velocity over Lifetime 모듈을 변경해서 Transform 컴포넌트의 회전 값을 수정해 봅시다. 기본적으로는 4-1의 나뭇잎 이펙트와 비슷한 설정이므로 설명을 생략하겠지만, Velocity over Lifetime 모듈의 Radial 파라미터는 값을 변경함으로써 선회하면서 바깥쪽으로 퍼져가는 움직임이나 안쪽으로 수축해 가는 움직임을 설정할 수 있습니다. 아래 화면 이외의 파라미터 값도 입력해 보고 움직임의 변화를 확인해 보세요.

▶ Transform 컴포넌트 설정

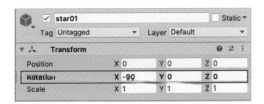

▶ Transform 컴포넌트

파라미터	값		
Rotation	X:-90	Y:0	Z:0

▶ 각 모듈의 설정

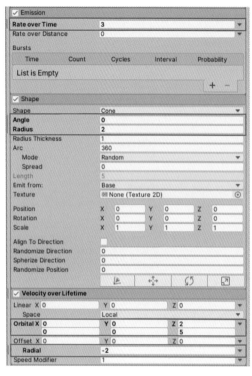

▶ Emission 모듈

파라미터	값
Rate over Time	3

▶ Shape 모듈

파라미터	값
Angle	0
Radius	2

▶ Velocity over Lifetime 모듈

파라미터	값		
Orbital	X:0	Y:0	Z:2
	X:0	Y:0	Z:5
Radial	−2		

마지막으로 Noise 모듈을 ON으로 하고 Quality 파라미터를 Medium으로 설정합니다. 초기 설정에서는 High로 되어 있지만, 특별히 결과에 큰 차이가 없는 것 같으면 부하를 조금이라도 줄이기 위해 설정을 변경해 둡시다.

▶ Noise 모듈의 설정

▶ Noise 모듈

파라미터	값
Quality	Medium(2D)

오른쪽 그림은 지금까지 설정한 결과입니다. 유성의 핵심 부분
이 완성되었습니다.

4

4-2-2 궤적과 빛의 설정

4-2-1에서 유성의 핵심 부분을 완성했으므로 여기서는 빛과 궤적을 추가해 보겠습니다. star01을 선
택하고 Trail 모듈을 ON으로 해 봅시다. 아직 트레일용 머티리얼을 설정하지 않았으므로 보라색 줄
무늬 같은 것이 보일 것입니다. Renderer 모듈의 Trail Material 파라미터에 Project 뷰에 있는 M_
lesson04_trail01.mat을 드래그 앤 드롭합니다.

▶ 트레일용 머티리얼을 적용

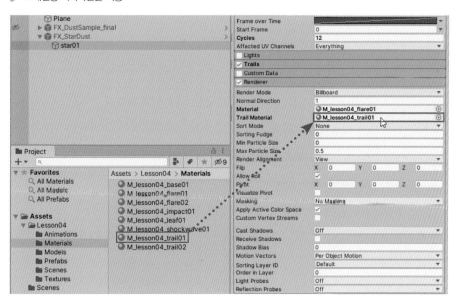

다음으로 Trail 모듈을 설정하겠습니다. 다음 화면을 참고해서 파라미터를 조정해 보세요. Width over Trail 파라미터에서 트레일의 너비를 변경할 수 있습니다. 컬러 바의 파라미터가 2개 있는데, Color over Lifetime은 트레일의 수명에 따라 컬러와 알파를 조정하고, Color over Trail은 트레일의 맨 처음에서부터 맨 끝에 걸쳐 컬러와 알파를 조정하는 파라미터입니다. 이 두 개의 파라미터로 궤적의 색상을 어느 정도 자유롭게 변경할 수 있으므로 여러 가지 방법으로 다양하게 시도해 보세요. 2개 모두 설정 방법은 Gradient를 선택합니다.

▶ Trail 모듈의 설정

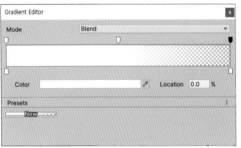

▶ Trail 모듈

파라미터	값
Color over Lifetime	아래 왼쪽 그림 참조
Width over Trail	0.3
Color over Trail	아래 오른쪽 그림 참조

▶ Color over Lifetime 파라미터의 설정

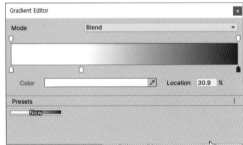

▶ Color over Trail 파라미터의 설정

또, 디폴트 설정으로 Inherit Particle Color 파라미터에 체크가 돼 있기 때문에 트레일이 파티클의 색을 상속하고 있습니다. 현재 설정에서는 Ratio 파라미터가 1로 설정돼 있어 각 파티클에서 반드시 트레일이 생성됩니다. 파티클 발생 수가 많은 경우 0.2 등의 작은 값을 설정해서 트레일 수를 줄이는 것으로 퍼포먼스를 개선할 수 있습니다.

다음으로 라이트를 설정합니다. Light 모듈을 체크해서 실행해 주세요. 초기 설정에서는 라이트가 설정돼 있지 않기 때문에 모듈을 ON으로 해도 변화는 없습니다. 다음 그림과 같이 Prefabs 폴더 안의 FX_Light.prefab을 Light 파라미터로 드래그 앤 드롭해 주세요.

▶ 라이트를 설정

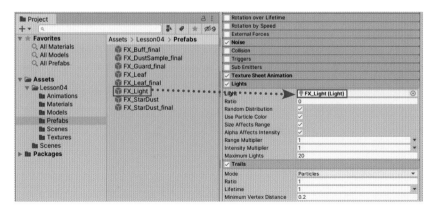

다만 Ratio 파라미터의 초깃값이 0이므로 이대로는 빛이 생성되지 않고 외형에 변화가 없습니다. 따라서 다음 그림과 같이 조정합니다.

▶ Light 모듈의 조정

▶ Light 모듈

파라미터	값
Ratio	1
Range Multiplier	0.5
Intensity Multiplier	0.6

라이트도 Trail 모듈과 마찬가지로 Use Particle Color에 체크돼 있어서 라이트가 파티클 색상을 상속하고 있다는 것을 알 수 있습니다.

라이트를 추가하면 다른 오브젝트에 빛이 떨어지기 때문에 리얼리티를 갖게 할 수 있습니다. 단, 각 파티클에 라이트를 작성해 버리면 부하가 매우 높아집니다. 따라서 Ratio 파라미터를 낮은 값으로 설정하거나 한정적으로 사용하는 등의 대책이 필요합니다.

▶ 지금까지의 조정 결과

4-2-3 서브 에미터 추가

마지막으로 Sub Emitter 모듈을 사용해서 세세한 빛의 입자를 추가해 가겠습니다. Sub Emitter 모듈에 체크를 해서 열고, 오른쪽 그림의 빨간 테두리 안의 + 버튼을 클릭합니다. 새로 star01의 자식 오브젝트로서 SubEmitter0이 생성되었습니다.

▶ 서브 에미터 작성

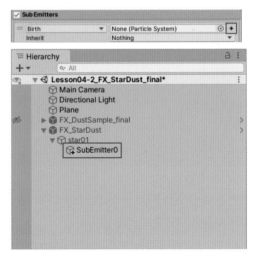

생성된 SubEmitter0의 이름을 dust01로 바꿔주세요. star01과 마찬가지로 M_lesson04_flare01.mat을 Material 파라미터로 적용합니다.

▶ dust01 Renderer 모듈의 설정

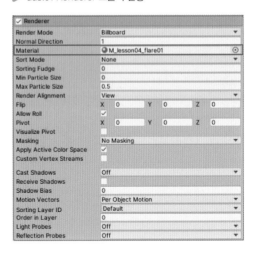

그리고 나서 star01의 Sub Emitter 모듈을 다음 그림과 같이 설정해 주세요. 조건에 Birth를 설정함으로써 star01의 각 파티클의 수명이 계속되는 한 dust01의 파티클이 계속 생성됩니다. 또 Inherit 파라미터 설정에서 Color를 지정함으로써 서브 에미터에서 생성된 dust01 파티클이 star01의 컬러를 상속합니다.

▶ star01 Sub Emitter 모듈의 설정

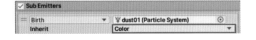

▶ Sub Emitter 모듈

파라미터	값
Inherit	Color

그 외의 모듈도 다음 그림을 참고해서 조정합니다. 우선 dust01의 Texture Sheet Animation 모듈을 다음과 같이 설정합니다. star01의 설정과 동일합니다.

▶ Texture Sheet Animation 모듈의 설정

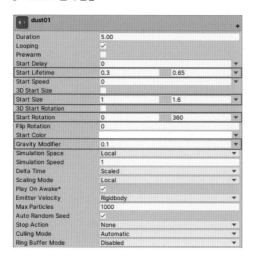

▶ Texture Sheet Animation 모듈

파라미터	값	
Tiles	X:2	Y:1
Cycles	12	

위에서부터 순서대로 Main 모듈, Emission 모듈, Shape 모듈을 설정합니다.

▶ Main 모듈의 설정

▶ Main 모듈

파라미터	값	
Start Lifetime	0.3	0.65
Start Size	1	1.6
Start Rotation	0	360
Gravity Modifier	0.1	

▶ Emission 모듈의 설정

▶ Emission 모듈

파라미터	값
Rate over Time	0
Rate over Distance	4

▶ Shape 모듈의 설정

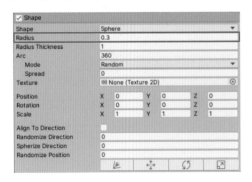

▶ Shape 모듈

파라미터	값
Radius	0.3

여기에서는 Emission 모듈의 Rate over Distance 파라미터를 사용해 파티클을 방출하고 있습니다. Rate over Time 파라미터가 시간을 기준으로 파티클을 방출하는 데 반해, Rate over Distance 파라미터에서는 이동한 거리를 기준으로 파티클을 방출합니다. 자세한 설명은 3-2-2에서 설명했으므로 참조해 주세요.

다만 이번에는 star01의 이동 속도가 그만큼 빠르지 않아서 어디에서 설정해도 별 차이가 없습니다. star01에서 Main 모듈의 Start Speed 파라미터를 50 정도의 큰 값으로 설정하면 두 파라미터의 차이를 이해할 수 있을 것입니다.

다음으로 Noise 모듈을 설정하겠습니다. 이 설정도 star01과 동일합니다.

▶ Noise 모듈의 설정

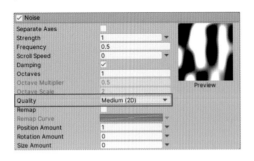

▶ Noise 모듈

파라미터	값
Quality	Medium(2D)

마지막으로 Size over Lifetime 모듈을 다음 그림과 같이 설정합니다. 커브는 아래 그림에서 빨간색 테두리로 강조한 프리셋의 커브(왼쪽에서 세 번째에 있는 커브)를 사용해 설정합니다.

▶ Size over Lifetime 모듈의 설정　　　　　▶ Size 파라미터의 설정

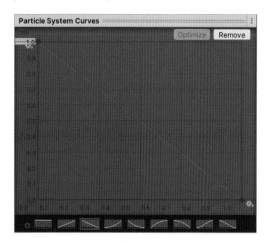

이번과 같은 작은 입자가 흩날리는 파티클에서는 소멸할 때 단순히 투명도로 지워버리는 것이 아니라 점점 사이즈를 작게 해서 지워지는 듯한 동작을 주는 작은 노력만으로도 보기 좋게 바뀝니다. 이번에는 설정하지 않았지만 시간 경과에 따라 어두운 색으로 변화해 가면서 사라지는 기법도 효과적입니다.

이러한 작은 입자 같은 파티클은 메인의 소재를 보완하는 서브 요소라고 생각하기 쉽지만, 방출되는 수가 많은 만큼 눈에도 쉽게 띄기 때문에 조심스럽게 움직임을 추가해 줌으로써 이펙트 전체의 퀄리티를 높여야 합니다.

지금까지 유성 이펙트를 완성했습니다.

이번 제작에서는 다음 내용을 학습했습니다.

▶ 최종 결과

- Sub Emitter의 설정 방법

- 쉽고 간단한 텍스처 애니메이션을 설정하는 방법

- 노이즈 움직임 추가

- Light 모듈과 Trail 모듈 설정 방법

방어 이펙트 제작

이번 절에서는 공격을 받을 때 발생하는 방어 이펙트를 제작합니다. 이 제작을 통해 충돌이나 수명에 따른 색 변화와 메시 파티클의 설정 방법을 학습합니다.

4-3-1 메시 파티클 제작

우선은 완성 버전을 확인해 봅시다.

Project 뷰의 Assets/Lesson04/Scene 폴더 내에서 Lesson04-3_FX_Guard_final.scene을 열고 FX_Guard_final을 선택한 후 재생합니다. 또 4-1-1에서 임포트한 로봇 캐릭터(Assets/Robot Kyle/Model 폴더 내의 Robot Kyle)를 씬 내에 배치해 둡니다.

반구 모양의 메시 파티클의 전개와 동시에 스파크와 플레어가 발생해 공격을 방어합니다. 또한 불꽃은 그대로 중력을 적용받아 낙하하여 지면과 충돌합니다.

▶ 방어 이펙트의 완성된 버전 확인

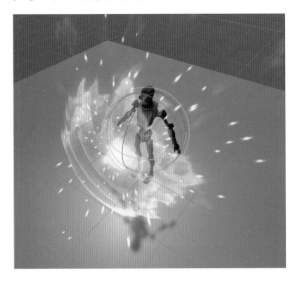

우선은 메인 요소인 메시 파티클 이펙트부터 제작하겠습니다. 신규 게임 오브젝트를 만들고 이름을 FX_Guard로 변경합니다. 그다음 Transform의 Position을 '0', '1', '0'으로 설정합니다. 다음으로 Particle System 컴포넌트를 추가하고 더미 파티클 설정을 합니다. 이것이 방어 이펙트의 루트 오브젝트가 됩니다. 다음으로 FX_Guard를 Assets/Lesson04/Prefabs 폴더로 드래그 앤 드롭해 프리팹으로 만듭니다.

▶ FX_Guard를 프리팹으로 설정

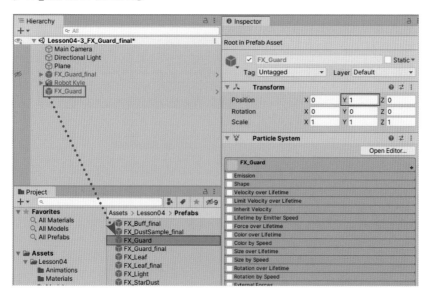

▶ Transform 컴포넌트

파라미터	값		
Position	X:0	Y:1	Z:0

루트 오브젝트 설정이 끝났으므로 다음은 메시 파티클을 제작합니다. FX_Guard 오브젝트를 선택하고 마우스 오른쪽 버튼을 클릭한 다음 Effects → Particle System을 선택해 새로운 파티클을 생성합니다. 이름은 shockwave01로 변경합니다. 또 Transform 컴포넌트의 Position을 '0', '0', '1'로 설정해 둡니다.

shockwave01의 설정을 변경하고 다음 그림과 같은 반구 모양으로 퍼지는 충격파를 제작합니다.

▶ Transform 컴포넌트 작성

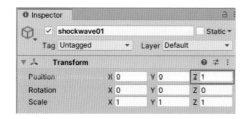

▶ shockwave01의 완성 이미지

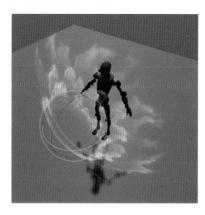

▶ Transform 컴포넌트

파라미터	값		
Position	X:0	Y:0	Z:1

우선 Emission 모듈과 Shape 모듈을 설정합니
다. Emission 모듈을 오른쪽 그림과 같이 설정하
고, Shape 모듈의 체크를 해제합니다. 파티클이
1개씩 0.1초마다 3회 발생하도록 설정했습니다.

▶ Emission 모듈과 Shape 모듈의 설정

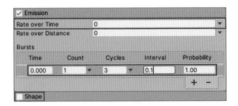

▶ Emission 모듈

파라미터	값				
Rate over Time	0				
Bursts	Time	Count	Cycles	Interval	Probability
	0	1	3	0.1	1

▶ Shape 모듈

파라미터	값
체크	없음

다음으로 Renderer 모듈과 Main 모듈을 각각 다음 그림과 같이 설정합니다. Renderer 모듈의
Render Mode를 Mesh로 변경하고 메시와 머티리얼을 Assets/Lesson04 아래의 각 폴더에서 드
래그 앤 드롭해서 설정합니다. 또 Render Alignment를 Local로 변경해 둡니다.

▶ Renderer 모듈을 설정

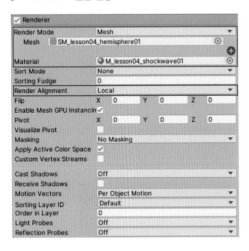

▶ Renderer 모듈

파라미터	값
Render Mode	Mesh
Mesh	SM_lesson04_hemisphere01
Material	M_lesson04_shockwave01
Render Alignment	Local

이어서 Main 모듈을 다음 페이지의 그림과 같이 설정합니다.

▶ Main 모듈 설정

shockwave01

Duration	2.00
Looping	✓
Prewarm	
Start Delay	0
Start Lifetime	0.6
Start Speed	0
3D Start Size	
Start Size	1.5 2
3D Start Rotation	
Start Rotation	0 360
Flip Rotation	0
Start Color	
Gravity Modifier	0
Simulation Space	Local
Simulation Speed	1
Delta Time	Scaled
Scaling Mode	Hierarchy
Play On Awake*	✓
Emitter Velocity	Rigidbody
Max Particles	1000
Auto Random Seed	✓
Stop Action	None
Culling Mode	Automatic
Ring Buffer Mode	Disabled

▶ Main 모듈

파라미터	값	
Duration	2.00	
Start Lifetime	0.6	
Start Speed	0	
Start Size	1.5	2
Start Rotation	0	360
Start Color	오른쪽 그림 참조	
Scaling Mode	Hierarchy	

또 Renderer 모듈에서 설정한 머티리얼 M_lesson04_shockwave01에는 오른쪽 그림 같은 텍스처가 설정돼 있으므로, Texture Sheet Animation 모듈을 다음 그림처럼 변경합니다.

▶ Texture Sheet Animation 모듈

파라미터	값	
Tiles	X:4	Y:4

▶ Start Color 파라미터 설정

RGB 0-255	
R	231
G	197
B	77
A	255
Hexadecimal	E7C54D
▶ Swatches	

▶ 사용 텍스처와 Texture Sheet Animation 모듈 설정

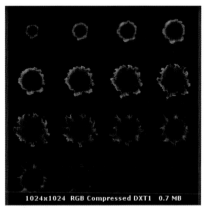

1024x1024 RGB Compressed DXT1 0.7 MB

✓ Texture Sheet Animation

Mode	Grid	
Tiles	X 4	Y 4
Animation	Whole Sheet	
Time Mode	Lifetime	
Frame over Time		
Start Frame	0	
Cycles	1	
Affected UV Channels	Everything	

좀 더 세세한 부분을 설정하겠습니다. Velocity over Lifetime 모듈을 설정해서 충격파가 발생하면
뒤로 물러서는 듯한 움직임을 추가합니다. 또 Color over Lifetime 모듈을 변경해 다음 그림과 같은
모습으로 설정합니다.

▶ Velocity over Lifetime 모듈과 Color over Lifetime 모듈 설정

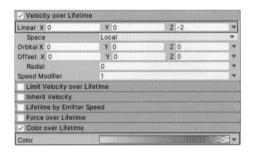

▶ Color 파라미터 설정

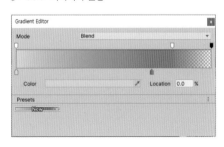

▶ Velocity over Lifetime 모듈

파라미터	값		
Linear	X:0	Y:0	Z:−2

아울러 Size over Lifetime 모듈을 변경하여 충격파
가 수명에 따라 커지도록 설정합니다.

▶ Size over Lifetime 모듈 설정

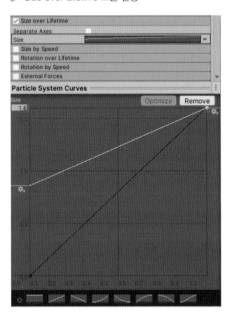

이것으로 충격파가 완성되었습니다. 그러나 머티리얼이 Additive(가산)로 설정돼 있어서 이대로는 배경이 밝은 경우 피사체가 하얗게 되는 화이트홀 현상이 일어나 버립니다. 이를 완화하기 위해 알파 블렌드에 설정한 소재를 충격파 안쪽에 표시함으로써 화이트홀 현상을 억제합니다.

▶ 충격파만 설정한 경우(왼쪽)와 알파블렌더에 설정한 소재를 충격파 안쪽에 표시한 경우(오른쪽)

 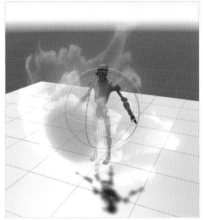

shockwave01을 복제해 알파블렌드의 소재를 만듭니다. 복제한 파티클의 이름은 base01로 설정합니다. 머티리얼을 M_lesson04_base01로 변경합니다. 이 머티리얼의 텍스처는 연속된 번호의 애니메이션이 아니기 때문에 Texture Sheet Animation 모듈을 꺼두겠습니다. 또 shockwave01보다 안쪽에 표시하고자 하므로 Sorting Fudge 파라미터를 30으로 변경해 두겠습니다.

▶ shockwave01를 복제해서 base01을 생성   ▶ Renderer 모듈과 Texture Sheet Animation 모듈 설정

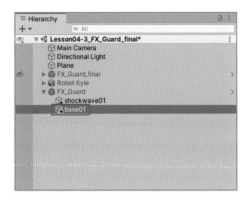

▶ Texture Sheet Animation 모듈

파라미터	값
체크	없음

▶ Renderer 모듈

파라미터	값
Material	M_lesson04_base01
Sorting Fudge	30

오른쪽 그림을 참고해서 base01의 Transform 컴포넌트를 변경합니다. 그리고 다른 모듈의 파라미터도 변경합니다.

▶ Transform 컴포넌트 변경

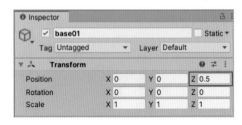

▶ Transform 컴포넌트

파라미터	값		
Position	X:0	Y:0	Z:0.5

다음 그림을 참고해서 Main 모듈, Emission 모듈, Color over Lifetime 모듈, Size over Lifetime 모듈을 조정합니다.

▶ 각 모듈의 설정

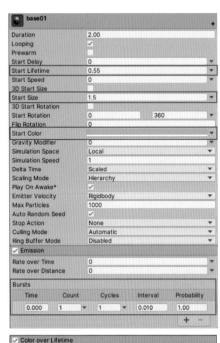

▶ Main 모듈

파라미터	값
Start Lifetime	0.55
Start Size	1.5
Start Color	오른쪽 페이지 그림 참조

▶ Emission 모듈

파라미터	값			
Bursts	Time	Count	Cycles	Interval
	0.000	1	1	0.010

▶ Color over Lifetime 모듈

파라미터	값
Color	오른쪽 페이지 그림 참조

▶ Size over Lifetime 모듈

파라미터	값
Size	오른쪽 페이지 그림 참조

▶ Main 모듈의 Start Color 파라미터 설정

▶ Color over Lifetime 모듈의 Color 파라미터 설정

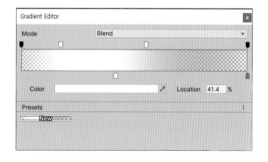

▶ Size over Lifetime 모듈의 Size 파라미터 설정

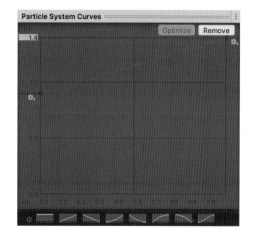

이것으로 메인의 충격파 부분이 완성
되었습니다. 프리팹을 갱신하는 것을
것을 잊지 맙시다.

▶ 지금까지의 설정 결과

4-3-2 화염과 불빛 제작

메인 부분의 충격파가 완성되었으므로 공격을 받았을 때의 플래시와 라이트를 제작하겠습니다. FX_Guard 오브젝트를 선택하고 마우스 오른쪽 버튼으로 클릭한 다음 Effects/Particle System을 선택해서 새 파티클을 생성하고 이름을 flare01로 변경합니다. 짧은 수명으로 한순간만 빛났다가 사라지는 설정입니다. 다음 그림을 참고하여 설정해 봅시다.

▶ Transform 컴포넌트와 각 모듈의 설정

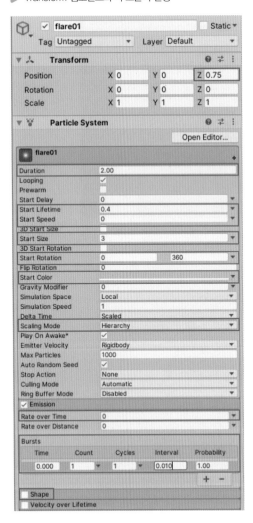

▶ Transform 컴포넌트

파라미터	값		
Position	X:0	Y:0	Z:0.75

▶ Main 모듈

파라미터	값
Duration	2.00
Start Lifetime	0.4
Start Speed	0
Start Size	3
Start Rotation	0 360
Start Color	아래 그림 참조
Scaling Mode	Hierarchy

▶ Start Color 파라미터 설정

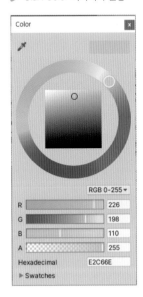

▶ Emission 모듈

파라미터	값			
Rate over Time	0			
Bursts	Time	Count	Cycles	Interval
	0	1	1	0.010

▶ Shape 모듈

파라미터	값
체크	없음

✓ Renderer	
Render Mode	Billboard ▼
Normal Direction	1
Material	◉ M_lesson04_flare02 ⊙
Sort Mode	None ▼
Sorting Fudge	0
Min Particle Size	0
Max Particle Size	5
Render Alignment	View ▼
Flip	X 0 Y 0 Z 0
Allow Roll	✓
Pivot	X 0 Y 0 Z 0
Visualize Pivot	☐
Masking	No Masking ▼
Apply Active Color Space	✓
Custom Vertex Streams	☐
Cast Shadows	Off ▼
Receive Shadows	☐
Shadow Bias	0
Motion Vectors	Per Object Motion ▼
Sorting Layer ID	Default ▼
Order in Layer	0
Light Probes	Off ▼
Reflection Probes	Off ▼

▶ Renderer 모듈

파라미터	값
Material	M_lesson04_flare02
Max Particle Size	5

또 Size over Lifetime 모듈의 커브를 오른쪽 그림과 같이 설정하면 산으로 되어 있는 부분에서 한순간만 사이즈가 커져 플래시 효과를 강조할 수 있습니다. 그 후 사이즈를 줄여 작은 사이즈로 남김으로써 빛의 여운을 표현하고 있습니다. 비유하자면 알전구의 전원을 끄고 난 후에도 중앙의 필라멘트 부분이 약간 빛나고 있는 모습에 가깝다고 생각하면 됩니다.

▶ Size over Lifetime 모듈의 Size 파라미터를 조정

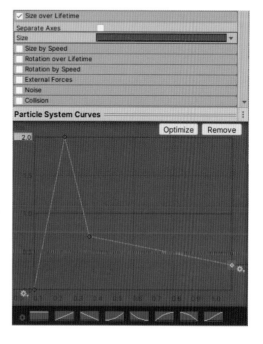

다음으로 파티클에 Light 모듈을 설정하고 임팩트 순간에 빛을 내어 바닥이나 캐릭터에 빛의 영향
이 미치도록 해 보겠습니다. FX_Guard 오브젝트를 선택하고 마우스 오른쪽 버튼으로 클릭한 다음
Effects/Particle System을 선택해 새로운 파티클을 생성하고, 이름을 light01로 변경합니다. 다음
그림을 참고해서 Main 모듈, Emission 모듈, Transform 컴포넌트를 설정합니다. 또 Shape 모듈
의 체크는 해제해 주세요.

▶ Transform 컴포넌트와 각 모듈의 설정

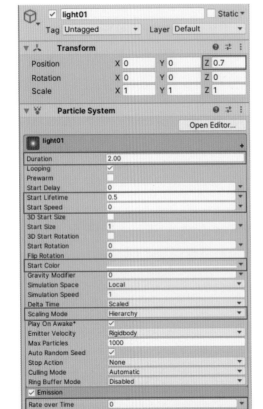

▶ Transform 컴포넌트

파라미터	값		
Position	X:0	Y:0	Z:0.7

▶ Main 모듈

파라미터	값
Duration	2.00
Start Lifetime	0.5
Start Speed	0
Start Color	아래 그림 참조
Scaling Mode	Hierarchy

▶ Start Color 파라미터 설정

▶ Emission 모듈

파라미터	값			
Rate over Time	0			
Bursts	Time	Count	Cycles	Interval
	0	1	1	0,010

▶ Shape 모듈

파라미터	값
체크	없음

다음으로 Color over Lifetime 모듈을 다음 그림처럼 설정해 주세요.

▶ Color over Lifetime 모듈의 설정

▶ Color 파라미터 설정

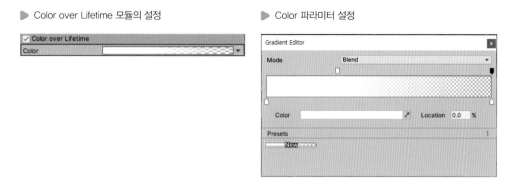

마지막으로 Light 모듈과 Renderer 모듈을 설정합니다. Light 모듈에서 사용하는 라이트는 Assets/ Lesson04/Prefab 폴더 내의 FX_Light를 사용하세요. 또 파티클 사이즈의 영향을 받고 싶지 않기 때문에 Size Affects Range의 체크를 해제해 두겠습니다. 그리고 Renderer 모듈의 Render Mode를 None으로 설정하면 파티클은 묘사하지 않고, 주위에 빛으로 인한 영향만 줄 수 있습니다.

▶ Light 모듈과 Renderer 모듈 설정

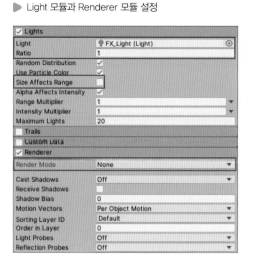

▶ Light 모듈

파라미터	값
Light	FX_Light
Ratio	1
Size Affects Range	체크 없음

▶ Renderer 모듈

파라미터	값
Render Mode	None

지금까지의 설정으로 오른쪽 그림과 같은 모습이 돼 있을 것입니다. Light 모듈을 사용함으로써 임팩트 순간에 바닥이나 캐릭터가 빛으로 비춰져 리얼리티가 높아졌습니다.

▶ 지금까지의 설정 결과

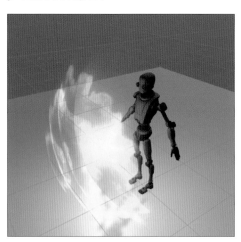

4-3-3 임팩트 추가

이펙트의 임팩트 부분이 아직 허전하므로 임팩트의 소재를 추가해 보겠습니다. FX_Guard 오브젝트를 선택하고 마우스 오른쪽 버튼으로 클릭한 다음 Effects/Particle System을 선택해서 새 파티클을 생성하고, 이름을 impact01로 변경합니다. Renderer 모듈의 Render Mode 파라미터를 Stretched Billboard로 설정하고 원뿔 모양으로 힘차게 퍼지는 파티클을 제작해 갑니다.

▶ impact01 완성 이미지

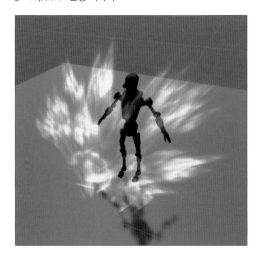

Renderer 모듈과 Texture Sheet Animation 모듈을 다음 그림처럼 설정합니다.

▶ Renderer 모듈과 Texture Sheet Animation 모듈 설정

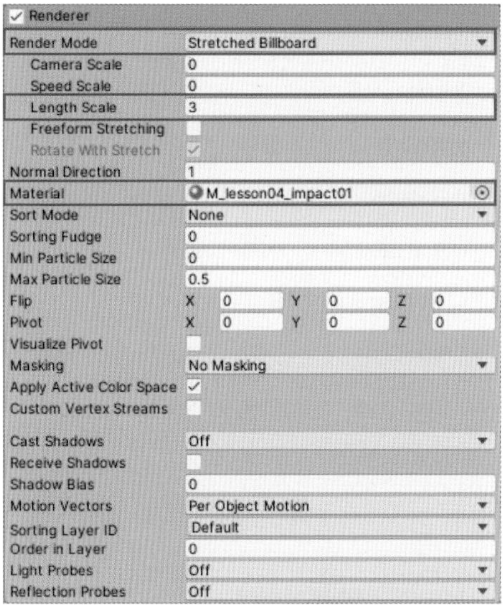

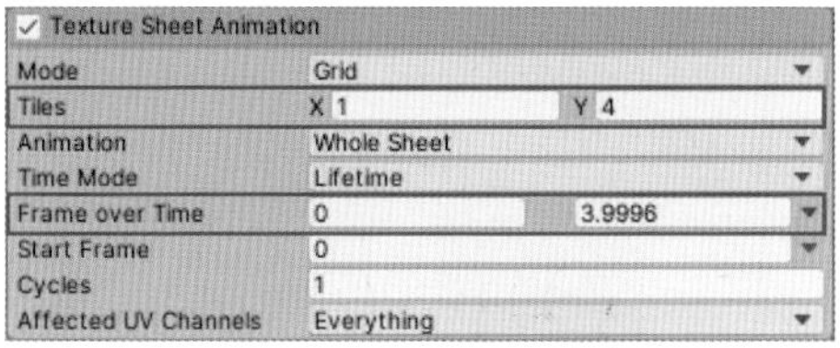

▶ Renderer 모듈

파라미터	값
Render Mode	Stretched Billboard
Length Scale	3
Material	M_lesson04_impact01

▶ Texture Sheet Animation 모듈

파라미터	값	
Tiles	X:1	Y:4
Frame over Time	0	4

Texture Sheet Animation 모듈을 조정하고 4개의 패턴 중에서 1개를 랜덤으로 선택하도록 설정하고 있습니다. 그림에서는 Texture Sheet Animation 모듈의 Frame over Time 파라미터의 값이 3.9996이고, 표에서는 4로 되어 있지만 4로 입력하여 결정하면 자동으로 3.9996 값으로 표시가 변환됩니다. 이어 Main 모듈, Emission 모듈, Shape 모듈을 각각 설정합니다. 또 Transform 컴포넌트의 위치와 회전을 변경하여 방향을 반전시키고 있습니다.

▶ 각 모듈의 설정

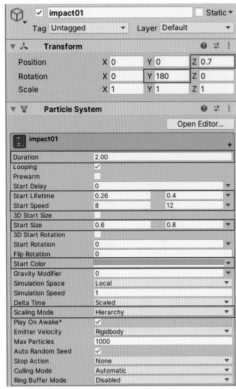

▶ Transform 컴포넌트

파라미터	값		
Position	X:0	Y:0	Z:0.7
Rotation	X:0	Y:180	Z:0

▶ Main 모듈

파라미터	값	
Duration	2.00	
Start Lifetime	0.26	0.4
Start Speed	8	12
Start Size	0.6	0.8
Start Color	아래 그림 참조	
Scaling Mode	Hierarchy	

▶ Start Color 파라미터 설정

▶ Emission 모듈

파라미터	값			
Rate over Time	0			
Bursts	Time	Count	Cycles	Interval
	0	45	1	0.010

▶ Shape 모듈

파라미터	값
Angle	60

▶ 발생 시 의도치 않은 모습이 되어 버리고 있다(위에서 본 그림)

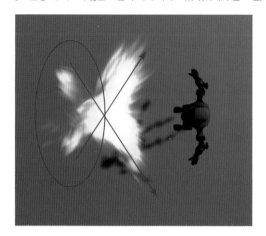

임팩트 소재의 주요 설정은 완료했지만 지금 상황이라면 충격이 발생했을 때 위 그림과 같이 파티클들이 교차하는 순간이 보이므로 Color over Lifetime 모듈을 조정하고, 발생 시의 알파를 0으로 설정합니다. 아울러 Limit Velocity over Lifetime 모듈도 조정하여 조금만 파티클의 움직임에 제동을 걸겠습니다.

▶ Color over Lifetime 모듈의 Color 파라미터 설정

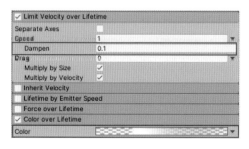

▶ Color over Lifetime 모듈

파라미터	값
Color	왼쪽 그림 참조

▶ Color over Lifetime 모듈과 Limit Velocity over Lifetime모듈의 설정

▶ Limit Velocity over Lifetime 모듈

파라미터	값
Dampen	0.1

이번과 같은 Stretched Billboard를 사용한 임팩트 소재의 제작은 타격계 게임의 이펙트 등에서는 매우 자주 사용되는 기법입니다. 또 파티클의 초기 속도(Start Speed)를 큰 값으로 하여 힘차게 사출하고 후반에는 Limit Velocity over Lifetime 모듈을 사용하여 제동을 거는 기법도 빈번히 사용됩니다. 값을 변경해 가면서 움직임의 변화를 확인해 봅시다.

4-3-4 불꽃의 추가

방어 이펙트의 마무리로 2종류의 불꽃 소재를 추가합니다. 하나는 공중에 흩날리며 떠다니는 움직임이고, 다른 하나는 중력의 영향을 받아 땅으로 떨어져 충돌하는 설정입니다.

▶ 공중에 춤추며 떠다니는 불꽃과 지면에 떨어져 튕기는 불꽃

먼저 공중에 춤추며 날리는 불꽃을 제작합니다. FX_Guard 오브젝트를 선택하고 마우스 오른쪽 버튼으로 클릭한 다음 Effects/Particle System을 선택해서 새로운 파티클을 생성하고, 이름을 dust01로 변경합니다. 우선 주요 모듈(Main, Emission, Shape, Render)부터 값을 조정해 나갑시다.

▶ 주요 모듈 설정

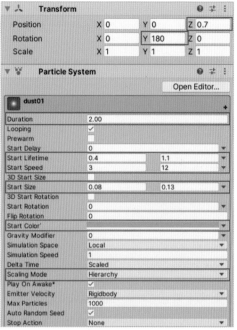

▶ Transform 컴포넌트

파라미터	값		
Position	X:0	Y:0	Z:0,7
Rotation	X:0	Y:180	Z:0

▶ Main 모듈

파라미터	값	
Duration	2,00	
Start Lifetime	0,4	1,1
Start Speed	3	12
Start Size	0,08	0,13
Start Color	아래 그림 참조	
Scaling Mode	Hierarchy	

▶ Start Color 파라미터 설정

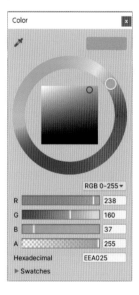

▶ Renderer 모듈

파라미터	값
Render Mode	Stretched Billborad
Length Scale	3
Material	M_lesson04_flare02

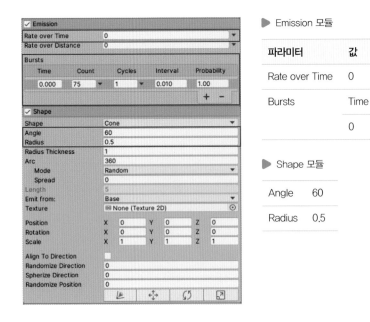

▶ Emission 모듈

파라미터	값				
Rate over Time	0				
Bursts		Time	Count	Cycles	Interval
		0	75	1	0.010

▶ Shape 모듈

Angle	60
Radius	0.5

여기서부터 세세한 움직임을 붙여 갑니다. 임팩트 소재 때와 마찬가지로 Limit Velocity over Lifetime 모듈을 사용해 초기 속도를 빠르게 설정하고, 어느 정도 진행된 곳에서 파티클에 제동을 걸 겠습니다.

▶ Limit Velocity over Lifetime 모듈의 설정   ▶ Limit Velocity over Lifetime 모듈

파라미터	값
Dampen	0.14

추가로 Force over Lifetime 설정을 Random Between Two Curves로 변경하고 다음 그림과 같이 설정합니다. X, Y, Z 모두 같은 커브이므로 커브를 마우스 오른쪽 버튼으로 클릭한 다음 Copy 를 선택해 복사하고, 다른 축의 커브에 붙여넣기해 주세요. 이렇게 커브를 설정하면 둥둥 떠다니는 듯 한 움직임을 연출할 수 있습니다. 파티클의 수명에 따라 후반 이후에 떠다니는 움직임이 강해집니다.

▶ 마우스 오른쪽 버튼을 클릭해서 값을 복사

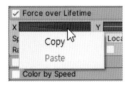

▶ Force over Lifetime 모듈의 커브 설정

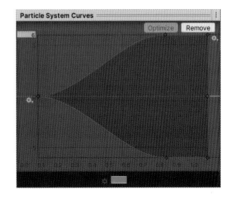

▶ Force over Lifetime 모듈의 설정

Limit Velocity over Lifetime 모듈의 설정과 합치면 초기 속도에는 방사 형태로 바로 퍼지고, 어느 정도 가면 제동이 걸리는 동시에 떠다니는 듯한 움직임이 더해진 복잡한 움직음을 설정할 수 있습니다.

둥둥 떠다니는 듯한 움직임은 Noise 모듈에서도 설정할 수 있지만, 필자는 개인적으로 이 방법이 설정도 간단하고 직관적이어서 이 방법을 많이 사용하고 있습니다.

마지막으로 사이즈와 색상을 조정합니다. 다음 그림을 참고해서 Color over Lifetime 모듈과 Size over Lifetime 모듈을 설정합니다.

▶ Color over Lifetime 모듈과 Size over Lifetime 모듈 설정

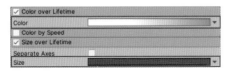

▶ Color 파라미터 설정

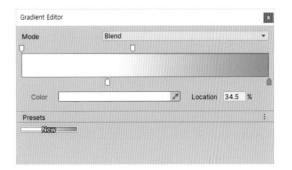

▶ Size 파라미터 설정

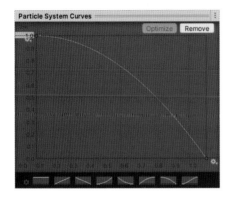

이것으로 떠다니는 불꽃 파티클이 완성되었습니다. 다음으로 땅에 낙하하여 튕겨나갈 불꽃을 제작합니다. dust01을 복사하고 이름을 dust02로 변경합니다.

최종적으로 이펙트 전체에서 루트 오브젝트를 제외하고 7개의 에미터 를 사용하고 있습니다.

dust02를 선택하고 주요 모듈을 조정합니다. 또 dust01에서는 Force over Lifetime, Limit Velocity over Lifetime, Size over Lifetime의 모듈을 사용했지만 dust02에서는 사용하지 않으 므로 모듈의 체크를 해제해 주세요.

▶ 각 모듈의 체크를 OFF로 설정

▶ Limit Velocity over Lifetime 모듈

파라미터	값
체크	없음

▶ Force over Lifetime 모듈

파라미터	값
체크	없음

▶ Size over Lifetime 모듈

파라미터	값
체크	없음

dust02에서는 발생 후에 낙하시키므로 Main 모듈의 Gravity Modifier 파라미터를 사용하고 있습 니다. 또 Stretched Billboard를 사용하는 점은 변하지 않지만 파티클의 속도에 비례해 진행 방향의 사이즈를 늘이거나 줄이고자 하므로 Length Scale 파라미터 대신에 Speed Scale 파라미터를 사용 하고 있습니다.

▶ 각 모듈의 설정

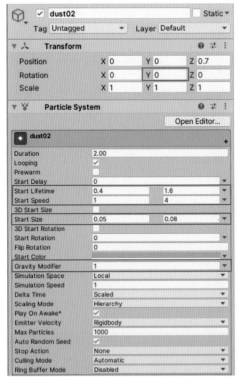

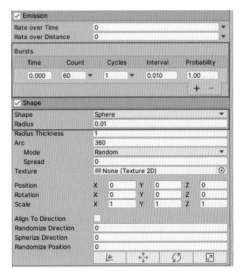

▶ Transform 컴포넌트

파라미터	값		
Rotation	X:0	Y:0	Z:0

▶ Main 모듈

파라미터	값	
Start Lifetime	0.4	1.6
Start Speed	1	4
Start Size	0.05	0.08
Gravity Modifier	1	

▶ Emission 모듈

파라미터	값			
Bursts	Time	Count	Cycles	Interval
	0	60	1	0.010

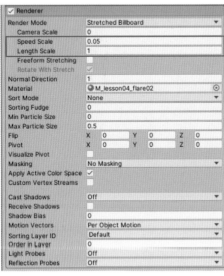

▶ Shape 모듈

파라미터	값
Shape	Sphere
Radius	0.01

▶ Renderer 모듈

파라미터	값
Speed Scale	0.05
Length Scale	1

지금까지의 설정을 마쳤다면 다음으로 바닥과의 충돌을 설정하겠습니다. Collision 모듈을 ON으로 하고 적당히 설정하면 다른 오브젝트와 파티클이 충돌하게 되므로 다음의 그림과 같이 설정해 주세요.

▶ Collision 모듈 설정

✓ Collision	
Type	World ▼
Mode	3D ▼
Dampen	0.4 ▼
Bounce	0.3 ▼
Lifetime Loss	0 ▼
Min Kill Speed	0
Max Kill Speed	10000
Radius Scale	1
Collision Quality	High ▼
Collides With	Everything ▼
Max Collision Shapes	256
Enable Dynamic Collider	✓
Collider Force	0
Multiply by Collision Ang	✓
Multiply by Particle Spe	
Multiply by Particle Size	
Send Collision Messages	
Visualize Bounds	

▶ Collision 모듈

파라미터	값
Type	World
Dampen	0.4
Bounce	0.3

먼저 Type 파라미터를 World로 설정하면 씬에 있는 오브젝트 중에서 콜라이더 컴포넌트가 적용된 오브젝트와 충돌하게 할 수 있습니다. 이번에는 특별히 설정하지 않았지만 Collider With 파라미터를 설정하면 특정 레이어에 속한 오브젝트와만 충돌시킬 수도 있습니다.

또 Collision Quality 파라미터는 초기 설정인 High 그대로이지만, 파티클이 충돌 오브젝트를 뚫고 나오거나 하지 않는다면 정확도를 더 낮춰도 괜찮습니다. 그런데 이번에는 바닥의 오브젝트가 두께가 없는 콜라이더여서 뚫고 나가기 때문에 High로 설정해 놓았습니다. Dampen이나 Bounce의 파라미터도 값을 변경해 결과의 차이를 확인해 보면 좋을 것입니다.

▶ dust02 최종 결과

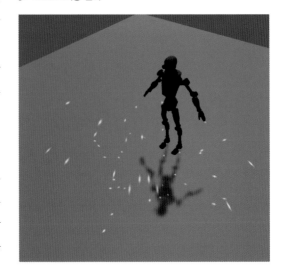

이것으로 dust02의 설정을 완료했습니다. 이 펙트 전체를 재생한 결과는 오른쪽 그림과 같습니다.

▶ 최종 결과

지금까지 방어 이펙트를 완성했습니다. 이전까지의 제작과는 달리 많은 이미터를 조합하여 처음으로 본격적인 이펙트를 완성시켰습니다.

하지만 이 책의 실습에서는 파티클의 양이나 사이즈, 움직임을 설정하는 값이 필자가 시행착오를 거친 후의 최종적인 설정값을 기재해두었기 때문에 독자 여러분이 실제로 처음부터 제작할 때는 '시행착오' 단계를 밟아 나가게 될 것입니다.

이 시행착오의 시간을 단축하고 효율적이며 퀄리티가 높은 이펙트를 제작해 나가려면 여러 경험과 지식을 바탕으로 실제로 적용해 보면서 꾸준히 실행해 나가는 것이 중요합니다.

이 책을 다 읽은 후에 꼭 여러분 자신의 이펙트를 제작해 보세요. 맨 밑바닥부터 이펙트를 만드는 것이 어려울 것 같으면 완성된 작품의 파라미터 값을 다양하게 변경해 보고 어떤 파라미터가 이펙트에 대해 어떻게 작용하는지를 확인해 보는 것도 좋은 방법입니다.

이동하는 캐릭터에서 발생하는 버프 이펙트 제작

이번 절에서는 버프 이펙트 제작을 통해 이동하는 객체로부터 파티클을 발생시키는 경우의 설정 방법을 학습합니다.

4-4-1 캐릭터를 따라 움직이는 불꽃 링 만들기

우선은 완성 버전을 확인해 봅시다. Project 뷰의 Assets/Lesson04/Scene 폴더 내에서 Lesson 04-4_FX_Buff_final.scene을 엽니다.

씬을 재생해 구체와 이펙트의 움직임을 확인해 봅시다. 이동하는 구체를 따라 움직이는 링 모양의 불꽃 이펙트와 아우라, 트레일, 또 캐릭터 주변에서 발생해 그대로 그 자리에 체류하는 입자 모양의 파티클을 확인할 수 있습니다. 사용하고 있는 머티리얼은 4-3의 방어 이펙트와 거의 같습니다.

재생하고 움직임을 확인했다면 씬을 임의의 다른 이름으로 저장하고 제작을 시작합니다. 구체 (Sphere)의 바로 아래에 있는 FX_Buff_final을 삭제하거나 비표시로 설정해 구체만 있는 상태로 만듭니다. 우선은 구체를 따라 움직이는 링 모양의 불꽃과 아우라를 제작합시다.

구체 바로 아래에 FX_Buff라는 이름으로 새로운 오브젝트를 생성하고 더미 파티클로 설정합니다. 이것이 이펙트의 루트 오브젝트가 됩니다.

▶ 씬을 재생해서 이펙트를 확인

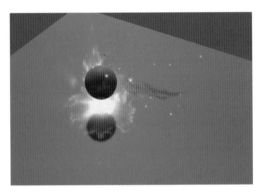

▶ 루트 오브젝트를 생성하고 프리팹으로 설정

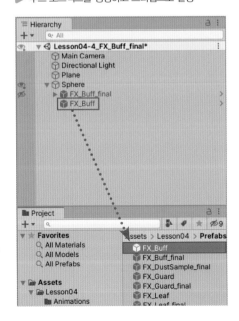

다음으로 FX_Buff를 선택하고 Assets/Lesson04/Prefabs 폴더 내로 드래그 앤 드롭해 프리팹으로 만듭니다. 프리팹에 구체 오브젝트를 포함시키지 않도록 주의하세요.

먼저 구체의 동작에 따라 움직이는 링 모양
의 불꽃을 제작합니다. FX_Buff를 마우스
오른쪽 버튼으로 클릭한 다음 새로운 파티
클을 만들고, 이름을 ground_ring01로 변
경합니다.

▶ 링 모양의 불꽃 파티클 만들기

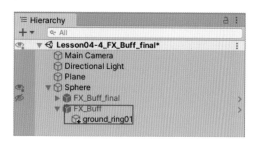

ground_ring01을 선택하고 Transform 컴
포넌트의 Position을 '0', '−0.95', '0'으로 설
정합니다. 구체 오브젝트 Transform 컴포넌
트의 Position이 '0', '1', '0'으로 설정돼 있어
Y의 값을 −0.95로 설정하면 지면에서 조금
뜬 곳에서 불꽃 링을 발생시킵니다.

▶ Transform 컴포넌트 설정

▶ Transform 컴포넌트

파라미터	값		
Position	X:0	Y:−0.95	Z:0

다음으로 Emission 모듈을 설정하겠습니다. Rate over Time 파라미터를 5로 설정해 지속적으로
불꽃 링이 출현하도록 하겠습니다. 또 Shape 모듈의 체크를 해제하고 발생 위치를 고정합니다.

▶ Emission 모듈과 Shape 모듈 설정

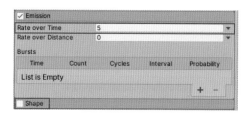

▶ Emission 모듈

파라미터	값
Rate over Time	5

▶ Shape 모듈

파라미터	값
체크	없음

이어서 Main 모듈을 임시로 다음 그림과 같이 설정해 그 자리에서 반복적으로 발생하도록 합니다.

▶ Main 모듈의 임시 설정

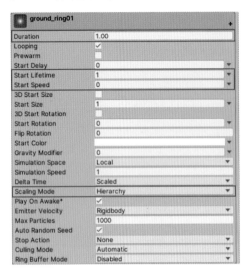

▶ Main 모듈

파라미터	값
Duration	1.00
Start Lifetime	1
Start Speed	0
Scaling Mode	Hierarchy

▶ 여기까지의 제작 결과

그리고 Renderer 모듈과 Texture Sheet Animation 모듈을 설정합니다. Renderer 모듈의 Render Mode 파라미터를 Horizontal Billboard로 설정하면 지면에 대해 평행하게 빌보드를 배치할 수 있습니다.

▶ Renderer 모듈과 Texture Sheet Animation 모듈 설정

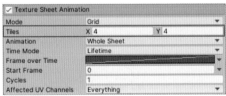

▶ Renderer 모듈

파라미터	값
Render Mode	Horizontal Billboard
Material	M_lesson04_shockwave01
Max Particle Size	10

▶ Texture Sheet Animation 모듈

파라미터	값	
Tiles	X:4	Y:4

▶ 지금까지의 설정 결과

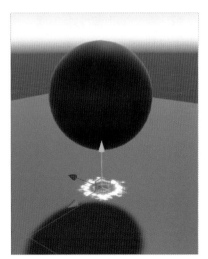

기본적인 설정이 완성되었으므로 Main 모듈로 돌아가 상세한 설정을 실시합니다. 수명이나 사이즈를 조금 랜덤하게 해서 값의 폭을 넓히고, 동시에 컬러도 설정합니다.

▶ Main 모듈을 좀 더 조정

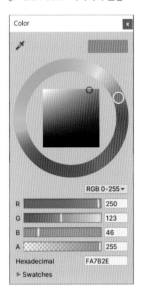

▶ Start Color 파라미터 설정

▶ Main 모듈

파라미터	값	
Start Lifetime	0.48	0.55
Start Size	3	4
Start Rotation	0	360
Start Color	오른쪽 그림 참조	

Main 모듈의 설정을 완료했으므로 마지막으로 불꽃 링 바깥쪽으로 퍼져가는 모양을 추가하고, 불꽃이 퍼짐에 따라 알파를 조정하여 투명해지도록 변경합니다. Size over Lifetime 모듈과 Color over Lifetime 모듈을 각각 다음 그림과 같이 설정합니다.

▶ Size 파라미터 설정

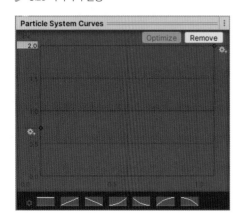

이것으로 불꽃 링의 설정을 완료하였습니다.

▶ Size over Lifetime 모듈과 Color over Lifetime 모듈의 설정

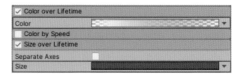

▶ Color 파라미터 설정

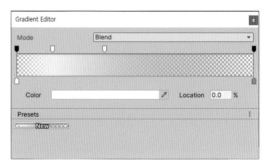

▶ 불꽃 링의 설정 결과

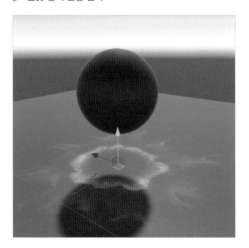

4-4-2 지면에 출현하는 기타 이펙트 제작

링 모양의 불꽃 파티클을 완성하였으므로 이제 지면에 표현되는 플레어, 가산 대책으로써 맨 밑의 배경에 표시할 베이스 소재와 지면에서 올라오는 아우라 소재를 제작해 갑니다. 지면에서 나오는 플레어, 맨 밑의 배경 면에 표시할 베이스 소재는 각각 ground_ring01을 복제해서 작성합니다. 우선 ground_ring01을 하나 복제해서 이름을 ground_flare01로 변경하고 각종 파라미터를 변경합니다.

Main 모듈을 조정하고, Renderer 모듈의 머티리얼을 M_lesson04_flare02로 변경합니다. 또 Texture Sheet Animation 모듈은 필요 없으므로 OFF로 설정합니다.

▶ Main 모듈과 머티리얼을 변경

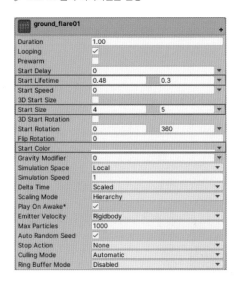

▶ Main 모듈

파라미터	값	
Start Lifetime	0.24	0.3
Start Size	4	5
Start Color	아래 그림을 참조	

▶ Start Color 파라미터 설정

▶ Texture Sheet Animation 모듈

파라미터	값
체크	없음

▶ Renderer 모듈

파라미터	값
Material	M_lesson04_flare02

플레어 소재는 이것으로 완성입니다. 베이스 소재도 ground_ring01을 복제해 제작합니다. 이름을 ground_base01로 변경하고, 베이스 소재도 플레어 소재와 동일하게 파라미터를 변경합니다.

▶ Main 모듈과 Renderer 모듈을 변경

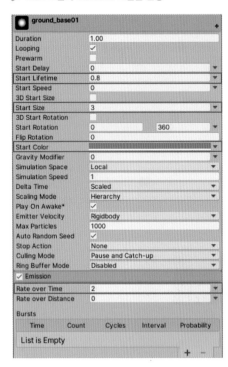

▶ Main 모듈

파라미터	값
Start Lifetime	0.8
Start Size	3
Start Color	아래 그림 참조

▶ Start Color 파라미터 설정

▶ Emission 모듈

파라미터	값
Rate over Time	2

▶ Texture Sheet Animation 모듈

파라미터	값
체크	없음

▶ Renderer 모듈

파라미터	값
Material	M_lesson04_base01
Sorting Fudge	20

이것으로 베이스 소재도 완성하였습니다.

▶ 지금까지의 설정 결과

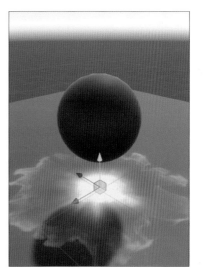

다음으로 아우라 이펙트를 추가하고, 구체에 따라 움직이는 부분의 이펙트를 완성시킵니다. FX_Buff 오브젝트 바로 아래에 ground_line01이라는 이름으로 새로운 파티클을 제작하고 구체의 주위에 발생하는 아우라를 만듭니다.

▶ 아우라 이펙트 완성 이미지

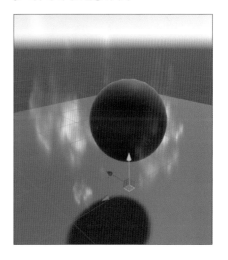

우선 Transform 컴포넌트의 Rotation과 Position을 다음 그림과 같이 변경합니다.

▶ Transform 컴포넌트 변경

▽ ⚙ Transform			❷ ⇄ ⋮
Position	X 0	Y -1	Z 0
Rotation	X -90	Y 0	Z 0
Scale	X 1	Y 1	Z 1

▶ Transform 컴포넌트

파라미터	값		
Position	X:0	Y:-1	Z:0
Rotation	X:-90	Y:0	Z:0

다음으로 Main 모듈, Emission 모듈, Shape 모듈을 설정해 파티클이 바로 위로 떠오르도록 조정하겠습니다.

▶ 각종 모듈 설정

ground_line01 +

Duration	1.00
Looping	✓
Prewarm	
Start Delay	0
Start Lifetime	0.24 0.3
Start Speed	-0.1
3D Start Size	
Start Size	0.7 1.1
3D Start Rotation	
Start Rotation	0 360
Flip Rotation	0
Start Color	
Gravity Modifier	0
Simulation Space	Local
Simulation Speed	1
Delta Time	Scaled
Scaling Mode	Hierarchy
Play On Awake*	✓
Emitter Velocity	Rigidbody
Max Particles	1000
Auto Random Seed	✓
Stop Action	None
Culling Mode	Automatic
Ring Buffer Mode	Disabled

✓ Emission	
Rate over Time	30
Rate over Distance	0
Bursts	

Time	Count	Cycles	Interval	Probability
List is Empty				

+ −

✓ Shape	
Shape	Cone
Angle	0
Radius	1
Radius Thickness	1
Arc	360
Mode	Random
Spread	0
Length	5
Emit from:	Base
Texture	None (Texture 2D)

Position	X 0	Y 0	Z 0
Rotation	X 0	Y 0	Z 0
Scale	X 1	Y 1	Z 1

Align To Direction	
Randomize Direction	0
Spherize Direction	0
Randomize Position	0

▶ Main 모듈

파라미터	값	
Duration	1.00	
Start Lifetime	0.24	0.3
Start Speed	-0.1	
Start Size	0.7	1.1
Start Rotation	0	360
Start Color	아래 그림 참조	
Scaling Mode	Hierarchy	

▶ Start Color 파라미터 설정

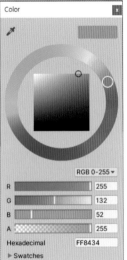

▶ Emission 모듈

파라미터	값
Rate over Time	30

▶ Shape 모듈

파라미터	값
Angle	0

아울러 Texture Sheet Animation 모듈과 Renderer 모듈을 설정하고 외형을 다듬어 갑니다. 텍스처의 4번째 컷 화면이 그다지 좋게 보이지 않아서 Frame over Time 파라미터의 값을 4가 아니라 3으로 설정해 4번째 컷을 사용하지 않도록 설정하였습니다. 또 FlipV 파라미터를 0.5로 설정해 50%의 확률로 텍스처의 상하가 반전하도록 설정하고 있습니다.

▶ Texture Sheet Animation 모듈과 Renderer 모듈 설정

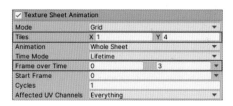
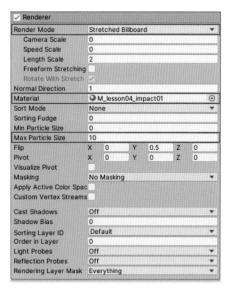

▶ Texture Sheet Animation 모듈

파라미터	값	
Tiles	X:1	Y:4
Frame over Time	0	3

▶ Renderer 모듈

파라미터	값		
Render Mode	Stretched Billboard		
Material	M_lesson04_impact01		
Max Particle Size	10		
Flip	X:0	Y:0.5	Z:0

마무리로 Color over Lifetime 모듈과 Size over Lifetime 모듈을 설정하겠습니다. Color over Lifetime 모듈의 설정은 ground_ring01의 설정과 동일하므로 복사해서 붙여넣는 방법으로 설정하겠습니다. ground_ring01을 선택하고 Color over Lifetime 모듈의 컬러 바를 마우스 오른쪽 버튼으로 클릭한 후 다음 그림과 같이 Copy를 선택해 복사합니다. 다시 ground_line01을 선택하고 Color over Lifetime 모듈의 컬러 바에 붙여넣습니다.

▶ 컬러 정보를 복사해서 붙여넣기

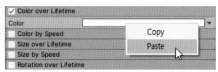

다음 그림을 참고해서 Size over Lifetime 모듈의 Size 파라미터를 설정해 주세요.

▶ Size over Lifetime 모듈 설정

이것으로 구체를 따라 움직이는 부분의 이펙트를 모두 완성하였습니다. 씬을 재생해서 결과를 확인해 둡시다.

▶ Size over Lifetime 모듈 설정

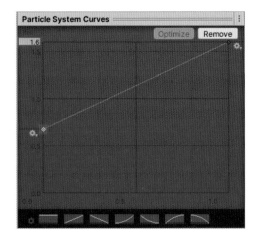

▶ 씬을 재생해서 결과를 확인

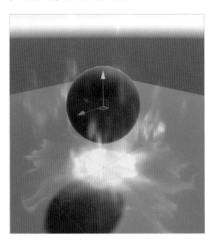

4-4-3 발생 후 체류하는 입자 소재 만들기

구체를 따라 움직이는 부분의 이펙트를 완성했으므로 구체의 움직임에 따르지 않고, 발생 후에 그 자리에 머무르는 입자 소재 파티클을 제작합니다.

▶ 입자 파티클의 완성 이미지

FX_Buff 바로 밑에 신규 파티클을 dust01라는 이름으로 추가합니다. 우선 Main, Emission, Shape 3개의 모듈을 조정합니다.

▶ Main, Emission, Shape 모듈 설정

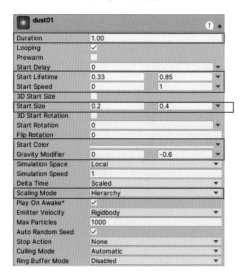

▶ Main 모듈

파라미터	값	
Duration	1.00	
Start Lifetime	0.33	0.85
Start Speed	0	1
Start Size	0.2	0.4
Start Color	오른쪽 그림 참조	
Gravity Modifier	0	−0.6
Scaling Mode	Hierarchy	

▶ Start Color 파라미터 설정

▶ Emission 모듈

파라미터	값
Rate over Time	45

▶ Shape 모듈

파라미터	값
Shape	Sphere
Radius	0.6

3개의 모듈을 설정했다면 씬을 재생해 봅시다. Main 모듈의 Simulation Space가 Local로 설정돼 있어서 구체의 움직임을 따라 입자 파티클이 움직일 것입니다. Simulation Space를 World로 설정하고, 다시 씬을 재생해 움직임의 차이를 확인해 둡시다. World로 설정함으로써 부모 오브젝트의 움직임을 상속하지 않게 됩니다.

▶ Simulation Space 파라미터 설정에 따른 움직임의 변화

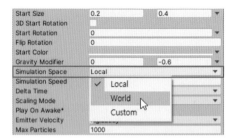

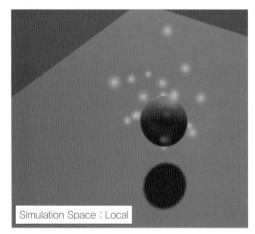

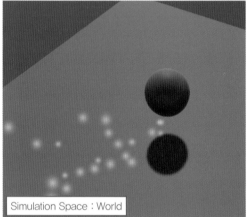

다음으로 Texture Sheet Animation 모듈과 Renderer 모듈을 설정하여 외형을 다듬겠습니다. 두 컷짜리 애니메이션을 설정하여 반짝반짝 명멸하는 애니메이션을 연출합니다.

▶ Texture Sheet Animation 모듈과 Renderer 모듈 설정

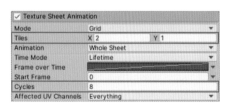

▶ Texture Sheet Animation 모듈

파라미터	값	
Tiles	2	1
Cycles	8	

▶ Renderer 모듈

파라미터	값
Material	M_lesson04_flare01

▶ 설정 결과

아울러 Limit Velocity over Lifetime 모듈과 Noise 모듈을 설정하여 떠도는 움직임을 강조할 것입니다. Limit Velocity over Lifetime 모듈을 설정함으로써 파티클의 움직임에 제동을 걸 수 있습니다.

▶ Limit Velocity over Lifetime 모듈과 Noise 모듈 설정

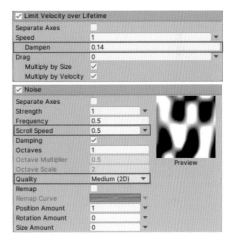

▶ Limit Velocity over Lifetime 모듈

파라미터	값
Dampen	0.14

▶ Noise 모듈

파라미터	값
Scroll Speed	0.5
Quality	Medium(2D)

마지막으로 Color over Lifetime 모듈과 Size over Lifetime 모듈을 설정해서 마무리해 나가겠습니다.

▶ Color over Lifetime 모듈과 Size over Lifetime 모듈 설정

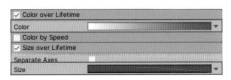

▶ Color 파라미터 설정

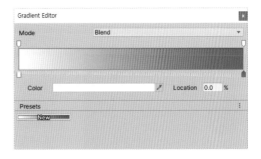

▶ Size 파라미터 설정

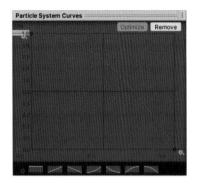

이것으로 입자 파티클의 설정을 완료했지만 구체 주위에서 발생한 입자가 동작에 따라 움직이지 않는 설정 때문에 구체 주위가 조금 허전하게 느껴집니다. dust01을 복사하고 이름을 dust02로 변경한 후 Simulation Space를 Local로 설정합시다. 어디까지나 구체의 주위에 조금만 보이면 좋은 정도의 소재여서 수명을 dust01보다 짧게 변경했습니다.

▶ Main 모듈

파라미터	값	
Start Lifetime	0.24	0.4
Gravity Modifier	−0.5	−1.3
Simulation Space	Local	

▶ Shape 모듈

파라미터	값
Radius Thickness	0.2

▶ 설정 결과

▶ dust02를 추가하고 Main 모듈과 Shape 모듈을 변경

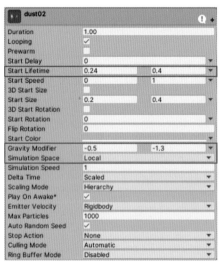

4-4-4 구체의 위치에서 발생하는 궤적의 제작

마지막으로 트레일을 추가하여 이펙트를 완성해 나가겠습니다. FX_Buff 바로 아래에 trail01이라는 이름으로 신규 파티클을 만들고 각 모듈을 설정합니다. 트레일만을 묘사하기 때문에 Renderer 모듈의 Render Mode 파라미터는 None으로 설정해 놓았습니다.

▶ 각 모듈 설정

▶ Main 모듈

파라미터	값
Duration	1.00
Start Lifetime	1
Start Speed	0
Simulation Space	World

▶ Emission 모듈

파라미터	값
Rate over Time	4

▶ Shape 모듈

파라미터	값
Shape	Sphere
Radius	0.1

▶ Trail 모듈과 Renderer 모듈 설정

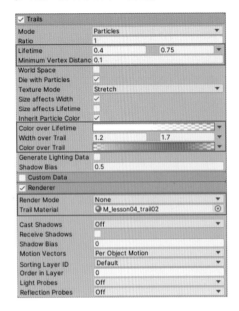

▶ Trail 모듈

파라미터	값	
Lifetime	0.4	0.75
Minimum Vertex Distance	0.1	
Color over Lifetime	아래 왼쪽 그림 참조	
Width over Trail	1.2	1.7
Color over Trail	아래 오른쪽 그림 참조	

▶ Renderer 모듈

파라미터	값
Render Mode	None
Material	M_lesson04_trail02

▶ Color over Lifetime 파라미터 설정

▶ Color over Trail 파라미터 설정

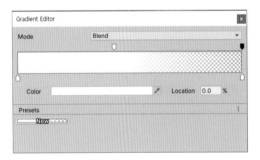

지금까지 설정한 상태에서 씬을 재생해 봅시다. 구체는 애니메이션하고 있지만 트레일은 표시되지 않고 있을 겁니다. 이는 파티클의 Start Speed가 0으로 설정돼 있기 때문입니다. 시험 삼아 Main 모듈의 Start Speed의 값을 5로 설정해 봅시다. 참고로 씬을 재생하는 중에도 값을 변경할 수 있습니다.

▶ 씬 재생 중에 Start Speed의 값 변경

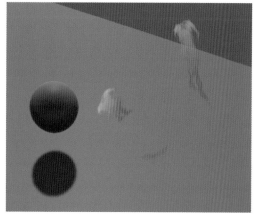

이번에는 트레일이 표시됐지만 의도한대로 움직이지는 않았을 것입니다. 씬의 재생을 정지합니다. 씬을 재생하는 중에 변경한 프리팹 값은 반영되지 않으므로 Start Speed의 값은 0으로 돌아옵니다.

부모 오브젝트 구체의 애니메이션 움직임을 참고하여 트레일을 움직이고자 하므로 Inherit Velocity 모듈을 ON으로 하여 다음 그림과 같이 설정합니다.

▶ Inherit Velocity 모듈을 설정

▶ Inherit Velocity 모듈

파라미터	값
Mode	Current
Multiplier	1

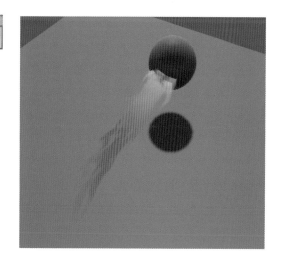

이것으로 버프 이펙트의 모든 요소가 갖추어졌습니다. 모든 요소를 표시해 씬을 재생하고 결과를 확인해 둡시다.

▶ 최종 결과

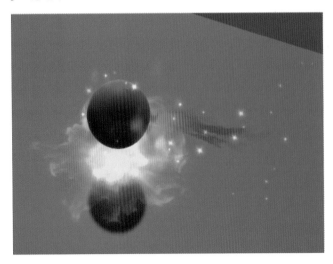

이번 장에서는 총 4개의 이펙트를 제작해보면서 기본적인 이펙트의 제작 방법을 습득하고, 대표적인 모듈의 사용 방법을 학습했습니다.

5장에서는 Unity 2018에서 탑재된 노드 베이스의 셰이더 작성 툴인 셰이더 그래프를 사용하여 셰이더의 제작 방법도 배워보겠습니다. 내용이 한층 더 깊이를 더해 가겠지만 기본적인 사용 방법부터 설명해 갈 것이므로 열심히 배워봅시다.

방벽 이펙트 제작

방벽 이펙트 제작

4장에서는 주로 슈리켄의 기능을 실제로 제작해보면서 학습했는데, 이번 장부터는 셰이더 그래프를 사용한 셰이더 만들기나 모델 등의 리소스 제작도 아울러 설명합니다.

5-1-1 이펙트의 콘셉트 아트

이번 장부터는 하나의 장 전체에 걸쳐 1개의 이펙트를 제작하는 과정을 설명합니다. 이펙트의 콘셉트 작성, 제작 방법의 선택, 이펙트 제작에 필요한 각종 리소스의 제작 등 다방면에 걸쳐서 내용을 소개합니다. 이제는 난이도가 좀 더 올라가겠지만 4장보다 더 고도의 이펙트를 제작할 수 있으므로 열심히 배워나가길 바랍니다.

▶ 이번 장부터 사용하는 후디니와 셰이더 그래프

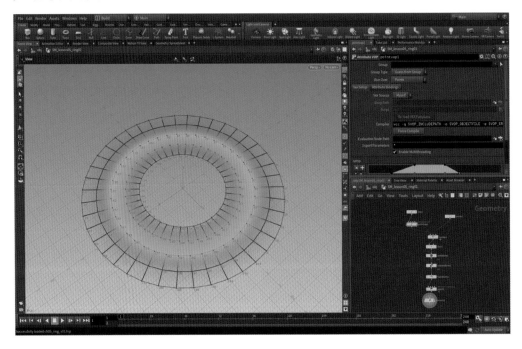

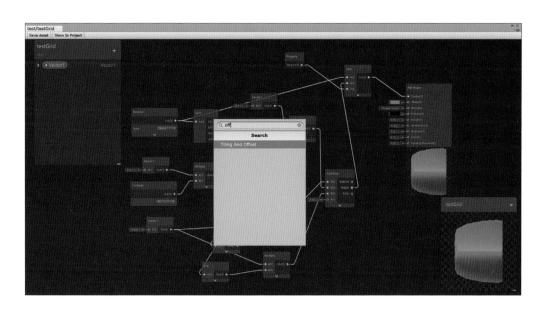

5

유니티 이외에 사용하는 외부 툴에 관한 설명은 1-2를 보기 바랍니다. 우선은 이번 장에서 제작하는 방벽 이펙트의 아이디어 도출과 콘셉트 아트를 제작해 보겠습니다.

콘셉트 아트란 영화나 게임 제작에서 작품이 갖는 분위기나 세계관을 전하기 위해서 제작하는 것으로, 콘셉트 아트를 팀 전체가 공유함으로써 완성물의 방향성을 시각적으로 확인하고 공통의 목표를 향해 제작을 진행시켜 나갈 수 있습니다.

이 책에서는 이펙트의 분위기나 이미지를 전하는 콘셉트 아트 본래의 역할에 이펙트의 연출과 전개, 제작 기법 등의 '아이디어', '설정'의 요소를 더해 제작하고자 합니다. 이로 인해 본래의 콘셉트 아트의 범주에서 벗어날 수도 있기 때문에 이후에는 '이펙트 설정도'라는 호칭을 사용하고자 합니다.

▶ 다양한 요소를 고려해서 아트에 반영시켜 나감

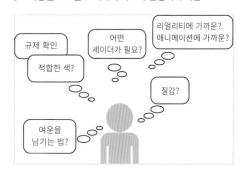

5-1-2 이펙트 설징도 제작

그럼 이펙트 설정도를 작성해 가겠습니다. 이펙트 설정도의 제작 과정에 관해서는 슈리켄과 같이 조작을 포함한 설명은 하지 않고 흐름만 소개해 갈 것입니다.

우선 현 시점에서 결정하고 있는 요소를 적어 보겠습니다.

- 플레이어를 덮을 정도의 크기로 된 구체의 형상(방어 이펙트?)

- 파란색 계열의 색깔

- 반투명에 아우라풍의 모양

이를 바탕으로 이미지를 발전시켜 보겠습니다.

- 구체에 프레넬 효과를 넣는다

- 지면 부분에 물의 파동과 같은 요소를 넣는다

- 구체에 UV 스크롤로 모양을 흘려보낸다

이러한 요소들을 이펙트 설정도에 반영해 나가겠습니다. 아트에 관해서는 포토샵과 에프터 이펙트 (After Effects)로 제작하지만 익숙한 툴로 제작해도 전혀 문제 없습니다.

▶ 포토샵으로 제작한 셰이더 설정화

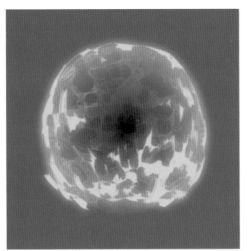

바로 포토샵으로 그려도 좋고 종이와 펜으로 한번 러프하게 그려봐도 좋습니다. 이번에는 포토샵으로 제작했습니다.

자신의 머릿속에 있는 이미지를 그려봄으로써 앞으로 할 작업이 명확해집니다. 이를 통해 최소한의 리소스로 제작하는 데 도움이 됩니다.

- 구 모양의 메시

- UV 스크롤 셰이더

- 아우라 모양의 텍스처

또 회사의 팀 리더나 클라이언트에게 제출하고 확인받는 경우에는 위의 그림과 같은 설정화에 포함돼 있지 않은 의도를 구두와 서면 등으로 보충해서 전해 두면 좋을 것입니다. "설정 화면에서는 ○○인데, 이 부분은 □□풍으로 조정해 나가고 싶습니다"라고 부연 설명해 놓음으로써 자신이 목표로 하고 있는 완성물의 방향성을 좀 더 쉽게 전달할 수 있습니다.

또 이를 계기로 논의를 통해 다른 사람과의 완성 이미지의 차이를 메우는 데 도움이 될지도 모릅니다.

이번 장에서는 5-1에서 제작한 설정화를 바탕으로 5-2에서 실제 리소스 제작을 시작해 보겠습니다.

여담이지만 필자는 작업 수주를 위해 이펙트를 제작할 때는 이러한 설정화나 콘셉트 아트를 제작하는 일은 거의 없습니다. 클라이언트로부터 받는 사양서로 이펙트의 이미지나 전개 등을 비교적 상세하게 지시받는 경우가 많기 때문에 메모지 정도로만 만드는 편입니다. 다만 이러한 내 머릿속에 있는 이미지를 미리 내보내 보는 공정은 매우 중요하므로 평소에 준비해 두는 게 좋습니다.

5-1-3 이펙트를 위한 씬 설정 구축

먼저 이펙트를 만들기 위해 새로운 프로젝트를 생성합니다. 4장에서의 설정과는 살짝 다르게 다른 템플릿을 사용하므로 주의하세요. 또 사전에 씬에 대해서 후처리(Post Process) 설정을 실행해 둡니다. 후처리를 실행함으로써 모습의 퀄리티가 향상됩니다. 다음 그림에서는 후처리로 Bloom과 Color Grading을 적용하고 있습니다(P.186 참조).

▶ 후처리 없음(왼쪽)과 후처리 있음(오른쪽) 비교

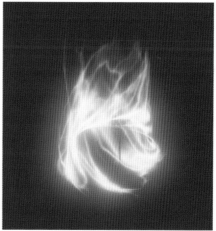

Unity Hub를 사용해 새로운 프로젝트를 생성합니다. Template에서 Universal Render Pipeline을 선택하고 프로젝트를 생성합니다. 기본 Template으로 3D를 선택하면 Package Manager에서 필요한 패키지를 설치해야 하지만, Universal Render Pipeline을 선택해 프로젝트를 생성하면 처음부터 필요한 패키지(Shader Graph)가 설치된 상태에서 시작할 수 있습니다.

Unity의 버전에 관해서는 앞장과 마찬가지로 Unity 2020.1을 사용해 주세요.

▶ Unity Hub에서 새로운 프로젝트 작성

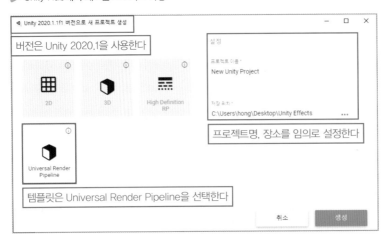

프로젝트를 생성한 직후에는 다음 그림과 같은 샘플 씬이 열린 상태이지만 이 씬은 사용하지 않으므로 새로운 씬을 생성해 주세요. 또 사이트에서 내려받은 Lesson05_Data.unitypackage 파일을 프로젝트에 임포트해 두세요.

▶ 프로젝트 시작 직후의 화면

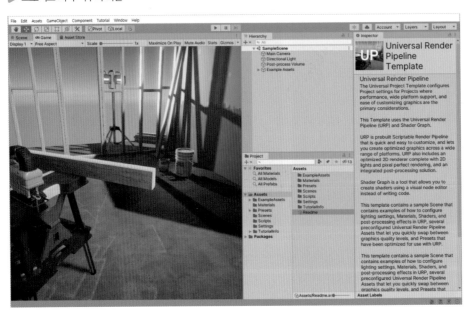

Template으로 Universal Render Pipeline을 선택했다면 Shader Graph 패키지는 설치돼 있지만, Post Processing 패키지는 추가로 설치해야 합니다. 또한 Template으로 3D를 선택해 추가로 패키지를 설치하거나 버전을 바꿔야 할 때에는 Package Manager를 이용합니다.

메인 메뉴에서 [Window] → [Package Manager]를 선택하면 창이 나타납니다. 열린 창에서 상단에 있는 [Packages: In Project]를 선택한 다음 [Unity Registry]를 클릭하면 왼쪽에 목록이 표시되며, 필요한 패키지를 설치하거나 업데이트할 수 있습니다.

▶ Package Manager에서 추가로 설치하거나 업데이트 할 수 있다

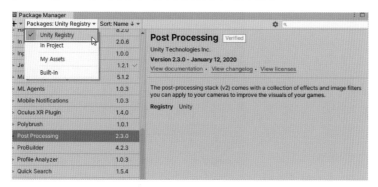

다음으로 후처리 설정을 실행하겠습니다. 새로 생성한 씬에서 카메라를 선택하고 Post Process Layer 컴포넌트를 추가한 후 오른쪽 그림과 같이 변경합니다.

▶ Post Process Layer 컴포넌트

파라미터	값
Mode	Fast Approximate Anti-aliasing(FXAA)
Fast Mode	체크 있음

▶ Camera 오브젝트 설정

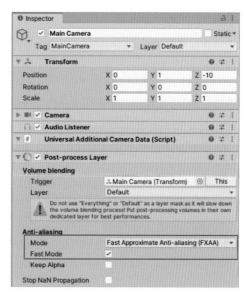

다음으로 새로운 오브젝트를 생성하고 이름을 Post_Volume(임의의 이름으로도 괜찮음)으로 변경한 다음 Post Process Volume 컴포넌트를 추가합니다. 설정은 오른쪽 그림과 같이 변경합니다.

▶ Post Process Volume 컴포넌트

파라미터	값
Is Global	체크 있음

Profile 파라미터의 오른쪽 끝에 있는 New 버튼을 클릭합니다. 자동으로 포스트 프로세스용 프로파일이 작성되고 적용됩니다. 맨 아래에 Add effect...의 버튼이 표시되므로 여기서 후처리 이펙트를 추가해 갑니다. Bloom과 Color Grading을 추가하고 오른쪽 그림과 같이 설정합니다.

▶ Post Process Volume 컴포넌트

파라미터	값	
Bloom	Intensity	2
Color Grading	Mode	ACES

마지막으로 4장에서도 사용한 Space Robot Kyle 에셋을 에셋스토어에서 내려받아 임포트합니다. 그다음 Assets/Robot Kyle/Model 폴더 내 Robot Kyle을 씬 내에 배치해 보겠습니다.

▶ Post Process Volume 설정

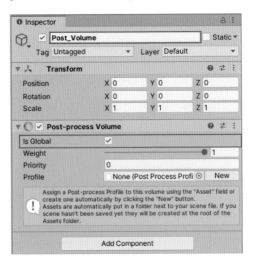

▶ Post Process Volume를 사용해서 후처리를 추가한다

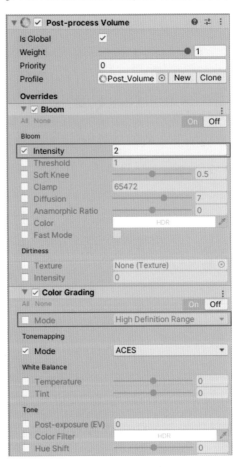

새로운 프로젝트를 생성할 때 템플릿으로 Universal Render Pipeline을 선택했다면 오른쪽 그림과 같이 보라색 에러 표시가 되어 버립니다.

▶ 에러 표시된 Robot Kyle

5

이를 수정하기 위해 적용되고 있는 머티리얼인 Robot_Color의 세이더를 Universal Render Pipeline/Simple Lit으로 변경합니다. 이렇게 하면 모델이 정상적으로 표시됩니다.

▶ 세이더를 변경해서 정상적으로 표시함

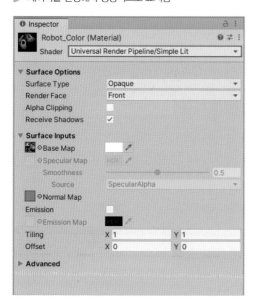

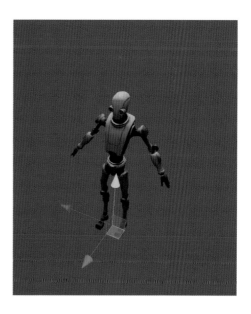

이렇게 새로운 프로젝트의 생성과 씬의 사전 준비 작업을 완료했습니다. 5-2에서 캐릭터보다 한층 더 나아간 느낌의 효과를 생성합니다.

5-2 후디니 기초 지식

이번 절에서는 SideFX 사의 후디니에 대한 이해를 높이기 위해 기초 부분에 대해서 요점을 정리해 설명하겠습니다. 기초 부분을 설명한 후 방벽 이펙트에서 사용하는 메시의 제작 방법을 설명하겠습니다.

5-2-1 후디니 인터페이스

후디니에는 다양한 기능이 있으며 모델, 애니메이션, 파티클, 다이내믹스, 컴포지트 등 CG 제작에 필요한 기능을 거의 모두 포함하고 있습니다. 또 기능이 많은 동시에 소프트웨어의 '설치' 부분(설계, 사상)이 매우 잘 만들어져 있어 하나하나의 기능을 조합해 여러 가지 경우에 대처해 사용할 수 있습니다.

다음 그림은 후디니의 기본 레이아웃입니다. 이 책에서는 후디니 16.5를 사용해 제작을 진행합니다.

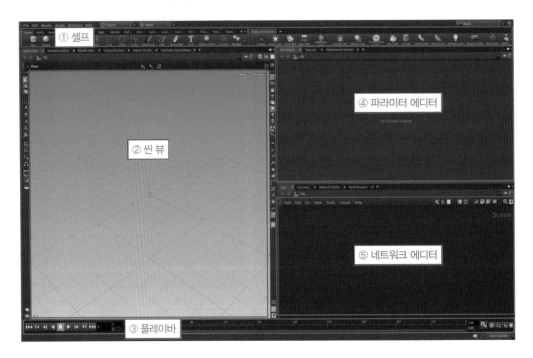

▶ 후디니 레이아웃

그림 안 번호	명칭	내용
①	셀프	미리 준비된 프리셋을 씬으로 읽어들이거나 각종 오브젝트의 작성, 배치를 실행하기도 한다
②	씬 뷰	편집하고 있는 오브젝트의 작업 결과 등이 표시된다
③	플레이바	애니메이션의 재생이나 정지, 재생 방법을 지정할 수 있다
④	파라미터 에디터	네트워크 뷰에서 지정한 노드의 파라미터를 변경한다
⑤	네트워크 에디터	노드 작성, 연결 등을 실행한다

노드 베이스로 구성돼 있어 제작 중에 사양 변경이 있는 경우에도 해당 위치에서 내용을 변경함으로써 유연하게 대응이 가능합니다. 단, '가능합니다'라고 썼지만 이를 구현하려면 변경에 유연하게 대응할 수 있도록 노드를 구성하는 방법을 미리 살펴둘 필요가 있습니다.

기본적으로 후디니에서는 다음 그림과 같이 노드에 연결하여 위에서 아래로 처리를 해 나갑니다. 노드의 위쪽이 입력 부분, 아래쪽이 출력 부분입니다. 노드에 따라서는 여러 개의 입력을 갖는 것도 있습니다.

▶ 후디니에서 노드의 흐름

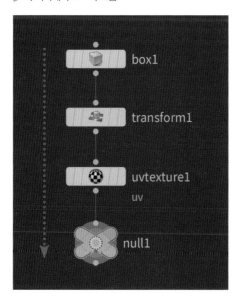
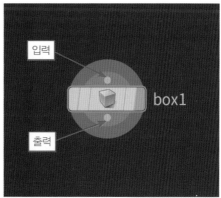

다음으로 플래그의 기능에 대해 설명하겠습니다. 플래그란 다음 그림과 같이 각 노드에 설정할 수 있는 기능으로 특정 노드만 처리를 일시적으로 취소하거나 계산 결과를 잠금(캐시화)할 수 있습니다.

4개로 돼 있는 각 플래그 부분을 클릭(락 플래그만 Ctrl + 클릭)함으로써 온오프를 전환할 수 있습니다.

▶ 노드에 설정할 수 있는 플래그 종류

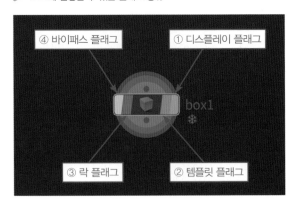

▶ 플래그의 종류

그림 안 번호	명칭	내용
①	디스플레이 플래그	ON으로 돼 있는 노드까지의 계산 결과가 씬 뷰에 표시된다. 이 플래그는 네트워크 내에서 항상 1개만 ON으로 설정할 수 있다
②	템플릿 플래그	ON으로 하면 그 노드까지의 계산 결과를 그레이 와이어프레임으로 표시할 수 있다. 노드를 가이드로 사용하고 싶은 경우 등에 이용한다
③	락 플래그	노드까지의 계산 결과를 보존하고 캐시화한다
④	바이패스 플래그	ON으로 한 노드의 처리를 정지

또 플래그의 설정은 노드에 커서를 맞추면 나타나는 노드링에서 할 수 있습니다.

▶ 노드에 커서를 맞추면 나타나는 노드링

여기서 각 플래그의 역할에 대해 실제로 노드를 제작해 보면서 설명해 갈 것입니다.

먼저 네트워크 뷰에서 Tab 키를 누르고 노드의 검색란을 표시합니다.

표시된 검색란에 원하는 노드 이름을 입력합니다. 노드명 전체를 입력할 필요는 없습니다. 이번 경우라면 Geometry 노드의 geo 부분만 입력하면 geo라는 문자열을 포함한 노드 목록이 표시됩니다.

▶ 노드 검색창에서 노드를 검색한다

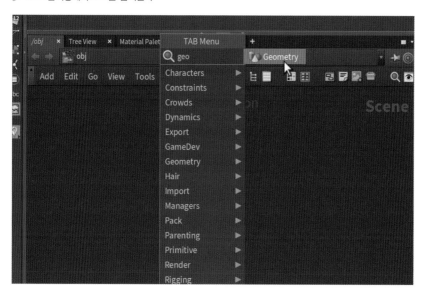

[Enter] 키를 누른 후 노드를 배치합니다. 배치한 노드를 더블클릭하면 노드 안으로 들어갈 수 있습니다. File 노드가 배치돼 있지만 이 노드는 불필요하므로 삭제합니다. 또한 후디니 17 이상 버전에서는 File 노드가 없으므로 이 조작은 불필요합니다.

▶ 배치한 노드(왼쪽)와 가운데에 있는 File 노드(오른쪽)

File 노드를 삭제한 다음 Box 노드, Transform 노드, Subdivide 노드를 각각 만듭니다. 그리고 오른쪽 그림을 참고해 노드의 입력과 출력을 드래그해서 연결해 주세요.

▶ 노드끼리의 출력과 입력을 연결

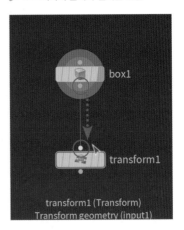

▶ 만들 네트워크

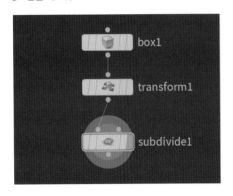

연결했다면 각 노드를 선택하고 파라미터를 변경해 주세요.

▶ 각 노드의 파라미터 변경

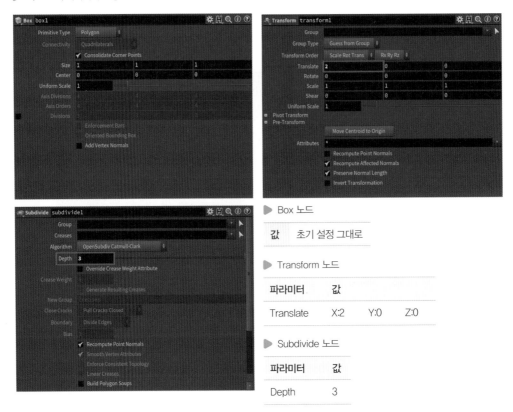

▶ Box 노드

값	초기 설정 그대로

▶ Transform 노드

파라미터	값		
Translate	X:2	Y:0	Z:0

▶ Subdivide 노드

파라미터	값
Depth	3

먼저 Box 노드로 정육면체를 만들고 Transform 노드에서 X축 방향으로 2만큼 이동하고 마지막으로 Subdivide 노드에서 세분화하고 있습니다.

▶ 일련의 네트워크 작업 결과

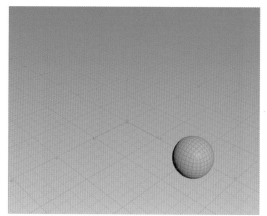
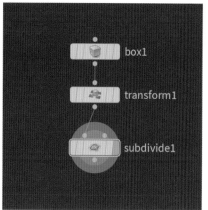

디스플레이 플래그를 Subdivide 노드에서 Transform 노드로 옮겨 봅시다.

표시가 세분화되기 전의 박스 상태가 되었습니다.

▶ 디스플레이 플래그 변경

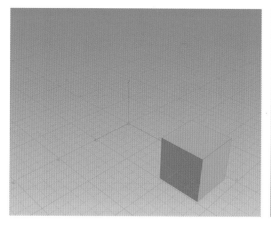
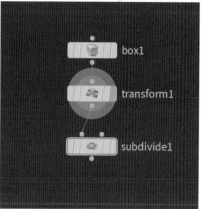

디스플레이 플래그를 Subdivide 노드로 되돌리고, Transform 노드의 바이패스 플래그를 ON으로
해 봅시다. 박스의 이동이 무효화되었기 때문에 세분화된 박스가 원점의 위치에 표시되었습니다.

▶ 바이패스를 ON으로 설정

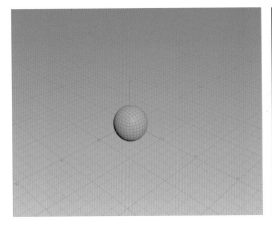 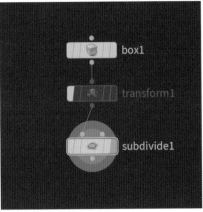

Transform 노드의 바이패스 플래그를 OFF로 하고, Box 노드의 템플릿 플래그를 ON으로 해 봅시
다. 이동과 세분화가 이루어지기 전 박스가 얇은 와이어 프레임으로 표시되었습니다.

▶ 템플릿 플래그를 ON으로 설정

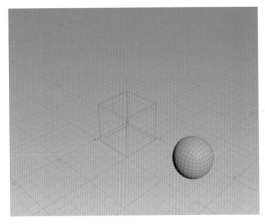 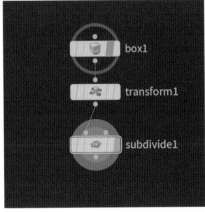

마지막으로 Transform 노드의 락플래그를 ON으로 해봅시다. ON 상태로 이동값이나 회전값을 변경해도 잠겨 있기 때문에 변경이 씬 뷰에 표시되지 않습니다. 또 Transform 노드보다 상류에 있는 Box 노드에서도 같습니다. 락플래그를 OFF로 하면 변경이 반영됩니다.

이상으로 플래그의 기능을 설명하였습니다.

▶ 락플래그를 ON으로 설정

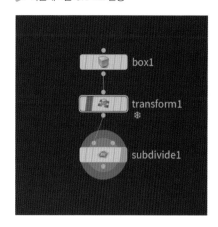

5-2-2 컴포넌트와 네트워크

후디니의 지오메트리를 구성하는 각 요소를 컴포넌트라고 부르며 그 종류는 Point(점), Vertex(정점), Edge(변), Primitive(면), Detail(지오메트리 전체)입니다. 이 중 Edge(변)에 대해서만 5-2-3에서 설명하는 어트리뷰트를 정보로 가질 수 없습니다.

▶ 오브젝트를 구성하는 각 컴포넌트

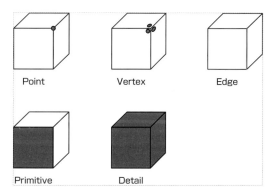

▶ 컴포넌트의 종류

컴포넌트	내용
Point	점. 지오메트리를 구성하는 포인트
Vertex	정점. 포인트와 비슷하지만 포인트와 같은 좌표를 공유하고 있으며 같은 포인트를 가진 각 면마다 정점이 존재한다
Edge	변. 이 컴포넌트만 뒤에서 설명하는 어트리뷰트를 가질 수 없다
Primitive	면. 다른 툴 등에서는 Face(페이스)라고 불리는 경우도 많다
Detail	지오메트리 전체 네트워크. 위 그림에서는 박스 1개이지만 여럿 있어도 같은 네트워크 내라면 전체에서 하나의 Detail을 공유

또 네트워크에 관해서도 작업 용도에 따라 각각 종류가 있습니다. 각 네트워크 간의 이동은 오른쪽 그림에서 빨간색으로 강조한 부분을 클릭한 다음 표시되는 리스트를 보고 선택합니다. 이동 방법은 이뿐만 아니라 노드 안에 들어가서 자동으로 바뀌게 하는 경우도 있습니다.

▶ 다른 네트워크 간의 이동

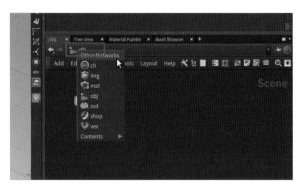

현재 자신이 어느 네트워크에서 작업하고 있는지는 네트워크 에디터의 오른쪽 상단에 있는 표시에서 알 수 있습니다.

▶ 현재 편집하고 있는 네트워크 이름이 표시된다

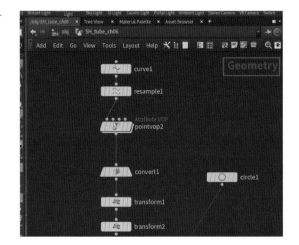

아래에 중요한 네트워크의 종류를 기재했습니다.

▶ 네트워크의 종류

네트워크	내용
Scene(OBJ)	씬 설정(카메라나 라이트 조작) 등을 한다
Geometry(SOP)	오브젝트의 지오메트리에 대한 변경 전반을 수행한다
Dynamics(DOP)	다이내믹스와 파티클을 조작한다
Compositing(COP)	외부로부터 이미지를 읽어들여 변경하거나 카메라에서 렌더링 화면을 가공할 수 있게 한다
Outputs(ROP)	렌더링이나 지오메트리 익스포트(Export)를 실시한다
Materials(MAT)	머티리얼의 가공, 변경 등을 한다
Motion FX(CHOP)	주로 애니메이션 관련 처리를 한다

여러 종류가 있지만 이 책에서는 대부분 SOP만을 사용해 원하는 모양을 만들어 갑니다.

5-2-3 어트리뷰트

후디니의 주요한 특징 중 하나로 5-2-2에서 설명한 컴포넌트에 대해서 어트리뷰트를 부가할 수 있는 기능이 있습니다. 어트리뷰트에는 미리 용도가 정해져 있는 것(컬러 정보를 저장하는 Cd 어트리뷰트, 위치 정보를 저장하는 P 어트리뷰트 등)도 있지만 Attribute Create 등의 노드를 사용해 스스로 독자적인 커스텀 어트리뷰트를 만들 수도 있습니다. 노드가 보유하고 있는 어트리뷰트를 확인하려면 노드를 리스트에서 선택하거나 노드링에서 info 버튼을 클릭합니다.

▶ 어트리뷰트 확인 방법

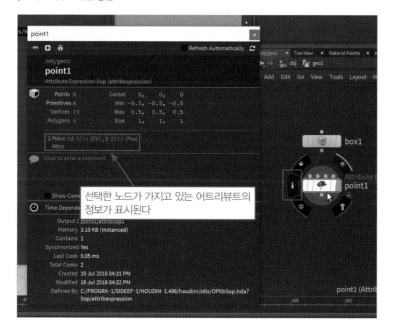

어트리뷰트를 바탕으로 지오메트리에 대해 다양한 작업을 할 수 있습니다. 여기에서는 컬러 정보를 저장할 Cd 어트리뷰트를 그리드에 추가해 나가겠습니다. Grid 노드와 Point 노드를 만들어 연결하고 다음 페이지의 그림을 참고해서 Point 노드를 설정하고 Cd 어트리뷰트를 추가합니다.

▶ Point 노드를 설정

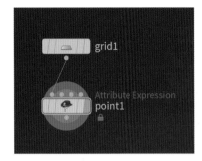

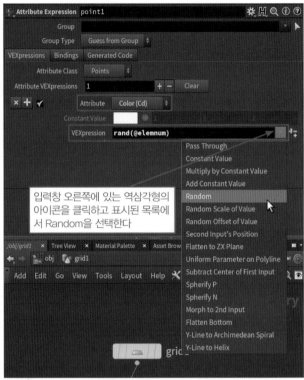

입력창 오른쪽에 있는 역삼각형의
아이콘을 클릭하고 표시된 목록에
서 Random을 선택한다

위의 설정에서 각 컴포넌트에 랜덤
하게 색 정보가 부가됩니다. 어트리
뷰트를 어느 컴포넌트에 추가하느냐
에 따라 결과에 차이가 나므로 Point
노드에서 오른쪽 그림에 빨간색으로
강조한 Attribute Class를 변경해서
결과의 차이를 확인해 봅시다.

▶ Point 노드의 Attribute Class 파라미터 변경

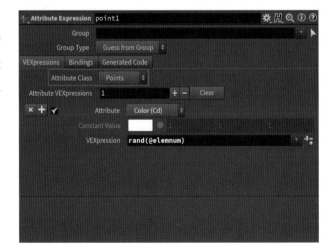

▶ Point(점)에 Cd(컬러 정보) 어트리뷰트를 부가한 경우

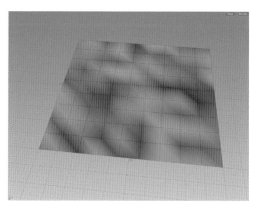

▶ Primitive(면)에 Cd(컬러 정보) 어트리뷰트를 부가한 경우

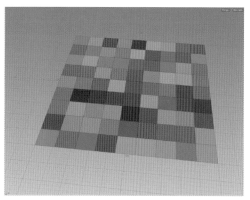

▶ Vertices(정점)에 Cd(컬러 정보) 어트리뷰트를 부가한 경우

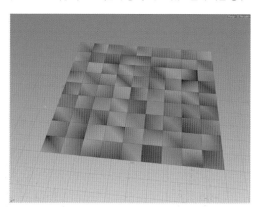

▶ Detail(전체)에 Cd(컬러 정보) 어트리뷰트를 부가한 경우

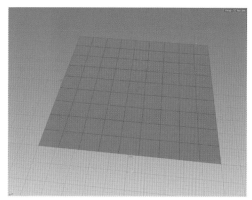

어트리뷰트를 어느 컴포넌트에 대해 추가하느냐에 따라 결과에 차이가 나는 것을 알 수 있습니다.

5-3 후디니를 사용한 구체 모양 메시 작성

5-2에서 후디니의 기초 부분을 설명하였으므로 여기부터는 실제로 Unity에서 사용하는 메시의 제작 과정을 설명하겠습니다.

5-3-1 구체 모양 메시 작성

오른쪽 그림이 이번에 제작할 메시의 완성된 형태입니다. 구체의 밑부분을 밑부분을 조금 잘라낸 것과 같은 모양입니다.

▶ 이번 장에서 후디니로 제작할 메시

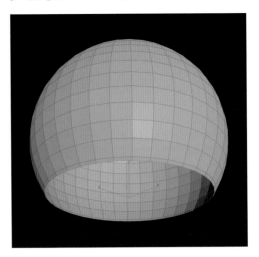

그럼 실제 제작을 시작해 봅시다. 새로운 씬부터 작업을 시작합니다. 만약 도중에 이해가 잘 안 되는 경우 내려받은 데이터의 Lesson05_sphere.hip 파일을 참고해 주세요.

구체를 만든 후 조금 위로 이동시키고 아래쪽을 잘라내는 절차는 3개의 노드를 사용해 처리합니다. 네트워크 에디터에서 오브젝트 네트워크를 선택하고 [Tab] 키를 누릅니다. 다음 페이지의 그림과 같이 노드의 검색창이 표시되면 geo라고 입력하고 Geometry 노드를 선택해서 배치합니다.

▶ 네트워크 에디터에 Geometry 노드를 배치

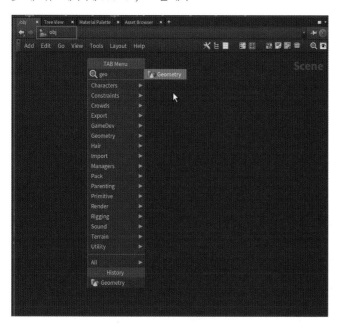

배치한 Geometry 노드를 더블클릭하거나 선택한 후 [Enter] 키나 [I] 키를 누르면 노드 내부에 들어갈 수 있습니다. 내부에 들어가면 File 노드가 배치되어 있지만 필요하지 않으므로 선택한 후 [Delete] 키로 삭제합니다(Houdini 버전 17 이후는 사양이 바뀌어 File 노드가 배치돼 있지 않으므로 삭제할 필요가 없습니다). 이어서 [Tab] 키를 눌러 이번에는 Sphere 노드를 만들고 파라미터를 다음 그림과 같이 변경합니다.

▶ Sphere 노드를 만들고 파라미터를 편집

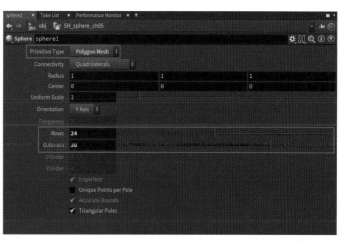

▶ Sphere 노드

파라미터	값
Primitive Type	Polygon Mesh
Rows	24
Columns	36

다음으로 구체를 위쪽 방향으로 이동시키겠습니다. Transform 노드를 만들고 Sphere 노드와 연결한 후 파라미터 Translate의 Y에 0.6을 입력합니다. 구체가 위로 이동했습니다.

▶ Transform 노드 설정

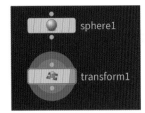 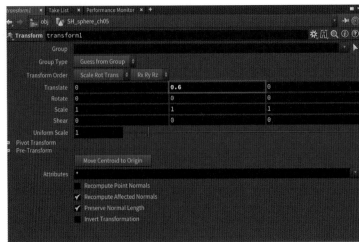

▶ Transform 노드

파라미터	값		
Translate	X:0	Y:0.6	Z:0

이동한 구체의 아래쪽을 'Y=0'의 높이에서 잘라냅니다. Clip 노드를 생성하고 연결합니다. Clip 노드는 초기 설정 그대로 괜찮습니다. 이 노드는 지정한 평면에서 입력 오브젝트를 절단하고 한쪽을 삭제합니다. 시험 삼아 파라미터의 Direction 값을 바꾸고, 결과의 차이를 확인해 보면 좋을 것입니다.

▶ Clip 노드 설정

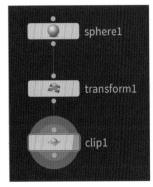 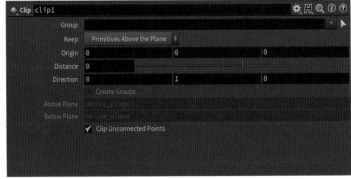

▶ 값을 바꾸면 여러 각도로 자를 수 있다

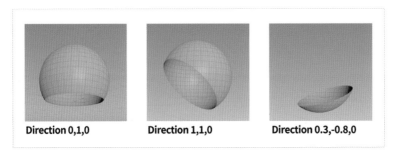

지금까지의 조작으로 처음에 살펴본 완성된 모양을 만들었습니다.

5-3-2 구체의 스케일링과 파라미터를 참조하는 방법

5-3-1에서 메시 형상을 완성했지만 1가지 문제가 있습니다.

나중에 구체 크기를 변경할 필요가 생겼을 경우를 생각해 봅시다. 구체의 크기는 Sphere 노드의 Uniform Scale 파라미터나 Transform 노드의 Scaling 파라미터로 변경할 수 있지만, 구체의 중심을 기준으로 확대나 축소를 실행하기 때문에 결과는 아래 왼쪽 그림처럼 돼 버립니다. 구체의 절단면 위치를 항상 일정하게 유지한 채 스케일링하려면 스케일링의 중심을 오른쪽 그림과 같이 설정해야 합니다.

▶ 실제 결과(왼쪽)와 원하는 결과(오른쪽)

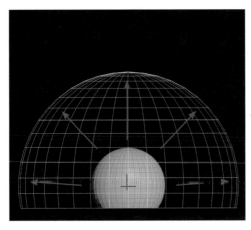
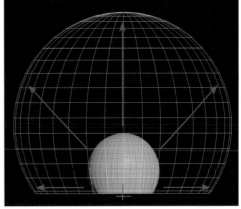

이것을 실현하기 위해 Transform 노드 아래에 Transform 노드를 하나 더 연결합니다. 새로 생성한 Transform 노드를 Transform 노드와 Clip 노드 사이에 가져가면 자동으로 연결해 줍니다.

▶ Transform 노드와 Clip 노드 사이에 Transform 노드 추가

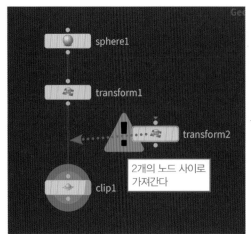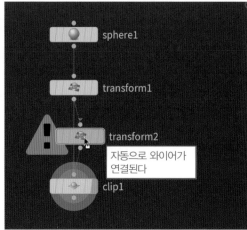

새로 추가한 Transform 노드는 원점(X=0, Y=0, Z=0)을 기준으로 스케일링이 이루어지기 때문에, Uniform Scale 파라미터를 변경해 스케일링해도 항상 구체를 동일한 비율의 위치에서 잘라 전체 형태는 변하지 않습니다.

▶ 스케일링을 해도 Clip 노드의 절취 위치는 변하지 않는다

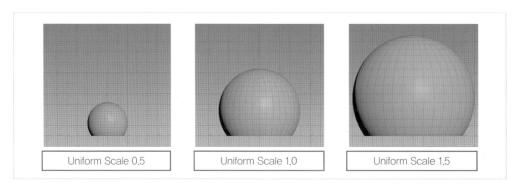

그 외에도 다른 방법이 있습니다. 일단 방금 추가한 transform2 노드를 삭제하고 transform1 노드를 선택합니다. Transform Order 파라미터를 Scale Rot Trans에서 Trans Rot Scale로 변경합니다.

▶ Transform Order 파라미터 변경

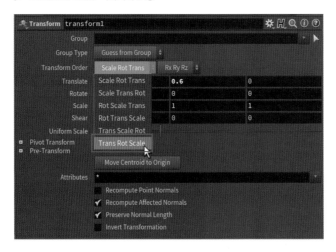

이동, 회전, 확축(확대/축소) 3종류의 변환 순서를 바꿔서 실행해도 동일하게 구현할 수 있습니다. 어느 방법을 사용해도 괜찮습니다.

다음으로 파라미터 참조에 대해서도 소개하겠습니다. Sphere 노드의 Rows와 Columns(구체의 가로와 세로 분할 수)에 주목해 주세요. 방금은 각각 24와 36으로 설정했지만 이를 Rows의 분할 수의 증감에 따라서 Columns도 증감되도록 설정합니다. Rows 파라미터 입력란을 마우스 오른쪽 버튼으로 클릭해서 Copy Parameter를 선택합니다. 다음으로 Columns 입력란을 마우스 오른쪽 버튼으로 클릭해서 Paste Relative References를 선택합니다.

▶ 파라미터의 참조를 설정

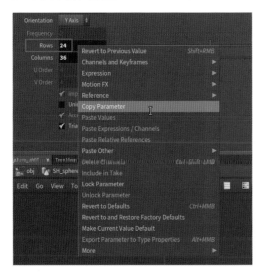
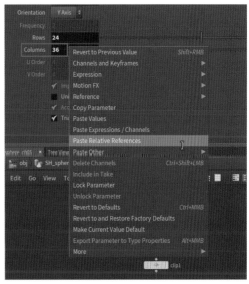

Columns 입력란에 표현식이 삽입되어 'ch ("rows")'라고 표시가 되었습니다. 이것은 익스프레션이라고 불리는 기능으로 '채널(파라미터) Rows의 값을 참조한다'는 의미입니다. 다른 노드의 파라미터나 다른 네트워크에 있는 파라미터도 참조할 수 있습니다.

만일 표시가 바뀌지 않았다면 입력란의 왼쪽에 있는 파라미터 이름(빨간 테두리 부분)을 클릭하면 익스프레션과 수치 표시를 전환할 수 있습니다.

▶ 익스프레션으로 표시(왼쪽)와 실행 결과 수치로 표시(오른쪽)

이렇게 설정하면 Columns가 Rows의 값을 항상 참조하게 됩니다. 'ch ("rows")*1.5'로 바꾸면 Rows의 값을 1.5배 한 값이 결과가 됩니다. 값이 36으로 돼 있는지 확인합시다.

▶ 익스프레션을 바꿔 써 본다

이로써 Rows 증감에 맞춰 자동으로 Columns 값도 변경됩니다.

5-3-3 UV의 설정과 FBX로 익스포트

여기서는 메시에 UV를 설정하고, 설정을 좀 더 추가해서 FBX로 익스포트를 실행합니다. 아울러 다음 그림과 같이 UV Texture, Point, Transform 3개의 노드를 추가합니다. Point 노드는 2종류가 있지만(Point와 Point-old) 새 것(모자 아이콘이 있는 노드)을 사용합니다.

▶ 3개의 노드를 추가

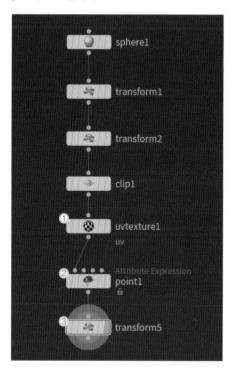

▶ 추가할 노드

그림 안 번호	내용
①	UV Texture 노드를 추가하고 원추형 UV 설정
②	Point 노드를 추가하고 Cd(색보정) 어트리뷰트를 설정
③	Transform 노드를 추가하고 Unity에 임포트했을 때 적절한 사이즈가 되도록 스케일링한다

우선 UV Texture 노드에서 Texture Type 파라미터를 Cylindrical로 설정한 후 UV를 설정합니다. UV Texture 노드에 대해서는 6장에서 자세히 설명합니다.

▶ UV Texture 노드 설정

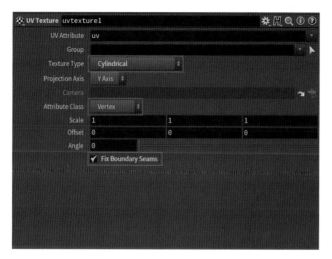

▶ UV Texture 노드

파라미터	값
Texture Type	Cylindrical
Attribute Class	Vertex
Fix Boundary Seams	체크 있음

다음으로 Point 노드에서 Color 어트리뷰트를 추가합니다. Color 어트리뷰트가 없으면 Unity로 임 포트했을 때 정보를 올바르게 불러들이지 못할 수도 있으므로 반드시 설정해 둡시다.

▶ Point 노드 설정

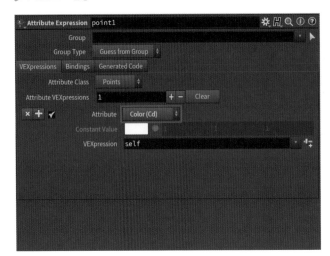

▶ Point 노드

파라미터	값
Attribute	Color(Cd)

현재 설정 그대로 두면 Unity로 가져왔을 때 콩알 정도의 크기가 되므로 Transform 노드를 추가하 고 스케일을 100배로 설정합니다. 물론 Unity에서 스케일링할 수도 있지만 미리 후디니에서 적절한 크기로 맞춰 두는 게 좋습니다.

▶ Transform 노드 설정

▶ Transform 노드

파라미터	값		
Scale	X:100	Y:100	Z:100

이것으로 작업을 완료했습니다. 네트워크 뷰에서 [U] 키를 누르거나 상단의 버튼에서 오브젝트 네트워크로 이동해 Geometry 노드의 이름을 SM_lesson05_sphere01로 변경합니다.

▶ 이름을 변경

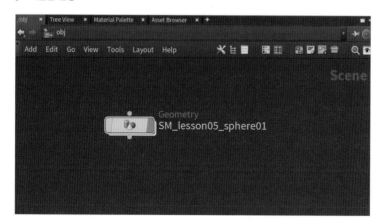

윗부분의 메뉴에서 File → Export → Filmbox FBX를 선택하고 FBX Export Option 창을 엽니다.

▶ FBX Export Option 창을 연다

FBX Export Option 창을 다음 그림과 같이 설정하고 저장할 곳을 Unity 프로젝트의 Assets/Lesson05/Models/SM_lesson05_sphere01.fbx로 설정합니다. 설정이 완료되면 Export 버튼을 클릭해 메시를 익스포트합니다.

▶ FBX Export Option 설정

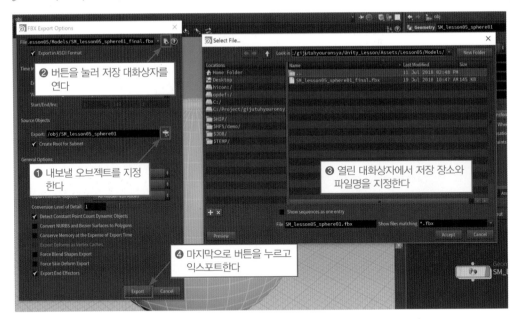

익스포트에서 문제가 없다면 Unity의 프로젝트 내에 파일이 저장돼 있을 것입니다.

▶ Unity의 Project 뷰에서 FBX 파일을 확인

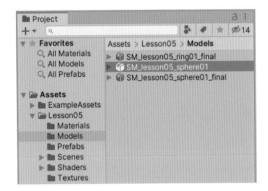

5-4 셰이더 그래프를 사용한 셰이더 제작

5-3에서 만든 메시 모델에 셰이더 그래프로 만든 셰이더를 적용해 이펙트를 만들어 갑니다.

5-4-1 셰이더 그래프의 기본 조작

Unity 2018 버전 이전에는 노드 기반 셰이더를 구축하려면 Shader Forge와 Amplify Shader Editor와 같은 에셋스토어의 에셋을 이용해 구현했습니다. Unity 2018부터는 표준으로 셰이더 그래프(Shader Graph)를 탑재했으며 디자이너도 코드를 작성하지 않고 노드 기반 셰이더를 만들 수 있게 되었습니다.

여기에서는 셰이더 그래프의 기본적인 사용 방법을 알아보면서 이펙트 제작에 빠뜨릴 수 없는 UV 스크롤 기능을 가진 셰이더를 만들어 보겠습니다.

▶ 완성된 셰이더를 적용한 메시 모델

셰이더 그래프의 도입과 씬 구축 방법은 5-1-3에서 설명하고 있습니다. 또 여기서 만드는 셰이더는 그리 복잡하진 않지만 뒷장으로 갈수록 복잡한 셰이더를 제작해 가기 때문에 중간중간 작업 과정의 파일을 각 장의 Shaders 폴더에 있는 temp 폴더에 저장해 두었습니다.

그럼 셰이더 제작을 시작하겠습니다. 우선 Project 뷰의 Assets/Lesson05/Shaders 폴더를 마우스 오른쪽 버튼으로 클릭한 다음 Create → Shader → Unlit Graph를 선택해 새로운 셰이더를 만들고, 이름을 SH_lesson05_UVscroll로 설정합니다.

▶ 새로운 셰이더 파일 만들기

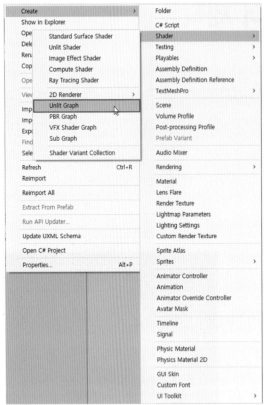

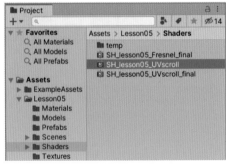

SH_lesson05_UVscroll을 선택한 상태에서 Inspector 뷰의 Open Shader Editor 버튼을 클릭하면 셰이더 그래프의 에디터 화면이 열립니다.

▶ Inspector 뷰의 표시

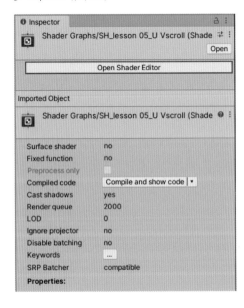

다음 그림에 각 부의 설명을 기재했습니다. 설명을 위해 몇 가지 변경을 추가하고 있으므로 초기설정
화면과는 다릅니다.

▶ 셰이더 그래프 인터페이스

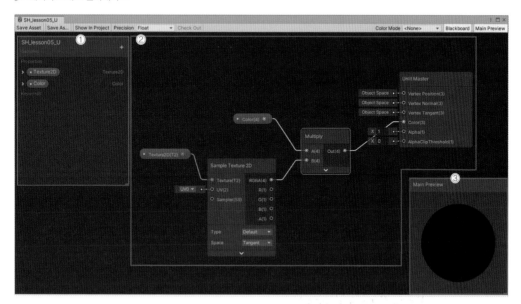

그림 안 번호	명칭	내용
①	블랙보드	머티리얼 인스펙터에 표시, 조정 가능한 프로퍼티를 추가할 수 있다. 만든 프로퍼티의 머티리얼에서 모습이나 초깃값 등을 변경 가능
②	메인 에어리어	노드를 연결해 셰이더를 구축해 나가는 장소. 화면에서 오른쪽 끝에 있는 Unlit Master 가 Unlit Master 노드로 불리는 노드로 최종 출력이 된다
③	마스터 프리뷰	최종 출력 결과 표시. 구체 이외의 표시 모델도 선택 가능

새로운 노드를 생성할 때는 메인 에어리어를 마
우스 오른쪽 버튼으로 클릭한 다음 메뉴에서
Create Node를 선택하거나, 스페이스바를 누
르면 표시되는 메뉴에서 노드명을 입력해서 선
택하는 방법이 있습니다.

이 책에서는 스페이스바를 눌러서 만드는 방법
으로 설명합니다.

▶ 노드의 작성 방법

우선은 셰이더에서 텍스처를 표시해 봅시다. Assets/Lesson05/Textures 폴더 내의 T_lesson05_ sphere01.png를 셰이더 그래프 윈도우로 드래그 앤 드롭합니다. 자동으로 Sample Texture 2D 노드가 생성되었습니다.

▶ 텍스처를 그대로 셰이더 그래프 내에 배치할 수 있다

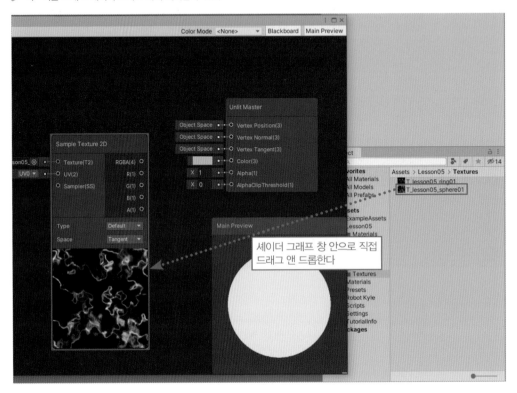

다음 페이지의 그림에서 초록 테두리로 둘러싼 왼쪽이 입력 부분, 오른쪽이 출력 부분입니다. 또 빨간 테두리로 둘러싼 파라미터와 프리뷰의 표시 부분은 각각 파란색 테두리의 화살표 아이콘으로 닫을 수 있습니다. 다음 페이지의 오른쪽에 있는 그림이 양쪽의 표시 부분을 모두 닫은 상태입니다. 특별히 프리뷰가 필요 없는 노드는 표시를 닫고 시원하게 볼 수 있게끔 해두면 좋습니다.

▶ 노드의 입출력

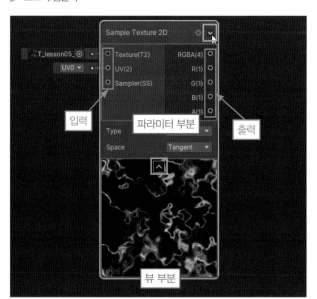

▶ 닫은 상태

다음으로 출력의 RGBA(4) 옆에 있는 동그라미 부분을 드래그해 Unlit Master의 Color(3)에 연결합니다.

▶ 노드끼리의 연결

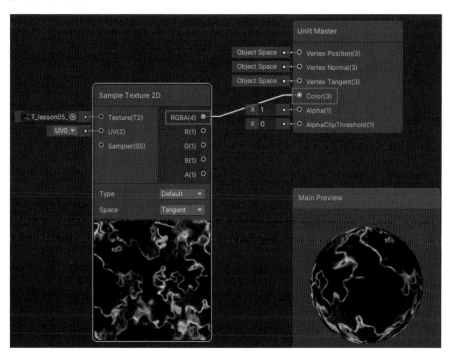

연결했다면 셰이더 그래프 창의 왼쪽 상단에 있는 Save Asset 버튼을 클릭해 지금까지의 변경을 저장합니다.

▶ 셰이더의 변경을 저장

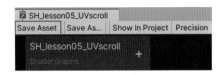

5-4-2 메시 파티클에 셰이더 적용

만든 셰이더를 5-3에서 만든 메시에 적용해 봅시다. 일단 셰이더 그래프 창을 닫고 Hierarchy 뷰에서 새로운 파티클을 생성합니다. 이름을 sphere01로 설정하고 오른쪽 그림을 참고해 파라미터를 설정해 주세요.

▶ 새로운 파티클의 파라미터 변경

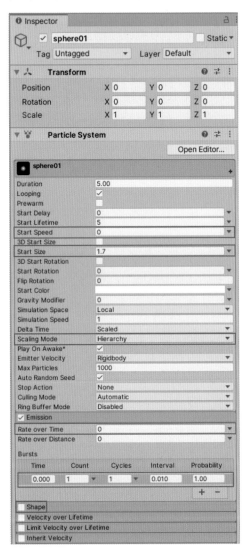

▶ Transform 컴포넌트

파라미터	값		
Rotation	X:0	Y:0	Z:0

▶ Main 모듈

파라미터	값
Start Speed	0
Start Size	1.7
Scaling Mode	Hierarchy

▶ Emission 모듈

파라미터	값			
Rate over Time	0			
Bursts	Time	Count	Cycles	Interval
	0	1	1	0.010

▶ Shape 모듈

파라미터	값
체크	없음

다음으로 Assets/Lesson05/Material에 새로운 머티리얼을 만들고 이름을 M_lesson05_UVscroll01로 변경합니다. 새로 생성한 머티리얼을 선택한 후 Shader 부분을 클릭해 SH_lesson05_UVscroll을 선택합니다. 이것으로 머티리얼 셰이더가 조금 전에 만든 것으로 대체되었습니다.

▶ 머티리얼의 셰이더를 변경

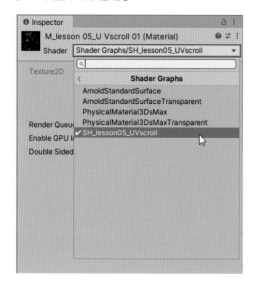

설정한 머티리얼을 파티클의 Material 파라미터로 드래그 앤 드롭합니다. 또 Renderer 모듈에서 Render Type을 Mesh로 변경하고 Assets/Lesson05/Models 안에 있는 SM_lesson05_sphere01.fbx를 Mesh 파라미터에 드래그 앤 드롭합니다. 또 Render Alignment도 Local로 변경해 둡시다.

▶ 머티리얼과 메시 설정

▶ Renderer 모듈

파라미터	값
Render Mode	Mesh
Mesh	SM_lesson05_sphere01
Material	M_lesson05_UVscroll01
Render Alignment	Local

Scene 뷰에서의 모습이 오른쪽 그림과 같이   ▶ Scene 뷰에서 설정 결과 확인
바뀌었습니다.

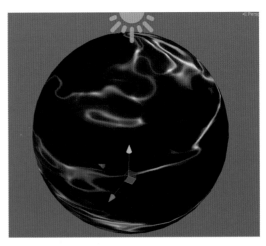

5-4-3 UV 스크롤 셰이더 제작

셰이더의 모습을 확인했으므로 다시 셰이더 그래프 창을 열어 셰이더를 만들어 갑니다. 스페이스바를
누르면 나타나는 노드 검색창에서 til을 입력하면 Tiling And Offset 노드가 표시되는데 이를 선택
해서 배치하고 출력의 Out(2)를 Sample Texture 2D의 UV(2)에 연결합니다.

▶ Tiling And Offset 노드 연결

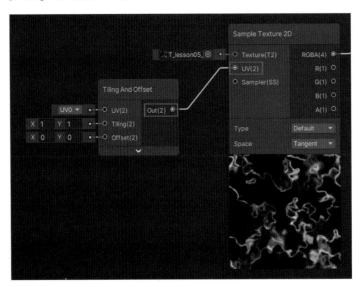

Tiling And Offset 노드는 텍스처의 타일링이나 옵셋, UV 스크롤에도 사용하는 사용 빈도가 매우
높은 노드입니다.

이펙트용 셰이더를 구축할 때는 UV 좌표에 어떠한 변환값을 주어 텍스처의 모습에 변화를 주는 사용법이 많습니다. 그러므로 UV를 자유자재로 조작할 수 있으면 이펙트용 셰이더의 표현의 폭을 크게 넓힐 수 있습니다.

UV 스크롤을 작성하기 위해 Time 노드를 만들고 Time(1)에서 Tiling And Offset의 Offset(2)에 연결해 봅시다. 프리뷰 화면에서 텍스처가 비스듬한 방향으로 움직이게 되었습니다. Time 노드는 이름 그대로 게임 내의 시간을 출력하는 노드입니다. 시간 경과에 따라 항상 값이 더해져서 변화하기 때문에 Offset(2)에 연결하면 옵셋 값이 항상 변화해서 결과적으로 텍스처의 모양이 흐르고(스크롤하고) 있는 효과를 줄 수 있습니다.

▶ Time 노드를 연결해 텍스처를 움직인다

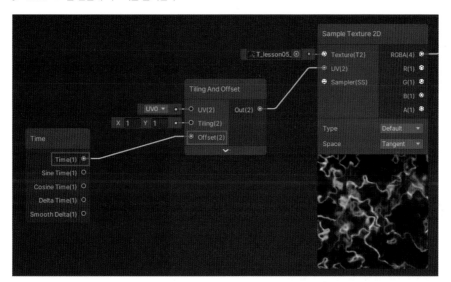

여기서 출력과 입력 요소 수에 주목해 봅시다. 각 파라미터 이름 옆에 있는 괄호 안의 숫자는 파라미터 요소 수를 나타냅니다. Time(1)은 시간의 경과를 나타내는 1개의 요소(vector1), Offset(2)은 UV 좌표 X와 Y의 이동값을 나타내는 2가지 요소(vector2)로 구성돼 있습니다. 요소 수가 다르지만 셰이더 그래프에서는 자동으로 변환해서 연결해 줍니다.

▶ 별 모양의 텍스처

오른쪽 그림과 같은 별 모양 텍스처의 UV 좌표를 옵셋하는 것을 예로 들어 입력과 출력의 요소 수가 다를 경우의 변환 방법에 대해 살펴보겠습니다.

우선 출력의 요소 수가 입력보다 적은 경우(출력의 요소 수 1, 입력의 요소 수 2), Vector1 노드의 값(다음 그림의 경우 0.2)이 옵셋의 X와 Y 모두에서 사용되고(X=0.2 Y=0.2), 별 모양의 텍스처가 가로와 세로 방향 양쪽에 옵셋되는 것을 알 수 있습니다.

▶ 출력의 요소 수가 입력의 요소 수보다 적은 경우

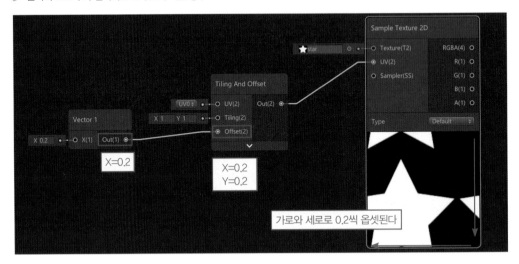

다음으로 출력의 요소 수가 입력보다 많은 경우(출력의 요소 수 4, 입력의 요소 수 2), Vector4 노드의 X, Y, Z, W의 4개 중 옵셋에서는 X와 Y만(X=0.8 Y=0.2) 사용되고 Z와 W는 무시합니다.

▶ 출력의 요소 수가 입력보다 많은 경우

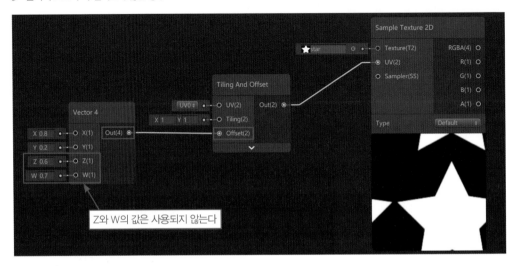

이번 경우는 변환에 따라서 Offset(2)의 2가지 요소 모두에 Time(1)의 값이 들어가기 때문에 Offset(2)의 X 이동 값과 Y 이동 값 각각을 독립적으로 변경할 수 있는 구성으로 만들어 갑니다.

다음 그림과 같이 2개의 Vector1 노드와 Multiply 노드, 그리고 Combine 노드를 각각 작성하여 연결하고 UV 스크롤을 생성합니다.

▶ 노드를 조합해서 UV 스크롤을 작성(SH_5-4-3_01 참조)

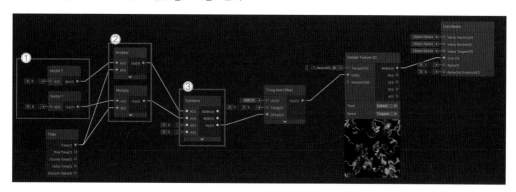

▶ 배치하는 노드의 내용

그림 안 번호	내용
①	2개의 Vector1 노드를 작성. 여기서 UV 스크롤의 속도를 결정한다
②	2개의 Multiply 노드를 작성. 방금 만든 Vector1 노드와 Time 노드를 곱해서 항상 가산으로 변화하는 값을 출력
③	Combine 노드를 사용하여 요소 수 1의 독립된 2개의 값을 합쳐서 요소 수 2의 값으로 출력

Time 노드와 Vector1 노드의 값을 Multiply 노드로 곱해서 속도를 조정합니다. 조정한 각 요소를 Combine 노드로 합쳐서 RG(2)로 출력하고 있습니다. 이것으로 UV 스크롤의 속도를 X방향과 Y방향으로 독립적으로 제어할 수 있습니다.

▶ Split 노드와 Combine 노드

또 요소를 합치는 Comibine 노드와 반대로 요소를 분할하는 경우는 Split 노드를 사용합니다. 2개 모두 사용빈도가 높은 노드입니다.

지금까지의 변경을 Save Asset 버튼을 클릭해서 저장해 둡시다. 5-5에서는 복제한 노드를 프로퍼티로 변환하고 머티리얼에서 값을 조정할 수 있도록 변경합니다.

5-5 머티리얼에서의 파라미터 조정

5-4에서 만든 UV 스크롤 셰이더의 노드를 프로퍼티화해 머티리얼에서 값을 조정할 수 있도록 설정해 갑니다.

5-5-1 프로퍼티 설정

먼저 아래 왼쪽 그림과 같이 윈도우 왼쪽 위에 있는 블랙보드에서 셰이더 이름 아래의 필드를 더블 클릭해서 Samples라고 입력합니다. 그러면 아래 오른쪽 그림처럼 셰이더의 표시가 Samples/SH_lesson05_UVscroll 같은 식으로 바뀝니다. 이와 같이 트리 구조로 해 놓으면 겉보기에도 깔끔하므로 앞으로는 Samples 바로 아래에 셰이더를 작성해 갈 것입니다.

▶ 셰이더를 트리 구조로 표시

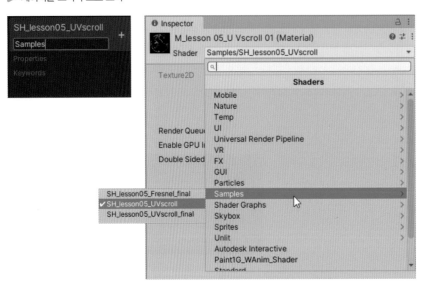

다음으로 셰이더의 Unlit Master 노드 설정을 변경하겠습니다. Unlit Master 노드의 톱니바퀴 아이콘을 클릭하면 다음 페이지의 그림과 같이 표시되는데 설정을 변경하고 다시 한 번 Save Asset을 클릭합니다. Blend를 Additive로 설정하면 가산 모드로, Two Sided에 체크하면 폴리곤의 겉과 속 양쪽 모두를 렌더링할 수 있게 됩니다.

▶ Unlit Master 노드의 설정 변경

▶ 변경 결과

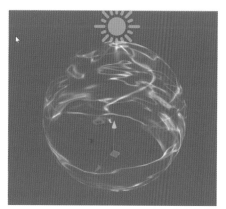

▶ Unlit Master 노드

파라미터	값
Surface	Transparent
Blend	Additive
Two Sided	체크 있음

블렌드 모드 설정을 Additive(가산)로 설정했기 때문에 검은 부분이 투명해지고 렌더링되지 않게 되었습니다. 다음으로 UV 스크롤의 값과 텍스처를 프로퍼티화하여(다음 그림에서 빨간색 테두리로 둘러싼 노드), 머티리얼에서 조정할 수 있게 설정합니다.

▶ 프로퍼티화할 노드(SH_5-5-1_01 참조)

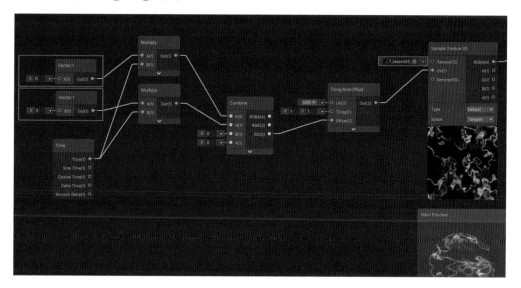

우선 왼쪽에 있는 Vector1 노드(위쪽의 것)를 선택한 후 마우스 오른쪽 버튼을 클릭하여 표시된 메뉴에서 Convert To → Property를 선택합니다. 이렇게 하면 왼쪽 위에 있는 블랙보드에 프로퍼티로 등록됩니다.

▶ 머티리얼에서 변경 가능한 프로퍼티로 등록

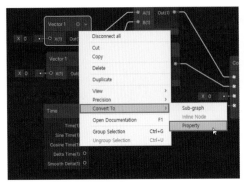

Save Asset 버튼을 클릭하여 변경을 머티리얼에 반영합니다. 머티리얼이 변경되면 오른쪽 그림과 같이 프로퍼티가 변경 가능한 파라미터로서 머티리얼에 표시됩니다.

▶ 등록한 프로퍼티가 머티리얼에 표시된다

파라미터의 모습을 바꾸는 것도 가능합니다. 셰이더 그래프로 돌아가 블랙보드에서 메뉴를 펼치고(다음 페이지 그림의 초록색 테두리 부분을 클릭) 파라미터의 이름과 표시를 변경합시다. 슬라이더 표시로 변경함으로써 값 조정이 쉬워집니다. 또 속성 이름(Vector1의 부분)을 더블클릭하면 이름을 변경할 수 있습니다.

▶ 프로퍼티 설정을 변경해 머티리얼의 표시를 갱신

또 1개의 Vector1 노드에 관해서도 마찬가지의 조작을 하고 이름을 Scroll_Y로 변경합니다. 최종적으로 다음 그림과 같은 모습이 될 것입니다.

▶ 2개의 Vector1 노드를 프로퍼티로 등록

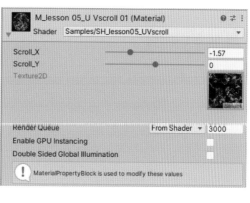

이번에는 Vector1 노드를 프로퍼티로 변환했지만 처음부터 프로퍼티로 만드는 방법도 있습니다.

블랙보드 오른쪽 위에 있는 + 아이콘을 클릭하면 만들 수 있는 프로퍼티 목록이 표시됩니다. 생성한 프로퍼티를 메인 에어리어로 드래그 앤 드롭해서 다른 노드에 연결하면 그대로 사용할 수 있습니다.

▶ 블랙보드에서 직접 프로퍼티를 만들 수 있다

▶ 생성한 프로퍼티를 드래그 앤 드롭해 배치할 수 있다

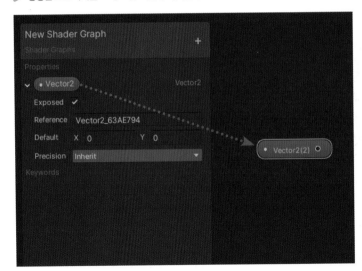

5-5-2 텍스처 프로퍼티화

이어서 텍스처를 프로퍼티화해 갈 것입니다. 머티리얼의 화면에 텍스처 슬롯은 표시돼 있지만 파라미터명이 회색으로 돼 있어서 변경은 불가능한 상태입니다.

텍스처를 프로퍼티화해서 변경이 가능하도록 하겠습니다. Sample Texture 2D노드는 프로퍼티로 변환할 수 없는 노드이므로 텍스처의 프로퍼티를 새로 생성합니다.

▶ 텍스처 파라미터가 편집할 수 없는 상태로 되어 있다

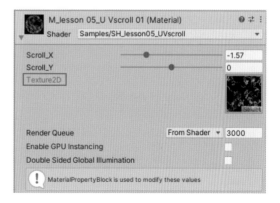

블랙 보드의 + 아이콘을 클릭한 후 Texture2D를 선택합니다. 생성된 프로퍼티의 이름을 MainTex로 변경하고 메인 에어리어로 드래그 앤 드롭해서 배치한 다음 현재 Sample Texture 2D 노드에 연결된 T_lesson05_sphere01 텍스처를 대체하는 형식으로 Texture(T2) 입력에 프로퍼티를 연결합니다.

▶ 새로운 프로퍼티를 생성하고 Sample Texture 2D 노드에 연결(SH_5-5-2_01 참조)

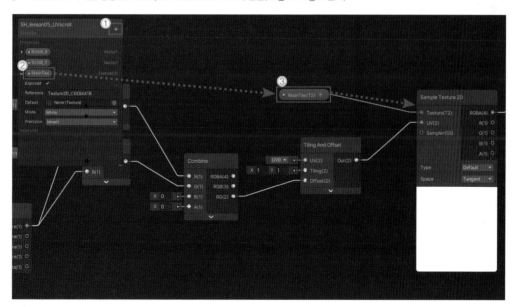

▶ 설정할 프로퍼티

그림 안 번호	내용
①	플러스 아이콘을 클릭한 후 프로퍼티 목록에서 Texture2D를 선택
②	만든 Texture2D 프로퍼티명을 MainTex로 변경하고 메인 에어리어에 드래그 앤 드롭해서 배치
③	배치한 프로퍼티를 Sample Texture 2D 노드에 연결

텍스처 프로퍼티화를 완성했으므로 Save Asset 버튼을 눌러 머티리얼에 반영되었는지 확인합시다. 텍스처가 적용되지 않은 상태이므로 Assets/Lesson05/Textures 폴더에서 T_lesson05_sphere01을 머티리얼의 텍스처 슬롯에 드래그 앤 드롭합니다.

▶ 텍스처 적용

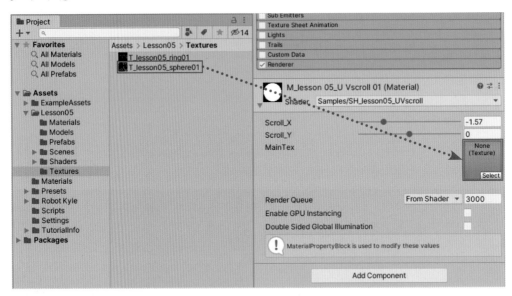

이펙트의 모습에 변화는 없지만 머티리얼에서 UV 스크롤의 속도와 사용할 텍스처를 변경할 수 있게 되었습니다. 머티리얼에서 값을 변경하고 결과가 변화하는 것을 확인해 둡시다.

5-5-3 슈리켄에서 컬러의 변경

마지막으로 슈리켄에서 컬러를 변경할 수 있도록 노드를 추가해 갈 것입니다. 현재 셰이더에서는 슈리켄의 Start Color 파라미터나 Color over Lifetime 모듈에서 컬러를 조정해도 색이 변화하지 않습니다. 시험삼아 Start Color 파라미터를 파란색으로 변경해 봅시다. 컬러가 변화하지 않는 것을 확인했다면 하얀색으로 돌려주세요.

▶ 슈리켄에서 컬러를 변경해도 반영되지 않는다

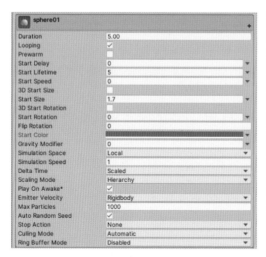
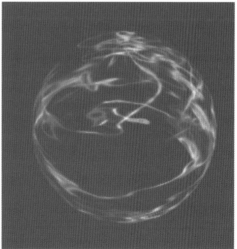

슈리켄에서 변경한 색상을 셰이더에서 받으려면 Vertex Color 노드를 추가해 두어야 합니다. 다음 그림과 같이 Vertex Color 노드를 추가하고 Multiply 노드를 사용해 UV 스크롤 하고 있는 텍스처와 곱함으로써 슈리켄에서의 컬러 변경을 받을 수 있습니다.

▶ Vertex Color 노드 추가

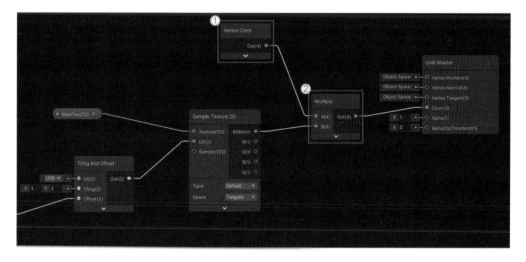

▶ 배치할 노드

그림 안 번호	내용
①	Vertex Color 노드를 추가하고 슈리켄의 컬러 값을 읽어들인다
②	Multiply 노드를 추가하고 Vertex Color 노드의 컬러 값과 텍스처를 곱해서 텍스처에 색을 입힌다

이렇게 해서 슈리켄의 컬러 값을 받을 수 있게 되었습니다. 단, 이 조합이라면 알파값은 아직 받을 수 없습니다. 알파값을 슈리켄으로부터 받기 위해 Split 노드를 이용하여 알파값만 추출하도록 다음 그림과 같이 설정해 보겠습니다. 이 경우 Split 노드의 4가지 출력은 위에서부터 순서대로 빨강, 초록, 파랑, 알파를 각각 나타냅니다.

▶ 알파값만 추출해서 Alpha(1)에 연결

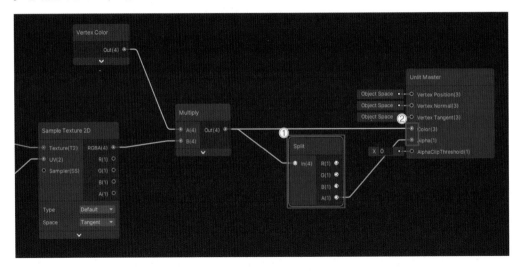

▶ 연결할 노드

그림 안 번호	값
①	Split 노드를 추가하고 알파값만 추출
②	추출한 알파값을 Unlit Master 노드의 Alpha(1)에 연결

다만, Unlit Master 노드의 블렌드 모드를 Alpha로 설정하고 있을 때에는 이 연결 방법이 문제 없지만, 블렌드 모드를 Additive로 설정했을 때는 색상의 밝기로 알파값이 고려되기 때문(색이 어두울수록 투명하게 된다)에 Unlit Master의 Alpha(1)에 연결하더라도 모습이 변화하지 않습니다.

블렌드 모드를 Additive로 설정했을 때는 알파값을 추출해 컬러 값에 곱함으로써 알파값을 반영합니다. 다음 그림과 같이 다시 설정합니다.

▶ Multiply 노드에서 컬러 값과 알파값을 곱한다(SH_5-5-3_01 참조)

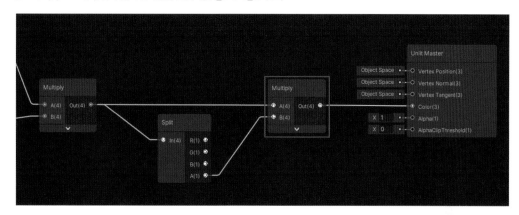

이것으로 알파값이 반영되도록 변경되었습니다. 또 Vector1의 파라미터를 만들고 이름을 Emission으로 변경한 후 다음 그림과 같이 연결합니다. 이렇게 하면 최종 색상의 밝기를 변경할 수 있습니다.

▶ 새로운 Emission 파라미터 생성(SH_5-5-3_02 참조)

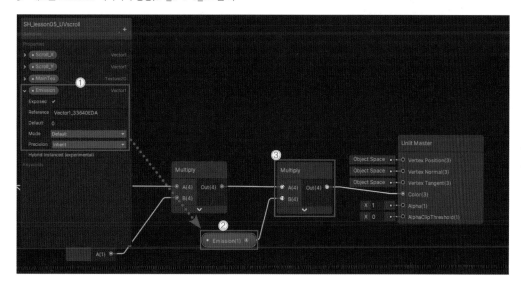

▶ 만들 프로퍼티

그림 안 번호	값
①	Vector1 프로퍼티를 만들고 이름을 Emission으로 변경한다
②	프로퍼티를 드래그 앤 드롭하여 메인 에어리어에 배치한다
③	Multiply 노드를 추가하고 배치한 프로퍼티와 컬러 값을 곱한 것을 Unlit Master 노드에 연결한다

최종적인 컬러 값에 곱함으로써 색의 밝기를 증폭시킬 수 있습니다. Emission 프로퍼티의 값을 크게 설정하면 밝기가 더해져 후처리 프로세스의 Bloom 효과를 얻을 수 있습니다.

또 프로퍼티 정렬 순서는 드래그해서 바꿀 수 있습니다. Emission의 프로퍼티를 드래그해서 MainTex 프로퍼티와 순서를 바꿉니다.

완료했다면 머티리얼의 파라미터 값을 변경해 둡시다.

▶ 프로퍼티의 정렬 순서를 변경해 머티리얼의 파라미터 정렬 순서를 변경

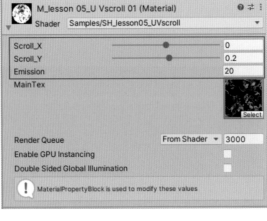

▶ M_lesson05_UVscroll01 머티리얼

파라미터	값
Scroll_X	0
Scroll_Y	0.2
Emission	20

마지막으로 Main 모듈의 Start Color의 값을 다음 그림을 참고해서 변경합니다.

▶ Start Color 값을 변경

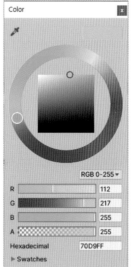

최종적으로 다음 그림과 같은 모습이 되었습니다.

▶ Bloom 효과에 따라 글로 방전(Glow discharge, 플라즈마에서 생기는 빛)이 발생한다

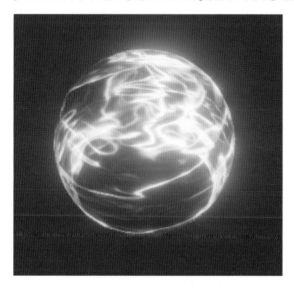

반구 모양의 메시에 이펙트 조합

이번 절에서는 프레넬 효과를 추가해 셰이더를 완성하고 이펙트를 슈리켄으로 조합해 갑니다.

5-6-1 셰이더 그래프를 사용한 프레넬 효과의 추가

지금까지 셰이더 그래프의 기초를 살펴보고, UV 스크롤을 작성하는 방법과 값을 프로퍼티화하는 방법을 학습했습니다. 다음으로 프레넬 효과를 추가한 셰이더를 작성해 갈 것입니다. 프레넬이란 물체에 입사한 빛의 행동을 제어하는 파라미터라고 설명할수 있습니다. 조금 이해하기 어려울지도 모르지만 이펙트에서의 프레넬 효과라고 하면 대체로 오른쪽 그림과 같은 이미지를 가리키는 경우가 대부분입니다.

▶ 이펙트에서의 프레넬 효과

여기에 프레넬 효과를 추가해 갑니다. 셰이더 그래프에서 프레넬효과를 추가하려면 간단하게 Fresnel Effect 노드를 연결하면 됩니다. 5-5에서 만든 SH_lesson05_UVscroll와 별도로 새로운 셰이더를 생성합니다. 새로운 Unlit Graph 셰이더를 생성하고 이름을 SH_lesson05_Fresnel로 설정한 후 다음 그림과 같이 변경하고 Vector1 파라미터를 추가합니다.

▶ 프로퍼티를 추가하고 셰이더의 설정을 변경

▶ 추가할 프로퍼티

그림 안 번호	값
①	Samples라고 입력
②	Vector1 프로퍼티를 만들고 이름을 Fresnel Value로 변경
③	Unlit Master 노드의 Surface 파라미터를 Transparent로 변경

다음으로 Fresnel Effect 노드를 추가하고 생성한 Fresnel Value의 프로퍼티를 배치한 후 다음 그림과 같이 연결합니다. Fresnel Effect 노드의 Power(1)에 Fresnel Value 프로퍼티를 연결하는 것으로 프레넬의 세기를 조정할 수 있습니다.

▶ Fresnel Effect 노드와 Fresnel Value 프로퍼티를 설정

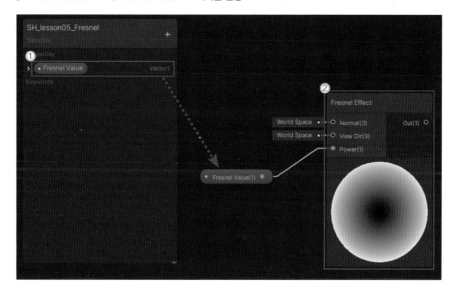

▶ 설정할 노드와 프로퍼티

그림 안 번호	내용
①	만든 Fresnel Value 프로퍼티를 메인 에어리어에 드래그 앤 드롭
②	Fresnel Effect 노드를 배치하고 프로퍼티를 연결

다음으로 Vertex Color 노드를 추가하고 다음 그림과 같이 연결합니다.

▶ Vertex Color 노드 추가

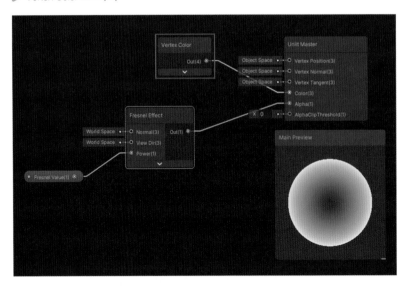

Save Asset 버튼을 클릭해서 변경을 저장하고 결과를 확인해 봅시다. Assets/Lesson05/Materials 폴더 내에 M_lesson05_Fresnel01 이라는 이름으로 새로운 머티리얼을 생성하고 셰이더를 방금 만든 Samples/SH_lesson05_Fresnel 셰이더로 변경합니다.

▶ 머티리얼 설정

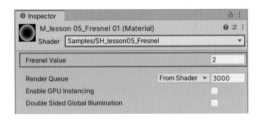

▶ M_leson05_Fresnel01 머티리얼

파라미터	값
Shader	Samples/SH_lesson05_Fresnel
Fresnel Value	2

Hierarchy 뷰에서 sphere01을 복제하고 sphere02 로 이름을 바꾼 후 sphere02의 Renderer 모듈의 Material 파라미터에 M_lesson05_Fresnel01을 적용합니다.

▶ M_lesson05_Fresnel01 머티리얼 적용

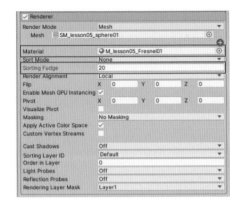

▶ Renderer 모듈

파라미터	값
Material	M_lesson05_Fresnel01
Sorting Fudge	20

또 새로운 게임 오브젝트를 생성하고 더미 파티클로 설
정합니다. 그다음 이름을 FX_AuraSphere로 변경하
고 sphere01과 sphere02를 드래그 앤 드롭해 FX_
AuraSphere의 자식으로 설정합니다.

또 Assets/Lesson05/Prefabs 폴더에 드래그 앤 드롭해
프리팹으로 만듭니다.

▶ 지금까지의 작업 결과

▶ 파티클의 부모와 자식을 설정한다

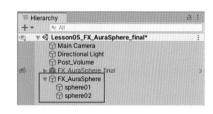

▶ 프리팹으로 등록

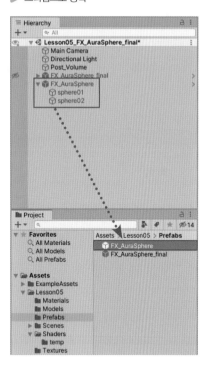

5-6-2 방사 형태로 퍼지는 이펙트 추가

반구 모양의 이펙트 부분을 완성했으므로 지면 주위에 방사 형태로 퍼지는 메시 파티클을 생성해서 이펙트를 완성해 갑니다.

▶ 지면 부분에 파동과 같은 요소를 추가

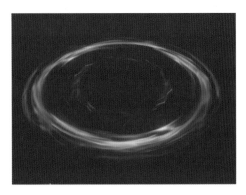

방사 형태로 퍼지는 메시 파티클의 메시는 이미 준비된 것을 사용합니다. sphere01을 복제하고 ring01로 이름을 바꾼 후 Mesh 파라미터에 Assets/Lesson05/Models 폴더 내의 SM_lesson05_ring01을 드래그 앤 드롭합니다.

동시에 머티리얼도 설정합니다. Assets/Lesson05/Materials 폴더 내의 M_lesson05_UVscroll01을 복제한 후 M_lesson05_UVscroll02로 이름을 바꾸고 Material 파라미터에 드래그 앤 드롭합니다.

▶ Renderer 모듈을 변경

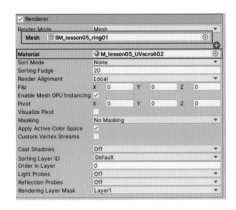

▶ Renderer 모듈

파라미터	값
Mesh	SM_lesson05_ring01
Material	M_lesson05_UVscroll02

또 머티리얼의 파라미터를 오른쪽 그림과 같이 설정합니다. 텍스처는 Assets/Lesson05/Textures 폴더 내의 T_lesson05_ring01을 사용하세요.

▶ 머티리얼을 적용해서 파라미터를 변경

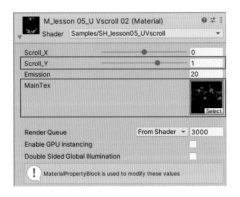

▶ M_lesson05_UVscroll02 머티리얼

파라미터	값
Scroll_Y	1
MainTex	T_lesson05_ring01

더불어 슈리켄의 Main 모듈과 Emission 모듈을
다음 페이지의 그림과 같이 변경합니다.

▶ Main 모듈과 Emission 모듈의 설정 변경

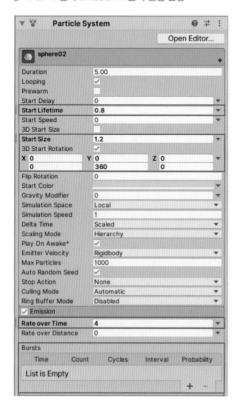

마지막으로 Color over Lifetime 모듈을 ON으로 하고 다음 그림과 같이 설정합니다.

▶ Color over Lifetime 모듈 설정

이상으로 반구 모양의 아우라 이펙트를 완성했습
니다 후디니와 셰이더 그래프의 기초 부분도 함께
설정했기 때문에 이펙트 자체는 단순하지만, 이후
의 장에서도 기본적인 작성 방법은 그다지 변하지
않으므로 확실히 습득하고 6장으로 나아가도록 합
시다.

▶ Main 모듈

파라미터	값		
Start Lifetime	0.8		
Start Size	1.2		
3D Start Rotation	체크 있음		
	X:0	Y:0	Z:0
	X:0	Y:360	Z:0

▶ Emission 모듈

파라미터	값
Rate over Time	4
Bursts	사용하지 않음

▶ Color 파라미터 설정

▶ 완성한 셰이더

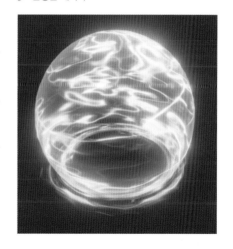

어둠의 기둥
이펙트 제작

어둠의 기둥
이펙트 제작

5장에서는 후디니와 셰이더 그래프의 기본 기능을 설명했으므로 이번 장부터는 좀 더 복잡한 이펙트를 제작합니다.

6-1-1 이펙트 설정도 제작

5장과 마찬가지로 이펙트 설정도를 생성합니다. 먼저 미리 결정된 요소를 적어보겠습니다.

- 어두운 프로퍼티(어둠 프로퍼티)

- 원기둥 모양으로 땅에서 솟아오르는 에너지 형체

이 두 가지 결정 사항을 바탕으로 이펙트의 제작 과정을 살펴보겠습니다.

- 토네이도와 같은 거대한 스케일의 느낌이 아니므로 움직임을 빠르게 한다

- 원기둥 주위에 소용돌이 치는 듯한 움직임을 도입한다

- 원기둥 부분은 메시 오브젝트에 UV 스크롤로 표현한다

이러한 요소들을 이펙트 설정도에 넣어서 작성해 갑니다.

▶ 손으로 그린 러프한 그림

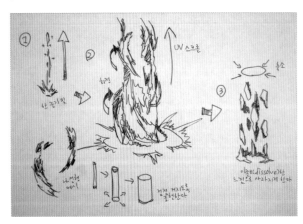

자신의 머릿속에 있는 이미지를 적어보면 앞으로 할 작업이 명확해집니다. 또 이펙트 설정 화면에서는 어두운 프로퍼티(어둠 프로퍼티)의 원기둥과 그 주위를 휘감는 빛의 줄기가 비슷하게 보이지만, 엄밀히 한다면 휘감는 빛의 줄기는 서브 요소로서 조금 더 가늘게 묘사하는 것이 좋습니다.

러프한 그림에서는 이펙트의 발생부터 소실까지의 진행 과정에 대해 묘사하고 있지만 이 과정은 분량 관계로 이 책에서는 만들지 않고 포토샵으로 제작한 이펙트 설정 화면 부분만 표현하겠습니다.

▶ 포토샵으로 제작한 이펙트 설정도

UV 스크롤

화염과 같은 느낌의 질감보다 아우라 같은 느낌의 모습이 좋을지도…

중심에서부터 방사형으로 퍼져나가는 희미한 아우라

6-1-2 어둠의 기둥 이펙트 작업 과정

하나의 장을 모두 사용하여 이펙트를 제작해 나가므로 제작 공정을 간단하게 설명합니다. 또 각 절에서 학습할 내용에 대해서도 함께 설명하겠습니다.

6-2에서는 후디니를 사용하여 메인의 기둥 부분의 메시를 생성합니다. 메시 제작을 통해 다음 내용을 학습해 갈 것입니다.

- NURBS 커브를 사용한 모델링 기법 설명

- 램프 파라미터를 사용한 정점 알파 설정 방법

- 오브젝트의 토폴로지가 변경되어도 깨지지 않는 UV 좌표 설정 방법

▶ 후디니를 사용해 메시를 제작해 나간다

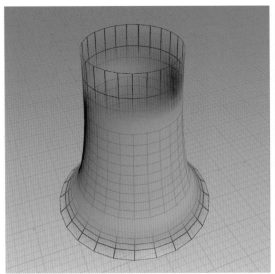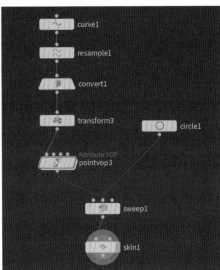

6-3에서는 어둠의 기둥 부분에 사용하는 셰이더를 셰이더 그래프로 생성합니다. 또 셰이더 제작을 통해 다음 내용을 학습해 갈 것입니다.

- 텍스처를 마스킹하는 방법

- 정점 애니메이션 구현 방법

- 프로퍼티 설정 방법

▶ 셰이더 그래프를 사용해 셰이더를 완성해 나간다

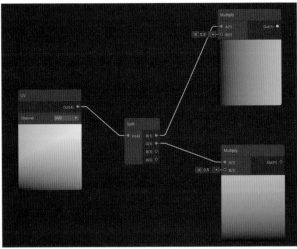

6-4에서는 다음의 순서로 작업을 진행하면서 어둠의 기둥의 메시 파티클을 설정합니다.

- 알파 블렌드로 설정한 셰이더를 제작

- 어둠의 기둥용으로 만든 가산과 알파 블렌드의 셰이더를 사용해 기둥의 메시 파티클을 설정

▶ 만든 두 기둥을 합친 것(왼쪽)과 머티리얼(오른쪽)

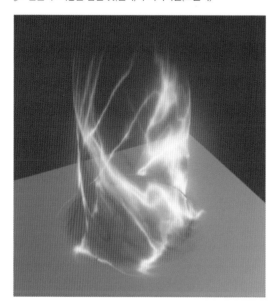

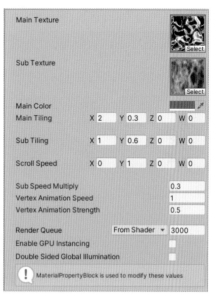

6-5에서는 기둥 주위에서 발생해 날아오르는 더스트 소재를 만들고 더스트용 셰이더도 별도로 생성합니다.

▶ 더스트 소재의 완성 이미지

6-6에서는 다음 내용을 배우면서 기둥 주위에서 발생하는 나선형 모양의 아우라 줄기를 트레일 기능을 사용해 만들어 갑니다.

- 트레일용 셰이더를 제작

- Trail 모듈의 사용법 학습

▶ 트레일의 완성 이미지와 사용하고 있는 머티리얼

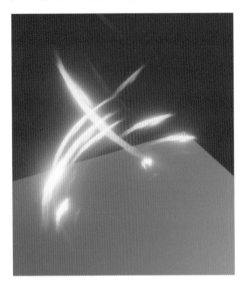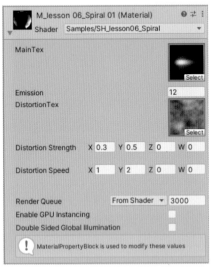

6-6까지의 과정을 진행하면 효과가 완성됩니다. 5장보다 복잡하긴 하지만 실력도 확실하게 향상될 것이므로 열심히 배워 봅시다.

▶ 어둠의 기둥 이펙트 완성 이미지

6-2 메시 제작

이번 절에서는 후디니를 사용하여 튜브 모양의 메시를 제작합니다. NURBS 커브의 정점 알파 설정 등도 실행합니다.

6-2-1 튜브 모양 메시의 베이스 부분 제작

우선은 어둠의 기둥 이펙트의 메인 부분인 기둥의 메시를 후디니로 생성합니다. 새로운 씬을 생성하고 임의의 이름으로 저장해 둡시다. 완성된 씬의 파일은 Lesson06_tube.hip에 있으므로 확인이 필요하다면 해당 씬을 참조해주세요.

완성된 튜브 모양 메시의 베이스 부분은 오른쪽 그림과 같은 형태입니다. 정점 알파가 설정돼 있어 메시 상단과 하단은 투명합니다.

▶ 완성한 메시

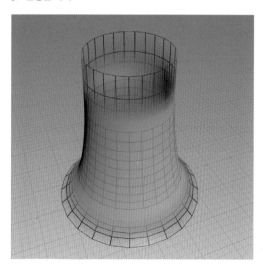

먼저 다음 페이지의 그림과 같은 커브를 그립니다.

▶ 스플라인 그리기

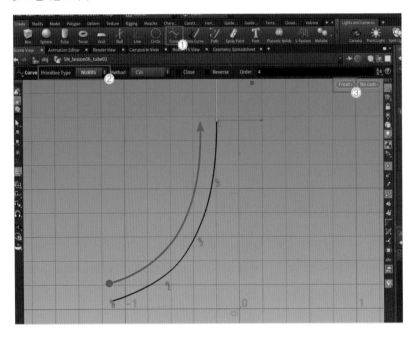

▶ 제작할 커브

그림 안 번호	내용
①	셀프에서 Curve 툴을 선택
②	Primitive Type을 NURBS로 변경
③	빨간 테두리 부분을 클릭하여 뷰포트를 Front로 설정

셀프에서 Curve 툴을 선택하고 Primitive Type 을 NURBS로 변경해 놓습니다. 씬 뷰의 표시에서 ③ 의 빨간 테두리 부분을 클릭하고 Set View → Front viewport에서 Front로 설정합니다. 씬 뷰를 클릭하면 스플라인 포인트가 배치되므로 그림의 커브를 참고해

▶ 스플라인의 노드가 생성되었으므로 이름을 변경

스플라인을 그려주세요. 스플라인을 그린 후에 [Enter] 키를 누르면 그린 스플라인이 확정됩니다. 또 네트워크 에디터에 자동으로 스플라인의 노드가 생성되므로 노드 이름을 SM_lesson06_tube01로 변경해 둡니다.

그럼 Geometry 노드 안으로 들어가서 제작을 시작합시다. 우선은 튜브 모양의 형상을 생성합니다. 다음 그림과 같이 노드를 구성해 갈 것입니다. 만든 Curve 노드와 Circle 노드를 Sweep 노드로 조 합하여 Skin 노드로 표면(서피스)을 만들고 있습니다.

▶ 스플라인과 원으로 튜브 형상을 생성

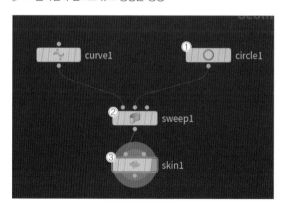

▶ 만들 노드

그림 안 번호	값
①	Circle 노드 생성
②	Sweep 노드 생성. 입력 1에 Curve 노드, 입력 2에 Circle 노드를 연결. Circle 노드의 각 포인트에 Curve 노드로 그린 스플라인 배치
③	Skin 노드를 생성. ②에서 설정한 형상에 대해 서피스 생성

Circle, Sweep, Skin 노드의 각 설정은 다음 그림과 표를 참고해 주세요.

▶ Circle, Sweep, Skin 노드의 설정

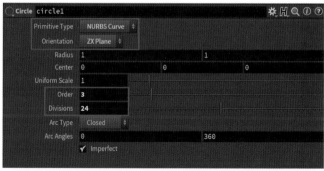

▶ Circle 노드

파라미터	값
PrimitiveType	NURBS Curve
Orientation	ZX Plane
Order	3
Divisions	24

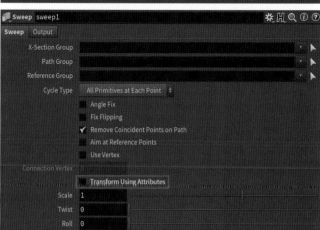

▶ Sweep 노드

파라미터	값
Transform Using Attribute	체크 없음

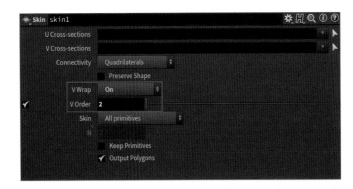

▶ Skin 노드

파라미터	값
V Wrap	On
V Order	2

▶ 설정 결과

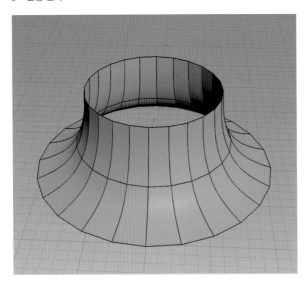

여기서 중요한 것은 Sweep 노드입니다. Sweep 노드에는 3가지 입력이 있는데 2번째 입력에 Circle 노드를 연결합니다. 그리고 연결한 Circle 노드의 각 포인트에 첫 번째 입력 지오메트리를 배치합니다. 지오메트리라고 표기했지만 이번 경우는 양쪽 다 NURBS 커브가 됩니다.

이번 경우에서는 서클의 각 포인트에 먼저 그린 스플라인을 배치하고 있습니다.

이 Sweep 노드를 사용한 지오메트리를 만드는 방법은 이펙트 소재로 사용하는 메시(나선형 모양 등)를 만들 때 자주 사용됩니다. 또 폴리곤이 아닌 NURBS 커브로 구성해 둠으로써 후속 공정의 UV 설정 등을 간단하게 실시할 수 있다는 이점이 있습니다.

6-2-2 튜브 모양 메시에 정점 알파 설정

6-2-1에서 튜브의 기본 형상이 완성되었으므
로 이제 정점 알파 등의 설정을 추가해 갑니
다. Resample 노드를 배치하고 드래그해서
Curve 노드와 Sweep 노드 사이로 가져가면
자동으로 연결됩니다. 또 반대로 노드를 드래
그한 채로 좌우로 흔들면 연결이 해제됩니다.

Resample 노드를 적용하면 스플라인상의 포
인트를 length 파라미터에 지정한 간격으로
배치할 수 있습니다. 여기에서는 Resample
노드의 length 파라미터는 기본값인 0.1로 둡
니다. 매우 편리한 노드이지만 주의점이 있는

▶ 노드를 드래그해서 사이에 연결한다

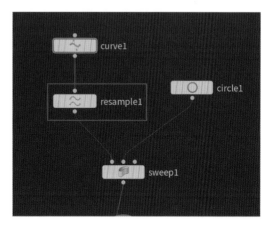

데 적용 후에 커브가 NURBS에서 폴리곤으로 변환돼 버리기 때문에 Convert 노드를 사용해 다시
NURBS 커브로 변환합니다.

▶ 폴리곤으로 변환된 커브를 NURBS로 다시 변환

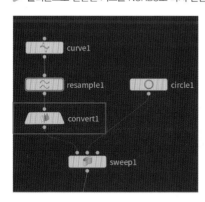

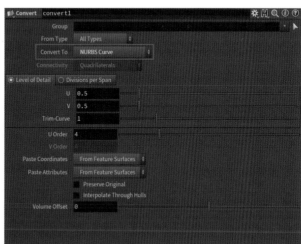

▶ Convert 노드

파라미터	값
Convert To	NURBS Curve

아울러 Transform 노드를 추가로 적용해서 약간 Y축 방향으로 스케일링합니다.

▶ Transform 노드로 미세 조정

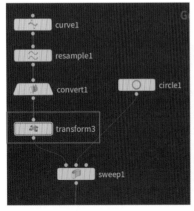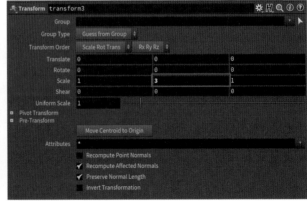

▶ Transform 노드

파라미터	값		
Scale	X:1	Y:3	Z:1

▶ 조정 결과

지오메트리 정리가 끝났으므로 정점 알파를 설정하겠습니다. 지오메트리에 정점 알파를 설정하는 방법은 여러 가지가 있지만 이번에는 VOP를 사용하여 설정해 갈 것입니다. PointVop 노드를 오른쪽 그림의 위치에 연결해 주세요. PointVop 노드에서는 입력 지오메트리의 각 포인트에 대해 처리를 합니다.

▶ Point Vop 노드를 배치

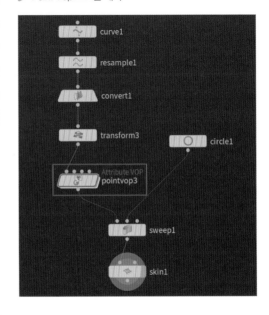

VOP를 사용하면 기존 노드의 조합만으로는 어려운 처리를 VOP 네트워크에서 실행할 수 있습니다. Point Vop 노드를 더블클릭하면 안으로 들어갈 수 있습니다. 초기 상태에는 2개의 노드가 배치되어 있는데 왼쪽이 입력, 오른쪽이 출력입니다. 여기서 입력 파라미터에 다양한 처리를 실시합니다.

▶ VOP 네트워크의 초기 화면

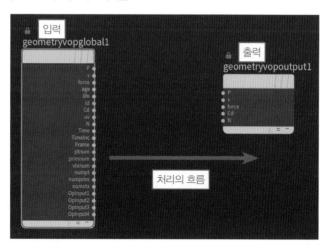

이번 VOP 네트워크에서 실시하는 처리는 입력돼 있는 스플라인의 각 포인트에 대해 알파값을 설정하는 것입니다. 우선 입력 스플라인의 각 포인트를 선택하고 선택한 모든 포인트 범위를 0에서 1의 범위로 변환합니다. 변환한 0부터 1의 범위에 대해서 램프 파라미터를 적용하면 커브 편집기를 사용해서 유연하게 알파값을 설정할 수 있습니다.

▶ 스플라인의 각 포인트에 대해 알파값을 설정

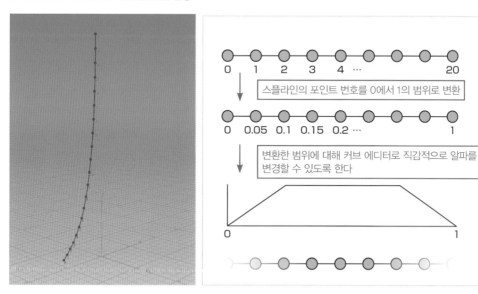

다음 페이지의 그림을 참고해서 노드를 생성해 주세요. 입력에서 출력으로, 왼쪽에서 오른쪽으로 처리를 합니다. 참고로 마지막 보라색 노드는 Bind Export 노드입니다.

▶ VOP 네트워크에 노드를 배치

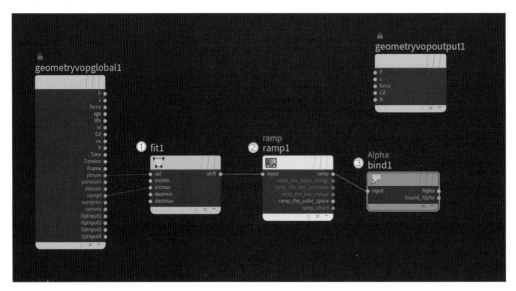

▶ 배치할 노드

그림 안 번호	값
①	Fit Range 노드를 배치. 입력 노드의 ptnum을 val로, numpt를 srcmax에 연결
②	Ramp Parameter 노드를 배치. 커브에서 알파를 설정할 수 있도록 설정
③	램프 파라미터에서 조정한 값을 출력하기 위해 Bind Export 노드를 배치하여 연결

순서대로 설명하겠습니다. 먼저 Fit Range 노드를 배치하고 입력 노드의 ptnum을 Fit Range 노드의 val에, numpt를 Fit Range 노드의 srcmax에 연결합니다. Fit Range 노드를 사용해서 커브의 포인트 수를 0에서 1의 범위에 넣습니다. 값의 범위를 0에서 1로 편집한 것은 다음의 Ramp Parameter 노드에서 편집 가능한 값의 범위가 0에서 1이기 때문입니다.

▶ Fit Range 노드에 연결

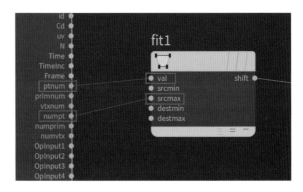

▶ 입력 노드

노드	내용
ptnum	입력 지오메트리 각 포인트
numpt	입력 지오메트리 포인트의 총수

▶ Fit Range 노드

파라미터	값
val	현재 처리 중인 값
srcmin	입력되는 값의 최솟값
srcmax	입력되는 값의 최댓값
destmin	입력값 변환 후 최솟값
destmax	입력값 변환 후 최댓값

0부터 1의 범위로 변환한 각 포인트의 값

을 Ramp Parameter 노드에서 편집합니다. 다음 그림과 같이 Ramp Type을 Spline Ramp(float)로 변경해 주세요. RGB Color Ramp 그대로는 의도한 대로 동작하지 않습니다. 여기서 커브 편집도 할 수 있지만 일단 초기 설정 그대로도 괜찮습니다.

▶ Ramp Parameter 노드 설정

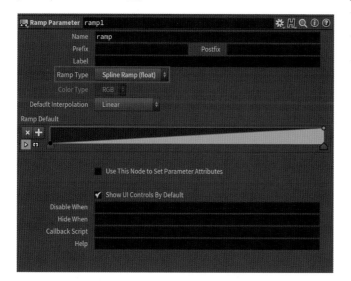

▶ Ramp Parameter 노드

파라미터	값
Ramp Type	Spline Ramp(float)

이대로는 값을 변경한 것뿐이므로 마지막으로 값을 알파값으로 출력합니다. 출력 노드에는 P(위치), Cd(컬러), N(법선) 등의 각종 파라미터가 있지만 알파는 목록에 없기 때문에 Bind Export 노드를 배치하여 다음 그림과 같이 설정합니다. 이것으로 편집한 값이 알파에 반영됩니다.

▶ Bind Export 노드 설정

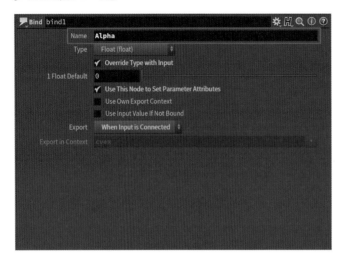

▶ Bind Export 노드

파라미터	값
Name	Alpha

VOP 네트워크에서의 설정이 완료되었으므로 처음으로 돌아갑시다. [U] 키를 누르면 상위 계층으로 이동할 수 있습니다. Point VOP 노드를 선택해 주세요. 앞서 VOP 네트워크에서 추가한 Ramp Parameter의 커브 에디터를 확인할 수 있으며 오른쪽 그림과 같이 설정해 주세요. 오른쪽 위 그림의 빨간 테두리로 둘러싼 부분을 클릭하면 오른쪽 아래 그림과 같이 커브 에디터를 열 수 있습니다.

▶ 커브를 설정

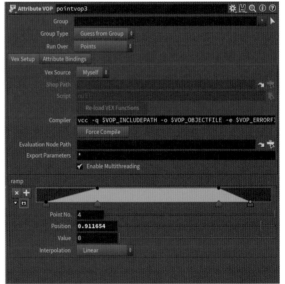

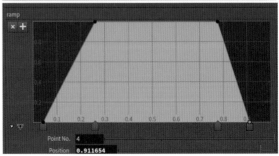

커브 에디터 설정에 연동되어 스플라인의 투명도(알파)가 변경되는 것을 알 수 있습니다. 만약 커브 에디터를 편집해도 스플라인 표시가 씬 뷰에서 변화하지 않을 때에는 설정을 재검토해 보거나 Convert 노드를 추가해서 Convert to 파라미터를 Polygon으로 변경해 보세요. 아울러 Convert 노드는 알파 확인을 위해서 추가했으므로 확인이 끝나면 삭제해 주세요.

▶ 커브 에디터 설정과 연동되어 스플라인의 투명도가 바뀐다

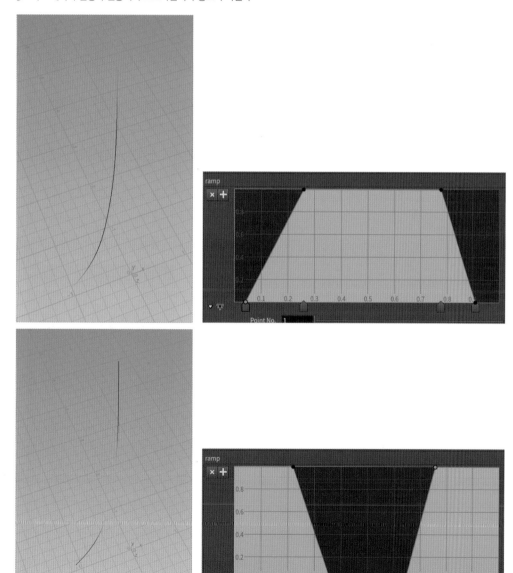

Ramp Parameter를 이용해 값을 편집하는 기술은 범
용성이 높고, 여러 부분에서 사용할 수 있으므로 꼭 기억
합시다. 다음으로 Skin 노드에 디스플레이 플래그를 설
정해 봅시다. 스플라인에 설정한 알파값이 인계되는 것
을 알 수 있습니다.

▶ 스플라인에 설정한 알파 설정이 인계돼 있다

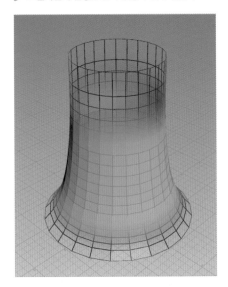

6-2-3 튜브 모양 메시에 UV 설정

정점 알파 설정이 완료되었으므로 마지막으로 UV를 설정해서 완
성하겠습니다. UV Texture 노드와 Point VOP 노드를 Skin 노
드 아래에 추가합니다.

UV Texture 노드의 파라미터를 아래 그림과 같이 설정해 주세
요. Texture Type 파라미터의 Uniform Spline은 지오메트리
타입이 폴리곤이 아닌 NURBS일 때만 작용합니다.

▶ UV Texture 노드와 Point VOP 노드
를 추가

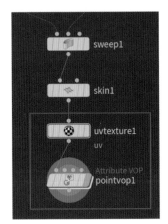

▶ UV Texture 노드 설정

▶ UV Texture 노드

파라미터	값
Texture Type	Uniform Spline
Attribute Class	Vertex

또 Point VOP 노드의 설정을 다음의 그림과 같이 변경합니다.

UV 좌표를 Vertex 어트리뷰트로 설정했기 때문에 처리할 컴포넌트를 Point에서 Vertex로 변경합니다.

▶ Point VOP 노드 설정

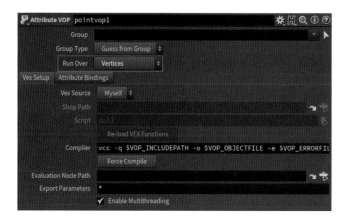

▶ Point VOP 노드

파라미터	값
Run Over	Vertices

이것으로 UV가 설정되었으니 확인해 봅시다. 오른쪽 그림과 같이 씬 뷰에서 UV 뷰포트를 선택합니다.

▶ UV 뷰포트로 이동

현재 설정돼 있는 UV를 확인할 수 있습니다. 가로 방향은 적절히 UV 0에서 1까지의 범위로 유지되고 있지만, 세로 방향으로는 꽤 길게 되었습니다.

▶ UV 좌표 확인

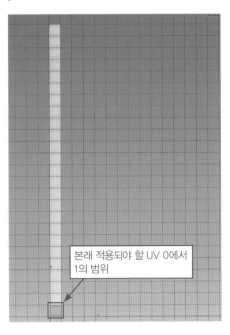

본래 적용되야 할 UV 0에서 1의 범위

이렇게 길게 되어 버린 UV를 앞서 UV Texture 노드와 같이 추가한 Point VOP 노드에서 적절히 0에서 1의 범위에 넣습니다. 여기서도 정점 알파를 설정했을 때와 마찬가지로 Fit Range 노드를 사용합니다.

▶ Fit Range 노드를 배치

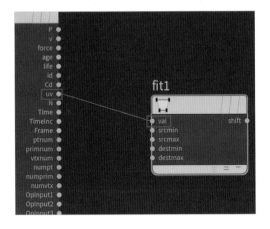

이와 같이 정점 알파든 UV 좌표든, 수치의 집합이라면 똑같이 처리해서 다룰 수 있습니다. Point VOP 노드 안에 들어가서 처리를 시작합시다. 정점 알파 때와 마찬가지로 Fit Range 노드를 배치합니다.

다음으로 Fit Range 노드 입력에 현재 값과 입력의 최솟값, 최댓값을 연결합니다. 현재 값(val)에 관해서는 입력 노드에 UV 어트리뷰트가 있으므로 이를 연결합니다.

다음으로 UV의 최솟값과 최댓값을 얻기 위해 다시 한 번 VOP 네트워크 밖에서 각각 UV의 최솟값과 최댓값을 설정한 커스텀 어트리뷰트를 만들고 VOP 네트워크로 읽어들여야 합니다. 다시 네트워크 밖으로 나가서 오른쪽 그림과 같이 2개의 Attribute Promote 노드를 Point VOP 노드 바로 앞에 추가합니다. 2개의 Attribute Promote 노드에 대해서 각각 아래 그림과 같이 파라미터를 설정하세요.

▶ Attribute Promote 노드를 추가

▶ 2개의 Attribute Promote 노드를 설정

▶ Attribute Promote 노드(attribpromote1)

파라미터	값
Original Name	uv
Original Class	Vertex
New Class	Detail
Promotion Method	Maximum
Change New Name	체크 있음
New Name	uv_max
Delete Original	체크 없음

▶ Attribute Promote 노드(attribpromote2)

파라미터	값
Original Name	uv
Original Class	Vertex
New Class	Detail
Promotion Method	Minimum
Change New Name	체크 있음
New Name	uv_min
Delete Original	체크 없음

순서대로 attribpromote1을 예로 설명합니다. 먼저 Original Name에 uv라고 입력합니다. uv는 지오메트리의 UV 좌표 정보가 담긴 어트리뷰트입니다. 이 어트리뷰트는 UV Texture 노드 등을 설정했을 때 자동으로 추가됩니다. 또 어트리뷰트의 값은 Geometry Spreadsheet에서 언제든지 확인할 수 있습니다. Geometry Spreadsheet를 열고 다음 그림과 같이 Vertex의 아이콘을 눌러 UV 어트리뷰트를 확인해 봅시다.

▶ UV 어트리뷰트를 Geometry Spreadsheet에서 확인

이 UV 어트리뷰트 중에서 최댓값만 꺼내서 새로 만든 uv_max 어트리뷰트에 저장합니다. UV Texture 노드로 UV를 설정할 때에 클래스를 Vertex로 설정했으므로 Original Class 파라미터는 Vertex를 선택합니다. 새로 만들 uv_max 어트리뷰트의 클래스(New Class)는 Detail을 지정합니다.

Promotion Method에서 Maximum을 선택하면 UV 좌표의 최댓값이 취득되어 uv_max 어트리뷰트에 저장됩니다. 맨 아래 Delete Original에 체크 표시가 돼 있으면 참조하는 원래 uv 어트리뷰트가 삭제돼 버리므로 반드시 체크를 해제해 둡시다.

여기까지 설정했다면 다시 Geometry Spreadsheet에서 uv_max의 값을 확인해 보겠습니다. 이번에는 Detail의 아이콘을 선택합니다.

▶ Geometry Spreadsheet에서 uv_max 값을 확인

확인했다면 동일한 방법으로 최솟값을 uv_min 어트리뷰트에 저장하겠습니다. 후디니에서 작업할 때는 항상 Geometry Spreadsheet에서 어트리뷰트의 값을 확인하면서 작업을 진행해 나가도록 유의합시다. 조작이 잘못되었을 경우 대개 어트리뷰트의 값이 의도하지 않은 값일 경우가 많으므로 실수한 내용을 쉽게 알 수 있습니다.

UV의 최솟값과 최댓값을 저장한 uv_min과 uv_max 어트리뷰트를 작성했으므로 다시 VOP 네트워크 내로 돌아가 작업을 진행해 나가겠습니다. 만든 어트리뷰트를 불러들일 때에는 Get Attribute 노드를 사용합니다. 2개의 Get Attribute 노드를 배치하고 다음 페이지의 그림을 참고하여 설정한 후 uv_min, uv_max 어트리뷰트를 각각 불러들여 연결합니다.

▶ uv_min, uv_max 어트리뷰트를 불러와 연결

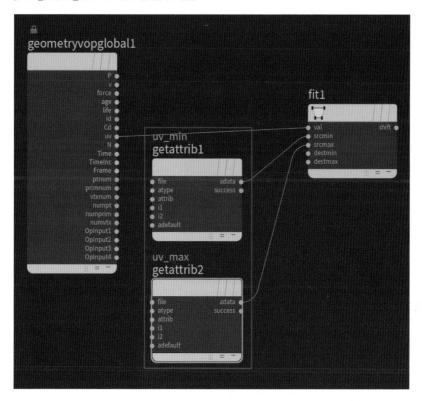

▶ Get Attribute 노드(getattrib1)

파라미터	값
Signature	Vector3
Input	First Input
Attribute Class	Detail
Attribute	uv_min

▶ Get Attribute 노드(getattrib2)

파라미터	값
Signature	Vector3
Input	First Input
Attribute Class	Detail
Attribute	uv_max

마지막으로 Bind Export 노드를 연결하여 값을 출력합니다. 다음 그림과 같이 설정해 주세요.

▶ Bind Export 노드를 연결

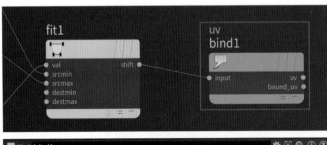

▶ Bind Export 노드

파라미터	값
Name	uv
Type	Vector(vector)

또 UV 뷰포트를 확인하고 UV가 0에서 1의 범위로 유지되고 있는지 확인해 두세요.

▶ UV가 0에서 1의 범위로 유지되고 있다

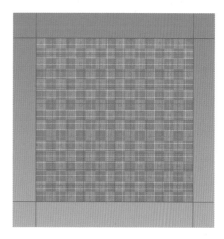

마지막으로 다음 그림을 참고해 5개의 노드를 추가합니다.

▶ 5개의 노드를 추가

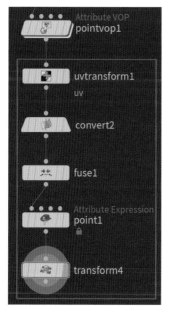

▶ 각 노드의 설정

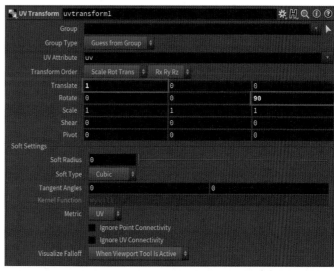

▶ UV Transform 노드

파라미터	값		
Translate	X:1	Y:0	Z:0
Rotaion	X:0	Y:0	Z:90

▶ Convert 노드

파라미터	값
Convert To	Polygon

▶ Point 노드

파라미터	값
Attribute	Color

▶ Transform 노드

파라미터	값	
Scale	X:100	Y:100
	Z:100	

우선 UV Transform 노드에서 UV를 90도 회전시킵니다. 나중에 유니티에서 UV 스크롤을 세로 방향으로 흘리기 때문에 거기에 UV를 맞추고자 하는 것입니다. 다음으로 Convert 노드에서 폴리곤으로 변환하겠습니다. 폴리곤으로 변환했을 때 메시의 이음매 부분에 금이 생겨 버리기 때문에 Fuse

노드로 포인트를 결합합니다. 마지막으로 Transform 노드를 추가하고 스케일을 100으로 설정합니다. 참고로 Fuse 노드는 초기 설정에서 변경할 필요가 없습니다.

▶ Fuse 노드를 사용하여 포인트를 결합

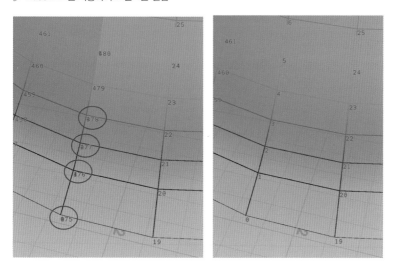

이것으로 모든 작업이 완료되었으므로 FBX 파일로 유니티의 Assets/Lesson06/Models 폴더 내에 SM_lesson06_tube01의 이름으로 익스포트합니다.

▶ 완성된 데이터를 익스포트

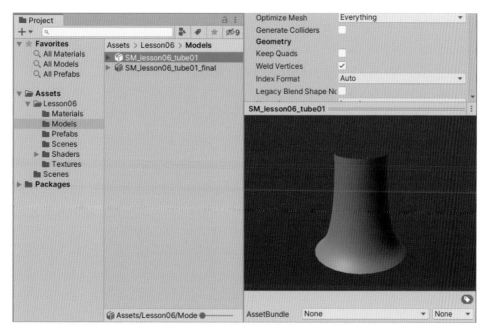

이상으로 튜브 모양 메시를 완성했습니다. "이 정도 간단한 형상을 만드는 데 이렇게 수고가 많이 드나?!"라고 생각할지도 모르지만 조금 수고가 들더라도 이번에 설명한 것처럼 구성해 두면 나중에 메시 분할 수를 변경하거나 처음에 묘사한 커브의 형상을 편집해도 UV와 정점 알파가 적절히 유지됩니다.

▶ 형상, 분할 수를 변경해도 UV와 알파가 유지된다

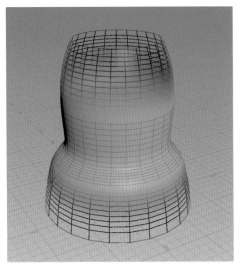 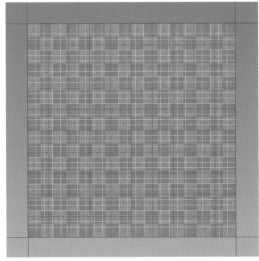

적절히 네트워크를 구성함으로써 나중의 있을 변경에 유연하게 대응할 수 있는 에셋을 만들 수 있는 것도 후디니의 매력 중 하나입니다.

셰이더 제작

이번 절에서는 셰이더 제작을 통해 정점 애니메이션 설정 방법과 마스킹 방법을 배웁니다. 5장의 셰이더보다 복잡하지만 열심히 만들어 갑시다.

6-3-1 튜브 모양 메시 셰이더 제작

5장에서 만든 셰이더보다 구성이 더 복잡하기 때문에 각 구성을 분리해서 순서대로 설명해 갈 것입니다.

먼저 셰이더의 전체 모양을 다음 그림에서 살펴봅니다.

▶ 만들 셰이더의 전체도

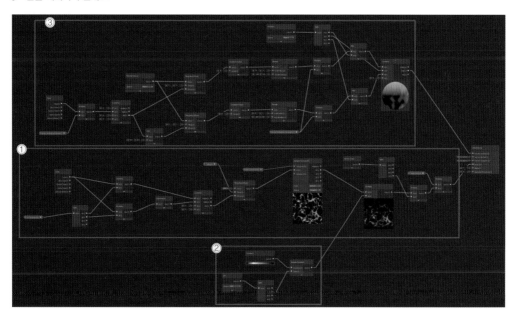

▶ 만들 셰이더의 구성

그림 안 번호	내용
①	메인 UV 스크롤 부분
②	메인 텍스처 마스킹 부분
③	정점 애니메이션 부분

①은 5장에서 만든 UV 스크롤과 크게 다르지 않습니다. 약간의 기능을 추가했습니다. ②에서 UV와 Gradient 노드를 사용해 마스크를 만들고 메인 텍스처와 곱합니다. ③은 정점 애니메이션 부분입니다. 정점 애니메이션의 기능은 2018.2에서 사용할 수 있게 됐습니다. 완성된 셰이더를 메시에 적용한 것이 오른쪽 그림입니다.

▶ 완성 이미지

또 이곳에서 설명하는 셰이더의 완성본은 Assets/Lesson06/Shaders 폴더 내에 SH_lesson06_Cylinder_Add_final이라는 이름으로 저장돼 있으며 중간에 확인이 필요하다면 참고해 주세요.

그럼 셰이더 제작 작업을 시작합니다. 프로젝트 뷰의 Assets/Lesson06/Shaders 폴더를 마우스 오른쪽 버튼으로 클릭하고 Create → Shader → Unlit Graph를 선택해 새로운 셰이더를 생성합니다. 이름은 'SH_lesson06_Cylinder_Add'로 설정합니다.

▶ 새로운 셰이더를 제작

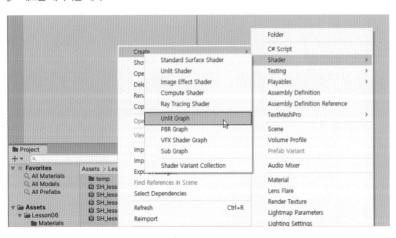

셰이더 그래프를 시작해서 다음 그림의 빨간 테두리 부분을 변경해 둡니다.

▶ 초기 설정에서 변경

첫 번째로 블랙보드에 Samples라고 입력하고 이어서 Unlit Master 노드를 설정합니다.

셰이더의 제작을 본격적으로 시작하기 전에 메시 파티클을 씬에 배치하고 머티리얼을 적용하여 셰이더의 변경을 확인할 수 있도록 해 둡시다. 하이러키 뷰에서 마우스 오른쪽 버튼을 클릭해 새로운 파티클을 생성하고 이름을 tornado_add로 변경합니다. 또 프로젝트 뷰의 Assets/Lesson06/Materials 폴더 내에 새로운 머티리얼을 만들고 이름을 M_lesson06_Tornado01으로 변경합니다.

M_lesson06_Tornado01의 셰이더를 방금 만든 SH_lesson06_Cylinder_Add로 변경하고 파티클에 적용합니다. 파티클 설정은 다음 페이지의 그림을 참고해 주세요.

▶ Unlit Master 노드

파라미터	값
Surface	Transparent
Blend	Additive
Two Sided	체크 있음

▶ Transform 컴포넌트 설정

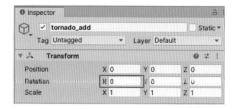

▶ Transform 컴포넌트

파라미터	값
Rotation	X:0 Y:0 Z:0

또 5장에서 설명한 방법과 같은 방법으로 씬에 후처리 프로세스를 설정해 두세요.

▶ tornado_add 파티클 설정

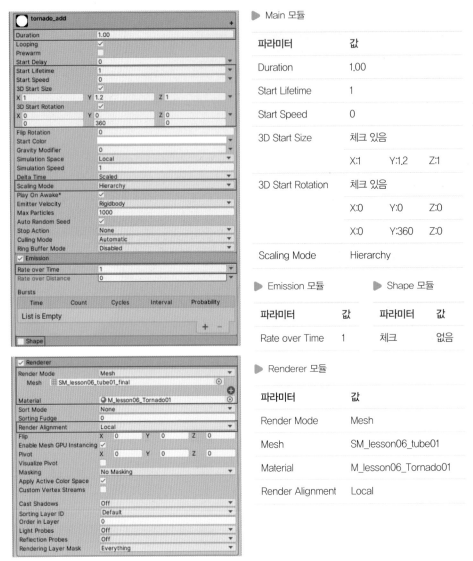

▶ Main 모듈

파라미터	값		
Duration	1.00		
Start Lifetime	1		
Start Speed	0		
3D Start Size	체크 있음		
	X:1	Y:1.2	Z:1
3D Start Rotation	체크 있음		
	X:0	Y:0	Z:0
	X:0	Y:360	Z:0
Scaling Mode	Hierarchy		

▶ Emission 모듈

파라미터	값
Rate over Time	1

▶ Shape 모듈

파라미터	값
체크	없음

▶ Renderer 모듈

파라미터	값
Render Mode	Mesh
Mesh	SM_lesson06_tube01
Material	M_lesson06_Tornado01
Render Alignment	Local

Scene 뷰에서 셰이더 결과를 확인할 수 있게 되었으므로 셰이더 제작을 진행하겠습니다. 우선은 UV 스크롤부터 작성해 나갑시다. 프로젝트 뷰에서 Assets/Lesson06/Textures 폴더 내의 T_lesson06_noise01을 셰이더 그래프의 화면에 드래그 앤 드롭합니다.

▶ 텍스처를 드래그 앤 드롭

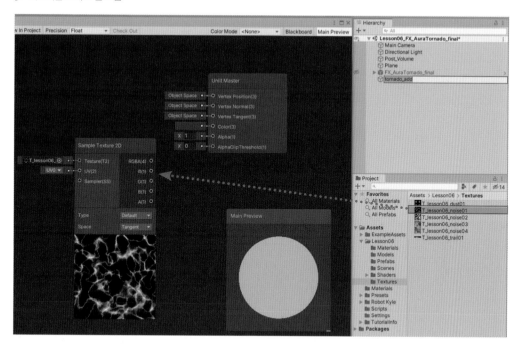

다음으로 드래그 앤 드롭해서 생성된 Sample Texture 2D 노드에 대해서 UV 스크롤 처리를 추가합니다. 다음 그림을 참고해서 노드를 작성하고, 배치하고, 연결해 갈 것입니다.

▶ Sample Texture 2D 노드에 노드를 연결(SH_6-3-1_01 참조)

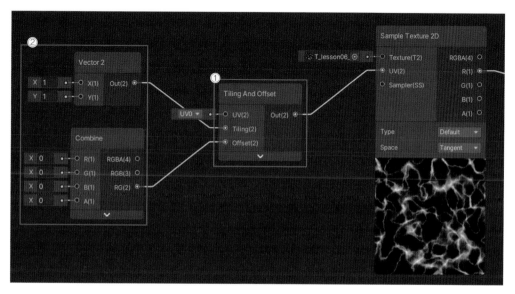

▶ 배치할 노드

그림 안 번호	내용
①	Tiling And Offset 노드 추가. Sample Texture 2D 노드에 연결
②	Vector2 노드와 Combine 노드를 방금 추가한 Tiling And Offset 노드에 연결. Vector2 노드의 값은 X=1, Y=1로 설정

다음으로 Combine 노드의 R(1)과 G(1) 입력에 각각 가로 세로 방향의 UV 스크롤 처리를 추가합니다.

▶ UV 스크롤 처리를 추가(SH_6-3-1_02 참조)

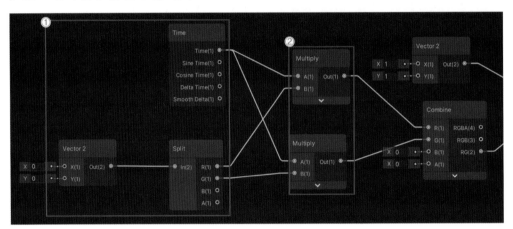

▶ UV 스크롤 처리

그림 안 번호	내용
①	Time 노드와 Vector2 노드를 추가. Split 노드를 사용하여 Vector2 노드의 출력을 분할
②	2개의 Multiply 노드를 사용해서 Split 노드에서 분할한 출력과 Time 노드의 출력을 곱하고, 시간의 경과에 따라 변화하는 2개의 값을 만들어 낸다. 각각 Combine 노드의 입력에 연결하여 UV 스크롤 처리를 완성시킨다

마지막으로 One Minus 노드를 다음 그림의 위치에 추가합니다. 이것은 필수적인 처리는 아니지만 이 노드를 추가하는 것으로 Y에 양의 값(0 이상의 값)을 입력하면 위쪽 방향으로 스크롤하게 됩니다. One Minus 노드가 없으면 양의 값일 때 아래쪽으로 스크롤해버려 어색한 느낌이 들기 때문에 이 처리를 추가합니다.

▶ One Minus 노드를 추가

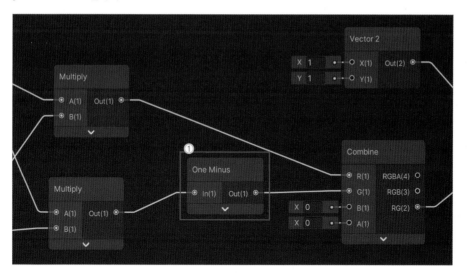

▶ One Minus 노드의 처리

그림 안 번호	내용
①	One Minus 노드를 추가하고 Y 방향 스크롤을 역전시킨다

5장의 UV 스크롤과는 구성이 조금 다르지만 기능적으로는 큰 차이가 없습니다. 다음 그림에서 빨간 테두리로 강조한 부분을 프로퍼티로 치환합니다.

▶ UV 스크롤을 작성(SH_6-3-1_03 참조)

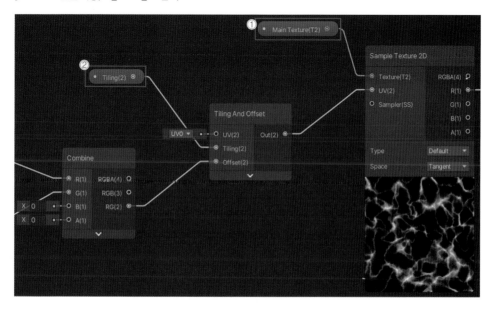

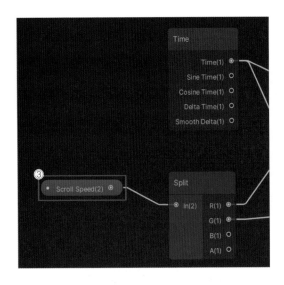

▶ 프로퍼티로 변경

그림 안 번호	내용
①	Texture 2D 프로퍼티를 추가하고 이름을 Main Texture로 변경. 만든 프로퍼티를 배치하고 앞 페이지 그림의 Sample Texture 2D 노드에 연결
②	앞 페이지 그림의 Vector2 노드를 선택하고 Convert To Property에서 프로퍼티로 변환. 이름을 Tiling으로 변경
③	앞 페이지 그림의 Vector2 노드를 선택하고 Convert To Property에서 프로퍼티로 변환. 이름을 Scroll Speed로 변경

각 프로퍼티의 초깃값 등은 다음 그림을 참고로 설정해 주세요.

▶ Main Texture 프로퍼티

파라미터	값
Default	T_lesson06_noise01

▶ Tiling 프로퍼티

파라미터	값	
Default	X:1	Y:1

▶ Scroll Speed 프로퍼티

파라미터	값	
Default	X:0	Y:0

▶ 프로퍼티로 치환한다

5장에서도 UV 스크롤을 작성했는데 세로 방향, 가로 방향 스크롤의 속도를 조절하는 항목을 2개의 Vector1 프로퍼티로 구성했습니다. 이번에는 Vector2 프로퍼티를 만들고 Split 노드에서 각각의 방향(X방향, Y방향)으로 분할하고 있습니다. 기능 자체는 변함없지만 머티리얼에 프로퍼티가 표시되는 방식이 달라집니다.

참고로 본래라면 Vector2로 설정한 경우 X, Y 2개의 파라미터만 표시되는 것이 옳겠지만 왠지 X, Y, Z, W 4개의 파라미터가 표시돼 버립니다.

▶ Vector1 프로퍼티 2개(왼쪽)와 Vector2 프로퍼티 1개(오른쪽)의 경우

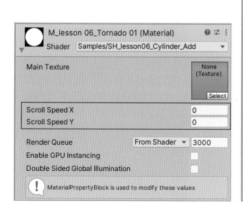
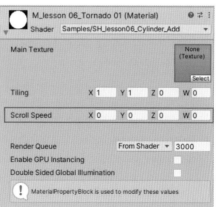

또 Vertex Color 노드를 추가하고 Sample Texture 2D 노드와 곱해서 파티클의 색 정보를 취득하게 합니다. 5장에서는 Vertex Color 노드에서 컬러 정보와 알파 정보를 모두 취득했지만, 이번에는 알파 정보만 받고 컬러 정보에 관해서는 Main Color라는 이름으로 Color 프로퍼티를 만들어 거기에서 설정하고 있습니다.

▶ Vertex Color 노드와 Color 프로퍼티를 추가(SH_6–3–1_04 참조)

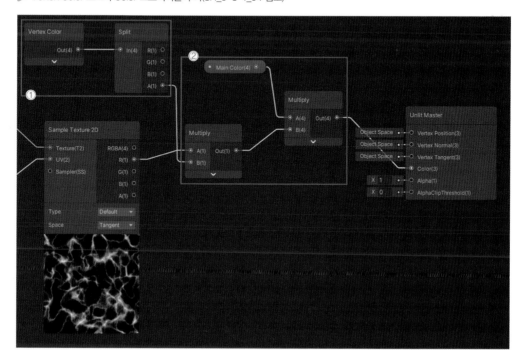

▶ 노드와 프로퍼티 추가

그림 안 번호	값
①	Vertex Color 노드와 Split 노드를 추가. Split 노드를 사용하고 알파값(A(1))만을 추출
②	Color 프로퍼티를 Main Color라는 이름으로 새로 생성해 배치(설정은 오른쪽 그림 참조). 2개의 Multiply 노드를 만들고 앞 페이지의 그림과 같이 연결한 후 먼저 텍스처와 알파값을 곱하고, 이어서 Main Color(컬러값)와 곱하여 최종 결과를 Unlit Master 노드에 연결

▶ Main Color 프로퍼티

파라미터	값
Mode	HDR

▶ Color 프로퍼티를 추가하고 이름을 변경

최종적으로 머티리얼은 다음 그림과 같이 설정했습니다.

▶ 머티리얼과 컬러의 설정

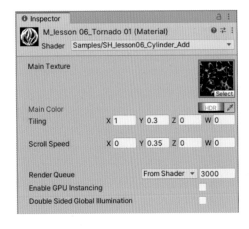

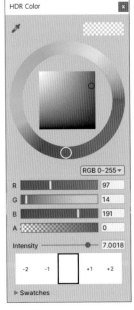

▶ M_lesson06_Tornado01 머티리얼

파라미터	값	
Main Texture	T_lesson06_noise01	
Tiling	X:1	Y:0.3
Scroll Speed	X:0	Y:0.35

6-3-2 HDR 컬러를 사용한 색 설정

UV 스크롤 부분을 완성했는데, 프로퍼티에서 컬러 정보만 설정하는 이유는 HDR 컬러를 사용하고 싶기 때문입니다. HDR 컬러를 사용해 1 이상의 값을 설정하는 것으로써 간단하게 후처리 프로세스의 블룸 효과를 낼 수 있습니다.

아쉽게도 현재의 Unity 2018.4의 슈리켄에서는 한정적으로밖에 HDR 컬러를 사용할 수 없습니다. 슈리켄의 Start Color 파라미터나 Color over Lifetime 모듈에서 사용하는 컬러 피커는 아래쪽 그림에서 확인할 수 있습니다.

▶ 후처리 프로세스의 블룸 효과

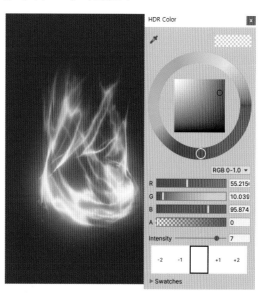

▶ 일반적인 컬러 피커(왼쪽)와 HDR 컬러 피커(오른쪽)

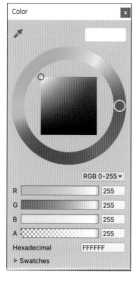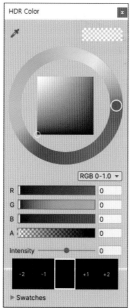

슈리켄에서 HDR 컬러를 설정할 경우 Custom Vertex Streams의 기능을 ON으로 하고, Custom Data 모듈의 Mode를 Color로 설정하면 HDR 컬러를 사용할 수 있습니다. Custom Vertex Streams 기능에 대해서는 2-4-1에서 설명하고 있습니다.

▶ Custom Data 모듈에서는 HDR 컬러를 사용할 수 있다

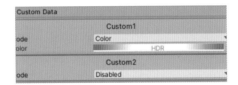

6-3-3 메인 텍스처 마스킹

다음으로 마스킹을 설정하겠습니다. 마스킹을 함으로써 텍스처 사용 부분을 한정할 수 있습니다. 알기 쉬운 예로 설명하면, 다음 그림과 같이 불꽃 텍스처와 마스크 텍스처를 곱함으로써 횃불과 같은 불꽃을 만들 수 있습니다.

▶ 마스킹하여 불꽃 실루엣을 제작

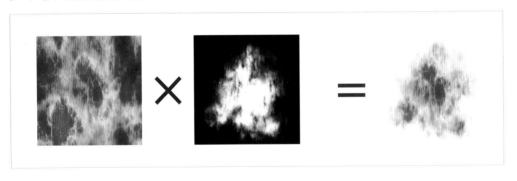

이번에는 텍스처의 위아래 부분을 마스킹해 갈 것입니다. 위 그림과 같이 마스크용 텍스처를 준비해도 좋지만 간단한 그라데이션 마스크라면 텍스처를 사용하지 않아도 노드만으로 간단하게 만들 수 있습니다. 순서대로 설명해 갈 테니 우선은 다음 그림의 위치에 Multiply 노드를 추가합시다.

▶ Multiply 노드를 추가

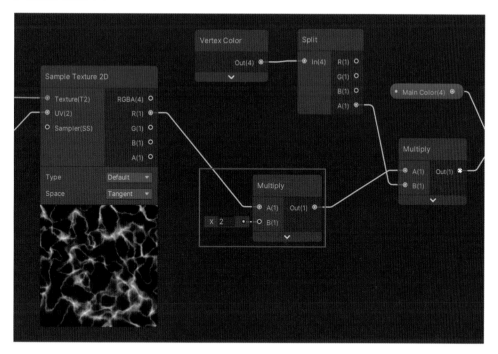

추가한 Multiply 노드 B(1)의 입력에 그라데이션에서 만든 마스킹용 소재를 연결합니다. 다음 그림을 참고해 노드를 생성해 주세요.

▶ 그라데이션으로 마스킹용 소재를 생성(SH_6-3-3_01 참조)

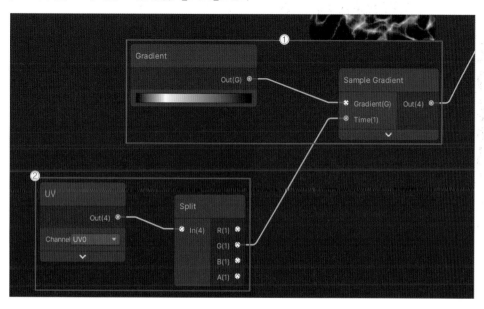

▶ 만들 노드

그림 안 번호	값
①	Gradient 노드와 Sample Gradient 노드 추가. Gradient 노드를 오른쪽 그림을 참조해 설정. Gradient 노드의 컬러바 부분을 클릭하면 Gradient Editor가 시작된다. Sample Gradient 노드의 출력은 방금 추가한 Multiply노드 B(1) 입력에 연결
②	UV 노드와 Split 노드를 추가. Split 노드에서 분리된 UV 정보를 Sample Gradient노드의 Time(1) 입력에 연결하면 세로 방향의 그라데이션을 만들 수 있다

▶ Gradient 노드 설정

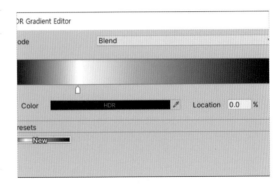

이러한 마스크를 만드는 경우 우선 UV 노드를 X, Y로 분할해서 한 쪽만 사용하는 경우가 많을 것입니다. 각각 X에서는 가로 방향의 그라데이션, Y에서는 세로 방향의 그라데이션을 얻을 수 있습니다.

▶ UV 노드를 Split 노드로 분할하면 그라데이션을 얻을 수 있다

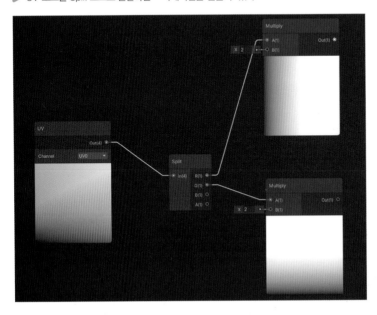

이전에는 이 그라데이션에 덧셈이나 곱셈, 각종 함수 등을 사용한 수학적 접근으로 마스크를 만들어가는 방법을 사용했지만, 2018.2에서 탑재된 Gradient 노드를 사용하면 이 그라데이션을 입력에 사

용해서 직감적으로 마스크를 만들 수 있습니다. 또 Gradient 노드 하나만으로는 다른 파라미터에 연결을 할 수 없기 때문에 Sample Gradient 노드와 세트로 사용합니다.

▶ Gradient 노드의 사용 방법

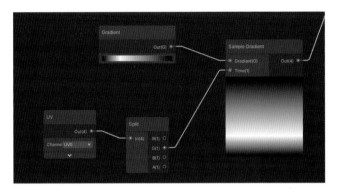

그림과 같이 설정하면 Gradient 노드의 그라데이션을 UV 좌표의 Y방향 0-1의 그라데이션에 매핑할 수 있습니다. 또 다음의 그림과 같이 컬러 그라데이션도 사용할 수 있고, Polar Coordinates 노드를 사용하면 원형으로 할 수도 있습니다.

▶ 그라데이션의 응용 예(SH_6-3-3_02 참조)

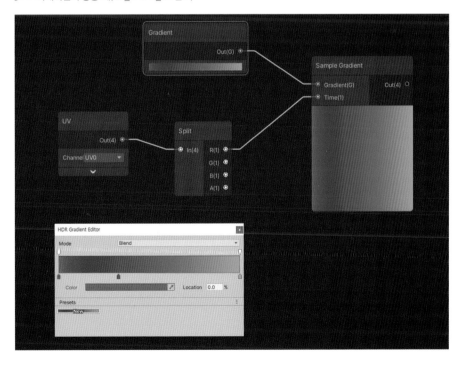

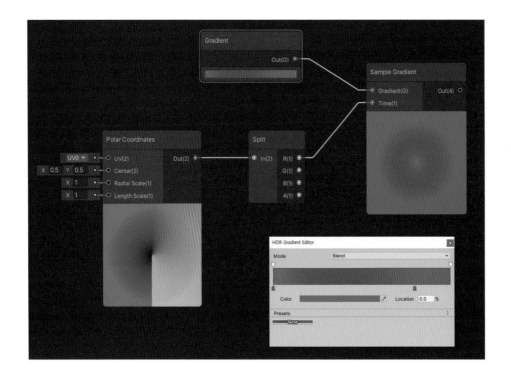

또 Sample Gradient의 입력이 Time(1)으로 돼 있는 것으로도 알 수 있듯이 Time 노드를 연결하면 그라데이션의 색이 경과 시간에 맞게 변환합니다. 지면에서는 움직임을 알 수 없으므로 실제로 연결해서 움직임을 확인해 주세요.

▶ Time 노드로 작동하게 한다

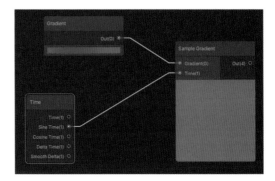

위에서 설명한 바와 같이 상당히 유연하게 사용할 수 있는 노드입니다. 다만 아쉽게도 Gradient 노드는 파라미터로 변환할 수 없어서 셰이더 그래프 내에서만 그라데이션을 편집할 수 있습니다. 그럼 일단 지금까지의 변경을 Save Asset 버튼을 눌러 저장해 둡시다. 컬러 그라데이션이나 Polar Coordinates의 예는 어디까지나 사용법 중 하나로써 설명한 것이므로 6-3-3에서 처음에 설명한 설정으로 저장해 주세요.

6-3-4 정점 애니메이션 설정

UV 스크롤과 마스킹을 설정해서 모습에 관한 부분을 마무리하였습니다. 마지막으로 정점 애니메이션을 설정하여 메시의 각 정점을 동작시켜 봅니다.

셰이더로 정점 애니메이션을 설정하면, 예를 들어 단순한 그리드 오브젝트라도 바람에 나부끼는 깃발 같은 움직임을 추가할 수 있습니다. 우선은 간단한 오브젝트와 셰이더를 사용하여 정점 애니메이션이 어떻게 작용하는지 시험해 봅시다.

씬에 Sphere를 추가해 주세요. 또 Assets/Lesson06/Shaders 폴더 내에 새로운 Unlit Graph 셰이더를 만들고 이름을 SH_lesson06_Test로 설정합니다. 마찬가지로 Assets/Lesson06/Materials 폴더 내에 새로운 머티리얼을 생성하고 이름을 M_lesson06_Test로 설정합니다. 참고로 이것들은 정점 애니메이션의 테스트용 소재이기 때문에 설명 후에 삭제해 버려도 괜찮습니다.

머티리얼의 셰이더를 앞서 만든 SH_lesson06_Test로 변경하고 Sphere 오브젝트에 적용해 둡시다.

▶ 셰이더와 머티리얼을 새로 만들고 Sphere에 적용

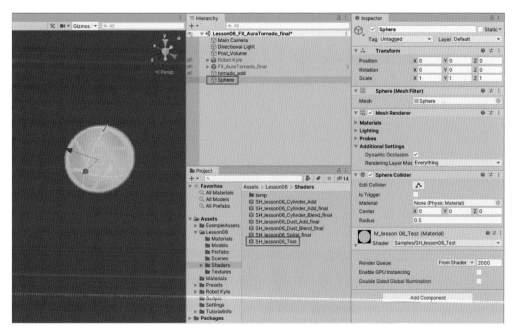

이것으로 준비가 갖추어졌으므로 SH_lesson06_Test 셰이더를 열고 셰이더 그래프를 시작합니다. 정점 애니메이션을 설정할 경우 Unlit Master 노드의 Position(3) 입력에 연결합니다. 우선 다음 페이지의 그림과 같이 노드를 생성해 봅시다. Position 노드의 Space는 Object로 설정해 주세요.

▶ 기본적인 정점 애니메이션 설정

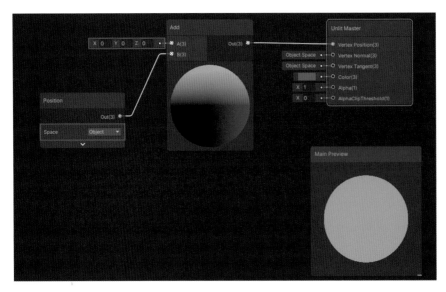

Position 노드로 현재 오브젝트의 위치 정보를 취득하고 그 좌표에 대해 Add 노드로 값을 가산하고 있습니다. Add 노드에 연결된 빨간 테두리로 둘러싼 X와 Y와 Z의 값을 적당히 변경하고 Save Asset 버튼을 눌러 주세요. Sphere 오브젝트에 변경이 반영됩니다.

오브젝트의 각 정점에 대해 균일하게 값이 가산되기 때문에 외관상으로는 오브젝트가 이동한 것처럼 보이지만 Sphere에 적용되고 있는 콜레이더는 원점 그대로이므로 각 정점의 좌표만 바뀌었을 뿐 Transform이 변경된 것은 아닙니다.

▶ 설정과 실행 결과

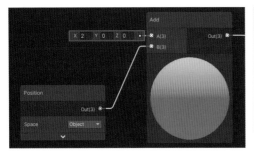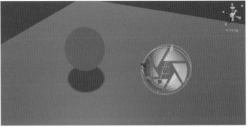

이번에는 다음 그림과 같이 노드를 구성해 봅시다. Normal Vector를 사용하면 오브젝트의 각 정점이 갖는 법선 방향을 참조하면서 정점을 이동할 수 있습니다. 다음 그림의 실행 결과를 보면 알 수 있듯이 각 정점이 XZ 방향으로 이동하여 실린더가 부풀어 오른 것처럼 변환되었습니다.

▶ Normal Vector를 사용한 설정(SH_6-3-4_01 참조)

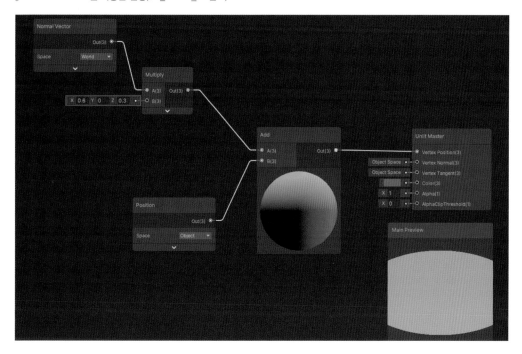

▶ 실행 결과

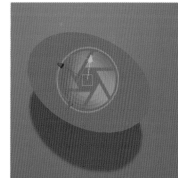

지금까지의 테스트를 바탕으로 SH_lesson06_Cylinder_
Add 셰이더로 돌아와서 정점 애니메이션을 만들어 갑시다.
최종적으로 아래 그림과 같은 구성으로 노드를 설정해 나가겠
습니다.

▶ SH_lesson06_Cylinder_Add 셰이더의 정점 애니메이션의 설정

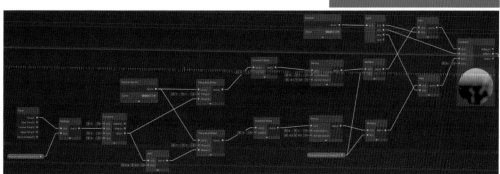

우선은 Gradient Noise 노드 부분을 만들어 갈 것입니다. 다음 그림을 참고해 노드를 구성해 주세요. Gradient Noise 노드를 사용하면 별도의 노이즈 텍스처를 준비하지 않아도 셰이더 그래프 내에서 프랙탈 모양과 같은 노이즈를 생성할 수 있습니다. Gradient Noise 노드의 UV(2) 입력에 위쪽 방향으로 이동하는 UV 스크롤을 연결하고 있습니다.

▶ Gradient Noise 노드의 UV 스크롤 생성

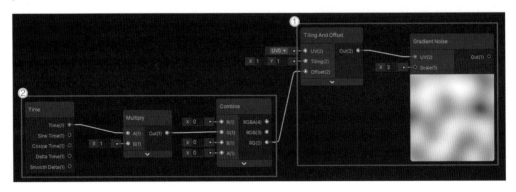

▶ 노드의 추가

그림 안 번호	값
①	Gradient Noise 노드와 Tiling And Offset 노드 추가. Gradient Noise 노드의 Scale 파라미터에는 3을 설정
②	Time 노드, Multiply 노드, Combine 노드 추가. Multiply 노드의 출력을 Combine 노드의 G(1) 입력에 연결하고 Combine 노드의 RG(2) 출력을 Tiling And Offset 노드의 Offset(2) 입력에 연결하는 것으로 세로 방향으로 스크롤이 달린다

Gradient Noise 노드의 UV 스크롤이 완성되었습니다. 그러나 이 노이즈를 사용하여 정점 애니메이션을 실행했을 경우 노이즈가 심리스로 돼 있지 않기 때문에 오른쪽 그림과 같이 메시 UV의 심 부분이 어긋나게 됩니다. 현재는 Unlit Master 노드의 Position(3) 입력에 연결하지 않아 오른쪽 그림은 어디까지나 설명하기 위한 그림입니다.

이를 해소하기 위해 Normal Vector 노드를 사용합니다. 다음 그림과 같이 Normal Vector 노드의 Space를 Object로 설정하고 Tiling And Offset 노드의 UV(2) 입력에 연결합니다.

▶ 노이즈가 심리스가 아니기 때문에 정점의 차이가 생기고 있다

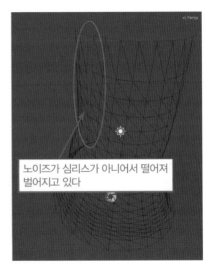

노이즈가 심리스가 아니어서 떨어져 벌어지고 있다

▶ Normal Vector 노드를 연결(SH_6-3-4_03 참조)

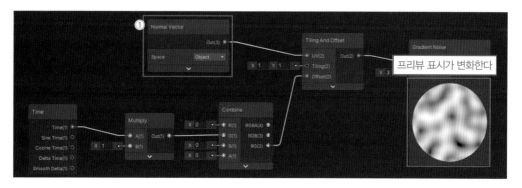

프리뷰 표시가 구체로 변화한 것을 확인할 수 있습니다. 이 상태에서 노드를 추가해 나가고, 정점 애니메이션을 실시함으로써 심 부분이 어긋나지 않게 됩니다.

다음으로 Position 노드로 취득한 메시 본래의 정점 정보에 Gradient Noise 노드로 만든 노이즈를 더함으로써 정점 애니메이션을 완성해 나가겠습니다. 이번에는 Y축 방향에는 노이즈를 적용하고 싶지 않기 때문에 Position 노드에서 취득한 정점 정보를 Split 노드로 분리하고 X축과 Z축에만 노이즈 값을 가산하고 있습니다. 마지막으로 Combine 노드의 출력을 Unlit Master 노드의 Position(3) 입력에 연결해 주세요.

▶ 심 부분의 어긋남이 발생하지 않게 된다

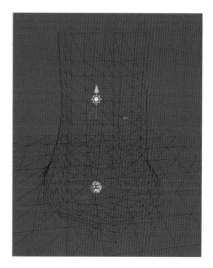

▶ 노이즈와 메시의 정점 좌표를 계산(SH_6-3-4_04 참조)

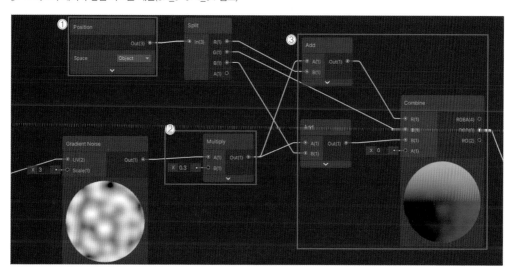

▶ 노드의 추가

그림 안 번호	값
①	Position 노드와 Split 노드를 추가. Space를 Object로 설정
②	Multiply 노드 추가. 노이즈의 세기를 제어. B(1) 입력에는 이후의 작업에서 프로퍼티를 연결
③	정점 애니메이션의 X, Y, Z의 3축 중 X와 Z축에만 노이즈를 적용하고자 하므로 Add 노드를 2개 추가하고 노이즈의 값과 Split 노드에서 분리된 값(R(1) 출력과 B(1) 출력)을 계산. Combine 노드를 사용하고 3개의 축을 1개로 묶었다

여기까지 완성했다면 Save Asset 버튼을 눌러 변경을 반영합시다. Scene 뷰를 보면 정점 애니메이션이 이뤄지는 것을 확인할 수 있습니다. 표시를 와이어프레임으로 바꾸면 조금 더 쉽게 볼 수 있습니다.

▶ 실행 결과

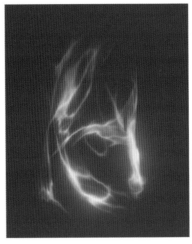 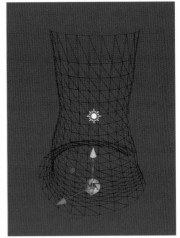

언뜻 보면 잘 기능하고 있는 것처럼 보이지만 메시를 바로 위에서 보면 정점 애니메이션의 방향이 특정 방향으로만 작용하고 있는 것을 확인할 수 있습니다.

이것은 X축과 Z축에서 같은 노이즈를 사용하고 있기 때문에 이러한 결과가 나온 것입니다. 이 문제를 해결하기 위해 다시 셰이더 그래프로 돌아가서 수정을 하겠습니다. 우선 다음 그림에서 빨간 테두리로 둘러싼 부분의 노드 3개를 복사 & 붙여넣기로 복제합니다.

▶ 바로 위에서 메시를 보면 화살표 방향으로밖에 정점 애니메이션이 움직이지 않고 있다

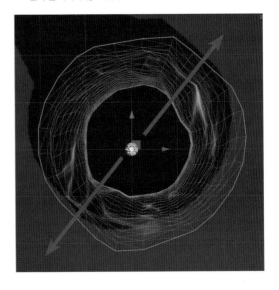

▶ 빨간색 테두리 부분을 선택하여 복제

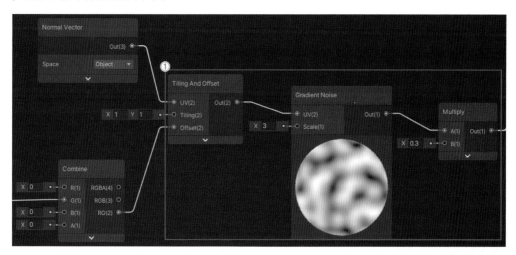

▶ 노드의 복제

그림 안 번호	내용
①	빨간색 테두리 안의 노드 3개를 선택하여 복제

다음 그림과 같이 Combine 노드와 Tiling And Offset 노드를 연결하고 있는 라인 한쪽에 Add 노드를 추가하고, 오프셋 노이즈의 위치를 각각 다르게 조정합니다.

▶ Add 노드를 추가해 노이즈를 오프셋한다

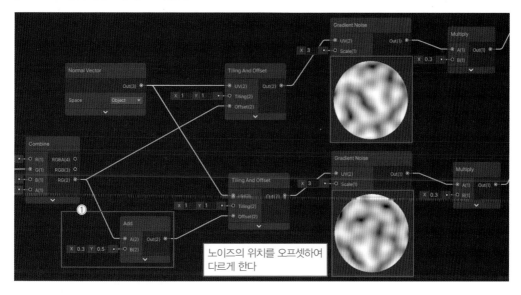

노이즈의 위치를 오프셋하여 다르게 한다

▶ 노드의 추가

그림 안 번호	내용
①	Add 노드를 추가하여 노이즈의 위치를 오프셋한다. Add 노드의 B(2) 입력은 'X=0.3', 'Y=0.5'로 설정

아울러 Gradient Noise 노드 이후의 부분에 관해서도 다음 그림을 참고해 연결을 바꿔주세요.

▶ 연결을 변경한다 (SH_6-3-4_05 참조)

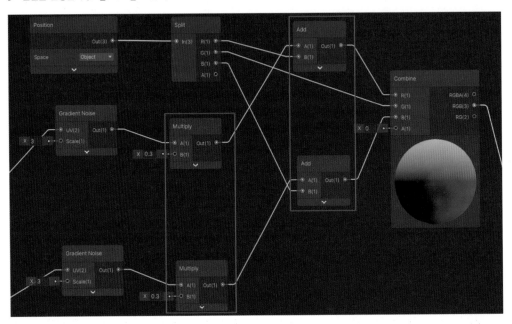

이것으로 정점 애니메이션의 노드 구성을 완성했습니다. 마지막으로 노이즈 UV 스크롤의 속도와 노이즈의 세기를 파라미터로 치환하여 머티리얼에서 조정할 수 있게 변경하겠습니다.

새로운 Vector1 파라미터를 두 개 만들고, 이름을 Vertex Animation Speed와 Vertex Animation Strength로 변경합니다.

▶ 정점 애니메이션 조정용 파라미터 작성

▶ 파라미터 추가

그림 안 번호	값
①	Vector1 파라미터를 Vertex Animation Speed라는 이름으로 생성
②	Vector1 파라미터를 Vertex Animation Strength라는 이름으로 생성. Default 파라미터를 1로 설정

각각 다음의 그림 부분에 연결합니다.

▶ Vertex Aniamation Speed 프로퍼티를 연결

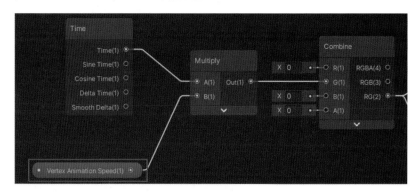

▶ Vertex Animation Strength 프로퍼티를 연결(SH_6-3-4_06 참조)

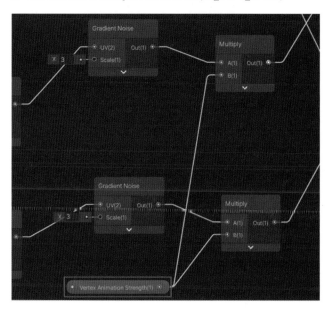

마지막으로 Save Asset 버튼을 클릭해서 변경을
반영합니다. 오른쪽 그림과 같이 머티리얼의 파라
미터를 설정합니다.

▶ _lesson06_Tornado01 머티리얼 설정

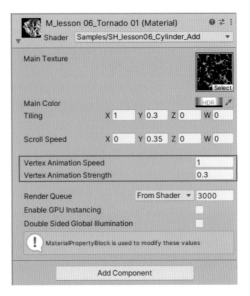

▶ M_lesson06_Tornado01 머티리얼

파라미터	값
Vertex Animation Speed	1
Vertex Animation Strength	0.3

이것으로 언뜻 보면 문제 없이 정점 애니메이션
이 완성된 것처럼 보이지만 Vertex Animation
Strength 파라미터의 값을 크게 하고 메시를 바로
위에서 관찰하면 중심이 어긋나 있는 것을 확인할
수 있습니다.

▶ 메시가 중심에서 어긋나 있다

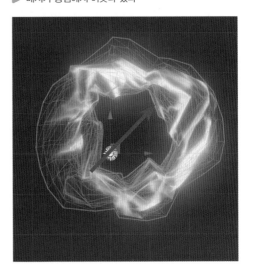

이것은 Gradient 노드의 노이즈가 '0(흑색)'에서 '1(흰색)'까지의 정규 값 범위만 가지고 있어 생
기는 문제입니다. 다시 셰이더 그래프를 열고 다음 페이지의 그림과 같이 Gradient Noise 노
드와 Multiply 노드 사이에 Remap 노드를 추가하고 0부터 1의 범위를 −0.5에서 0.5의 범위로 변
환합니다.

▶ Remap 노드를 추가(SH_6-3-4_07 참조)

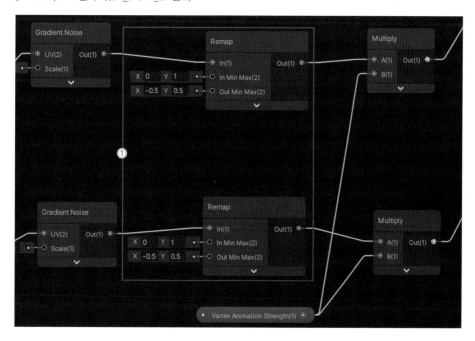

▶ Remap 노드(2개 모두 같은 값을 설정한다)

파라미터	값	
In Min Max(2)	X:0	Y:1
Out Min Max	X:-0.5	Y:0.5

이것으로 메시가 중심에서 어긋나는 문제를 해결하였습니다.

▶ 이번에는 메시가 중심에서 어긋남 없이 정점 애니메이션이 실행된다

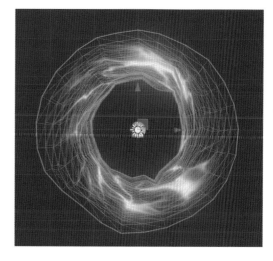

이펙트 조합

6-3에서 만든 셰이더를 사용해 이펙트를 완성해 나갑니다. 또 알파 블렌드로 설정한 셰이더도 별도로 작성하여 기둥 부분의 이펙트를 완성시킵니다.

6-4-1 설정의 변경

6-3에서 셰이더 확인용으로 tornado_add 파티클을 설정했지만 어디까지나 셰이더 확인을 위한 최소한의 설정만 했기 때문에 설정을 마무리하겠습니다. 다음 그림과 같이 파라미터 변경과 여러 가지 모듈을 ON으로 해서 조정합니다. Size over Lifetime 모듈의 X와 Z는 같은 커브입니다.

▶ 파라미터 변경

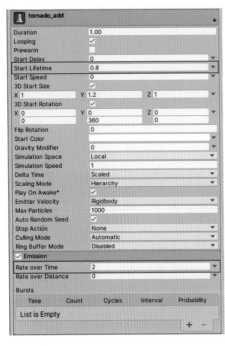

▶ Main 모듈

파라미터	값
Start Lifetime	0.8

▶ Emission 모듈

파라미터	값
Rate over Time	2

▶ Color over Lifetime 모듈

파라미터	값
Color	다음 페이지 그림 참조

▶ Size over Lifetime 모듈

파라미터	값
Separate Axes	체크 있음
Size	다음 페이지 그림 참조

▶ Rotation over Lifetime 모듈

파라미터	값		
Separate Axes	체크 있음		
	X:0	Y:90	Z:0
	X:0	Y:130	Z:0

▶ Color over Lifetime 모듈의 Color 파라미터 설정

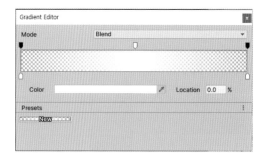

▶ Size over Lifetime 모듈의 Size 파라미터 설정

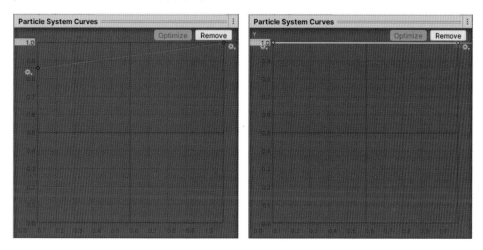

이것으로 기둥 설정을 완료했습니다. 그러나 가산으로 설정한 파티클뿐이므로 배경의 밝기에 따라 피사체가 하얗게 되는 등의 화이트 홀 현상이 일어납니다. 이를 피하기 위해 tornado_add를 복제하여 알파 블렌드의 셰이더를 만들고 할당합니다.

먼저 다음 페이지 그림과 같이 루트 오브젝트를 생성하고 이름을 FX_AuraTornado로 변경한 후 더미 파티클로 설정합니다. 그 다음에 tornado_add를 자식으로 설정하고 프리팹으로 등록해 둡시다.

▶ 이펙트 루트 오브젝트를 설정하고 프리팹으로 등록

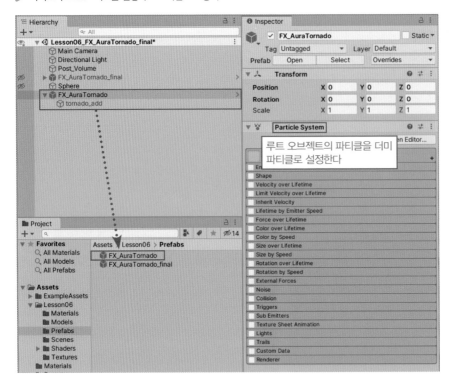

프리팹을 등록했다면 tornado_add를 복제하고 tornado_base로 이름을 변경합시다.

▶ tornado_add를 복제

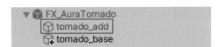

6-4-2 알파 블렌드 셰이더 제작

tornado_add를 복제해서 준비가 됐으므로 그 다음으로 알파 블렌드의 셰이더를 제작하겠습니다. SH_lesson06_ Cylinder_Add를 복제하고 SH_lesson06_Cylinder_ Blend로 이름을 바꿔 주세요.

▶ SH_lesson06_Cylinder_Add를 복제

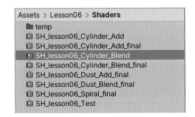

SH_lesson06_Cylinder_Blend를 셰이더 그래프에서 열고 편집합니다. 다음 페이지 그림의 빨간색 테두리 부분만 변경합니다. 정점 애니메이션 부분은 그대로입니다.

▶ 변경할 부분

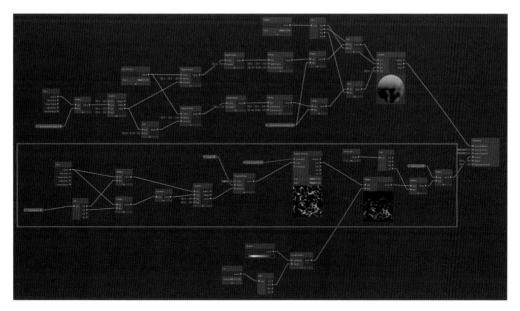

앞서 만든 가산 셰이더에서는 텍스처를 1장밖에 사용하지 않았지만 이번에는 이 외에도 1장의 텍스처를 추가해 서로 다른 UV 스크롤 속도로 애니메이션시킵니다.

따라서 셰이더 쪽을 변경해야 합니다. 우선 기본 설정을 아래 그림과 같이 Additive에서 Alpha로 변경해 놓겠습니다.

▶ 기본 설정을 변경해 둔다

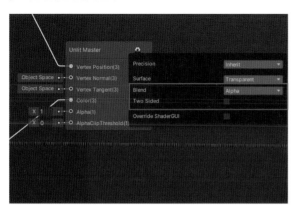

▶ 알파 블렌드 셰이더의 완성 이미지

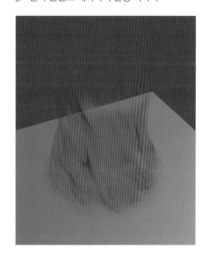

▶ Unlit Master 노드

파라미터	값
Blend	Alpha
Two Sided	체크 없음

다음으로 아래 그림을 참고해 프로퍼티를 추가합니다.

▶ 프로퍼티 추가 및 변경   ▶ Main Color 프로퍼티 기본 컬러 설정

▶ 프로퍼티 추가

그림 안 번호	값
①	Texture2d 프로퍼티를 추가. 이름을 Sub Texture로 변경. 기본 텍스처를 T_lesson06_noise03으로 설정
②	Vector2 프로퍼티를 추가. 이름을 Sub Tiling으로 변경. 기본값은 X:1, Y:0.3으로 설정
③	Main Texture 프로퍼티의 기본 텍스처를 T_lesson06_noise02로 변경
④	Main Color 색상 값을 변경하고 Mode 파라미터를 Default로 설정
⑤	Tiling 프로퍼티의 이름 Main Tiling으로 변경

④에서 MainColor의 Mode을 Default로 설정할 때 Intensity 의 파라미터를 0으로 설정하고 Default로 설정해 주세요. 이 순서로 설정하지 않으면 나중에 색을 변경할 때 이상하게 작동합니다.

▶ 먼저 Intensity를 0으로 설정한다

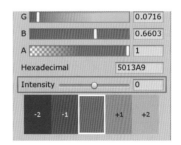

새로 추가한 프로퍼티는 SubTexture(Texture2D)와 Sub Tiling(Vector2)입니다. 또 기존 Tiling 프로퍼티를 Main Tiling으로 이름을 변경하고 Main Color의 Mode를 Default 로 변경해 주세요.

프로퍼티 설정을 완료했다면 만든 프로퍼티를 사용해 노드를 아래 그림과 같이 생성합니다. 빨간색 테두리 부분이 새로 배치한 노드입니다. 메인 텍스처와 서브 텍스처를 준비하고 그것들을 곱해서 복잡한 모양을 생성합니다. 우선 다음 그림을 참고해 서브텍스처 부분을 생성하겠습니다.

▶ 서브 텍스처 부분을 만든다(SH_6-4-2_01 참조)

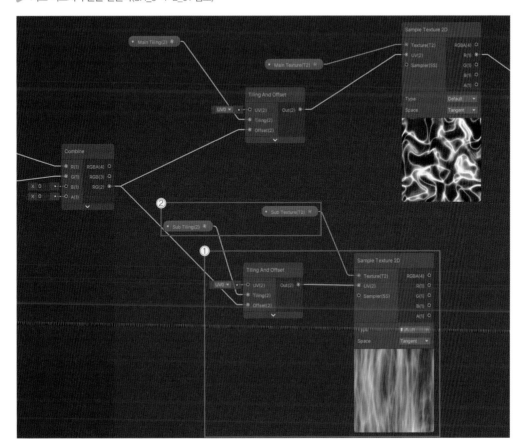

▶ 노드의 추가 · 설정

그림 안 번호	내용
①	Sample Texture 2D 노드와 Tiling And Offset 노드를 추가. 각각을 연결. 기존의 Combine 노드의 RG(2) 출력과 Tiling And Offset 노드의 Offset(2) 입력을 연결
②	방금 만든 2개의 프로퍼티 Sub Texture와 Sub Tiling을 각각 Sample Texture 2D 노드와 Tiling And Offset 노드에 연결

이것으로 메인 텍스처와 서브 텍스처를 생성하였습니다. 하지만 현재로서는 동일한 UV 스크롤을 이용하고 있기 때문에(Cmbine 노드의 출력을 메인 텍스처와 서브텍스처에 모두 연결), 스크롤의 속도가 메인 텍스처와 서브 텍스처 모두 동일합니다. 이를 해결하기 위해 새롭게 속도 조절용 프로퍼티인 Sub Speed Multiply(Vector1)를 생성합니다.

생성한 프로퍼티를 드래그 앤 드롭으로 메인 에어리어에 배치하고 Multiply 노드를 사용해 Combine 노드의 출력과 곱합니다. 곱한 값을 서브 텍스처 쪽의 Tiling And Offset 노드와 연결합니다.

▶ 속도 조절용 프로퍼티 추가

▶ 노드를 추가하고 UV 스크롤의 속도를 조절할 수 있도록 설정(SH_6-4-2_02 참조)

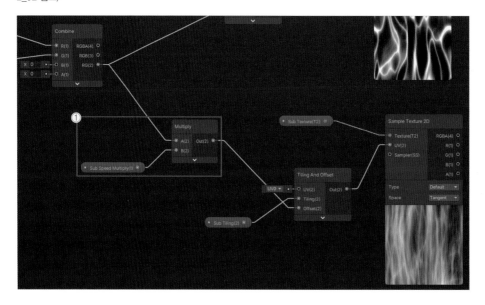

▶ 노드 추가

그림 안 번호	내용
①	Sub Speed Multiply 프로퍼티와 Multiply 노드 추가. 방금 연결했던 Combine 노드와 Tiling And Offset 노드 사이에 끼워넣듯이 연결

노드를 앞 페이지의 그림과 같이 연결함으로써 Sub Speed Multiply의 값을 2로 하면 서브 텍스처가 메인 텍스처의 2배의 속도로 스크롤하고, 0.5로 설정하면 절반의 속도로 스크롤합니다.

이것으로 서브 텍스처의 설정은 완료했지만 아직 서브 텍스처(Sample Texture 2D 노드)의 출력은 어디에도 연결하지 않았으므로 다음의 그림을 참고하여 설정합니다.

먼저 그림과 같이 메인 텍스처에서 Multiply 노드에 연결돼 있던 연결을 해제하고 서브 텍스처와 Multiply 노드(B) 사이에 Multiply 노드(A)를 추가해 두 노드 사이에 연결합니다. 새로 만든 쪽 Multiply 노드(A)의 B(1) 입력에는 2를 설정합니다.

▶ 연결을 해제하고 사이에 Multiply 노드를 끼워 넣는다(SH_6-4-2_03 참조)

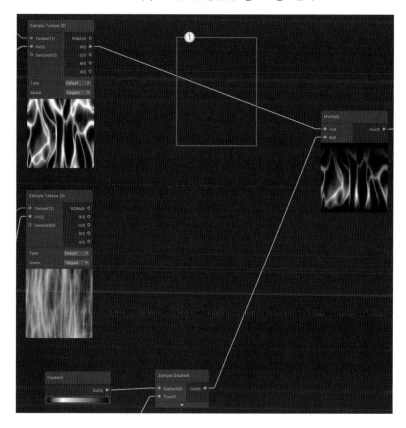

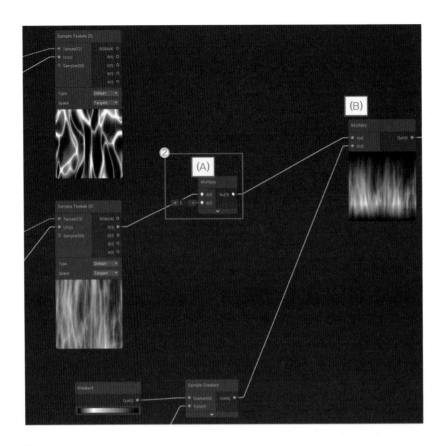

▶ 연결의 변경

그림 안 번호	내용
①	연결하고 있는 선을 선택해서 제거. 위 그림과 같이 직사각형 모양으로 선택하면 연결된 라인 선택 가능
②	Multiply 노드(A)를 생성. Sample Texture 2D 노드와 Multiply 노드(B) 사이에 끼움. Multiply 노드(A)의 B(1) 입력에는 '2'를 설정

이제 Multiply 노드(B)의 출력 부분을 조정해 갈 것입니다. 다음 페이지 위쪽에 있는 그림에서 Multiply 노드(C)와 (D) 사이의 연결을 해제하고, 다음 그림과 같이 Multiply 노드(C)의 출력을 Unlit Master 노드 Alpha(1) 입력으로 교체해서 연결합니다.

▶ 교체해서 연결한다(SH_6-4-2_04 참조)

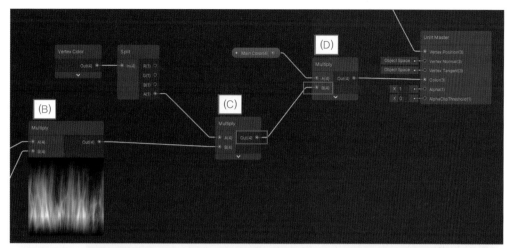

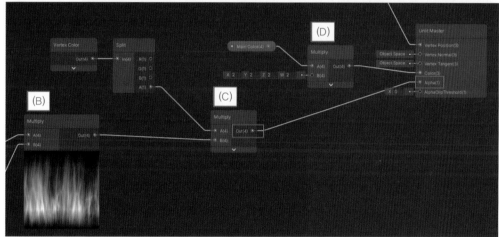

그다음으로 조금 전에 연결을 해제한 메인 텍스처 부분을 구성하겠습니다. 먼저 One Minus 노드
를 사용해 메인 텍스처의 색상을 반전시킵니다. 반전시킨 메인 텍스처와 하부 텍스처의 R(1) 출력을
Blend 노드로 합성합니다. 여기에서는 Blend 노드의 Mode 파라미터로 Multiply를 선택하고 있으
므로 Multiply 노드를 사용해 곱한 경우와 결과는 같습니다. 하지만 Blend 노드는 그 밖에도 다양한
블랜드 모드가 있으므로 다양하게 시도해 보고 결과의 차이를 확인해 보는 것이 좋습니다.

▶ 메인 텍스처와 서브 텍스처를 Blend 노드로 곱한다

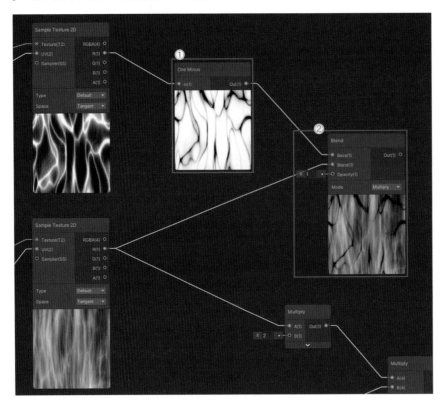

▶ 노드 추가

그림 안 번호	내용
①	One Minus 노드 추가. 메인 텍스처의 명도를 반전시킨다
②	Blend 노드 추가. 메인 텍스처와 서브 텍스처를 합성한다

다음으로 합성한 Blend 노드의 출력을 방금 작업한 Multiply 노드(D)의 B(1) 입력에 연결합니다.

▶ Blend 노드의 출력을 Multiply 노드(D)의 B(1) 입력에 연결(SH_6-4-2_05 참조)

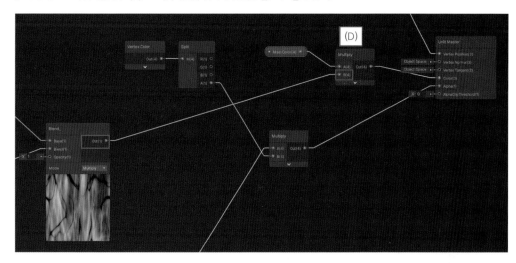

마지막으로 Multiply 노드와 Unlit Master 노드 사이에 Clamp 노드를 연결하고 컬러를 0에서 1의 범위로 제한해 둡니다. Main Color 프로퍼티의 Mode 파라미터를 Default로 설정하고 있으므로 컬러 정보가 1 이상의 값, 0 이하의 값이 되지 않게 해야 합니다.

▶ Clamp 노드를 추가(SH_6-4-2_06 참조)

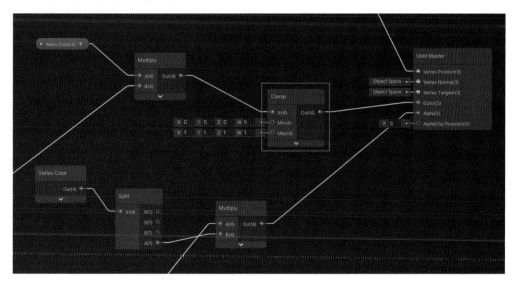

이제 알파 블렌드 셰이더가 완성이 됐으므로 Save Asset 버튼을 클릭해서 변경을 반영해 봅시다.

6-4-3 완성한 알파 블렌드 셰이더의 적용

알파 블렌드의 셰이더를 완성했으므로 M_lesson06_Tornado02라는 이름으로 새로운 머티리얼을
생성하고, 셰이더를 SH_lesson06_Cylinder_Blend로 변경해 둡니다. 그리고 Main Texture에는
T_lesson06_noise02를 Sub Texture에는 T_lesson06_noise03을 적용합니다.

▶ Main Color 설정   ▶ 머티리얼 설정

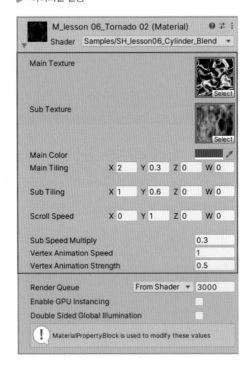

▶ M_lesson06_Tornado02

파라미터	값	
Main Color	왼쪽 그림 참조	
Main Texture	T_lesson06_noise02	
Sub Texture	T_lesson06_noise03	
Main Tiling	X:2	Y:0,3
Sub Tiling	X:1	Y:0,6
Scroll Speed	X:0	Y:1
Sub Speed Multiply	0,3	
Vertex Animation Speed	1	
Vertex Animation Strength	0,5	

tornado_base에 머티리얼을 적용하고 설정을 조금 변경해 둡니다.

▶ tornado_base 파티클 설정 변경

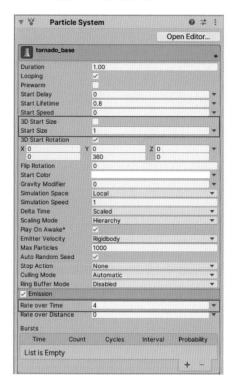

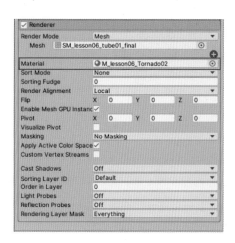

▶ Main 모듈

파라미터	값
3D Start Size	체크 있음
Start Size	1

▶ Emission 모듈

파라미터	값
Rate over Time	4

▶ Renderer 모듈

파라미터	값
Material	M_lesson06_Tornado02

tornado_add와 tornado_base를 동시에 표시하면 오른쪽 그림과 같은 모양이 됩니다.

tornado_base의 투명도가 다소 높고 눈에 띄지 않기 때문에 셰이더에 약간의 수정을 가하도록 하겠습니다. SH_lesson06_Cylinder_Blend 셰이더를 열고 그라데이션에서 마스크 처리를 실시하고 있는 부분을 삭제합니다. 다음 상의 그림에서 빨간색 테두리로 강조한 부분이 그라데이션 처리 부분과 Multiply 노드 부분입니다.

▶ tornado_add와 tornado_base를 동시에 표시

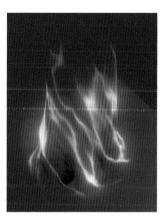

▶ 그라데이션 마스크 처리 삭제

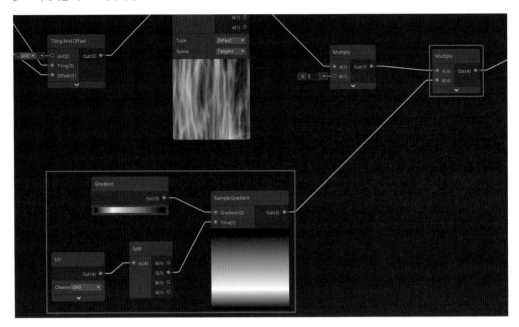

또, 삭제해 버림으로써 끊어져 버린 연결을 다음 그림과 같이 다시 연결합니다.

▶ 접속을 다시 연결한다(SH_6-4-3_01 참조)

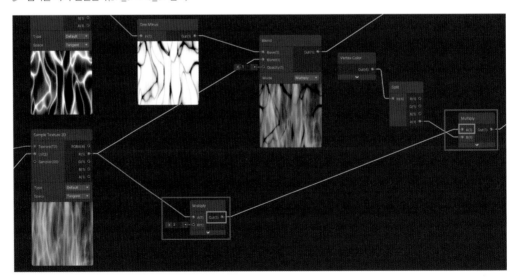

모습이 바뀌어서 tornado_base가 다소 쉽게 눈에 띄게 되었습니다.

투명도는 개선했지만 아직 근본적인 부분이 조금 허전하게 느껴지므로 좀 더 개별의 메시 파티클을 배치해 갑니다. tornado_base를 복제하고 이름을 ground01로 설정한 후 파라미터를 변경합니다. 모델의 직경을 조금 크게 하여 찌그러뜨린 듯한 형상으로 설정하고 파티클 메시의 회전을 조금 완만하게 변경했습니다.

▶ 변경 결과

▶ ground01의 파라미터 설정

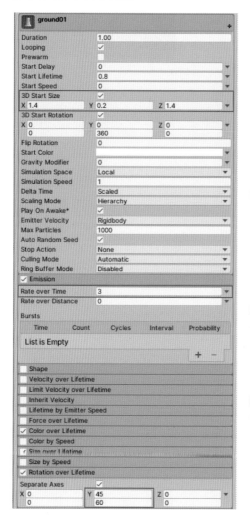

▶ Main 모듈

파라미터	값		
3D Start Size	체크 있음		
	X:1.4	Y0.2	Z:1.4

▶ Emission 모듈

파라미터	값
Rate over Time	3

▶ Rotation over Lifetime 모듈

파라미터	값		
	X:0	Y:45	Z:0
	X:0	Y:60	Z:0

tornado_add, tornado_base, ground01을 각각 설정하고 오른쪽 그림 같은 모습을 구축하였습니다. 나아가 material 파라미터를 변경해 보고 UV 스크롤의 속도나 모습을 바꿔 보는 것도 재미있을 것입니다.

▶ 지금까지의 설정 결과

6-5 기둥 주위를 선회하는 더스트 파티클 제작

6-4에서 기둥 부분을 완성하였으므로 여기에서는 기둥 주위를 선회하는 더스트(티끌, 먼지) 파티클을 작성합니다.

6-5-1 파티클의 초기 설정 변경

더스트 파티클을 제작해 나가기 전에 프리셋 기능을 사용해 파티클의 초기 설정을 변경해 둡시다. 새 파티클을 만들 때 Main 모듈의 Scaling Mode 파라미터는 초기 설정에서는 Local로 설정돼 있는데 작성 후에는 Hierarchy로 설정을 변경하는 경우가 대부분입니다. 매번 설정을 변경하기 귀찮으므로 Hierarchy를 파티클 제작 시의 초기 설정으로 변경합니다.

▶ Scaling Mode의 초기 설정은 Local로 되어 있다

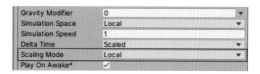

새 파티클을 만들고 Scaling Mode 파라미터를 Hierarchy로 변경합니다. Particle System 컴포넌트 우측 상단의 아이콘을 클릭하고 프리셋 창을 띄워서 Particle_DefaultSet이라는 이름으로 저장해 둡니다. 참고로 저장 위치는 프로젝트 내라면 어디라도 상관없습니다.

▶ 우측 상단의 아이콘을 클릭하여 프리셋 창을 표시

▶ Particle_DefaultSet이라는 이름으로 저장

저장한 Particle_DefaultSet을 프로젝트 뷰에서 선택하고 인스펙터 뷰의 Add to ParticleSystem Default 버튼을 클릭합니다. 이것으로 새 파티클을 작성했을 때 Scaling Mode 파라미터의 초기 설정이 Hierarchy로 변경됩니다.

앞으로는 이 설정을 사용할 것이므로 파티클 파라미터를 설정할 때 Scaling Mode 파라미터의 변경에 관해서는 설명하지 않습니다.

▶ 인스펙터 뷰에서 버튼을 클릭

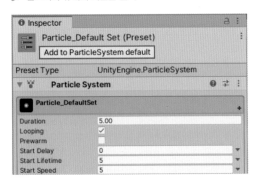

6-5-2 더스트 파티클 제작

더스트 파티클용으로도 전용 셰이더를 제작하겠지만 우선 파티클을 만들고 선회하는 움직임을 붙여 나갑시다. 최종적으로 2종류의 파티클을 만들고 각각 가산과 알파 블렌드로 설정합니다.

FX_AuraTornado를 선택하고 마우스 오른쪽 버튼을 클릭해 새로운 파티클을 만든 후 이름을 dust01로 변경합니다. 이어서 다음 페이지의 그림을 참고하여 파티클을 설정합니다. 참고로 Renderer 모듈과 관련된 파라미터는 셰이더 제작 후에 설정합니다.

▶ 2종류의 더스트 파티클 제작

▶ dust01 파티클 설정

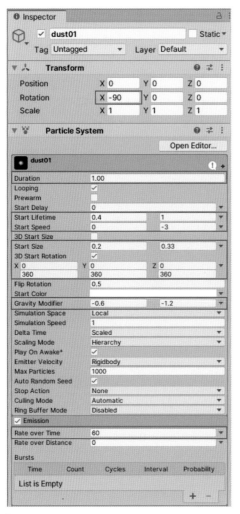

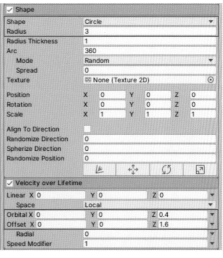

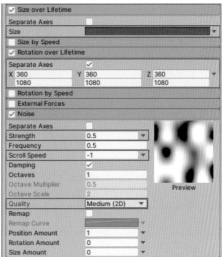

▶ Main 모듈

파라미터	값	
Duration	1.00	
Start Lifetime	0.4	1
Start Speed	0	−3
Start Size	0.2	0.33
3D Start Rotation	체크 있음	
	X:0	Y:0 Z:0
	X:360	Y:360 Z:360
Flip Rotation	0.5	
Gravity Modifier	−0.6	−1.2

▶ Transform 컴포넌트

파라미터	값		
Rotation	X:−90	Y:0	Z:0

▶ Emission 노듈

파라미터	값
Rate over Time	60

▶ Shape 모듈

파라미터	값
Shape	Circle
Radius	3

▶ Velocity over Lifetime 모듈

파라미터	값		
Orbital	X:0	Y:0	Z:0.4
	X:0	Y:0	Z:1.6

▶ Size over Lifetime 모듈

파라미터	값
Size	아래 그림 참조

▶ Rotation over Lifetime 모듈

파라미터	값		
Separate Axes	체크 있음		
	X:360	Y:360	Z:360
	X:1080	Y:1080	Z:1080

▶ Noise 모듈

파라미터	값
Strength	0.5
Scroll Speed	−1
Quality	Medium(2D)

▶ Size over Lifetime 모듈의 Size 파라미터 설정

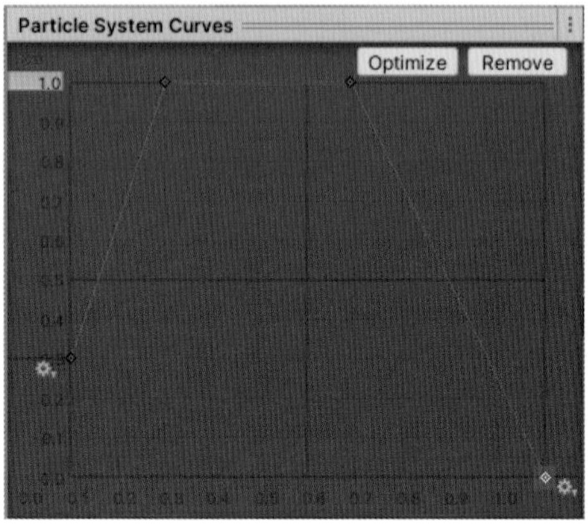

지금까지의 설정으로 더스트의 움직임을 설정할 수 있었습니다. 움직임을 설정해 나갈 때 다음 2가지를 염두에 둡시다.

- 상승하면서 작아져서 사라지는 모습은 투명도가 아닌 크기를 조절해 소멸을 표현한다
- 기둥의 파티클보다 큰 범위에서 먼지를 발생시켜 안쪽으로 끌어모으면서 상승, 선회하는 움직임을 연출한다

6-5-3 가산 더스트 파티클 셰이더 제작

파티클의 움직임 설정을 완료하였으므로 셰이더를 만들어 가겠습니다.

파티클의 발생 수가 많기 때문에 어둠의 기둥 셰이더와 같은 복잡한 것이 아니라 가능한 한 심플하게 만들 것을 생각하면서 만들어 갑니다.

Assets/Lesson06/Shaders 폴더 내에 새로운 Unlit Graph 셰이더를 생성하고 이름을 SH_lesson06_Dust_Add로 변경합니다. 셰이더 그래프를 시작해서 다음 그림과 같이 설정을 변경합니다.

▶ 초기 설정 변경

먼저 블랙보드에 Samples라고 입력합니다. 이어서 Unlit Master 노드를 설정합니다.

다음으로 노드를 구성해 갑니다. 이번에는 매우 간단합니다. 우선 오른쪽 아래 그림을 참고하여 프로퍼티를 등록합니다. 등록이 끝나면 메인 에어리어에 2개의 프로퍼티를 드래그 앤 드롭해서 배치해 둡니다. 그리고 이번에도 머티리얼에서 컬러를 설정하고자 하므로 Color 프로퍼티의 Mode를 HDR로 설정해 놓겠습니다.

▶ 프로퍼티 등록

그림 안 번호	내용
①	Texture2D 프로퍼티를 생성. 이름을 MainTex로 변경
②	Color 프로퍼티 생성. Mode를 HDR로 변경. 2개의 프로퍼티를 메인 에어리어에 드래그 앤 드롭해서 배치

이어서 노드를 생성, 배치하고 셰이더를 완성해 가겠습니다. 다음 페이지 그림을 참고하여 노드를 구성해 주세요.

▶ Unlit Master 노드

파라미터	값
Surface	Transparent
Blend	Additive
Two Sided	체크 있음

▶ 프로퍼티 등록

▶ 더스트용으로 노드를 구성

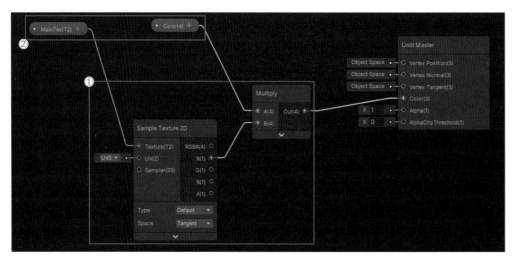

이것으로 더스트용 가산 셰이더를 완성했습니다. 다음으로 Assets/Lesson06/Materials 폴더에 새로운 머티리얼을 생성하고 이름을 M_lesson06_Dust01로 변경합니다. 머티어리얼의 셰이더를 SH_lesson06_Dust_Add로 변경하고, 텍스처 슬롯에 T_lesson06_dust01.png를 적용합니다.

▶ 노드 추가

그림 안 번호	값
①	Sample Texture 2D 노드와 Multiply 노드를 추가
②	앞서 배치한 프로퍼티를 각각의 노드에 연결

▶ 머티리얼과 컬러 설정

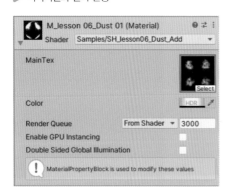

▶ M_lesson06_Dust01 머리티얼

파라미터	값
MainTex	T_lesson06_dust01

지금까지 설정을 완료했다면 머티리얼을 dust01 파티클에 적용합니다. Texture Sheet Animation 모듈도 설정해 놓겠습니다.

▶ 모듈 설정 변경

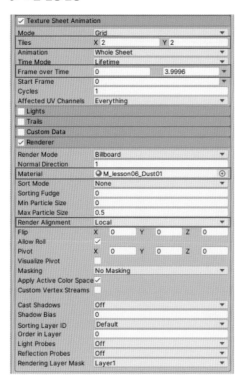

▶ Texture Sheet Animation 모듈

파라미터	값	
Tiles	X:2	Y:2
Frame over Time	0	4

▶ Renderer 모듈

파라미터	값
Material	M_lesson06_Dust01
Render Alignment	Local

▶ 가산 더스트 파티클 완성 결과

6-5-4 알파 블렌드 더스트 파티클의 생성

가산 더스트 파티클을 완성했으므로 이와는 별도로 알파 블렌드의 더스트 파티클도 추가해 나가겠습니다. 알파 블렌드의 검은색 파티클을 추가하는 것으로 이펙트 전체에 완성도를 높임과 동시에, 어두운 이펙트 느낌(현 상태도 나쁘지 않은 편입니다만)의 분위기를 낼 수 있을거라 생각합니다.

기본 설정은 가산의 더스트 파티클과 다르지 않으므로 dust01을 복제해서 제작합니다. dust01을 복제한 후 dust02로 이름을 바꾸고 Start Size 파라미터만 변경합니다.

▶ 알파 블렌드의 더스트 파티클 완성 이미지

▶ dust02의 Start Size를 변경

Start Lifetime	0.4	1
Start Speed	0	-3
3D Start Size		
Start Size	0.3	0.55
3D Start Rotation	✓	
X 0	Y 0	Z 0
360	360	360
Flip Rotation	0.5	
Start Color		
Gravity Modifier	-0.6	-1.2

▶ Main 모듈

파라미터	값	
Start Size	0.3	0.55

셰이더는 SH_lesson06_Dust_Add를 복제하고 SH_lesson06_Dust_Blend로 이름을 바꿉니다. 머티리얼은 새로 만들고 M_lesson06_Dust02로 이름을 설정합니다. M_lesson06_Dust02 머티리얼의 셰이더를 SH_lesson06_Dust_Blend로 변경해 둡니다.

SH_lesson06_Dust_Blend의 셰이더는 다음 그림과 같이 설정하세요. 여기에서는 HDR 컬러를 사용하지 않으므로 Color 프로퍼티 Mode를 Default로 설정해 둡니다.

▶ SH_lesson06_Dust_Blend 셰이더 설정

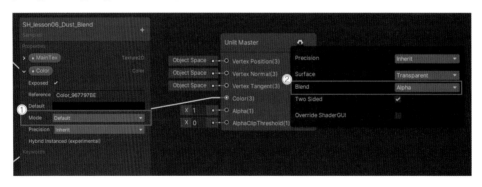

▶ 셰이더 설정

그림 안 번호	값
①	Color 프로퍼티의 Mode를 Default로 변경
②	Unlit Master 노드의 Blend를 Alpha로 변경

또 Blend 모드를 Alpha로 설정했기 때문에 텍스처의 R(1)을 Alpha(1)에 연결해서 알파 채널로 사용하고 있습니다.

▶ Sample Texture 2D의 R(1) 출력을 Alpha(1)에 연결

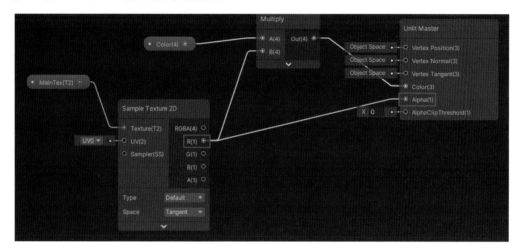

셰이더의 설정을 완료했다면 M_lesson06_Dust02를 dust02 파티클에 적용합니다. 머티리얼의 컬러는 검은색으로 설정돼 있습니다.

▶ 머티리얼 설정과 컬러 설정

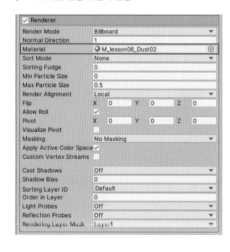

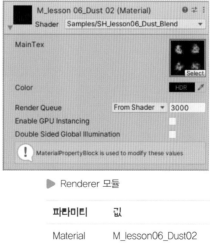

▶ Renderer 모듈

파라미터	값
Material	M_lesson06_Dust02

이제 2개의 더스트 파티클 설정을 완료했습니다.

6-6

나선형으로 상승하는
트레일 제작

토네이도 모양의 메시와 더스트 소재가 완성되었으므로 선회하는 빛의 트레일을 메시 주위에 감아 이펙트를 완성해 갑니다.

6-6-1 선회하는 빛의 트레일 제작

빛의 트레일에 관해서는 원래는 메시로 만들고 텍스처를 UV 스크롤로 흐르게 하려고 생각하고 있었지만 최종적으로는 트레일로 제작하는 기법을 선택했습니다. 트레일을 제작하기 전에 현재 이펙트 상태를 확인해 둡니다.

이번에 제작하는 트레일의 완성 이미지는 다음 그림과 같습니다. 참고로 보기 쉽게 하기 위해서 실제 완성 버전보다 빛의 방출량을 늘렸습니다.

▶ 지금까지의 제작 결과

▶ 트레일의 완성 이미지

토네이도 모양의 기둥 메시 주위에 트레일을 배치합니다. FX_AuraTornado를 마우스 오른쪽 버튼을 클릭하고 새로운 파티클을 만든 후 이름을 spiral01로 설정합니다. 동시에 새로운 머티리얼과 셰이더(Unlit Graph)를 만들고 각각 이름을 M_lesson06_Spiral01, SH_lesson06_Spiral로 설정합니다. 만든 머티리얼의 셰이더를 SH_lesson06_Spiral로 변경해 둡시다.

▶ 새로운 머티리얼 생성

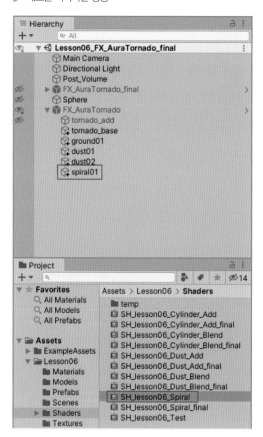

우선 파티클의 파라미터를 설정해 나갑시다. 다음 페이지의 그림을 참고해서 설정해 주세요.

Renderer 모듈의 Type을 None으로 설정하면 파티클을 렌더링하지 않고 트레일만 그릴 수 있습니다. 트레일을 제어하는 Trails 모듈에 관해서는 Lifetime으로 트레일의 길이를 지정하고 Width over Trail로 트레일의 폭을 지정합니다. 트레일의 컬러 설정에 관해서는 Color over Lifetime과 Color over Trail이 있는데, 전자는 트레일의 수명에 따라 색을 바꾸고 후자는 트레일의 머리에서 꼬리를 따라 색을 변경합니다.

▶ spiral01 파티클 설정

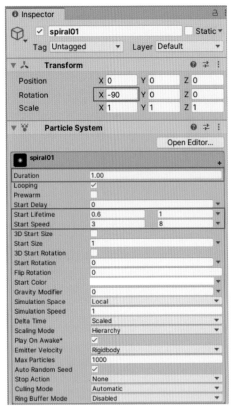

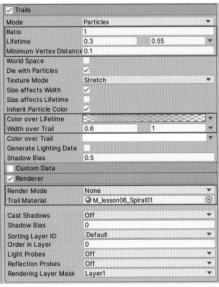

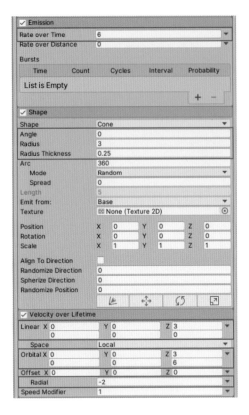

▶ Transform 컴포넌트

파라미터	값		
Rotation	X:–90	Y:0	Z:0

▶ Main 모듈

파라미터	값	
Duration	1,00	
Start Lifetime	0,6	1
Start Speed	3	8

▶ Shape 모듈

파라미터	값
Angle	0
Radius	3
Radius Thickness	0,25

▶ Emission 모듈

파라미터	값
Rate over Time	6

▶ Velocity over Lifetime 모듈

파라미터	값		
Linear	X:0	Y:0	Z:3
	X:0	Y:0	Z:0
Orbital	X:0	Y:0	Z:3
	X:0	Y:0	Z:6
Radial	−2		

▶ Renderer 모듈

파라미터	값
Render Mode	None
Trail Material	M_lesson06_Spiral01

▶ Trail 모듈

파라미터	값	
Ratio	1	
Lifetime	0.3	0.55
Minimum Vertex Distance	0.1	
Color over Lifetime	아래 그림 참조	
Width over Trail	0.6	1

▶ Trail 모듈의 Color over Lifetime 파라미터 설정

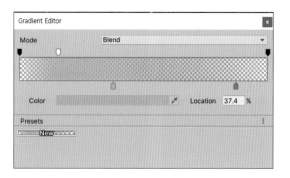

파티클 설정을 완료했으므로 다음으로 트레일의 셰이더를 제작하겠습니다.

6-6-2 트레일용 셰이더 제작

트레일용 셰이더를 제작하겠습니다. 이번에는 왜곡을 위한 텍스처를 사용하여 UV를 왜곡시킵니다 (UV 디스토션). 최종적으로 트레일용 텍스처에 스크롤하는, 흔들기 같은 효과가 추가됩니다.

UV를 왜곡하는 것은 조금 감이 오지 않을지도 모르지만 프리뷰로 확인해 보면 쉽게 알 수 있습니다. 다음 페이지 상단의 그림이 UV, 하단의 그림이 텍스처의 프리뷰이고 각각 왼쪽이 원래 상태, 오른쪽이 왜곡된 상태입니다.

▶ UV 디스토션을 실행한 결과

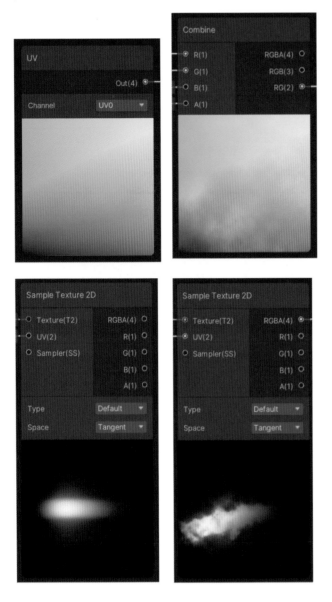

먼저 셰이더의 최종 결과를 확인해 둡니다. 빨간색 테두리로 강조한 부분이 트레일 텍스처 자체를 구성하는 부분이고, 파란색 테두리로 강조한 부분이 UV 디스토션을 구성하는 부분입니다.

▶ 셰이더의 최종 결과

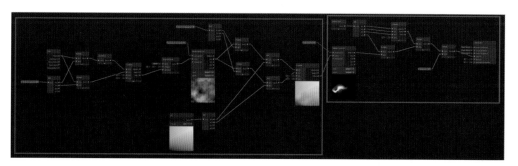

SH_lesson06_Spiral 셰이더를 열고 우선 셰이더의 설정을 변경해 둡니다.

▶ 초기 설정 변경

먼저 블랙보드에 Samples라고 입력합니다. 이어서 Unlit Master 노드를 설정합니다.

그다음으로 트레일 텍스처 부분을 만들어 가겠습니다. 지금까지 만든 셰이더와 특별히 다른 부분은 없습니다. 우선 Vector1과 Texture2D의 프로퍼티를 만들고 Emission과 MainTex 에 각각 이름을 설정합니다. MainTex의 Default 파라미터에 트레일 텍스처(T_lesson06_trail01)를 설정하고, 또 Emission의 Default 파라미터에 1을 설정합니다.

▶ Unlit Master 노드

파라미터	값
Surface	Transparent
Blend	Additive

▶ 프로퍼티를 설정

▶ 프로퍼티 설정

그림 안 번호	내용
①	Texture2D 프로퍼티를 생성. 이름을 MainTex로 변경. 디폴트의 텍스처를 T_lesson06_trail01로 설정
②	Vector1 프로퍼티를 생성. 이름을 Emission으로 변경. 기본값을 1로 설정

다음 그림을 참고하여 베이스가 되는 노드를 배치하고 연결합니다.

▶ 노드를 설정(SH_6-6-2_01 참조)

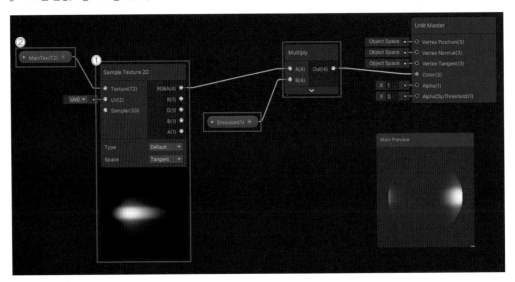

▶ 노드 설정

그림 안 번호	내용
①	빨간 테두리로 둘러싼 부분, Sample Texture 2D 노드와 Multiply 노드를 추가하고 연결
②	파란색 테두리로 둘러싼 2개의 프로퍼티를 블랙보드에서 드래그 앤 드롭해서 배치하고 각각 연결

이번에는 파티클의 Trails 모듈의 Color over Lifetime을 사용하고 있으므로 Vertex Color 노드로 부터 파티클의 컬러와 알파를 가져옵니다. Sample Texture 2D 노드와 Multiply 노드 사이에 다음 그림처럼 일련의 노드를 생성해 주세요.

▶ Vertex Color 노드에서 파티클의 컬러와 알파를 취득(SH_6-6-2_02 참조)

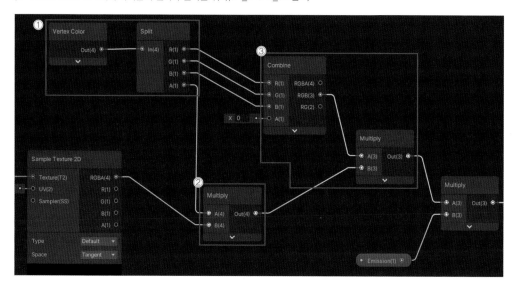

▶ 노드 추가

그림 안 번호	내용
①	Vertex Color 노드와 Split 노드 추가. Vertex Color 노드에서 취득한 정보를 Split 노드에서 컬러와 알파로 분리
②	Multiply 노드 추가. Vertex Color 노드에서 취득한 알파를 텍스처의 컬러에 곱한다
③	Combine 노드와 Multiply 노드 추가. Split 노드에서 분리된 4개의 출력 중, 컬러만(R(1), G(1), B(1))을 Combine 노드에서 1개로 합친다. 합한 것을 Multiply 노드에서 곱한다

트레일용 셰이더의 베이스 부분을 완성했습니다. Save Asset 버튼을 눌러 변경을 반영하고 파티클을 재생해 주세요. 빛의 힘줄 같은 트레일이 선회하면서 상승해 가는 움직임을 확인할 수 있습니다. 그런데 빛 줄기의 실루엣이 곧고 조금 심플한 것처럼 느껴지므로 여기에 너울과 같은 변화를 더해 갑니다.

▶ 머티리얼 설정 및 재생 결과

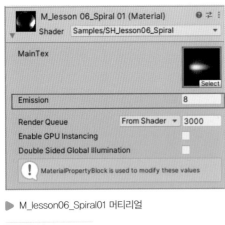

▶ M_lesson06_Spiral01 머티리얼

파라미터	값
Emission	8

6-6-3 트레일 셰이더의 UV 디스토션 부분 작성

다시 셰이더 그래프로 돌아가 노드를 구축하겠습니다. 다음 그림과 같이 노드를 설정하고 UV를 왜곡 (UV 디스토션)시키면 트레일의 텍스처에 왜곡이 반영됩니다. 노드 수가 많으므로 다음 그림의 빨간 색 테두리, 녹색 테두리, 파란색 테두리 순으로 설명하겠습니다.

▶ UV 디스토션 설정

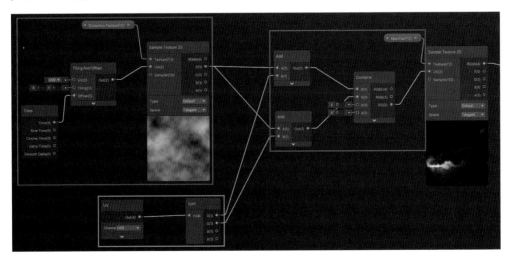

또, 노드를 추가하기 전에 디스토션에 사용할 텍스처용으로 Texture2D 프로퍼티를 만들고 이름을 DistortionTex로 변경해 주세요. Default 프로퍼티를 T_lesson06_noise04로 설정하고 있습니다.

▶ Texture2D 프로퍼티 작성

우선 다음의 그림을 참고해 디스토션용 텍스처에 UV 스크롤 처리를 실시합니다.

▶ Texture2D 프로퍼티

파라미터		값
DistortionTex(Texture2D)	Default	T_lesson06_noise04

▶ 디스토션용 텍스처에 UV 스크롤 처리를 한다
(SH_6-6-3_01 참조)

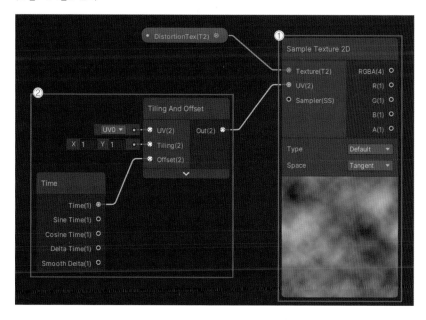

▶ 노드 추가

그림 안 번호	값
①	Sample Texture 2D 노드를 추가. 앞서 만든 DistortionTex 프로퍼티를 연결
②	Time 노드와 Tiling And Offset 노드 추가. UV스크롤을 완성한다. 이 부분의 처리는 나중에 좀 더 복잡한 것으로 대체한다

다음으로 UV 노드를 만들고 Split 노드에서 분리합니다.

마지막으로 Add 노드를 사용해 Split 노드에서 분리된 R(1), G(1) 출력과 Sample Texture 2D 노드의 R(1) 출력을 가산합니다. 각각 가산한 결과를 Combine 노드에서 1개로 합쳐서 Combine 노드의 RG(2) 출력을 트레일 텍스처의 Sample Texuture 2D 노드의 UV(2) 입력에 연결합니다.

▶ UV 노드를 만들고 분리

▶ 각각 가산해서 Combine 노드를 사용해 합친다(SH_6-6-3_02 참조)

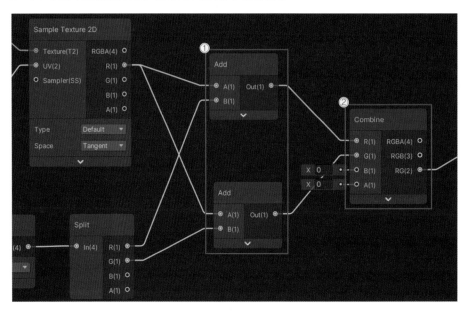

▶ 노드 추가

그림 안 번호	내용
①	Add 노드 2개 추가. Sample Texutre 2D 노드와 Split 노드의 출력을 각각 곱한다
②	Combine 노드 추가. 두 개의 Add 노드를 하나로 합친다

다만 현재 상태로서는 왜곡이 너무 강해서 원래의 트레일 텍스처의 형태를 알기 어렵게 되어 있습니다. 따라서 디스토션의 세기를 조정하기 위한 Vector2 파라미터를 Distortion Strength라는 이름으로 생성합니다.

▶ 왜곡의 강도를 조정할 수 있도록 설정   ▶ 왜곡의 강도 조정

파라미터	값	
Distortion Strength(Vector2)	Default	X:0.5
		Y:0.5

Vector2 프로퍼티, Distortion Strength를 배치하고 Split 노드에서 분리하여 세로 방향과 가로 방향으로 각각 뒤틀림의 강도를 조정할 수 있도록 하고 있습니다.

▶ 프로퍼티를 연결해서 디스토션의 강도를 제어(SH_6-6-3_03 참조)

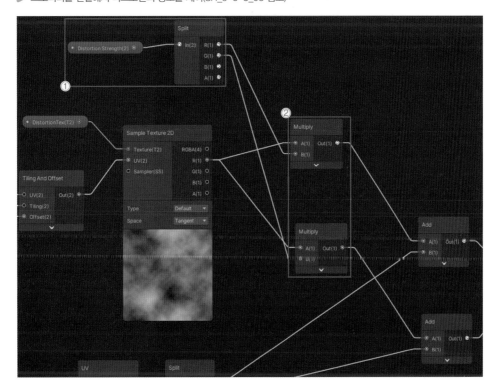

▶ 디스토션 제어

그림 안 번호	내용
①	Distortion Strength 프로퍼티를 드래그 앤 드롭해서 배치하고 추가한 Split 노드에 연결하여 요소를 분리
②	Sample Texture 2D 노드와 Add 노드를 연결하고 있는 각 라인 사이에 Multiply노드를 추가하고 Split 노드에서 분리된 요소를 곱한다. 이것으로 가로 세로 각각 디스토션의 세기를 제어할 수 있다

현재 Time 노드를 사용하여 UV 디스토션용 텍스처를 스크롤하고 있는데, 여기에도 노드를 추가하여 가로 세로 독립적으로 스크롤의 속도를 조절할 수 있도록 설정합니다. 또 UV 스크롤의 속도 조절용으로 Distortion Speed라는 이름으로 Vector2 프로퍼티를 만들고 있습니다. 다음 그림에서는 노드가 많아 보기 어렵기 때문에 순서대로 설명하겠습니다.

▶ UV 스크롤 부분을 바꾼다

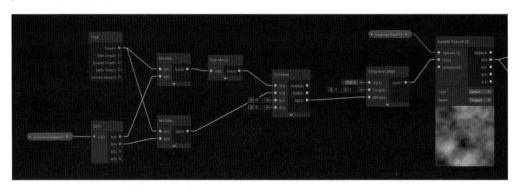

▶ Distortion Speed 프로퍼티 추가

▶ Distortion Speed 프로퍼티 추가

파라미터	값		
Distortion Speed(Vector2)	Default	X:0.5	Y:0.5

우선 다음 그림과 같이 Combine 노드를 추가하고 원래 연결돼 있던 Time 노드와 바꿉니다.

▶ Combine 노드 추가

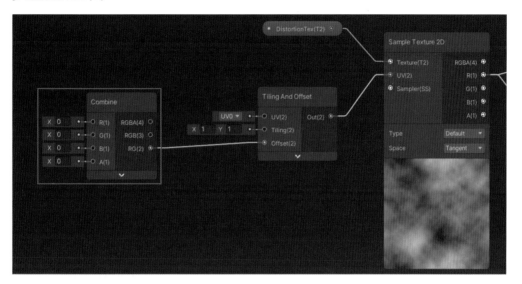

그다음으로 Time 노드와 Distortion Speed 프로퍼티를 Multiply 노드로 곱하고, 한 쪽은 One Minus 노드로 값을 반전시킨 다음 조금 전에 만든 Combine노드에 각각 연결합니다.

▶ Distortion Speed 프로퍼티를 사용해서 스크롤 속도를 제어(SH_6-6-3_04 참조)

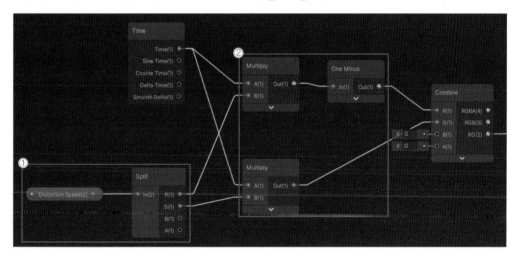

▶ 스크롤 속도 제어

그림 안 번호	내용
①	Distortion Speed 프로퍼티를 배치하고 추가한 Split 노드로 요소 분리
②	Split 노드로 분리된 요소와 Time 노드를 Multiply 노드로 곱하고, 한쪽은 One Minus 노드로 스크롤 방향을 반전시켜 Combine 노드에 연결

마지막으로 왜곡을 가했을 때 오른쪽 그림과 같이 트레일의 텍스처가 화면의 끝에 걸려 버리는 사태를 회피하기 위해 마스크 처리를 해 둡니다.

▶ 화면의 가장자리에 트레일의 밝은 부분이 걸려 있다

어둠의 기둥 셰이더 때와 마찬가지로 Gradient 노드를 사용해 끝부분을 어둡게 처리합니다. 먼저 Unlit Master 노드와 Multiply 노드 사이에 Multiply 노드를 추가합니다.

▶ Mutiply 노드 추가

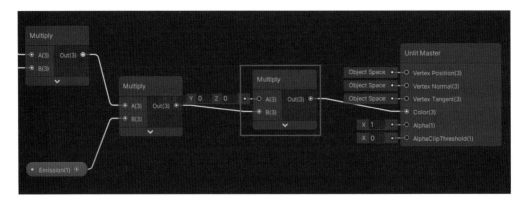

다음으로 Gradient 노드를 사용해 마스킹 처리를 하고 Sample Gradient 노드의 출력을 방금 추가한 Multiply 노드 A(3) 입력에 연결합니다.

▶ 마스킹을 한다(SH_6-6-3_05 참조)

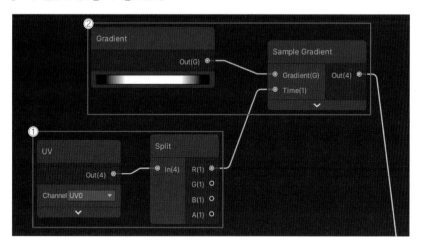

| ▶ 마스킹 설정 | ▶ Gradient 노드 설정 |

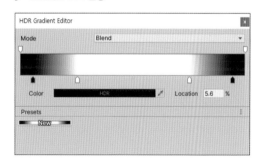

그림 안 번호	내용
①	UV 노드와 Split 노드를 추가하고 요소를 분리. 이번에는 가로 방향의 그라데이션을 작성하므로 R(1) 출력을 사용
②	Gradient 노드와 Sample Gradient 노드 추가. Time(1) 입력에 Split 노드의 R(1) 출력을 연결한다. Gradient 노드의 설정은 오른쪽 그림을 참조. 마지막으로 Sample Gradient 노드의 출력을 Multiply 노드 A(3) 입력에 연결

이상으로 셰이더를 완성했습니다. Save Asset 버튼을 눌러 변경을 반영하고 머티리얼에서 파라미터를 사용해 조정해 봐 주세요. 참고로 다음 페이지 그림은 예시이므로 값을 바꿔도 문제 없습니다.

▶ 머티리얼 설정

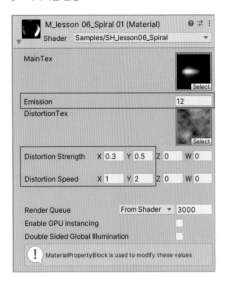

▶ M_lesson06_Spiral01 머티리얼

그림 안 번호	내용	
Emission	12	
Distortion Strength	X:0.3	Y:0.5
Distortion Speed	X:1	Y:2

이상으로 어둠의 기둥 이펙트를 완성했습니다. 가능하면 파라미터를 변경해 보거나 셰이더를 이리저리 만져보면서 나름대로 조작을 더해 보세요. 다양한 항목을 조정해 봄으로써 파라미터가 어떻게 영향을 미치는지 알 수 있어서 노드에 대한 이해가 더욱 깊어질 것입니다.

▶ 완성 결과

빔 이펙트 제작

전기 충격 프로퍼티
빔 이펙트 제작

이번 절에서는 빔 이펙트를 제작합니다. 5, 6장에서는 루프로 계속 발생하는 이펙트를 제작했지만, 이번에는 이펙트의 시작부터 마지막까지 기승전결 형식으로 만들어 봅니다.

7-1-1 이펙트 설정도 제작

이번에도 이펙트 설정도를 제작합니다. 다음에 언급하는 두 가지 특성을 염두에 두면서 기술의 전개나 모습을 생각해 봅시다.

- 번개 프로퍼티의 공격 이펙트
- 빔 공격

먼저 빔을 쏘기 전 예비 동작으로 번개와 같은 전기 충격 에너지를 모으는 예비 동작이 필요합니다. 이를 위해 이번에는 '충전', '발사' 두 부분으로 나누어서 제작하겠습니다. 다음 그림이 이를 바탕으로 그린 이펙트 설정도입니다.

▶ '충전' 부분 이펙트 설정도

▶ '발사' 부분 이펙트 설정도

실행자가 마법을 발동하면 실행자 주위에 미세한 빛 알갱이와 전기 충격(플라스마 같은 것?)이 발생해 실행자를 향해 모여듭니다. 이것이 '쌓임'(충전) 부분이 됩니다. 에너지가 모인 곳에서 큰 발광과 함께 힘차게 빔이 앞으로 발사됩니다.

전기 충격 이펙트에 관해서는 일련의 애니메이션 텍스처를 빌보드로 배치하거나 메시에 붙이는 등 여러 가지 제작 기법이 있지만 이번에는 전기 충격 셰이더를 제작해 메시 파티클에 적용하는 방법으로 만들어 갈 것입니다.

▶ 빔 이펙트

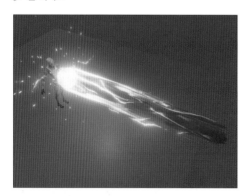

▶ 전기 충격에 사용할 메시

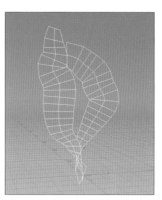

▶ 셰이더로 전기 충격을 표현

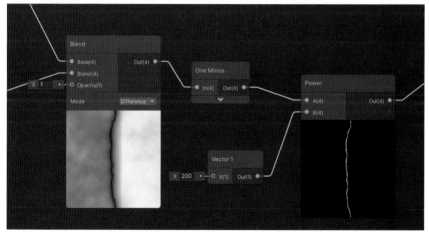

▶ 전기 충격 이펙트

7-1-2 전기 충격 프로퍼티 빔 이펙트의 워크플로

제작하는 이펙트의 각 절마다 워크플로와 학습내용을 간단하게 설명하겠습니다.

7-2에서는 씬에서 결과를 계속 확인하면서 전기 충격 셰이더를 만들어 갑니다. Custom Vertex Streams도 같이 사용하면서 전기 충격을 컨트롤도 할 수 있도록 설정하고 있습니다.

- Custom Vertex Streams와 Custom Data 모듈 사용 방법

- 전기 충격 애니메이션, 빛 입자 등을 셰이더로 표현

- 마이너스 값이나 1 이상의 값에 대한 주의점

▶ 전기 충격 셰이더를 제작해 간다

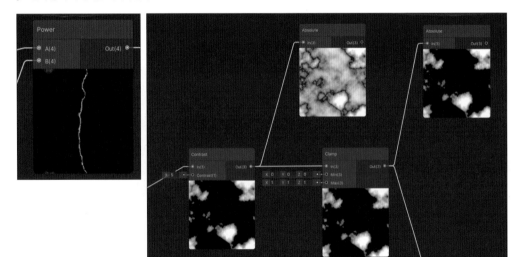

7-3에서는 셰이더 작업을 잠시 중단하고 후디니로 전기 충격 메시를 제작합니다. 완성된 메시를 유니티에 임포트하고 전기 충격 이펙트를 완성할 때까지 진행합니다.

- L-System 노드 프리셋을 사용하여 전기 충격 메시 제작하기

- UV 좌표를 랜덤 오프셋하는 방법

- 각종 컨트롤을 Custom Data 모듈에서 처리하는 방법

▶ 전기 충격 메시를 후디니로 작성

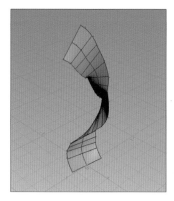 

7-4에서는 전기 충격 에너지를 충전할 때의 요소(라이트, 빛 입자)를 제작합니다.

- 라이트 파티클의 설정 방법

- 더스트 소재(빛 입자)의 셰이더와 파티클 설정 방법

▶ 라이트와 빛 입자를 작성

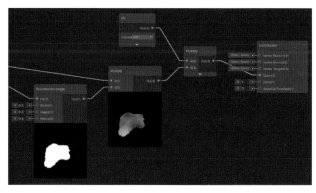 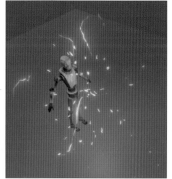

7-5에서는 에너지를 충전할 때 에너지가 집약되는 빛의 코어를
제작합니다.

▶ 빛의 코어를 제작

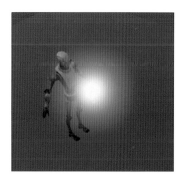

7-6에서는 충전 후 발사되는 빔의 메시를 후디니로 제작합니다. 빔의 셰이더를 가산과 알파 블렌드로 각각 작성하여 이펙트를 완성시킵니다.

- 서브 그래프 사용 방법

- 셰이더로 마스킹하는 방법

▶ 빔 부분 작성

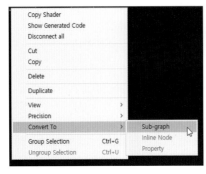 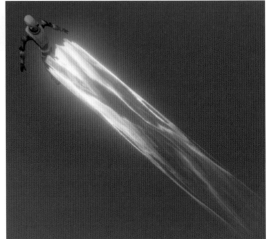

다음 그림이 완성된 이펙트입니다.

▶ 이펙트의 완성 이미지

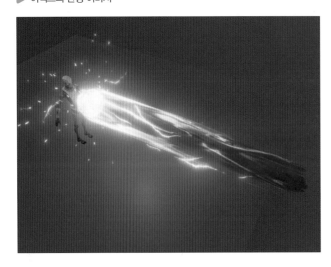

7-2 전기 충격 셰이더 제작

이번 절에서는 전기 충격 셰이더를 제작해 갑니다. 가능한 한 텍스처에 의존하지 않고 셰이더 내에서 전기 충격 형상을 생성하고 컨트롤할 수 있도록 구성합니다.

7-2-1 전기 충격 라인 작성

내려받은 예제 파일에서 Lesson07_data.unitypackage를 프로젝트에 가져옵니다.

우선 전기 충격 셰이더를 제작해 갑니다. 먼저 씬 파일을 열고 완성 버전의 이펙트를 확인해 둡시다. Assets/Lesson07/Scenes/Lesson07_FX_Lightning_final을 엽니다. 씬을 재생해 이펙트를 확인합니다. 하이러키 뷰를 보면 상당히 많은 수의 이미터로 구성돼 있는 것을 알 수 있습니다. 도중에 잘 이해가 안 될 경우 완성 버전의 이펙트 파라미터 등을 참고해 주세요.

▶ 완성된 이펙트와 하이러키 뷰

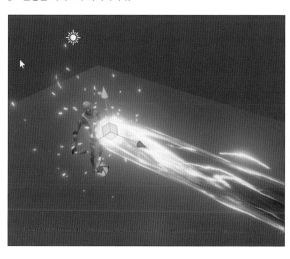
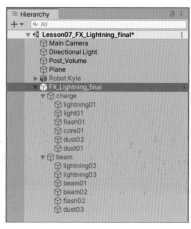

먼저 전기 충격 셰이더를 생성합니다. Assets/Lesson07/Shaders 폴더에 새로운 셰이더(Unlit Graph)를 생성하고, 이름을 SH_lesson07_Lightning으로 변경합니다. 생성한 셰이더 그래프를 열고 다음 그림과 같이 초기 설정을 변경합니다.

▶ 설정 변경

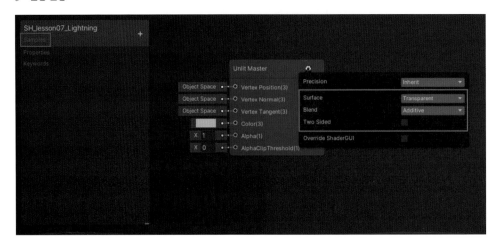

먼저 블랙보드에 Samples라고 입력합니다. 이어서 Unit Master 노드를 설정합니다.

다음 그림이 이번에 만드는 전기 충격 셰이더의 완성도입니다. 복잡하므로 베이스 부분을 먼저 만들고 순서대로 컨트롤과 기능을 추가하겠습니다.

▶ Unlit Master 노드

파라미터	값
Surface	Transparent
Blend	Additive
Two Sided	체크

▶ 전기 충격 셰이더의 완성도

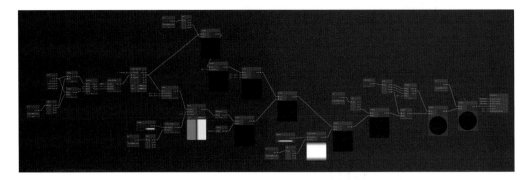

먼저 텍스처를 불러옵니다. Assets/Lesson07/Textures/T_lesson07_noise01을 드래그 앤 드롭해서 가져옵니다. 이 텍스처를 기반으로 번개를 만들어 나가도록 하겠습니다. 또 전기 충격 셰이더 이외에도 여러 셰이더를 제작하겠지만 이번에는 이펙트 전체에서 이 텍스처 하나밖에 사용하지 않습니다.

텍스처는 1장만이지만 셰이더에서 가공함으로써 다양한 결과를 얻을 수 있습니다. 이 텍스처에는 RGBA 채널마다 각각 다른 모양이 할당돼 있습니다. 시험 삼아 노드를 연결해 확인해 봅시다. RGBA의 각 출력을 Preview 노드에 연결하여 미리보기를 하면 채널별 결과를 확인할 수 있습니다.

▶ 이번 장에서 사용할 텍스처

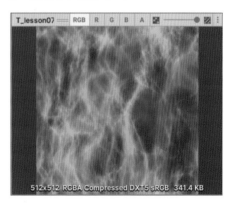

▶ 채널마다 서로 다른 모양이 할당돼 있다

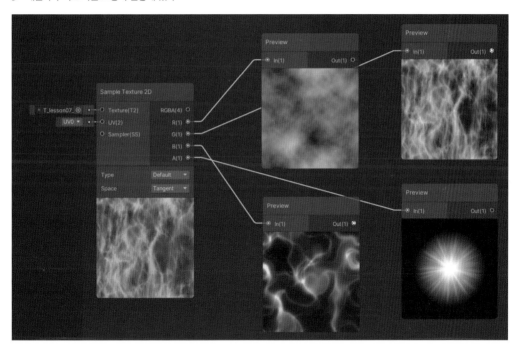

알파 채널도 그레이스케일의 이미지 채널 하나로 사용할 수 있습니다. 이번에는 빨간색 채널(R)의 프랙딜 모양을 사용해 전기 충격 모양을 생성해 갑니다. 먼저 다음 그림과 같이 구성해 주세요. Blend 노드의 Mode를 Difference로 설정하면 검은색 라인의 모양이 나타납니다.

이것을 가공하여 전기 충격 모양으로 만들어 갑니다. 여기서는 노드를 확인하기 위해서 Preview 노드를 사이에 두고 있는데 (파란색 테두리 부분) 실제로는 필요가 없기 때문에 확인했다면 삭제해도 무방합니다.

▶ 전기 충격 모양의 베이스를 생성(SH_7-2-1_01 참조)

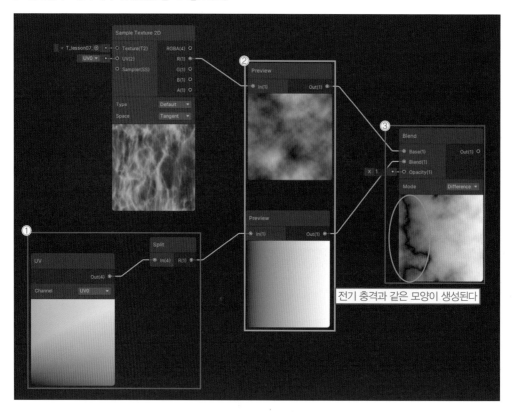

▶ 베이스 생성

그림 안 번호	내용
①	UV 노드와 Split 노드 추가. Split 노드에서 요소를 분리하여 R(1) 출력을 사용
②	Blend 노드에 연결하기 전에 Preview 노드 추가. 합성할 두 개의 요소를 확인해 둔다(확인 후 삭제해도 무방함)
③	Blend 노드 추가. Base(1) 입력에 텍스처의 출력을 연결하고, Blend(1) 입력에 UV의 분리된 요소를 각각 연결. Mode 파라미터는 Difference를 선택

우연히 발견한 작성 방법이어서 왜 이런 모양이 생기는지는 자세히 설명할 수 없지만 프랙탈 무늬와 검은색에서 흰색까지 그라데이션 무늬를 곱했을 때 생성되는 것을 알 수 있습니다. 검은색의 전기 충격 모양을 중앙으로 이동하고자 하므로 다음 그림과 같이 다시 구성해 보겠습니다. Gradient 노드를 사용해 검은색 전기 충격 모양이 나오는 위치를 중앙 부분으로만 한정했습니다.

그림에 나와 있는 Preview 노드도 결과의 차이를 확인하기 위한 것이므로 삭제해도 무방합니다.

▶ 전기 충격 모양이 중앙에 생성되도록 조정

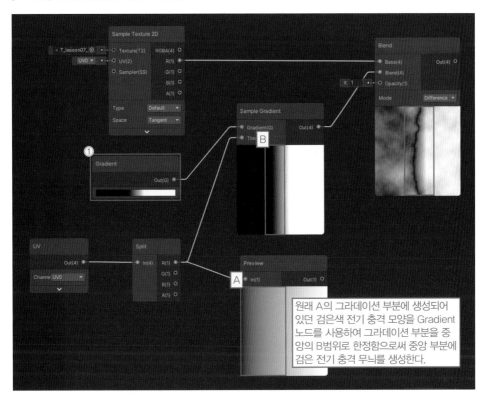

> 원래 A의 그라데이션 부분에 생성되어 있던 검은색 전기 충격 모양을 Gradient 노드를 사용하여 그라데이션 부분을 중앙의 B범위로 한정함으로써 중앙 부분에 검은 전기 충격 무늬를 생성한다.

▶ 노드 추가

그림 안 번호	내용
①	빨간색 테두리로 두른 Gradient 노드와 Sample Gradient 노드를 추가. 전기 충격 모양을 중앙에 생성

▶ Gradient 모드 설정

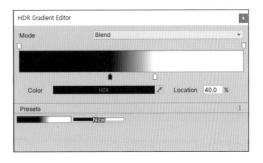

Blend 노드로 생성된 전기 충격 모양을 OneMinus 노드에서 반전한 뒤 Power 노드를 추가하고 200이라는 큰 값으로 곱함으로써 좀 더 전기 충격다운 모습이 되었습니다. 값을 거듭제곱해 가기 때문에 결과적으로 가장 밝은 전기 충격 라인 부분만 남습니다.

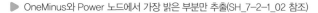

▶ OneMinus와 Power 노드에서 가장 밝은 부분만 추출(SH_7-2-1_02 참조)

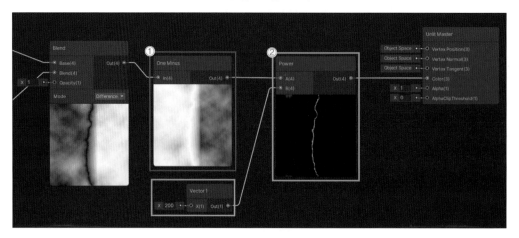

▶ 노드 추가

그림 안 번호	내용
①	One Minus 노드 추가. 그레이스케일 반전(검은색 전기 충격 부분이 하얗게 됨)
②	파란색 테두리로 둘러싼 Power 노드와 Vector1 노드를 추가. Vector1 노드에 200이란 극단적인 값을 설정함으로써 Power 노드의 거듭제곱 처리에 의해서 밝은 곳은 더 밝고 어두운 부분은 더 어둡게 돼 결과적으로 전기 충격 부분만 남는다

이것으로 전기 충격의 원형을 완성했습니다. 7-2-2에서 이 전기 충격을 애니메이션시킵니다.

7-2-2 애니메이션 추가

7-2-1에서 전기 충격의 원형을 만들었으므로 다음으로 애니메이션을 추가해 가겠습니다. 이전에 제작한 것처럼 단순한 UV 애니메이션이 아니라 최종적으로는 Custom Data 모듈의 커브 등을 사용해 파라미터를 제어할 수 있는 전기 충격을 만들겠습니다.

먼저 UV 스크롤 부분을 제작하겠습니다.

▶ UV 스크롤 생성

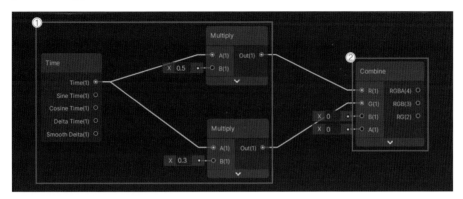

▶ 노드 추가

그림 안 번호	내용
①	Time 노드와 2개의 Multiply 노드를 생성. 각각 B(1) 입력에 0.5와 0.3을 설정하고 시간 경과의 속도를 조정
②	Combine 노드를 추가하고 2개의 요소를 합친다.

위 그림에서 설정한 요소를 Tiling And Offset 노드에 연결한 뒤 Sample Texture 2D 노드에 연결합니다.

▶ Tiling And Offset 노드를 통해서 Sample Texture 2D 노드에 연결(SH_7-2-2_01 참조)

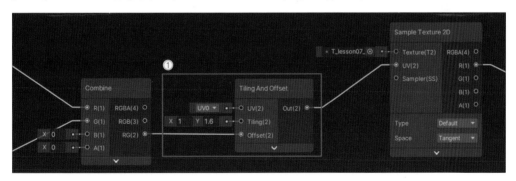

▶ 노드 추가

그림 안 번호	내용
①	Tiling And Offset 노드 추가. Combine 노드의 출력을 Offset(2) 입력에 연결. 다음으로 Tiling And Offset 노드의 출력을 Sample Texture 2D 노드의 UV(2) 입력에 연결. Tiling 파라미터에는 'X=1', 'Y=1.6'을 설정

이것으로 UV 스크롤 설정을 완료했습니다. 하지만 Power 노드로 확인해 보면 가끔 오른쪽 그림과 같은 프랙탈 모양의 잔여물이 스크롤해서 흘러가는 것을 볼 수 있습니다.

이를 지우려면 Power 노드로 곱하고 있는 정수(현재 200으로 설정)를 큰 값으로 설정하면 되지만, 동시에 전기 충격도 조금 가늘어져 버려서 다른 방법으로 대처합니다. Sample Texture 2D 노드와 Blend 노드 사이에 Remap 노드를 추가하고 다음 그림과 같이 값을 설정합니다. 비교를 위해 Preview 노드를 배치해서 결과의 차이를 확인해 보겠습니다.

▶ 프랙탈 모양의 잔여물

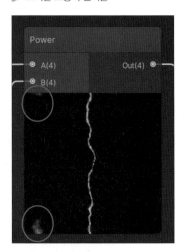

▶ Remap 노드를 배치해 프랙탈의 잔여물 지우기

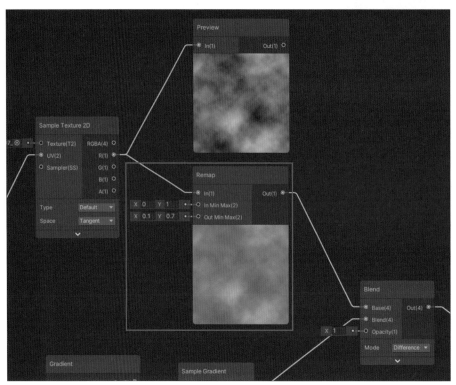

▶ Remap 노드

파라미터	값	
In Min Max	0	1
Out Min Max	0.1	0.7

이것으로 프랙탈 모양이 남아 버리는 사태를 회피할 수 있었습니다. 전기 충격 라인이 완성되었으므로 이 라인에 프랙탈 모양을 곱해서 전기 충격이 끊겨 떨어지는 부분을 만들어 가겠습니다. Contrast 노드를 생성해서 Sample Texture 2D 노드의 R(1) 출력에 연결합니다.

▶ Contrast 노드를 생성해서 연결

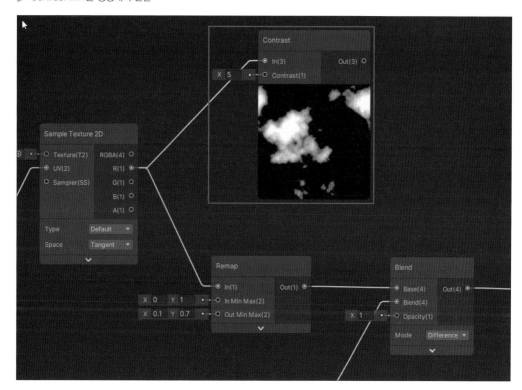

▶ Contrast 노드

파라미터	값
Contrast	5

다음으로 Multiply 노드를 만들고 Contrast 노드와 Power 노드의 출력을 곱합니다.

▶ 전기 충격의 '끊겨 떨어짐'을 표현

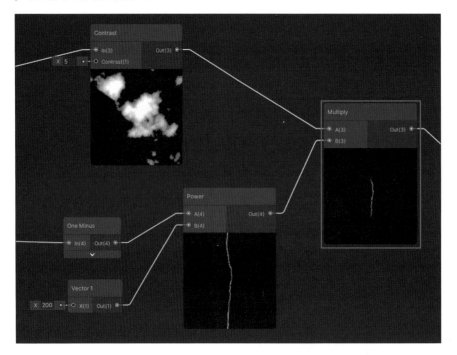

위 그림에서는 거의 전기 충격이 보이지 않지만 애니메이션으로 확인하면 전기 충격이 군데군데 찢어져 좀 더 자연스러운 느낌이 되어 있는 것을 확인할 수 있습니다. 마지막으로 이 결과를 Unlit Master 노드의 Color(3) 입력에 연결해 둡시다.

▶ Unlit Master 노드에 연결(SH_7-2-2_02 참조)

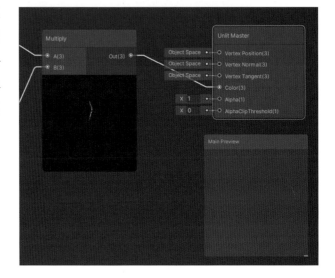

7-2-3 마이너스 값의 색상 수정

전기 충격의 끊겨 떨어진 부분까지 표현을 완료했으므로 한번 씬 뷰에서 확인해 보겠습니다. Save Asset 버튼으로 업데이트를 반영하고 일단 셰이더 그래프 에디터를 닫습니다. Assets/Lesson07/ Materials 폴더에 새로운 머티리얼을 M_lesson07_Lightning01이라는 이름으로 만들고 셰이더를 SH_lesson07_Lightning으로 변경합니다.

▶ 새로운 머티리얼 작성

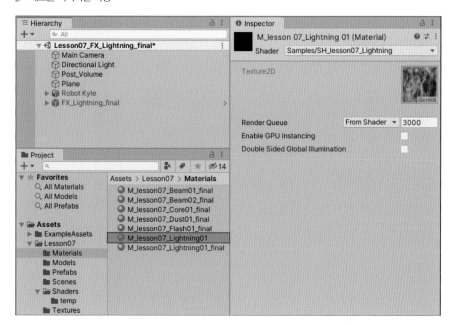

하이러키 뷰에서 마우스 오른쪽 버튼을 클릭해서 새 파티클 시스템을 만들고 이름을 FX_Lightning 으로 변경합니다. Transform component를 아래 그림과 같이 변경해 놓겠습니다. 그리고 FX_ Lightning은 더미 파티클 설정을 해둡니다.

▶ Transform 컴포넌트 설정

▶ Transform 컴포넌트

파라미터	값		
Position	X:0	Y:1.3	Z:0.0
Rotation	X:0	Y:0	Z:0

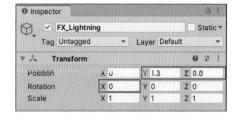

더불어 자식 오브젝트로서 새로운 파티클 시스템을 만들고 이름을 lightning01로 변경합니다. Transform 컴포넌트의 Rotation 파라미터의 X를 90으로 설정합니다.

아래 그림을 참고해서 lightning01 파티클을 설정합니다. 이 파티클은 일단 머티리얼의 모습을 확인하기 위한 임시 설정입니다.

▶ Transform 컴포넌트 변경

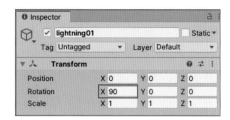

▶ Transform 컴포넌트

파라미터	값		
Rotation	X:90	Y:0	Z:0

▶ lightning01 파티클 설정

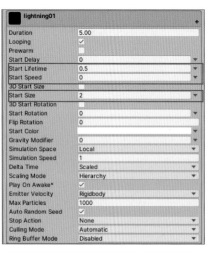

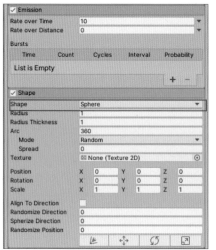

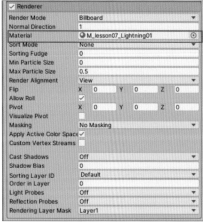

▶ Main 모듈

파라미터	값
Start Lifetime	0.5
Start Speed	0
Start Size	2

▶ Shape 모듈

파라미터	값
Shape	Sphere

▶ Renderer 모듈

파라미터	값
Material	M_lesson07_Lightning01

파티클의 모습은 오른쪽 그림과 같이 되어 있습니다. 블렌드 모드를 Additive(가산)로 설정했기 때문에 원래 검은 부분은 투명해져야 하겠지만 검은 라인이 표시되어 버렸습니다. 이는 검은 라인 부분의 색이 마이너스 값을 가지고 있기 때문입니다.

셰이더 그래프 에디터를 열어서 마이너스 값을 가지고 있는지 확인합니다. 먼저 Clamp 노드를 Contrast 노드와 Multiply 노드 사이에 연결합니다. Clamp 노드를 이용하면 색 밝기의 범위를 지정한 최댓값과 최솟값(이번의 경우 1부터 0) 사이로 제한할 수 있습니다. 하지만 프리뷰를 봐도 특별히 변화된 것 같지는 않습니다.

▶ 전기 충격 머티리얼의 모습

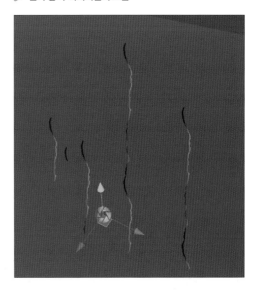

참고로 1 이상의 값은 1로, 0 이하의 마이너스 값은 0으로 고정됩니다.

▶ Clamp 노드 연결

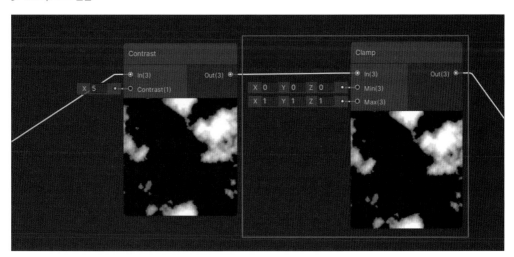

여기서 Contrast와 Clamp에 각각 Absolute 노드를 연결해 보겠습니다. Absolute 노드를 사용하면 마이너스 값을 플러스 값으로 변환할 수 있습니다(−0.5라면 0.5로 변환). 결과는 다음 그림과 같습니다.

▶ Absolute 노드를 적용한 결과의 차이

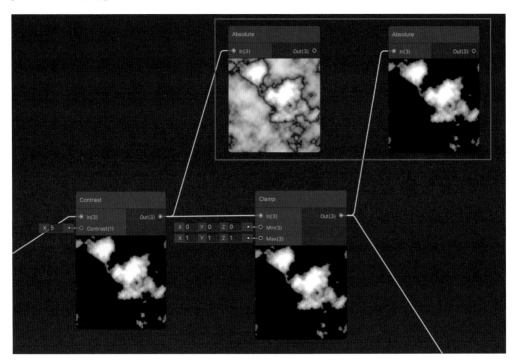

Contrast 노드의 결과와 Clamp 노드의 결과가 다릅니다. Contrast 노드의 프리뷰에서는 검은색이었던 부분이 Absolute 노드에서는 흰색으로 된 것으로부터 검은 부분이 마이너스 값을 가지고 있는 것을 알 수 있습니다.

이렇게 프리뷰를 보는 것만으로는 밝기 범위가 0 이하인 부분, 1 이상인 부분을 분간하기가 힘듭니다. 따라서 자신이 실행한 조작에 따라 어떠한 수치의 변화가 일어나고 있는지, 주의를 계속 기울이면서 셰이더를 구축해야 합니다.

Clamp 노드를 연결한 상태에서 Save Asset 버튼을 눌러서 다시 씬 뷰에서 확인해 봅시다. 이번에는 정상적인 결과를 얻었습니다.

▶ Clamp 노드를 통해 정상적인 결과를 얻었다

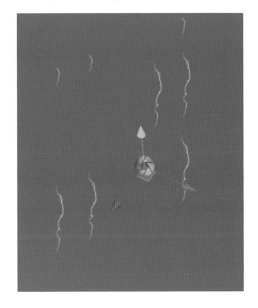

참고로 Clamp 노드에서는 최댓값과 최솟값을 지정하는데 단순히 마이너스 값을 잘라버리고 싶으면 Maximum 노드를 사용하면 됩니다. 전기 충격의 표시는 정상적으로 되었는데 모든 전기 충격이 똑같은 모습으로 표시되었으므로 파티클마다 다른 모양이 되도록 **7-2-4**에서 조정합니다.

7-2-4 **Custom Vertex Streams 사용법**

파티클마다 별도의 값을 할당하고 싶은 경우 Custom Vertex Streams를 사용하면 쉽게 구현할 수 있습니다. 우선 Lightning01 파티클을 선택하고 Renderer 모듈의 Custom Vertex Streams에 체크를 합시다. 표시가 오른쪽 위의 그림과 같이 변화합니다.

▶ Custom Vertex Streams에 체크를 한 상태

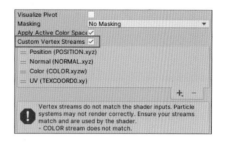

Custom Vertex Streams의 기능에 대한 자세한 내용은 **2-4**를 참조하세요.

우선 오른쪽 하단에 있는 플러스 아이콘을 클릭해 Random/Stable.xy와 Custom/Custom1.xyzw를 추가합시다. 그러면 오른쪽 가운데 그림과 같이 파라미터가 추가됩니다.

▶ 파라미터를 추가한 상태

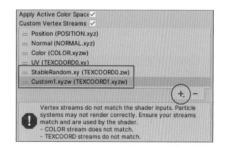

여기에서는 2개의 파라미터를 추가했습니다. StableRandom.xy는 '0'에서 '1'의 범위 내에서 랜덤 값을 각 파티클 발생 시 할당합니다. 랜덤으로 할당한 값을 셰이더 내에서 UV 노드를 통해 받아서 사용할 수 있습니다.

Custom1.xyzw는 Custom Data 모듈의 Custom1의 값(Vector 값, Color 값을 사용 가능)을 셰이더에 넘길 수 있습니다. 참고로 오른쪽 아래 그림의 Custom Data 모듈은 예시이므로 이와 같이 설정할 필요는 없습니다.

▶ 유연하게 사용할 수 있는 Custom Data 모듈

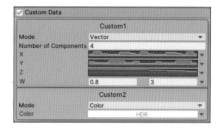

Custom Data 모듈에서 할당한 값을 셰이더 내에서 사용하고 싶다면 셰이더 그래프에서 UV 노드를 배치하고 다음 페이지 그림과 같이 설정합니다. 주의할 점은 Custom Vertex Streams의 파라미터 이름에서 Custom1.xyzw(TEXCOORD1.xyzw)의 괄호 안의 값입니다. TEXCOORD0에서 TEXCOORD3까지가 UV 노드의 Channel 파라미터에서 UV0부터 UV3에 해당합니다. 이번에는 TEXCOORD1이므로 UV1을 지정하고 있습니다.

▶ Custom Data를 읽어들이는 방법

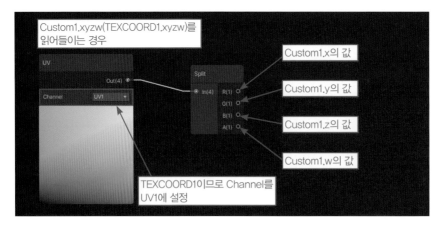

실제로 값을 입력하고 확인해 보겠습니다. UV 노드와 Split 노드를 아래 그림과 같이 설정하고 연결합시다. UV 노드의 Channel은 UV1로 설정합니다. Multiply 노드와 Unlit Master 노드 사이에 새로 Multiply 노드를 생성해서 곱합니다.

▶ UV 노드를 연결(SH_7-2-4_01 참조)

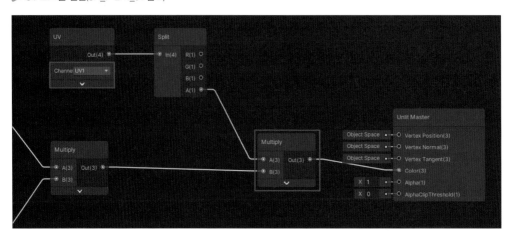

다음으로 Custom Data 모듈의 Custom1을 다음 그림과 같이 설정합니다. Save Asset 버튼을 누르고 변경을 반영한 뒤 Custom1의 W 값을 변경해 봅시다. 전기 충격의 밝기가 바뀐 것을 알 수 있습니다. 30 정도의 큰 값을 입력하면 변화를 알기 쉬울 겁니다. 다른 설정 방법(Curve나 Random Between Two Constant)도 시험해 보세요.

▶ Custom Data 모듈 설정

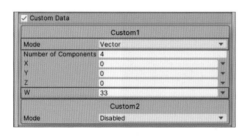

▶ Custom Data 모듈

파라미터	값	
Custom1	Mode	Vector
	W	33

머티리얼 파라미터에서 값을 설정한 경우 파티클마다 다른 값을 할당하거나 파티클의 수명에 따라 값을 변화시킬 수 없으므로 Custom Vertex Streams 사용 방법을 습득해 두는 것이 이펙트를 제작하는 데 매우 중요합니다.

Custom Vertex Streams는 강력한 기능이지만 2가지 주의할 점이 있습니다. 첫 번째는 Custom Vertex Streams의 파라미터 순서입니다. 다음 그림과 같이 파라미터 이름을 드래그해서 StableRandom.xy와 Custom1.xyzw의 순서를 바꿔 봅시다. 파라미터의 순서를 바꾸면 TEXCOORD의 표기가 변경됩니다. TEXCOORD가 변경되었으므로 당연히 셰이더 쪽도 영향을 받아 제대로 작동하지 않게 됩니다.

▶ 파라미터의 순서를 바꾸면 TEXCOORD가 변경된다.

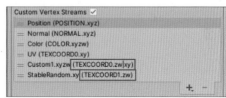

이 때문에 Custom Vertex Streams를 사용할 때는 어떤 파라미터를 사용하여 어떻게 셰이더와 연계시킬지를 어느 정도 미리 설계한 후에 사용해야 합니다.

두 번째 주의할 점은 UV 노드를 통해서 Custom Vertex Streams의 파라미터를 읽어들일 때 값이 셰이더의 프리뷰에 반영되지 않는 점입니다. 프리뷰에서는 UV 채널로 프리뷰가 처리됩니다. Custom Vertex Streams를 사용하면 셰이더 그래프에서는 최종 모습을 확인하기 어려워집니다. 그러므로 첫 번째 주의점과 함께 우선은 Vector 노드 등으로 고정 값을 입력해 두고 셰이더가 완성된 시점에 전환하는 것이 좋습니다.

▶ 일단 Vector 노드에서 값을 입력하고 최종적으로 치환한다

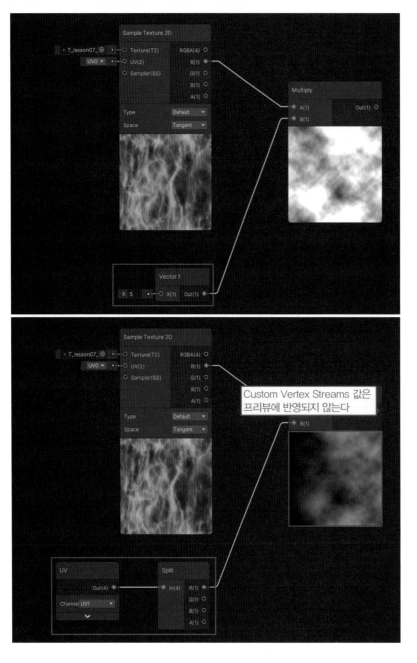

지금까지 Custom Vertex Streams의 사용 방법과 주의사항을 학습했습니다. 일단 셰이더 제작은
여기서 중단하고 7-3에서는 전기 충격의 메시 제작에 들어가겠습니다. 완성된 전기 충격용 메시와 함
께 모습을 확인하면서 셰이더를 조정해 나갑니다. Save Asset 버튼을 눌러 변경을 반영해 둡시다.

셰이더 완성

7-2의 셰이더 작업을 일단 중단하고 여기에서는 전기 충격 셰이더의 메시를 생성합니다. 완성된 메시를 사용해 다시 셰이더를 조정하여 완성도를 높여 가겠습니다. Custom Vertex Streams 설정도 진행하겠습니다.

7-3-1 전기 충격 메시 제작

후디니로 이동해서 전기 충격 메 ▶ L-System 노드 생성
시를 생성합니다. 이번에는 비교
적 심플하게 만들겠습니다. 전기
충격이나 번개 같은 종류의 형상
을 만드는 방법은 여러 가지가 있
지만 이번에는 프리셋을 사용해
간단하게 생성합니다. 완성 파일
은 Lesson07_lightning.hip입
니다.

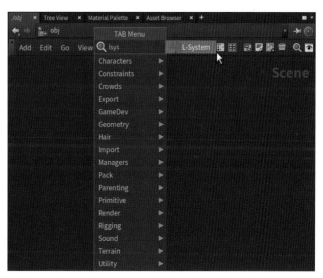

후디니를 열고 네트워크 에디터의
Obj 씬에서 L-System 노드를 생
성합니다.

이름을 SM_lesson07_lightning01로 변경해 두겠습니다. ▶ 이름을 변경해 둔다

노드 안에서 L-System 노드를 선택합니다. L-System은
어느 일정 조건이나 규칙에 따라 반복 처리함으로써 식물

등 자연물의 형상이나 프랙탈(작은 구조가 전체 구조와 비슷한 형태로 끝없이 되풀이 되는 구조)을 만들어 낼 수 있는 기능입니다. L-System의 문법이나 기술 방법에 관해서는 도움말을 참조해 주세요. L-System에서 만들어 내는 형상은 무한대여서 L-System만으로 1권의 책이 되는 분량입니다. 'The Algorithmic Beauty of Plants'로 검색하면 같은 이름의 서적을 무료로 열람할 수 있으므로

참고해 주세요. 이번에는 처음부터 준비돼 있는 프리셋을 사용해 형상을 생성합니다. 파라미터 뷰의 우측 상단에 있는 톱니바퀴 모양의 아이콘을 클릭하고 Crack을 선택합니다.

▶ L-System 프리셋을 선택

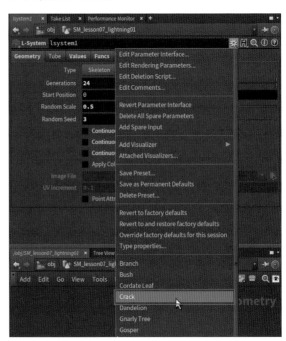

씬에서는 아무것도 표시되지 않았을 것이므로 화면 하단의 타임 라인을 드래그해서 움직여 봅시다. 시간 경과에 따라 전기 충격과 같은 지그재그 라인이 생성돼 있는 것을 확인할 수 있습니다. 하지만 이번에는 시간 경과의 생성 과정은 불필요하므로 애니메이션을 삭제합니다.

L-System 노드의 Geometry 탭에서 Generations 파라미터 이름을 클릭하면 $F라고 하는 익스프레션이 사용되고 있는 것을 알 수 있습니다. $F는 글로벌 변수의 일종으로 후디니의 현재 프레임 번호를 나타냅니다. 매우 편리하고 자주 쓰이는 변수인데 이번에는 삭제하겠습니다. 파라미터를 마우스 오른쪽 버튼으로 클릭하고 메뉴에서 Delete Channels를 선택합니다. (아래 그림 참조)

▶ 시간 경과에 따라 라인이 생성된다

▶ $F를 삭제

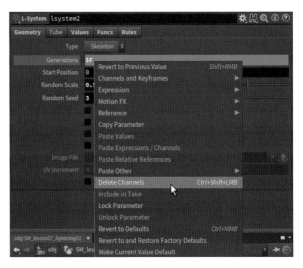

익스프레션을 삭제했다면 Generations 파라미터에 24로 입력해 둡시다. 또 Random Seed를 3으로 설정하겠습니다.

▶ 파라미터에 값을 입력

▶ L-System 노드

파라미터	값
Generations	24
Random Seed	3

그다음으로 이 커브를 바탕으로 메시를 작성하게 되는데 기본적으로는 6장에서 만든 어둠의 기둥 메시 제작 방법과 동일합니다. 어둠의 기둥의 메시를 만들 때는 서클의 각 포인트에 커브를 배치했지만 이번에는 전기 충격 커브의 각 포인트에 직선으로 라인을 배치해 메시화합니다.

▶ 전기 충격 메시 제작

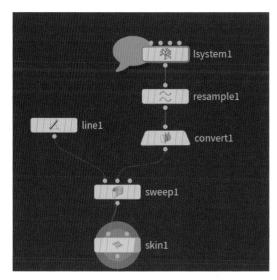
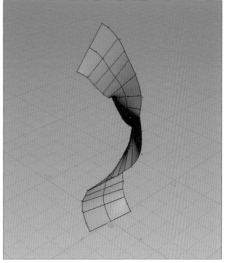

각 노드의 설정은 다음 그림을 참조해 주세요. 추가한 노드 중 Resample 노드와 Skin 노드는 초기 설정인 상태로도 괜찮습니다. 이번에는 Sweep 노드의 Twist 파라미터를 사용해 메시에 '비틀림'을 더했습니다.

▶ 각 노드의 설정

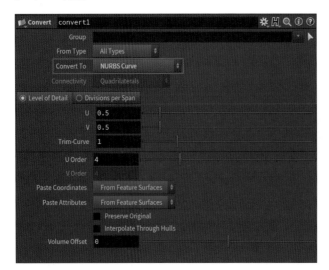

▶ Convert 노드

파라미터	값
Convert To	NURBS Curve

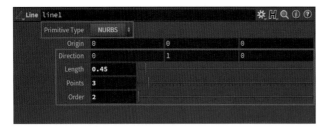

▶ Line 노드

파라미터	값		
Primitive Type	NURBS		
Direction	X:0	Y:1	Z:0
Length	0.45		
Points	3		
Order	2		

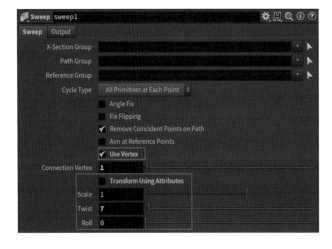

▶ Sweep 노드

파라미터	값
Use Vertex	체크
Transform Using Attributes	체크 없음
Scale	1
Twist	7
Roll	0

7-3-2 **전기 충격 메시에 UV 설정**

메시를 완성했으므로 다음으로는 UV를 설정하겠습니다. UV Texture 노드를 추가하고 연결합니다.

▶ UV Texture 노드 추가

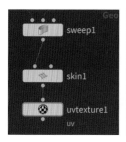 

▶ UV Texture 노드

파라미터	값
Texture Type	Uniform Spline
Attribute Class	Vertex

UV를 설정한 것만으로는 6장 어둠의 기둥 메시를 작성했을 때와 마찬가지로 UV가 세로 방향으로 늘어나 버립니다. 해결 방법은 6장에서와 마찬가지로, 어둠의 기둥 메시를 제작할 때의 hip 파일(Lesson06_tube.hip)을 열고 아래 그림에 있는 3개의 노드를 선택해서 복사한 다음 전기 충격 메시 파일에 붙여넣습니다.

이렇게 단순히 다른 파일에서 노드를 복사해서 붙여넣을 수도 있고, 처리를 디지털에셋(HDA)이라 불리는 구조로 적용해서 재이용할 수 있는 형태로 구성할 수도 있습니다. 디지털 에셋(HDA)에 대해서는 8장에서 설명하므로 이번에는 간단히 노드를 복사해서 붙여넣는 걸로 끝냈습니다.

▶ Lesson06_tube.hip 파일에서 처리 내용을 복사

▶ 처리 내용을 붙여넣기해서 UV Texture 노드에 연결

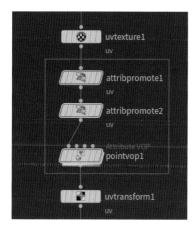 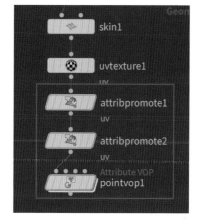

UV를 0에서 1의 범위 안에서 저장할 수 있으므로 마지막으로 오른쪽 그림과 같이 노드를 추가하고 FBX로 내보냅니다.

처리 내용은 위에서 순서대로 폴리곤으로 변환하고, 컬러 어트리뷰트를 추가(Cd), UV를 조정, 100배로 스케일 업입니다. 각 노드의 설정은 다음 그림을 참조해 주세요.

▶ 마지막으로 마무리 처리 추가

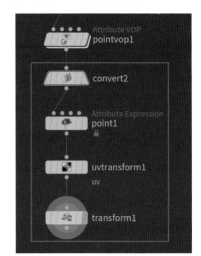

▶ 각 노드의 설정

▶ Convert 노드

파라미터	값
U	0.001
V	0.001

▶ Point 노드

파라미터	값
Attribute	Color(Cd)

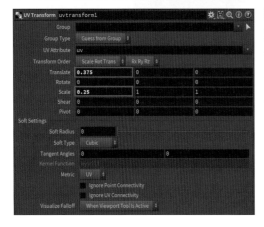

▶ UV Transform 노드

파라미터	값
Translate	0.375
Scale	0.25

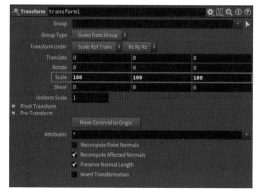

▶ Transform 노드

파라미터	값		
Scale	X:100	Y:100	Z:100

현재 만들고 있는 셰이더가 센터 부분에만 전기 충격이 나와 있기 때문에 그에 맞춰 UV 범위를 수정하고 있습니다.

▶ UV를 셰이더에 맞게 수정

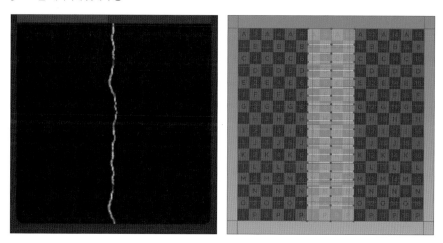

여기서 전기 충격 메시를 완성했습니다. 완성한 메시를 SM_lesson07_lightning01이라는 이름으로 Assets/Lesson07/Models 폴더에 저장합니다.

더불어 전기 충격 메시의 다른 버전을 하나 더 준비해 둡니다. SM_lesson07_lightning01을 복제하고 SM_lesson07_lightning02로 이름을 바꾸고 안으로 들어가 L-System 노드의 Random Seed 파라미터를 8로 설정합니다.

▶ 다른 버전을 하나 더 생성

▶ L-System 노드

파라미터	값
Random Seed	8

다른 버전을 만들었으므로 완성한 메시를 SM_lesson07_lightning02이라는 이름으로 Assets/Lesson07/Models 폴더에 저장해 둡니다.

▶ Assets/Lesson07/Models 폴더 안에 저장해 둔다

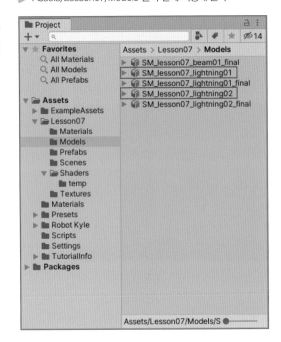

7-3-3 전기 충격 셰이더에 컨트롤 추가

전기 충격 메시를 완성했으므로 이 메시를 lightning01에 적용하고 파라미터를 변경합니다. 다음 그림을 참고해서 lightning01의 설정을 변경해 주세요.

▶ lightning01 설정 변경

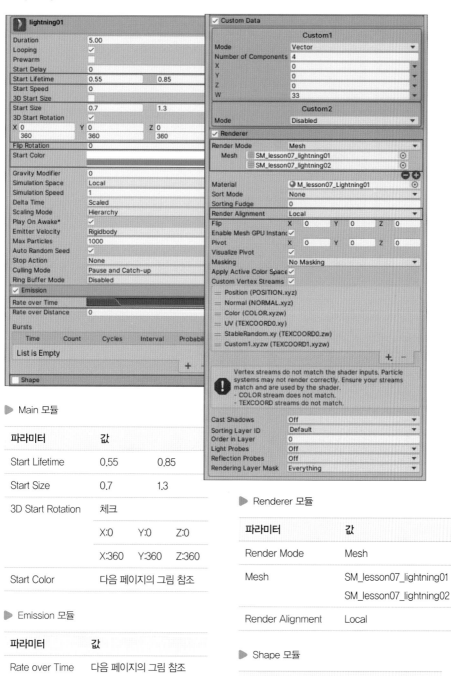

▶ Main 모듈

파라미터	값	
Start Lifetime	0.55	0.85
Start Size	0.7	1.3
3D Start Rotation	체크	
	X:0 Y:0 Z:0	
	X:360 Y:360 Z:360	
Start Color	다음 페이지의 그림 참조	

▶ Emission 모듈

파라미터	값
Rate over Time	다음 페이지의 그림 참조

▶ Renderer 모듈

파라미터	값
Render Mode	Mesh
Mesh	SM_lesson07_lightning01
	SM_lesson07_lightning02
Render Alignment	Local

▶ Shape 모듈

파라미터	값
체크	없음

▶ Main 모듈의 Start Color 파라미터 설정

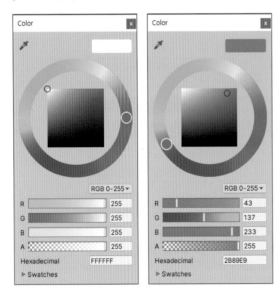

▶ Emission모듈의 Rate over Time 파라미터 설정

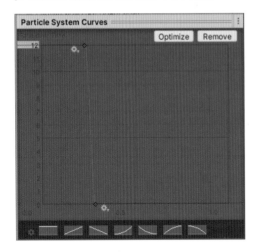

▶ 파라미터 변경 후의 lightning01 파티클의 모습

이후에는 씬 뷰에서 전기 충격의 모양을 확인해 가면서 연결 기능이나 파라미터를 추가하고 다시 세이더를 조정해 나갑니다.

- 프랙탈 모양의 UV 좌표를 랜덤 오프셋

- 전기 충격의 조각난 부분 상태 조절

- UV 스크롤 속도 제어

우선 셰이더 그래프로 돌아가서 다시 SH_lesson07_Lightning의 셰이더를 열고 다음 그림의 위치에 마스크 처리 노드를 추가합니다.

▶ 마스크 처리를 추가할 곳

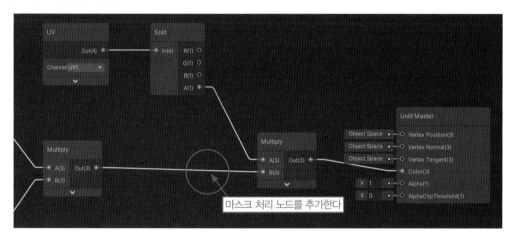

다음 그림을 참고하여 마스크 처리를 추가해 주세요.

▶ 마스크 처리를 추가하고 메시의 끝을 투명하게 설정(SH_7-3-3_01 참조)

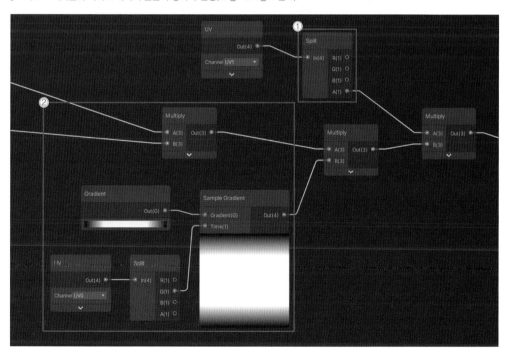

▶ 노드 추가

그림 안 번호	내용
①	앞 페이지 그림에서 빨간색 동그라미 부분에 Multiply 노드 추가
②	UV 노드, Split 노드, Gradient 노드, Sample Gradient 노드 4개 추가. 마스크 처리 작성. Gradient 노드 설정은 오른쪽 그림 참조

▶ Gradient 노드 설정

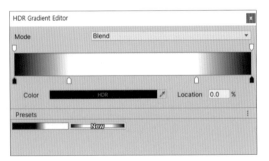

다음으로 전기 충격의 끊겨 떨어진 상태를 컨트롤할 수 있도록 다음 그림과 같이 Sample Texture 2D 노드와 Contrast 노드 사이에 노드를 추가합니다. Contrast 노드의 바로 앞에서 프랙탈 모양의 밝기를 변화시킴으로써 Contrast 노드의 결과가 변경되어 흰색 부분의 면적이 증감하게 되고, 이로써 전기 충격의 끊어져 떨어진 상태를 컨트롤할 수 있습니다.

▶ Contrast 노드 앞에 조정용 노드 추가

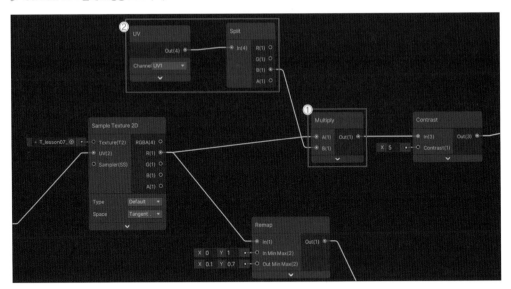

▶ 노드 추가

그림 안 번호	내용
①	Multiply 노드를 Sample Texture 2D 노드와 Contrast 노드 사이에 추가
②	UV 노드와 Split 노드 추가. UV 노드의 Channel 파라미터를 UV1로 설정. 이로써 Custom Data 모듈의 Custom1의 정보를 취득할 수 있다. Split 노드에서 B(1) 출력을 사용하고 있으므로 여기에서는 Custom1의 Z를 참조하고 있다

UV 스크롤 처리 부분에 노드를 추가해 속도를 조절할 수 있도록 합니다.

▶ UV 스크롤을 Custom Vertex Streams를 사용하고 조정할 수 있도록 설정(SH_7-3-3_02 참조)

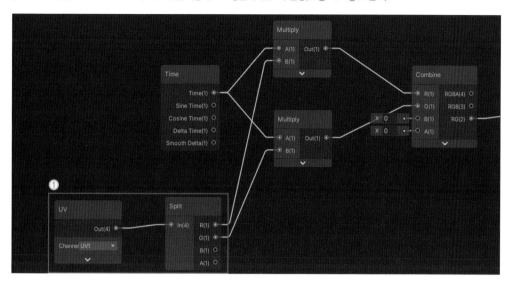

▶ 노드 추가

그림 안 번호	내용
①	UV 노드와 Split 노드 추가. UV 노드의 Channel 파라미터를 UV1로 설정. 이로써 Custom Data 모듈의 Custom1의 정보를 취득할 수 있다. Split 노드에서 R(1)과 G(1) 출력을 사용하고 있으므로 여기에서는 Custom1의 X와 Y를 참조하고 있다

마지막으로 Vertex Color 노드를 사용하여 파티클의 컬러와 알파 정보를 불러옵니다. 다음 그림을 참고해 Unlit Master 노드 앞에 추가해 주세요.

▶ Vertex Color 노드를 추가하여 파티클의 색상과 알파 정보를 읽어들이기

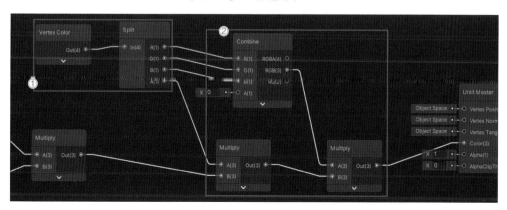

▶ 노드 추가

그림 안 번호	내용
①	Vertex Color 노드와 Split 노드 추가. 컬러와 알파를 분리
②	2개의 Multiply 노드와 Combine 노드 추가. Combine 노드로 컬러를 합쳐서 Multiply 노드로 각각 곱한다. 마지막으로 출력을 Unlit Master 노드에 연결

그리고 Custom Data 모듈의 Custom2를 사용하여 HDR의 컬러 설정을 실행하고자 하므로 Renderer 모듈의 Custom Vertex Streams에 Custom2.xyzw를 추가합니다. 그리고 나서 Custom Data 모듈의 Custom2의 Mode을 Color로 설정합니다.

▶ Renderer 모듈의 Custom Vertex Streams에서 Cus-tom2.xyzw를 추가

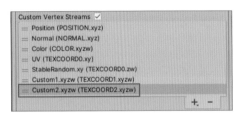

▶ Custom2의 Color 설정

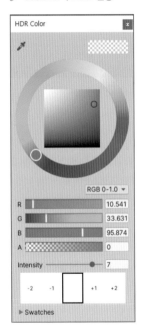

▶ Custom Data 모듈에서 Custom2를 컬러로 설정

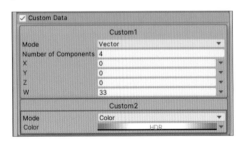

▶ Custom Data 모듈

파라미터	값	
Custom2	Mode	Color
	Color	오른쪽 그림 참조

Custom2.xyzw(TEXCOORD2.xyzw)로 돼 있으므로 셰이더를 다음 페이지의 그림과 같이 설정하고 Custom2의 색깔을 읽어들입니다. 이로써 Custom Data 모듈의 Custom2에서 지정한 컬러를 셰이더에서 받을 수 있습니다.

▶ Custom2의 컬러를 읽어들이도록 설정

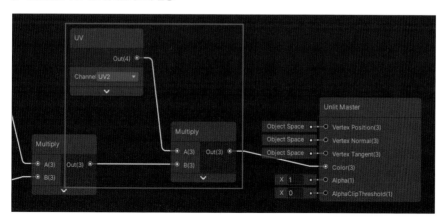

▶ 노드 추가

그림 안 번호	내용
①	UV 노드와 Multiply 노드 추가. UV 노드의 Channel 파라미터를 UV2로 설정함으로써 Custom Data 모듈의 Custom2의 정보를 취득한다

이것으로 셰이더를 완성했습니다. Save Asset 버튼을 눌러 변경을 반영해 주세요. lightning01 파티클을 선택한 후 Custom Data 모듈을 열어 파라미터 이름의 X, Y, Z, W를 더블클릭하고 다음 그림과 같이 이름을 지어 둡니다.

이렇게 이름을 붙여두면 셰이더 그래프를 열어놓고 확인하지 않아도 무엇을 조정하는 파라미터인지 바로 알 수 있어 편리합니다. 많은 모듈 중에서 파라미터에 이름을 붙일 수 있는 모듈은 Custom Data 모듈뿐입니다.

▶ 파라미터의 이름을 알기 쉬운 이름으로 변경해 둔다

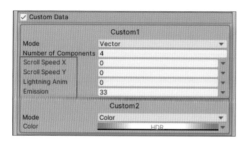

▶ Custom Data 모듈

파라미터	값
X	Scroll Speed X로 이름 변경
Y	Scroll Speed Y로 이름 변경
Z	Lightning Anim으로 이름 변경
W	Emission으로 이름 변경

이름을 변경했다면 다음으로 파라미터를 조정합니다. Scroll Speed X와 Scroll Speed Y 파라미터는 정수로 설정했을 때 움직임이 재미 없었기 때문에 커브로 값을 설정해 나갑니다. 설정 방법이 조금 복잡하므로 Scroll Speed X를 예로 들어 설명하겠습니다. 똑같은 커브로 할 필요는 없기 때문에 다소 차이가 있어도 문제 없습니다.

우선 설정 방법에서 Curve를 선택하고 최댓값을 0.5로 설정합니다. 오른쪽 그림과 같이 적당히 포인트를 늘려줍니다.

다음으로 모든 포인트를 선택하고 오른쪽 클릭 메뉴에서 Both Tangents → Constant를 선택합니다.

▶ 적당히 포인트를 찍어 간다

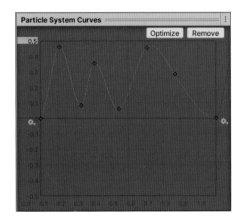

▶ Both Tangents → Constant를 선택

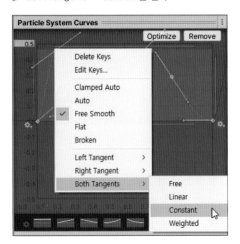

변환 후 포인트를 편집해서 오른쪽 그림과 같이 점점 커브를 형성합니다. 똑같지 않아도 무방합니다. 편집이 완료되면 오른쪽 끝점 포인트에 있는 톱니바퀴 모양의 아이콘을 클릭한 후 Loop를 선택합니다.

▶ 편집 후 Loop 선택

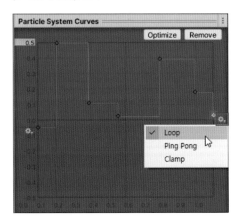

다시 모든 포인트를 선택하고 선택 범위 상자의 오른
쪽 부분을 드래그하여 커브를 반복합니다.

▶ 커브를 반복한다

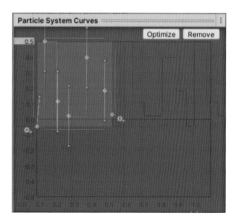

마지막으로 설정 방법을 Random Between Two
Curves로 변경하고 새로 나온 다른 커브를 조금 아래
로 내려서 완성합니다.

▶ 설정 방법 변경하여 완성

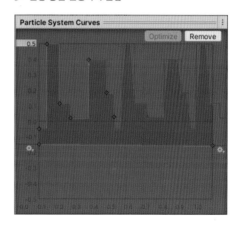

Scroll Speed Y 쪽도 동일하게 설정해 주세요(다음 그림 참조).

기타 파라미터는 다음 그림과 같이 설정돼 있습니다. 이 설정을 그대로 입력할 것이 아니라 여러 파라
미터를 변경하여 전기 충격을 컨트롤해 보세요.

▶ Custom Data 모듈 설정

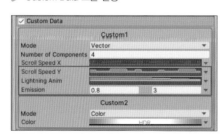

▶ Custom Data 모듈

파라미터	값	
Scroll Speed Y	다음 페이지의 그림 참조	
Lightning Anim	다음 페이지의 그림 참조	
Emission	0.8	3

▶ Custom Data 모듈 설정

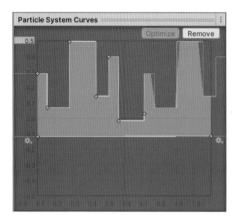 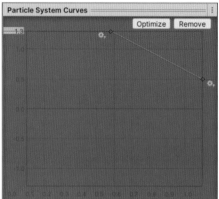

이것으로 전기 충격 파티클을 완성하였습니다.

▶ 지금까지의 조정 결과

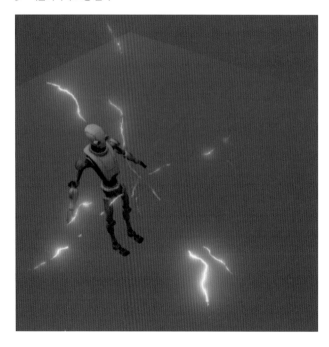

7-4 충전 시의 라이트와 빛 입자 생성

7-3전기 충격 이펙트를 마무리했으므로 여기에서는 충전 부분의 나머지 요소를 만들어 가겠습니다. 우선은 라이트와 빛의 입자를 각각 설정해 갑니다.

7-4-1 라이트 파티클 제작

전기 충격 발생과 함께 라이트도 발생시켜 주위의 환경(캐릭터나 지면)이 라이트의 영향을 받도록 설정해 갑니다. 새로운 파티클을 light01이라는 이름으로 FX_Lightning의 자식 요소로 생성합니다. 우선 다음 그림을 참고해서 Light 모듈 이외의 설정을 하겠습니다.

▶ light01 파티클 설정

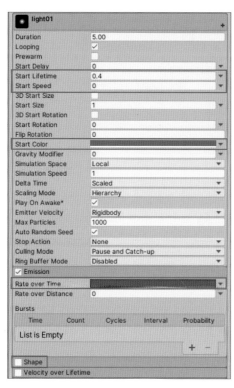

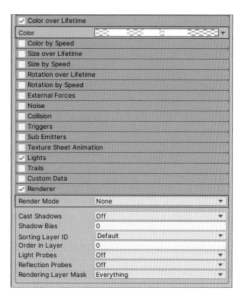

▶ Main 모듈

파라미터	값
Start Lifetime	0.4
Start Speed	0
Start Color	다음 페이지 그림 참조

▶ Start Color 파라미터 설정

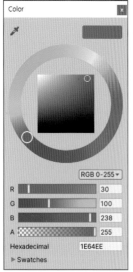

▶ Emission 모듈

파라미터	값
Rate over Time	아래 그림 참조

▶ Shape 모듈

파라미터	값
체크	없음

▶ Rate over Time 파라미터 설정

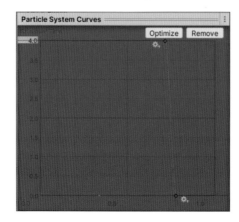

▶ Color over Lifetime 모듈

파라미터	값
Color	오른쪽 그림 참조
Mode	Fixed

▶ Renderer 모듈

파라미터	값
Render Mode	None

▶ Color 파라미터 설정

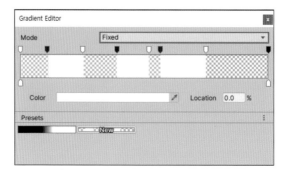

Color over Lifetime 모듈의 Color 파라미터를 위 그림과 같이 설정함으로써 반짝반짝하고 켜졌다 꺼졌다 하는 모습이 됩니다. 또 Mode를 Fixed로 변경하면 포인트 사이의 보간이 실행되지 않습니다.

그다음으로 메인 부분인 Light 모듈을 설정하겠습니다. 라이트 오브젝트에 관해서는 Assets/Lesson07/Prefabs 폴더 내의 FX_Point Light를 사용합니다. Use Particle Color와 Alpha Affects Intensity를 체크하면 Color over Lifetime 모듈에서 설정한 색과 알파를 반영합니다.

▶ Light 모듈 설정

Lights	
Light	FX_Point Light (Light)
Ratio	1
Random Distribution	☑
Use Particle Color	☑
Size Affects Range	☑
Alpha Affects Intensity	☑
Range Multiplier	0.6
Intensity Multiplier	3
Maximum Lights	3

▶ Light 모듈

파라미터	값
Light	FX_Point Light
Ratio	1
Range Multiplier	0.6
Intensity Multiplier	3
Maximum Lights	3

설정 결과, 오른쪽 그림과 같이 점멸하는 라이트 파티클이 캐릭터와 지면에 영향을 주게 됩니다.

▶ 설정 결과

7-4-2 빛의 입자 셰이더 제작

빛의 입자 파티클을 작성하기 전에 셰이더 쪽을 먼저 제작해 갑니다. Assets/Lesson07/Shaders 폴더에 새로운 셰이더(Unlit Graph)를 SH_lesson07_Dust라는 이름으로 만들어 주세요. 셰이더 그래프를 열고 Unlit Master 노드의 설정을 변경해 주세요.

블랙보드에 Samples를 입력합니다. 이어서 Unit Master 노드를 설정합니다.

▶ Unlit Master 노드

파라미터	값
Surface	Transparent
Blend	Additive

먼저 빛의 입자 실루엣을 작성합시다. 다음 그림과 같이 노드를 배치하고 연결합니다. Rounded Rectangle 노드를 사용하면 텍스처를 사용하지 않고 프리뷰와 같은 도형을 만들 수 있습니다. Color 노드는 나중에 프로퍼티로 대체하기 때문에 대략적인 설정도 괜찮습니다.

▶ 빛의 입자 실루엣을 작성

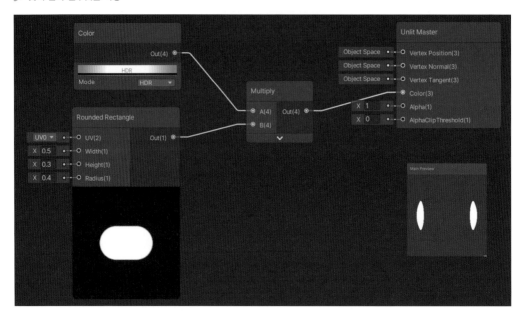

다만, 이대로는 형상이 너무 심플하므로 프랙탈 텍스처(T_lesson07_noise01)를 사용해서 왜곡되도록 해보겠습니다. 다음 페이지의 그림을 참고하여 Rounded Rectangle 노드 뒤에 노드를 추가합니다.

▶ Rounded Rectangle 노드

파라미터	값
Weight	0.5
Height	0.3
Radius	0.4

▶ Add 노드와 Combine 노드 추가

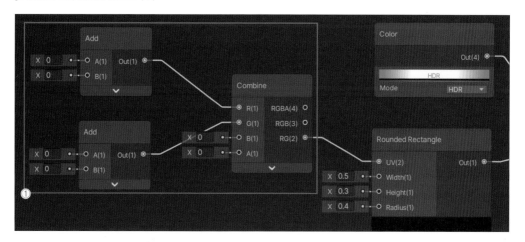

▶ 노드 추가

그림 안 번호	내용
①	2개의 Add 노드와 Combine 노드 추가. Rounded Rectangle 노드의 UV(2) 입력에 연결

▶ 실루엣을 왜곡되게 한다(SH_7-4-2_01 참조)

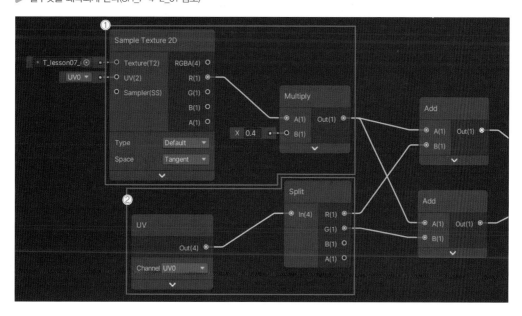

▶ 노드 추가

그림 안 번호	값
①	T_lesson07_noise01을 드래그 앤 드롭하고 Sample Texture 2D 노드를 생성. Multiply 노드 추가. 텍스처의 세기 조정
②	UV 노드와 Split 노드 추가. 1에서 추가한 요소와 U 방향, V 방향으로 분리된 UV를 모두 합하기

다음으로 Rounded Rectangle 노드와 Multiply 노드 사이에 Multiply 노드를 추가합니다.

▶ Multiply 노드 추가

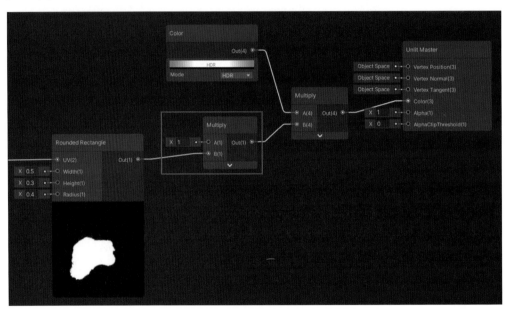

배치한 Multiply 노드 A(1) 입력에 Sample Texture 2D 노드의 R(1) 출력을 연결합니다. 이걸로 실루엣에 프랙탈 모양을 추가합니다.

▶ 실루엣에 프랙탈 모양을 추가(SH_7-4-2_02 참조)

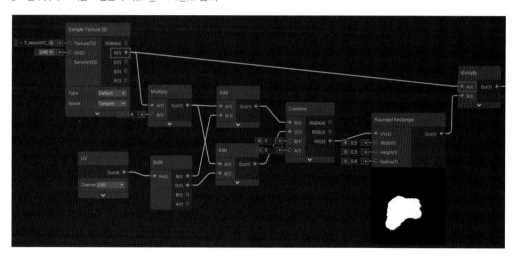

이렇게 해서 좀 더 디테일하게 만들 수 있었습니다. 다만 이대로는 모든 빛의 입자가 같은 형상이 되어 버리므로 전기 충격 셰이더 때와 마찬가지로 Custom Vertex Streams를 사용하여 UV 좌표의 랜덤 오프셋을 설정합니다. Sample Texture 2D 노드 뒤에 다음 그림과 같이 노드를 추가하고 연결합니다.

▶ Sample Texture 2D 노드 뒤에 Add 노드와 Combine 노드를 추가

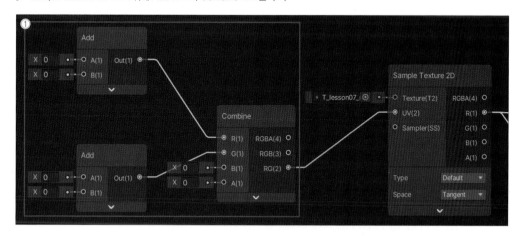

▶ 노드 추가

그림 안 번호	내용
①	2개의 Add 노드와 Combine 노드 추가. Sample Texture 2D 노드의 UV(2) 입력에 연결

다음으로 UV 노드와 Split 노드를 추가하여 Add 노드에 연결합니다. Split 노드의 B(1) 출력, A(1) 출력에 나중에 Custom Vertex Streams에서 여러 수치를 배정하도록 설정합니다.

▶ UV 좌표의 랜덤 오프셋 설정

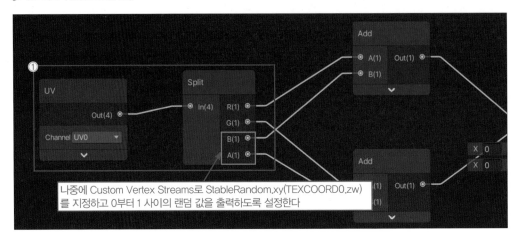

나중에 Custom Vertex Streams로 StableRandom.xy(TEXCOORD0.zw)를 지정하고 0부터 1 사이의 랜덤 값을 출력하도록 설정한다

▶ 노드 추가

그림 안 번호	내용
①	UV 노드와 Split 노드 추가. 2개의 Add 노드에 연결

그리고 컬러도 나중에 Custom Data 모듈에서 설정하므로 Color 노드를 다음과 같이 치환해 둡시다. 또 원래 있던 Color 노드는 삭제해도 무방합니다.

▶ Color 노드를 치환(SH_7-4-2_03 참조)

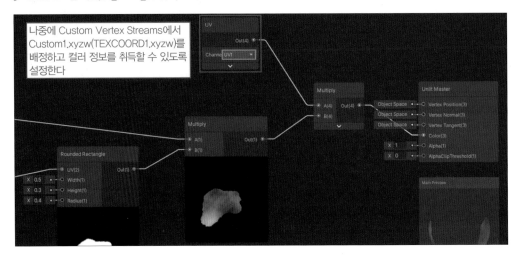

나중에 Custom Vertex Streams에서 Custom1.xyzw(TEXCOORD1.xyzw)를 배정하고 컬러 정보를 취득할 수 있도록 설정한다

이상으로 빛의 입자 셰이더를 완성했습니다. Save Asset 버튼을 눌러 변경을 반영해 둡시다. 7-4-3
에서 파티클의 작성과 Custom Vertex Streams의 설정을 실행합니다.

7-4-3 충전 시 빛의 입자 생성

다음으로 충전 시에 코어 부분에 모이는 빛의 입자와 코어 부분에서 낙하해 지면에 충돌하는 빛의 입
자 2 종류를 생성합니다. 코어 부분에 관해서는 7-5에서 생성합니다.

우선 새로운 파티클을 dust01이라는 이름으로 FX_Lightning의 자식 요소로 생성합니다. 또
7-4-2에서 만든 셰이더를 머티리얼에 적용해 둡시다. Assets/Lesson07/Materials 폴더에 M_
Lesson07_Dust01이라는 이름으로 새로운 머티리얼을 만들고 셰이더를 SH_lesson07_Dust로 설
정해 둡니다.

먼저 Main 모듈, Emission 모듈, Shape 모듈 세 가지부터 설정하겠습니다. 중심으로 끌어당기는
움직임을 작성하기 위해 Shape 모듈에서 Sphere를 선택하고 Main 모듈의 Start Speed를 마이너
스 값으로 설정하고 있습니다.

▶ dust01 파티클의 Main, Emission, Shape 모듈 설정

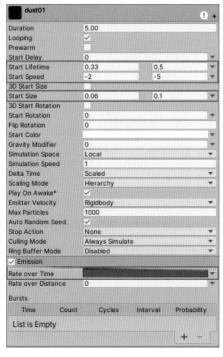

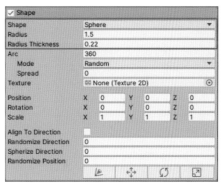

▶ Main 모듈

파라미터	값	
Start Lifetime	0.33	0.5
Start Speed	−2	−5
Start Size	0.06	0.1

▶ Shape 모듈

파라미터	값
Shape	Sphere
Radius	1.5
Radius Thickness	0.22

▶ Emission 모듈

파라미터	값
Rate over Time	다음 페이지 그림 참조

다음으로 Render 모듈을 설정합니다. 더불어 Custom Vertex Streams와 Custom Data 모듈도 설정합니다.

▶ Render 모듈과 Custom Data 모듈의 설정

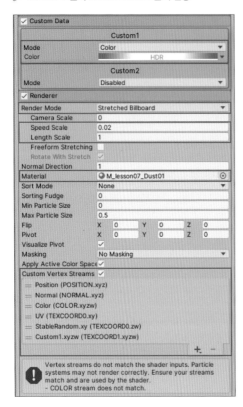

▶ Emission 모듈의 Rate over Time 파라미터 설정

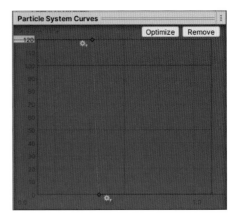

▶ Custom Data 모듈

파라미터	값	
Custom1	Mode	Color
	Color	아래 그림 참조

▶ Custom Data 모듈의 Color 파라미터 설정

▶ Renderer 모듈

파라미터	값
Render Mode	Stretched Billboard
Speed Scale	0.02
Length Scale	1
Material	M_lesson07_Dust01
Custom Vertex Streams	값 있음
추가할 파라미터	StableRandom.xy(TEXCOORD0.zw)
	Custom1.xyzw(TEXCOORD1.xyzw)

마지막으로 Size over Lifetime 모듈과 Noise 모듈을 설정하고 파티클의 움직임을 좀 더 향상시켜 가겠습니다. Size over Lifetime의 커브는 빛의 입자가 주위에서 중심으로 향함에 따라 크게 표시함으로써 에너지가 모여 있는 것을 강조하는 목적이 있습니다.

Noise 모듈에서 Strength 파라미터의 커브는 처음에는 노이즈가 강하게 돼 있어 주위를 떠도는 듯한 움직임이지만 후반에는 노이즈가 약해져서 중심으로 똑바로 가도록 커브의 움직임을 설정하고 있습니다.

▶ Size over Lifetime 모듈과 Noise 모듈의 설정

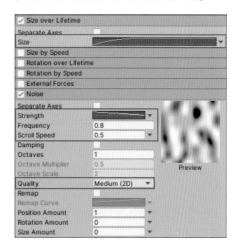

▶ Size over Lifetime 모듈

파라미터	값
Size	오른쪽 그림 참조

▶ Noise 모듈

파라미터	값
Strength	오른쪽 그림 참조
Frequency	0.8
Scroll Speed	0.5
Quality	Medium(2D)

▶ Size over Lifetime 모듈과 Noise 모듈의 설정

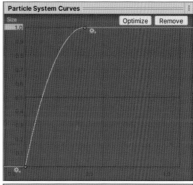

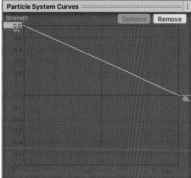

이것으로 dust01의 설정을 완료했습니다. 설정 결과는 아래 그림과 같이 됩니다.

▶ dust01의 설정 결과

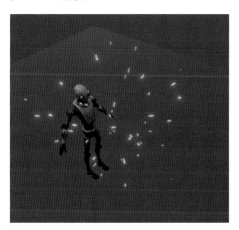

7-4-4 낙하해서 땅에 부딪히는 빛의 입자 생성

중심으로 모여드는 빛의 입자를 완성했으므로 다음으로 중심 부분에서 흘러내려 지면에 낙하하는 빛의 입자를 설정합니다. 한 쪽은 중력의 영향을 받고 한 쪽은 받지 않는다는 게 이상한 이야기지만 여기서는 신경쓰지 않기로 합시다.

dust01을 복제하고 dust02로 이름을 변경합니다. dust02도 먼저 Main 모듈, Emission 모듈, Shape 모듈 세 가지부터 설정하겠습니다. 이 파티클은 낙하한 후 지면에서 튀어오르는 움직임을 줄 필요가 있으므로 Start Lifetime 파라미터를 길게 설정하고 있습니다.

▶ dust02 파티클의 Main, Emission, Shape 모듈 설정

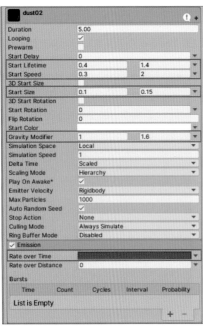

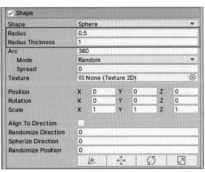

▶ Main 모듈

파라미터	값	
Start Lifetime	0.4	1.4
Start Speed	0.3	2
Start Size	0.1	0.15
Gravity Modifier	1	1.6

▶ Emission 모듈

파라미터	값
Rate over Time	아래 그림 참조

▶ Emission 모듈의 Rate over Time 파라미터 설정

▶ Shape 모듈

파라미터	값
Radius	0.5
Radius Thickness	1

다음으로 Renderer 모듈을 일부 변경합니다. Custom Data 모듈의 컬러는 dust01과 같아도 괜찮습니다.

▶ Renderer 모듈 설정

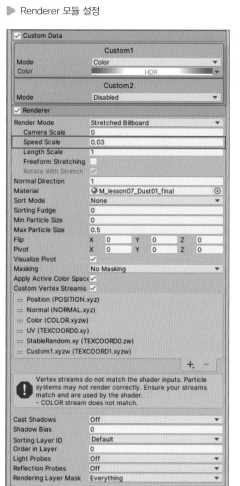

▶ Renderer 모듈

파라미터	값
Speed Scale	0.03

마지막으로 Size over Lifetime 모듈과 Collision 모듈을 설정합니다. Noise 모듈은 사용하지 않으므로 체크를 해제합니다.

여기서는 지면에 배치되어 있는 Plane 오브젝트에 BackGround라는 레이어를 새로 만들어서 설정하고, Collision 모듈의 Collides With 파라미터로 지정함으로써 충돌 판정을 하는 오브젝트를 지면의 Plane 오브젝트로만 한정하고 있습니다.

▶ Size over Lifetime 모듈과 Collision 모듈 설정

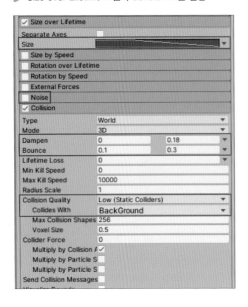

▶ Size over Lifetime 모듈

파라미터	값
Size	아래 그림 참조

▶ Noise 모듈

파라미터	값
체크	없음

▶ Size over Lifetime 모듈의 Size 파라미터 설정

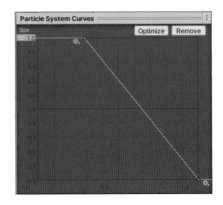

▶ Collision 모듈

파라미터	값	
Dampen	0	0.18
Bounce	0.1	0.3
Collision Quality	Low(Static Colliders)	
Collide With	BackGround	

이상으로 2 종류의 빛의 입자 설정을 완료했습니다. 여기까지의 설정 결과는 오른쪽 그림과 같습니다.

▶ 지금까지의 설정 결과

충전 완료 시의 플래시와 코어 생성

에너지를 충전하는 이펙트 요소는 모두 구현했으므로 충전 중에 깜박거리는 플래시 소재와 충전 시 중심이 표시되는 동그란 빛의 구슬을 제작해 나갑니다. 이 두 가지 요소를 추가해서 충전 부분을 완성합니다.

7-5-1 중심부의 빛 구슬 작성

우선은 중심부에 표시되는 빛의 구슬부터 제작합니다. 파티클 자체의 설정은 단순하고 대부분의 요소를 셰이더 쪽에서 컨트롤해 나갑니다. 먼저 셰이더를 제작하겠습니다. Assets/Lesson07/Shaders 폴더에 새로운 셰이더(Unlit Graph)를 SH_lesson07_Core라는 이름으로 생성합니다. 셰이더 그래프를 시작해서 설정을 변경합시다.

▶ 설정 변경

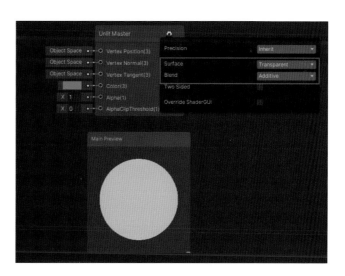

첫 번째로 블랙보드에 Samples라고 입력합니다. 이어서 Unit Master 노드를 설정합니다.

먼저 다음 그림과 같이 노드를 구성하겠습니다. 텍스처의 UV 스크롤을 만듭니다. 텍스처는 T_lesson07_noise01을 사용하고 있습니다.

▶ Unlit Master 노드

파라미터	값
Surface	Transparent
Blend	Additive

▶ 텍스처의 배치와 타일링을 설정한다

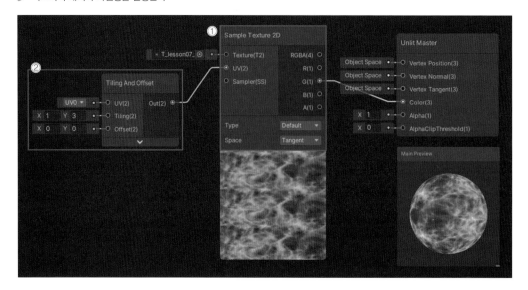

▶ 노드 추가

그림 안 번호	내용
①	T_lesson07_noise01 텍스처를 메인 에어리어에 드래그 앤 드롭하고 Sample Texture 2D 노드를 생성. G(1) 출력을 UnlitMaster 노드에 연결
②	Tiling And Offset 노드 추가. Tiling 파라미터를 X=1, Y=3으로 설정한다. 출력은 Sample Texture 2D 노드의 UV(2) 입력에 연결

계속해서 UV 스크롤 처리를 추가해 나갑니다.

▶ Time 노드를 추가하고 UV 스크롤의 처리(SH_7-5-1_01 참조)

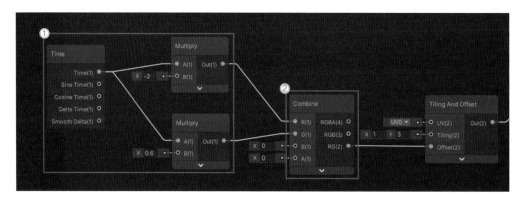

▶ 노드 추가

그림 안 번호	내용
①	Time 노드와 2개의 Multiply 노드 추가. 각각 B(1) 입력에 −2와 0.6을 설정
②	Combine 노드 추가. Multiply 노드 출력 연결. Combine 노드의 RG(2) 출력을 Tiling And Offset 노드의 Offset(2) 입력에 연결

다음으로 Polar Coordinates 노드를 추가하고 Tiling And Offset 노드의 UV(2) 입력에 연결합니다. Polar Coordinates 노드를 사용하면 UV를 원형으로 변환하여 극좌표 변환을 할 수 있습니다.

▶ Polar Coordinates 노드 추가

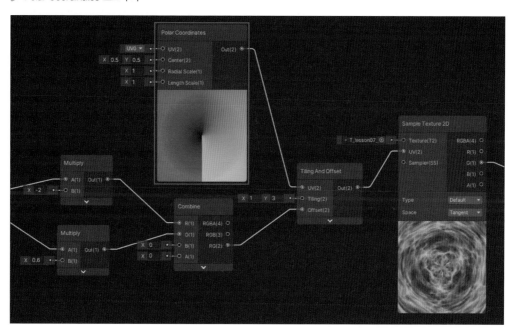

다음으로 텍스처에 마스킹 처리를 하여 텍스처의 중앙 부분만 사용하도록 조정합니다. Polar Coordinates 노드의 UV를 분리하여 U 방향 그라데이션을 마스크로 사용하고 있습니다.

Blend 노드의 연결 순서에 따라 결과가 달라지므로 주의해 주세요. Base(1) 입력에 Sample Texture 2D 노드의 출력을, Blend(1) 입력에 Multiply 노드의 출력을 연결해 주세요. Blend 노드의 Opacity(1)에는 −0.5를 설정해 주세요. Mode 파라미터에는 Burn을 지정합니다.

▶ U 방향의 그라데이션을 마스크로 사용(SH_7-5-1_02 참조)

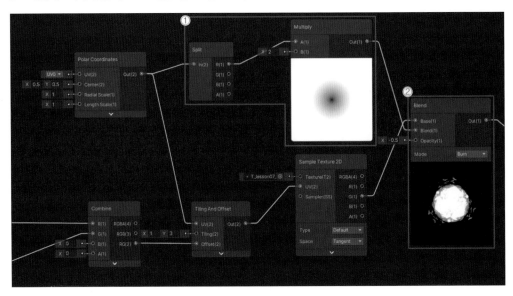

▶ 노드 추가

그림 안 번호	내용
①	Split 노드와 Multiply 노드 추가. Split 노드를 사용하여 Polar Coordinates 노드의 UV를 분리하고 그라데 이션을 마스크로 사용. Multiply 노드 B(1) 입력에는 2를 지정
②	Blend 노드 추가. 텍스처와 마스크를 합성. Opacity(1) 입력에는 −0.5를 지정. Mode 파라미터는 Burn으로 변경

이것으로 기본적인 구성을 완료했습니다. 여기서 더 컨트롤할 요소를 추가하겠지만 Custom Vertex Streams를 사용할 것이므로 일단 중단하고 먼저 파티클 쪽을 설정하겠습니다. Save Asset 버튼을 눌러 변경을 반영해 둡니다.

Assets/Lesson07/Materias 폴더에 M_lesson07_Core01이라는 이름으로 새로운 머티리얼을 만들고 셰이더를 SH_lesson07_Core로 변경합니다. FX_Lightning의 자식 요소로 새로운 파티클을 core01이라는 이름으로 만들고 다음 그림을 참고하여 설정합니다. 이번에는 Custom Vertex Streams에 3개의 파라미터(UV2, Costom1.xyzw, Custom2.xyzw)를 추가합니다.

▶ core01 파티클 설정

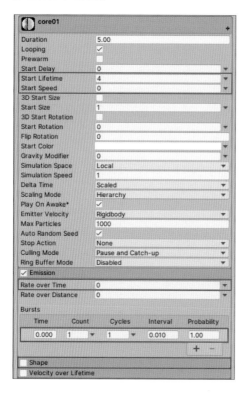

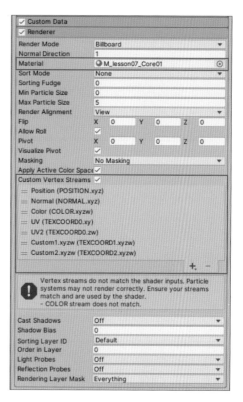

▶ Main 모듈

파라미터	값
Start Lifetime	4
Start Speed	0

▶ Shape 모듈

파라미터	값
체크	없음

▶ Emission 모듈

파라미터	값			
Rate over Lifetime	0			
Bursts	Time	Count	Cycles	Interval
	0.000	1	1	0.010

▶ Renderer 모듈

파라미터	값
Material	M_lesson07_Core01
Custom Vertex Streams	체크
추가할 파라미터	UV2
	Custom1.xyzw
	Custom2.xyzw

다음으로 Custom Data 모듈을 설정합니다. Custom1의 Mode는 Color로, Custom2의 Mode는 Vector로 각각 설정합니다.

▶ Custom Data 모듈 설정

▶ Custom Data 모듈

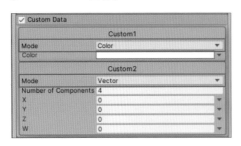

파라미터	값	
Custom1	Mode	Color
Custom2	Mode	Vector

이것으로 대충 파티클을 설정했으므로 셰이더 제작으로 돌아갑니다. 셰이더 그래프를 시작해 파라미터의 추가와 치환을 실시합니다.

우선 다음 그림을 참고해서 컬러 설정을 추가해 갑니다. 파란색 테두리로 둘러싼 부분에서 Custom Data 모듈의 Custom1 컬러를 읽어들이고 있습니다. 또 Maximum 노드에서 Blend 노드로부터 출력되는 값을 보정하여 마이너스 부분을 0으로 자르고 있습니다.

▶ 컬러 설정 추가

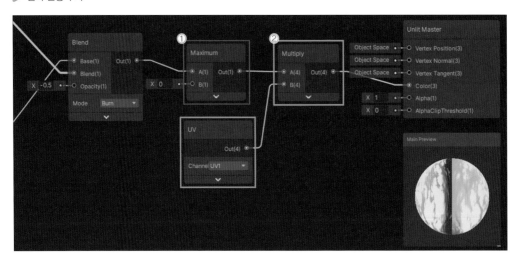

▶ 노드 추가

그림 안 번호	내용
①	Maximum 노드 추가. Blend 노드에서 출력되고 있는 값을 보정하고 마이너스 값을 잘라낸다. B(1) 입력을 0으로 설정
②	파란색 테두리로 표시한 UV 노드와 Multiply 노드 추가. UV 노드에서 Custom Data 모듈의 Custom1 컬러 설정을 가져온다. Channel 파라미터는 UV1으로 설정

그리고 Custom Data 모듈의 Custom2의 X를 읽어들이고 코어의 지름을 커브로 변경할 수 있도록 바꿉니다.

▶ 코어 지름을 컨트롤할 수 있도록 파라미터를 추가(SH_7-5-1_03 참조)

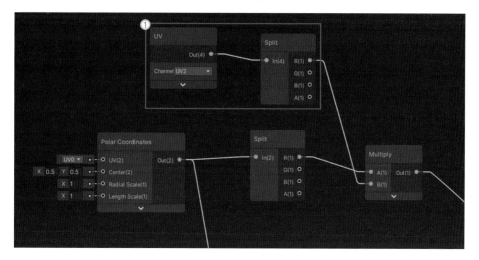

▶ 노드 추가

그림 안 번호	내용
①	UV 노드와 Split 노드 추가. UV 노드에서 Custom Data 모듈의 Custom2의 Vector 값(X, Y, Z, W)을 읽어들이고 Split 노드에서 X 파라미터만 분리. 나중에 X 파라미터로 커브를 설정해서 커브로 코어의 직경을 변경할 수 있도록 한다.

이것으로 셰이더를 완성했습니다. Save Asset 버튼을 클릭해서 창을 닫습니다. 마지막으로 오른쪽 그림을 참고하여 Custom Data 모듈을 설정해 주세요. Custom1의 컬러 설정에 대해서는 밝기(Intensity 파라미터)의 값만 표에 기재하고 있으므로 색은 오른쪽 아래 그림을 참고해 맞춰 주세요.

▶ Custom Data 모듈 설정

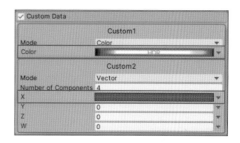

▶ Intensity 파라미터 값

그림 안 번호	값
①	0
②	2
③	6
④	3
⑤	0

▶ Custom1의 Color 파라미터 설정

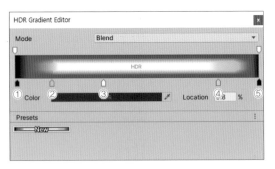

▶ Custom2의 X 파라미터 설정

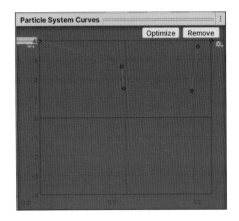

▶ 설정 결과

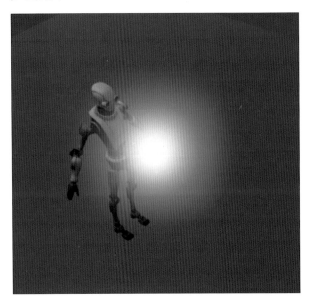

7-5-2 충전 중 깜박이는 플래시 작성

충전 부분의 이펙트 마무리로 충전 중에 깜박이는 플래시를 생성합니다. FX_Lightning의 자식 요소로 새로운 파티클을 flash01이라는 이름으로 만들고 다음 그림을 참고해 설정해 주세요. 또 새로운 머티리얼과 셰이더를 각각 M_lesson07_Flash01과 SH_lesson07_Flash라는 이름으로 만들고 머티리얼에 셰이더를 설정해 주세요.

▶ flash01 파티클 설정

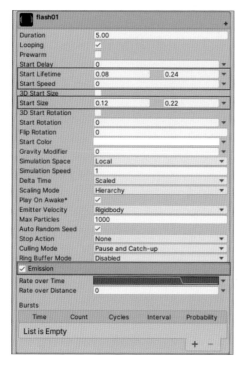

▶ Main 모듈

파라미터	값	
Start Lifetime	0.08	0.24
Start Speed	0	
Start Size	0.12	0.22

▶ Emission 모듈

파라미터	값
Rate over Time	아래 그림 참조

▶ Emission 모듈의 Rate over Time 파라미터 설정

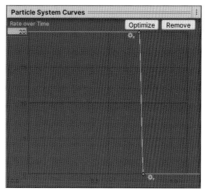

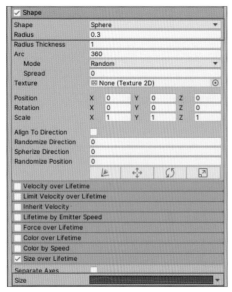

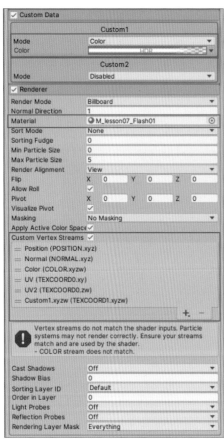

▶ Shape 모듈

파라미터	값
Shape	Sphere
Radius	0.3

▶ Size over Lifetime 모듈

파라미터	값
Size	아래 그림 참조

▶ Size over Lifetime 모듈의 Size 파라미터 설정

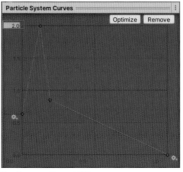

▶ Custom Data 모듈

파라미터	값	
Custom1	Mode	Color
	Color	아래 그림 참조

▶ Custom Data 모듈의 Color 파라미터 설정

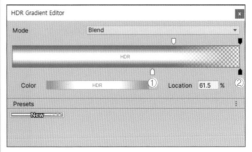

▶ Intensity
파라미터의 값

그림 안 번호	값
①	3
②	0

▶ Renderer 모듈

파라미터	값
Material	M_lesson07_Flash01
Custom Vertex Streams	체크
추가할 파라미터	UV2(TEXCOORD0.zw)
	Custom1.xyzw (TEXCOORD1.xyzw)

그럼 다음으로 방금 만든 SH_lesson07_Flash 셰이더를 설정하고 갑시다. 이번에는 아주 간단한 셰이더입니다. 오른쪽 그림을 참고로 설정해 보세요.

첫 번째로 블랙보드에 Samples라고 입력합니다. 이어서 Unit Master 노드를 설정합니다.

▶ 설정을 변경

▶ Unlit Master 노드

파라미터	값
Shape	Transparent
Blend	Additive

▶ 셰이더를 설정

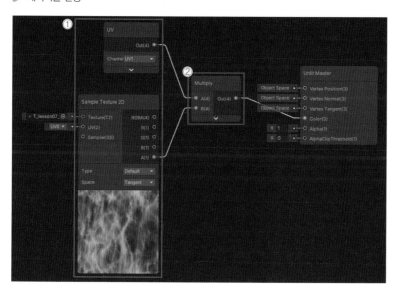

▶ 노드 추가

그림 안 번호	내용
①	T_lesson07_noise01 텍스처를 메인 에어리어에 드래그 앤 드롭해서 노드를 만들고 UV 노드를 추가. UV 노드의 Channel 파라미터는 UV1로 설정
②	Multiply 노드를 추가하여 텍스처와 UV 노드에서 획득한 컬러 정보를 곱하고 Unlit Master 노드에 연결

이것으로 셰이더를 완성했습니다. 지금까지 만든 요소를 모두 표시한 상태로 재생해 봅시다. 이로써 충전 부분도 완성했습니다. 7-6에서는 충전 후에 발사되는 빔 부분을 제작합니다. 이제 조금만 더 하면 되므로 열심히 해 봅시다.

▶ 충전 부분 완성 결과

빔 이펙트 제작

이번 절에서는 충전 완료 시에 발사되는 빔 이펙트를 제작해 갑니다. 먼저 메시를 만든 후 셰이더를 제작하여 파티클에 적용합니다.

7-6-1 빔 메시 제작

빔의 메시를 후디니로 만들어 갑니다. 이번에는 단순한 원기둥 메시를 제작합니다. 후디니를 열고 Geometry 노드를 생성한 다음 이름을 SM_lesson07_beam01로 변경합니다.

다음으로 Geometry 노드 안에 들어가 File 노드를 삭제하고 다음 그림을 참고해서 노드를 구성합니다. 4개의 노드를 이용한 단순한 구성입니다. 셰이더 쪽에서 마스크 처리를 하기 때문에 이번에는 정점 알파의 설정 등은 특별히 하지 않습니다.

▶ Geometry 노드 생성

▶ 노드의 구성

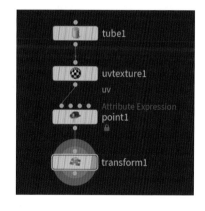

▶ 각 노드의 파라미터 설정

▶ Tube 노드

파라미터	값		
Primitive Type	Polygon		
Center	X:0	Y:2.5	Z:0
Height	5		
Rows	5		
Columns	24		

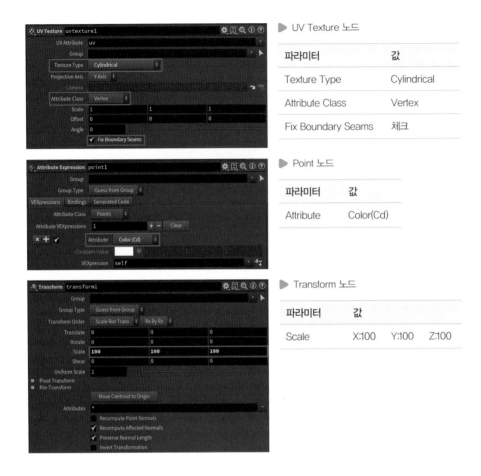

▶ UV Texture 노드

파라미터	값
Texture Type	Cylindrical
Attribute Class	Vertex
Fix Boundary Seams	체크

▶ Point 노드

파라미터	값
Attribute	Color(Cd)

▶ Transform 노드

파라미터	값		
Scale	X:100	Y:100	Z:100

이것으로 메시를 완성했습니다. 완성된 메시를 SM_lesson07_beam01이라는 이름으로 Assets/Lesson07/Models 폴더에 FBX 파일로 저장해 둡니다. 후디니의 파일도 임의의 장소에 저장해 둡니다.

▶ 완성 메시

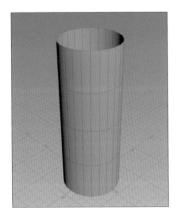

▶ 유니티 프로젝트 내에 메시를 저장한다

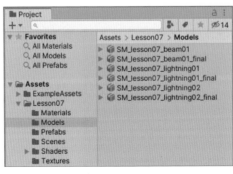

7-6-2 알파 블렌드 셰이더의 제작

이제 메시를 완성했으므로 다음으로 셰이더 쪽을 작성하겠습니다. 이번에도 6장의 어둠의 기둥 때와 마찬가지로 알파 블렌드(Alpha)와 가산(Additive) 두 개의 셰이더를 생성합니다.

▶ 알파 블렌드(Alpha)와 가산(Additive) 셰이더를 적용한 빔 이펙트

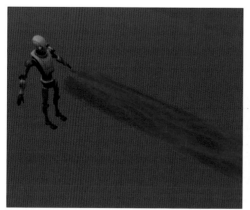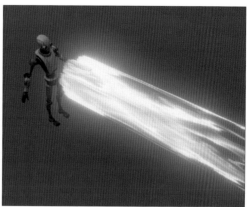

먼저 알파 블렌드부터 만들어 나가겠습니다. Assets/Lesson07/Shaders 폴더에 SH_lesson07_Beam_Alpha라는 이름으로 새로운 셰이더(Unlit Graph)를 생성합니다. 셰이더 그래프를 시작하고 설정을 변경합니다.

▶ 설정 변경

우선 블랙보드에 Samples라고 입력합니다. 이어서 Unit Master 노드를 설정합니다.

다음 그림을 참고해서 노드를 구성해 주세요. 이번에는 HDR 컬러를 사용하지 않으므로 Custom Data 모듈은 사용하지 않습니다. Main 모듈의 Start Color 파라미터를 사용하기 위해 Vertex Color 노드를 사용해 파티클 컬러를 가져왔습니다. 텍스처는 T_lesson07_noise01 을 사용하고 있습니다.

▶ Unlit Master 노드

파라미터	값
Surface	Transparent
Blend	Alpha
Two Sided	체크

▶ Vertex Color 노드로 컬러 취득

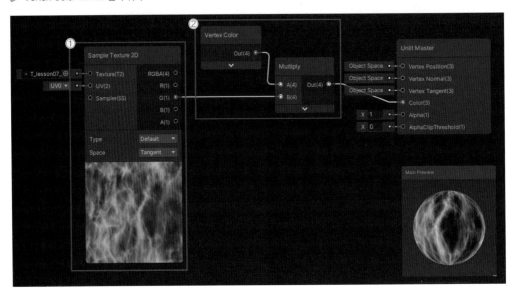

▶ 노드 생성

그림 안 번호	내용
①	T_lesson07_noise01 텍스처를 메인 에어리어에 드래그 앤 드롭하고 노드를 생성
②	Vertex Color 노드와 Multiply 노드 추가. Vertex Color 노드를 사용해 파티클 컬러를 취득하고 텍스처와 곱한다

다음으로 텍스처에 간단한 UV 스크롤을 추가합니다.

▶ 간단한 UV 스크롤을 추가(SH_7-6-2_01 참조)

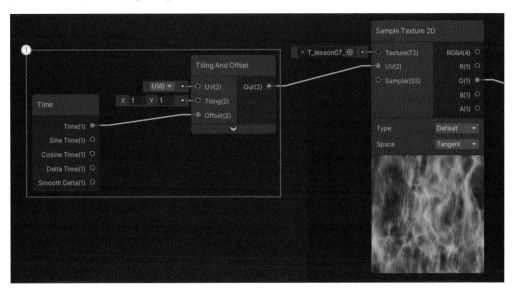

▶ 노드 추가

그림 안 번호	내용
①	Time 노드와 Tiling And Offset 노드 추가. 간단한 UV 스크롤 작성

그다음에 알파 부분을 만들어 보겠습니다. 후디니에서 메시를 만들 때 위아래에 정점 알파를 설정하지 않았으므로 셰이더에서 위아래 부분의 알파를 Gradient 노드와 곱하여 생성합니다.

▶ 마스크 부분 작성

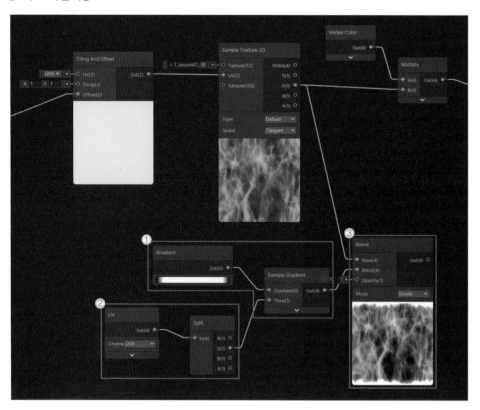

▶ 노드 추가   ▶ Gradient 노드 설정

그림 안 번호	내용
①	Gradient 노드와 Sample Gradient 노드 추가. Gradient 노드 설정에 대해서는 오른쪽 그림 참조
②	UV 노드와 Split 노드 추가. Split 노드의 G(1) 출력을 Sample Gradient 노드의 Time(1) 입력에 연결
③	Blend 노드를 배치하고 Sample Texture 2D 노드의 출력과 Sample Gradient 노드의 출력을 합성. Blend 노드의 Mode 파라미터는 Divide를 선택

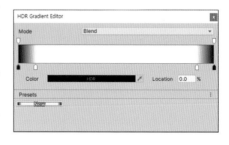

이대로라면 위아래 부분이 흰색이므로 One Minus 노드로 색상을 반전합니다. 또 Maximum 노드로 마이너스 값을 0으로 둥글게 합니다.

▶ 알파 부분을 반전시킨다(SH_7-6-2_02 참조)

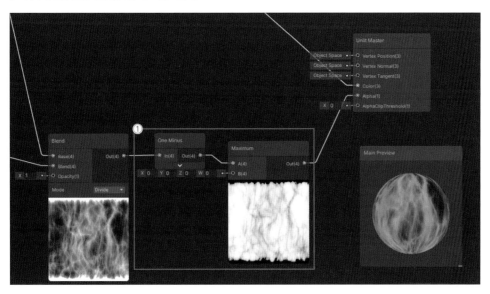

▶ 노드 설정

그림 안 번호	내용
①	Blend 노드의 출력을 One Minus 노드로 반전. 그리고 Maximum 노드를 연결. 마이너스 값을 0으로 고정하고 마지막으로 Maximum 노드의 출력을 Unlit Master 노드의 Alpha(1) 입력에 연결

일단 여기서 Save Asset 버튼을 눌러 결과를 반영하고 **7-6-3**에서 파티클의 설정을 실행한 다음 결과를 확인해 봅시다.

7-6-3 알파 블렌드 빔의 완성

여기까지의 설정 결과를 확인해 보겠습니다. 꽤 파티클 수가 많아졌으므로 오른쪽 그림과 같이 FX_Lightning 바로 아래에 charge와 beam 이라고 하는 게임 오브젝트를 생성하고, charge 안으로 지금까지 만든 파티클을 옮겨줍니다. charge와 beam 오브젝트는 더미 파티클로 설정해 주세요.

▶ 파티클 요소 정리

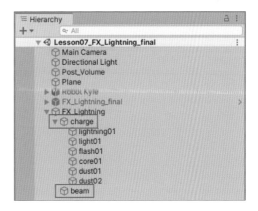

Assets/Lesson07/Materials 폴더에 M_lesson07_Beam01이라는 이름으로 새로운 머티리얼을 만들고 셰이더를 SH_lesson07_Beam_Alpha로 설정합니다. 또 beam 오브젝트 바로 아래에 beam01이라는 이름으로 새로운 파티클을 제작하고 설정합니다.

▶ beam01파티클 설정

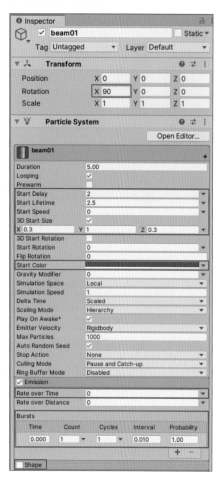

▶ Transform 컴포넌트

파라미터	값		
Rotation	X:90	Y:0	Z:0

▶ Main 모듈

파라미터	값		
Delay	2		
Start Lifetime	2.5		
Start Speed	0		
3D Start Size	체크	있음	
	X:0.3	Y:1	Z:0.3
Start Color	아래 그림 참조		

▶ Start Color 파라미터 설정

▶ Emission 모듈

파라미터	값			
Rate over Time	0			
Bursts	Time	Count	Cycles	Interval
	0.000	1	1	0.01

▶ Shape 모듈

파라미터	값
체크	없음

▶ Renderer 모듈

파라미터	값
Render Mode	Mesh
Mesh	SM_lesson07_beam01
Material	M_lesson07_Beam01
Render Alignment	Local

또 빔에 스케일 애니메이션을 붙입니다. 빔의 길이는 바꾸지 않고 너비에만 애니메이션을 붙여 얇은 상태에서 단번에 굵게 하고 수명이 끝날 때 다시 가늘게 합니다.

마지막으로 가늘어졌을 때 바로 끄는 것이 아니라 약간 가늘어진 상태를 유지함으로써 빔의 여운을 보여줄 수 있습니다. 이런 표현들은 애니메이션 등에서 많이 사용됩니다. 이번에는 들어가 있지 않지만 마지막에 좀 더 가늘어졌을 때 빔에 찢어지는 듯한 표현이 들어가면 훨씬 퀄리티가 올라갈 것입니다.

여기까지 설정했다면 애니메이션을 재생해서 확인해 보겠습니다. 실제로 빔 오브젝트에 머티리얼을 적용해 확인해 보면 원기둥 모양의 메시 형상이 선명하게 그대로 표시돼 버려서 위화감이 있습니다(다음 페이지 왼쪽 위 그림). 이 위화감을 줄이기 위해 Fresnel Effect 노드를 사용해 가장자리 부분의 곧은 모습을 조금 부드럽게 합니다(다음 페이지 오른쪽 위 그림).

▶ X축과 Z축에 애니메이션을 붙인다

▶ X, Z

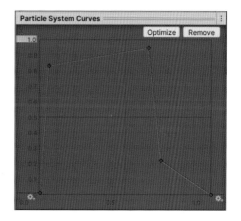

▶ Y

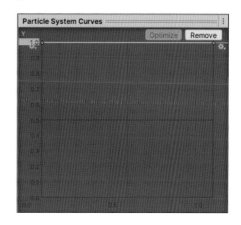

▶ Fresnel Effect 노드를 적용하여 메시 가장자리 부분의 인상을 바꾼다

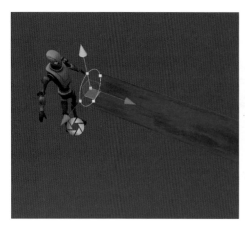 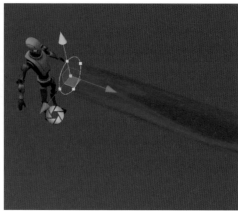

다음 그림을 참고해 Fresnel Effect 노드를 적용하겠습니다. Fresnel Effect 노드는 5장에서도 사용했지만 이번에는 One Minus 노드를 사용하여 범위를 반전했습니다.

▶ Fresnel Effect 노드를 적용

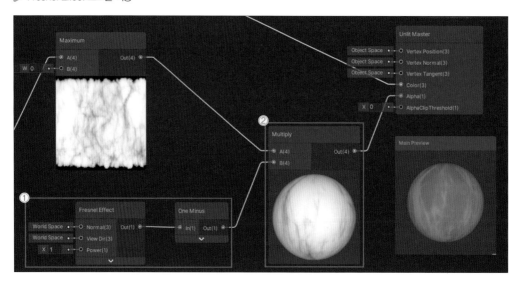

▶ 노드 추가

그림 안 번호	값
①	Fresnel Effect 노드와 One Minus 노드 추가. 프레넬 효과 작성
②	Multiply 노드 추가. Maximum 노드의 출력과 프레넬 효과를 곱한다. Multiply 노드의 출력을 Unlit Master 노드 Alpha(1) 입력에 연결

나아가 미세 조정으로 Sample Texture 2D 노드와 Multiply 노드 사이에 Remap 노드를 추가하고 밝기를 조정합니다. 여기서는 검은색을 좀 더 드러나게 하고 있습니다.

▶ 밝기 미세 조정

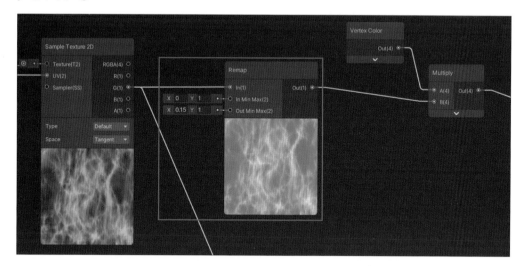

이것으로 알파 블렌드의 빔 셰이더를 완성했습니다.

▶ Remap 노드

파라미터	값	
In Min Max	X:0	Y:1
Out Min Max	X:0.15	Y:1

7-6-4 가산 빔 셰이더 제작

다음으로 가산(Additive) 셰이더를 만들어 갑니다. 방금 완성한 SH_lesson07_Beam_Alpha 셰이더를 복제하고 SH_lesson07_Beam_Add이라는 이름으로 변경합니다. Unlit Master 노드의 설정을 오른쪽 그림과 같이 변경해 주세요.

▶ Unlit Master 노드 설정 변경

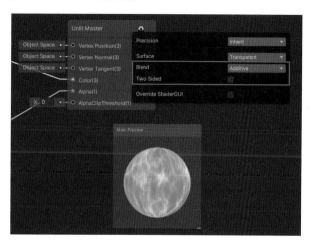

▶ Unlit Master 노드

파라미터	값
Blend	Additive
Two Sided	체크 없음

다음으로 Unlit Master 노드 부근에 있는 아래의 빨간색 테두리로 둘러싼 부분을 지웁니다. 여기에서 노드를 추가하여 가산용 셰이더로 바꿔 만들어 가겠습니다.

▶ 빨간 테두리 내의 노드를 삭제(SH_7-6-4_01 참조)

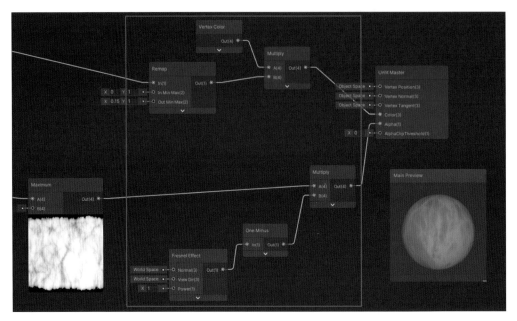

삭제가 끝났다면 Sample Texture 2D 노드의 출력을 G(1)에서 B(1)로 변경하고 다시 Blend 노드로 연결합시다.

▶ Sample Texture 2D 노드 출력 변경

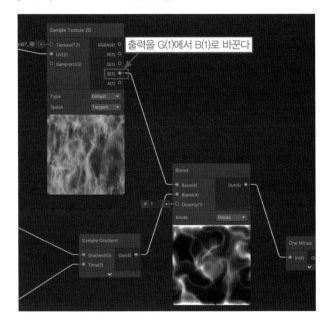

또 Multiply 노드를 추가하고 Sample Texture 2D 노드와 Maximum 노드를 곱합니다. Multiply 노드의 출력은 Unlit Master 노드의 Color(3) 입력에 연결해 주세요.

▶ Sample Texture 2D 노드와 Maximum 노드를 곱한다

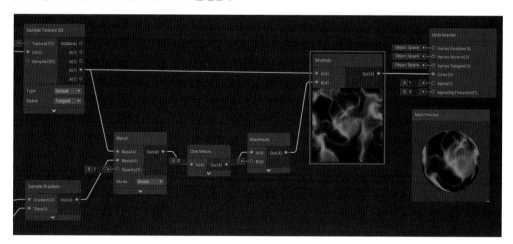

다음으로 Texture 2D 프로퍼티를 MainTex라는 이름으로 생성합니다. Default 파라미터에는 T_lesson07_noise01을 설정해 주세요.

현재 상황은 Time 노드만으로 UV 스크롤을 구성하고 있는 상 태인데 여기에 UV 디스토션 처리를 추가하겠습니다.

▶ Texture 2D 프로퍼티 작성

▶ MainTex 프로퍼티

파라미터	값
Default	T_lesson07_noise01

▶ 처리를 추가하는 곳(SH_7-6-4_02 참조)

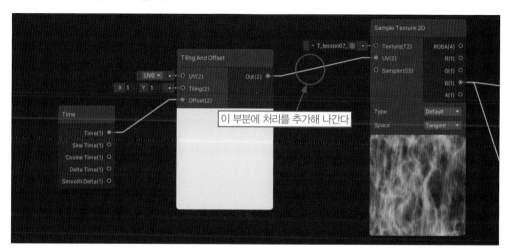

이 부분에 처리를 추가해 나간다

Sample Texture 2D 노드와 Tiling And Offset 노드 사이에 다음 그림과 같이 노드를 추가합니다. 녹색 테두리로 둘러싼 부분에는 조금 전에 만든 MainTex 프로퍼티를 사용합니다.

▶ UV 디스토션을 추가(SH_7-6-4_03 참조)

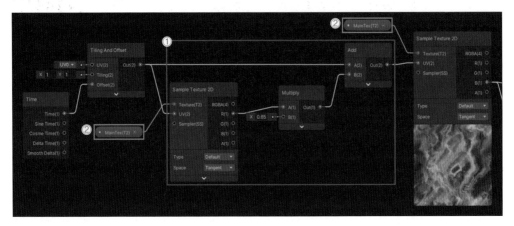

▶ 노드 추가

그림 안 번호	내용
①	Sample Texture 2D 노드, Multiply 노드, Add 노드를 추가. 위 그림을 참조하여 연결. Multiply 노드 B(1) 입력에는 0.65를 설정
②	방금 만든 MainTex 프로퍼티를 2개의 Sample Texture 2D 노드의 Texture(T2) 입력에 각각 연결

UV 디스토션을 추가했습니다. Multiply 노드 B(1)의 입력 값을 조정하는 것으로 UV 디스토션의 세기를 조정할 수 있습니다. 다만 현재는 2개의 Sample Texture 2D 노드가 같은 속도로 스크롤하고 있어 조금 재미가 없는 움직임으로 보입니다.

다음 페이지의 그림과 같이 2개의 Sample Texture 2D 노드에 다른 속도를 적용함으로써 좀 더 복잡한 움직임을 표현할 수 있습니다. 여기에서는 Multiply 노드를 사용해 UV 디스토션용 텍스처에 대해 메인 텍스처의 2배 속도로 UV 스크롤하도록 설정했습니다.

또 양쪽의 Tiling And Offset 노드에서 Tiling의 X를 3으로 설정하고 있습니다. 만약 이해가 어려운 경우는 Assets/Lesson07/Shaders/temp 폴더에서 셰이더의 진행 과정 파일도 참고해 주세요.

▶ 2개의 Sample Texture 2D 노드에 다른 속도를 설정(SH_7-6-4_04 참조)

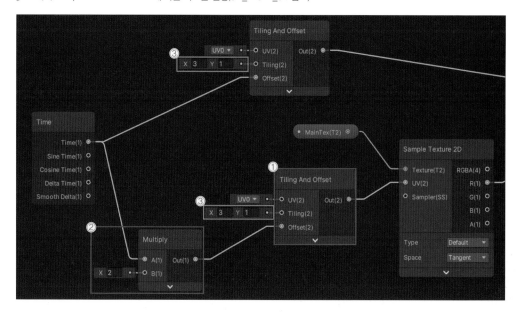

▶ 노드 추가

그림 안 번호	내용
①	Tiling And Offset 노드 추가. 위의 그림을 참조하여 연결
②	Multiply 노드 추가. 새로 만든 Tiling And Offset 노드의 Offset(2) 입력에 연결. Time 노드의 출력을 연결하고 B(1) 입력에 2를 설정해서 이동 속도를 2배로 설정
③	2개의 Tiling And Offset 노드의 Tiling(2) 입력 값을 'X=3', 'Y=1'로 설정

프리뷰에서 확인해 보면 메인 텍스처와 디스토션용 텍스처에 속도 차이가 생겨서 모양이 복잡해진 걸 알 수 있습니다.

하지만 이대로는 머티리얼에서 조정이 불가능하기 때문에 디스토션의 세기를 조정하는 Distortion Strength 프로퍼티와 UV 스크롤의 속도를 조정하는 Scroll Speed 프로퍼티를 생성합니다.

▶ 프로퍼티 추가

▶ 프로퍼티 추가

그림 안 번호	내용
①	Vector1 프로퍼티를 작성. Distortion Strength라는 이름으로 변경. Default 프로퍼티를 0.5로 설정
②	Vector1 프로퍼티를 작성. Scroll Speed라는 이름으로 변경

다음 그림을 참고하여 만든 프로퍼티를 연결합니다.

▶ Scroll Speed 프로퍼티를 연결

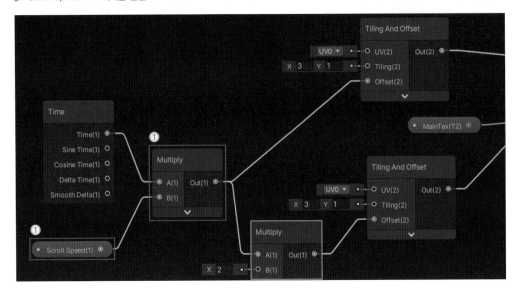

▶ 노드 추가

그림 안 번호	내용
①	Multiply 노드 생성. Scroll Speed 프로퍼티 노드와 Time 노드를 연결. 녹색 테두리로 둘러싼 Multiply 노드에 프로퍼티를 연결하지 않은 이유는 이쪽에 접속하면 디스토션용 텍스처 쪽에만 스크롤 조정이 반영되기 때문

▶ Distortion Strength 프로퍼티를 연결(SH_7-6-4_05 참조)

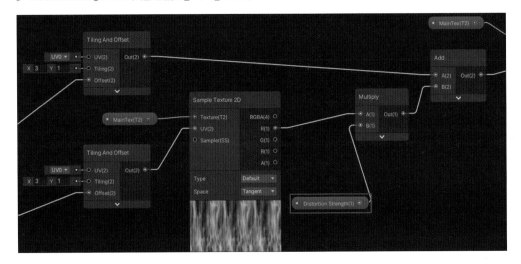

여기까지 완료했다면 한번 Save Asset 버튼을 눌러서 변경을 반영합니다.

7-6-5 가산 빔의 완성

지금까지의 작성 결과를 파티클에 적용해 확인해 보겠습니다. 새로운 머티리얼을 M_lesson07_Beam02라는 이름으로 만들고 셰이더를 SH_lesson07_Beam_Add로 변경해 둡시다. 다음으로 beam01 파티클을 복제해서 beam02로 이름을 변경합니다. 다음 그림을 참고해서 파라미터를 변경해 주세요. 기본 설정은 beam01과 같고, 사이즈와 머티리얼을 변경했을 뿐입니다.

▶ beam02 파티클 설정

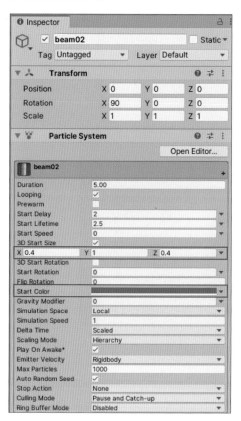

▶ Main 모듈

파라미터	값		
3D Start Size	X:0.4	Y:1	Z:0.4
Start Color	아래 그림 참조		

▶ Start Color 파라미터 설정

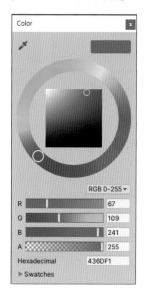

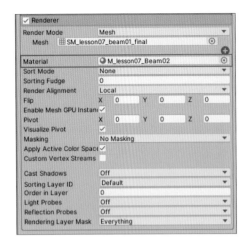

▶ Renderer 모듈

파라미터	값
Material	M_lesson07_Beam02

재생하여 메시 파티클의 모습을 확인합니다. 현재 상황은 아래 왼쪽 그림이지만 오른쪽 그림의 최종 결과가 되게 조정해 갑니다.

▶ 현재 상황 결과(왼쪽)와 최종 결과(오른쪽)

다음과 같이 수정해서 최종 결과에 접근해 갑니다.

- 밝기를 조정하여 발광하는 느낌을 낸다

- 빔이 근원에서부터 끝으로 가면서 중간중간 끊어지는 형태로 변경한다

- 스크롤 방향(위의 그림 화살표 참조)을 반전한다

그럼 다시 SH_lesson07_Beam_Add 셰이더를 열고 작업으로 돌아갑시다. 우선 발광의 느낌을 낼 수 있도록 노드를 추가해 나가도록 합시다. 파티클의 컬러와 알파를 사용하기 위해 Vertex Color 노드를 사용해 설정을 진행합니다. 다만 이 설정에 대해서는 6장의 트레일 셰이더(SH_lesson06_Spiral)를 만들 때와 비슷한 일을 하므로 그 작업 내용을 재이용합니다. SH_lesson06_Spiral 셰이더에서 다음 그림의 빨간 테두리로 둘러싼 부분입니다.

▶ SH_lesson06_Spiral 셰이더의 Vertex Color 노드를 이용한 설정

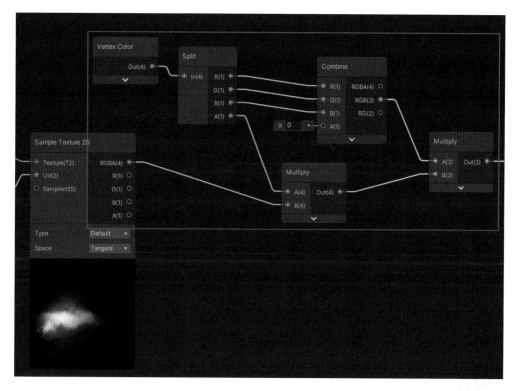

이 노드를 선택하고 복사해서 붙여넣기로 재사용할 수도 있지만 여기에서는 서브 그래프 기능을 사용해 봅시다.

SH_lesson06_Spiral 셰이더에서 위의 빨간색 테두리로 표시한 부분의 노드를 모두 선택하고, 마우스 오른쪽 버튼을 클릭하면 나오는 메뉴에서 Convert to → Sub Graph를 선택합니다(다음 장 왼쪽 그림). 저장 대화 상자를 열어서 Assets/Lesson07/Shaders 폴더에 ParticleColor라는 이름으로 저장합니다. 저장하면 선택한 노드들이 다음 장 오른쪽 그림처럼 1개의 노드로 구성됩니다.

▶ Convert to Sub Graph 표시와 서브 그래프

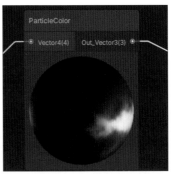

이것이 서브 그래프(Sub Graph)라는 것으로 이번과 같이 자주 사용하는 노드의 구성을 서브 그래프로 저장해 둠으로써 다른 셰이더를 구축할 때 재이용할 수 있습니다. 또 더블클릭하면 내부에 들어갈 수 있습니다.

SH_lesson06_Spiral 셰이더는 Save Asset 버튼을 누르지 말고 그대로 저장하지 않은 상태로 닫습니다. 다시 SH_lesson07_Beam_Add 셰이더로 돌아와서 방금 저장한 ParticleColor 서브 그래프를 드래그 앤 드롭해서 연결하고 Vector1 프로퍼티를 Emission이라는 이름으로 작성, 다음 그림과 같이 Unlit Master 노드의 입력 부분에 추가합니다.

▶ 저장한 Particle Color 서브 그래프를 드래그 앤 드롭

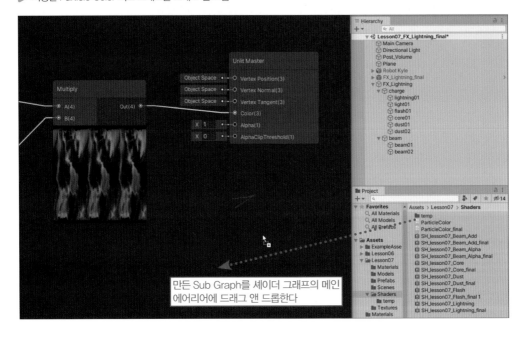

만든 Sub Graph를 셰이더 그래프의 메인 에어리어에 드래그 앤 드롭한다

▶ Emission 프로퍼티 작성

▶ 프로퍼티 작성

그림 안 번호	내용
①	Vector1 프로퍼티를 작성. Emission으로 이름 변경

▶ ParticleColor 서브 그래프를 연결(SH_7-6-5_01 참조)

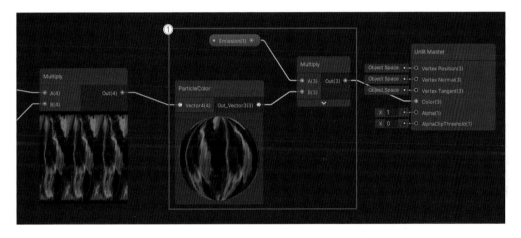

▶ 서브 그래프 연결

그림 안 번호	내용
①	앞서 추가한 Emission 프로퍼티와 드래그 앤 드롭한 Particle Color 서브 그래프를 곱하도록 Multiply 노드를 추가하고 연결

이것으로 발광 느낌을 설정할 수 있게 되었습니다. 다음으로 스크롤의 방향을 반전합니다. 다음 그림과 같이 One Minus 노드를 사이에 두고 세로 방향의 스크롤 방향만 반전시킵니다. 이 RG(2) 출력을 2개의 Tiling And Offset의 UV(2) 입력에 연결합니다.

▶ UV 스크롤의 V 방향을 반전시킨다

▶ 노드 추가

그림 안 번호	내용
①	UV 노드, Split 노드, One Minus 노드 추가. UV의 V 방향만을 One Minus 노드를 사용하여 반전
②	Combine 노드를 추가. RG(2) 출력을 2개의 Tiling And Offset의 UV(2) 입력에 연결(아래 그림 참조)

▶ Combine 노드의 출력을 2개의 Tiling And Offset의 UV(2)입력에 연결(SH_7-6-5_02 참조)

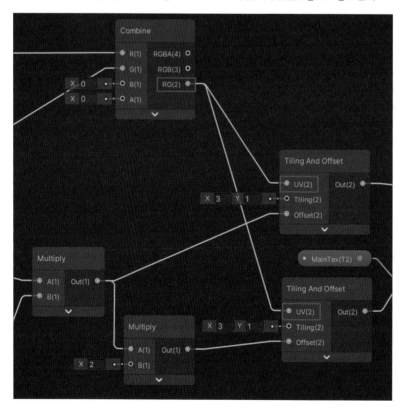

마지막으로 빔이 처음부터 끝을 향함에 따라 끊어지는 듯한 모습으로 변경해 나갑니다. 이것은 세로 방향의 그라데이션을 곱하는 것으로 구현할 수 있습니다. Gradient 노드를 추가하고 일련의 처리를 Particle Color 서브 그래프 앞에 추가합니다. Save Asset 버튼을 눌러 변경을 반영하고 씬 뷰에서 결과를 확인합니다.

▶ 그라데이션을 사용한 마스크 처리 추가

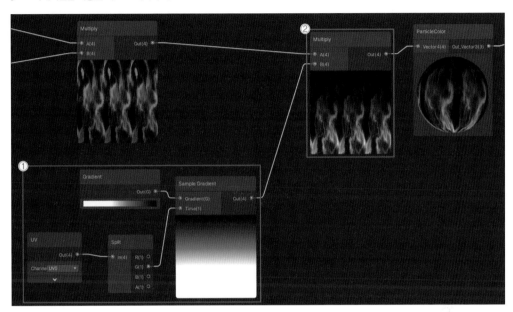

▶ 노드 추가

그림 안 번호	내용
①	UV 노드, Split 노드, Gradient 노드, Sample Gradient 노드 추가. 위의 그림과 같이 연결
②	기존 Multiply 노드와 Particle Color 서브 그래프 사이에 Multiply 노드 추가. 마스크 처리와 곱한다

▶ Gradient 노드 설정

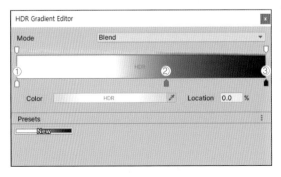

▶ Intensity의 값

그림 안 번호	값
①	1.4
②	0
③	0

머티리얼은 오른쪽 그림과 같이 설정했습니다.

▶ M_lesson07_Beam02 머티리얼

파라미터	값
Distortion Strength	0.86
Scroll Speed	1
Emission	65

▶ 머티리얼 설정

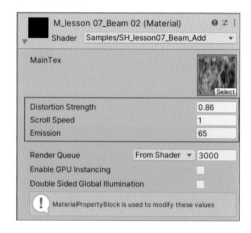

이상으로 빔의 메인 부분을 완성했습니다. 7-6-6에서 빔의 서브 요소(빛의 입자, 전기 충격)를 추가합니다.

▶ 최종 결과

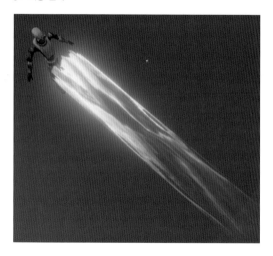

7-6-6 빔 부분에 전기 충격 추가

충전 부분 생성 시 제작한 전기 충격 이펙트를 다시 이용해 빔과 함께 방출하도록 설정합니다.

▶ 전기 충격 이펙트 다시 이용

lightning01을 복제해 lightning02로 이름을 바꾸고 beam 오브젝트 바로 밑에 배치합니다. 다음 그림을 참고해서 파라미터를 변경해 주세요. 회전의 랜덤을 Y축 주위로 한정해 빔에 휘감기는 듯한 배치로 설정하고, Y축 방향의 확대율을 크게 설정하여 빔의 방향으로 늘어난 것과 같은 모양을 만들 도록 변경합니다.

▶ lightning02 파티클 설정

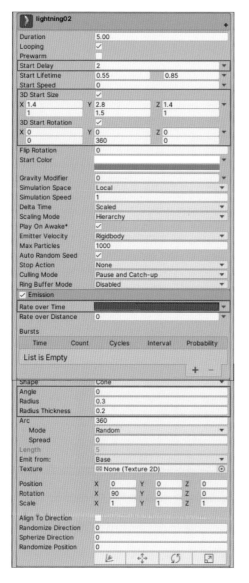

▶ Main 모듈

파라미터	값		
Start Delay	2		
3D Start Size	체크	있음	
	X:1.4	Y:2.8	Z:1.4
	X:1	Y:1.5	Z:1
3D Start Rotation	체크	있음	
	X:0	Y:0	Z:0
	X:0	Y:360	Z:0

▶ Emission 모듈

파라미터	값
Rate over Time	아래 그림 참조

▶ Emission 모듈의 Rate over Time 파라미터 설정

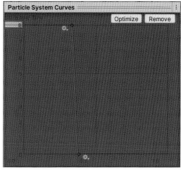

▶ Shape 모듈

파라미터	값
Angle	0
Radius	0.3
Radius Thickness	0.2

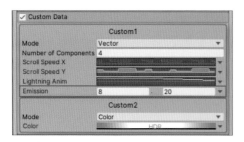

▶ Custom Data 모듈

파라미터	값		
Custom1	Emission	8	20

또 lightning02를 복제하고 lightning03으로 이름을 바꾼 다음 이번에는 캐릭터 주위에 발생하는 작은 전기 충격을 생성합니다. 이 내용도 다음 그림을 참고해서 파라미터를 변경해 주세요.

▶ lightning03 파티클 설정

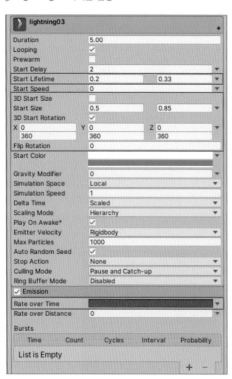

▶ Main 모듈

파라미터	값		
Start Lifetime	0.2		0.33
3D Start Size	체크 없음		
Start Size	0.5		0.85
3D Start Rotation	체크	있음	
	X:0	Y:0	Z:0
	X:360	Y:360	Z:360

▶ Emission 모듈

파라미터	값
Rate over Time	아래 그림 참조

▶ Emission 모듈의 Rate over Time 파라미터 설정

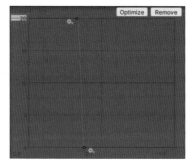

▶ Shape 모듈

파라미터	값
Shape	Sphere
Radius	0.5
Radius Thickness	0.2

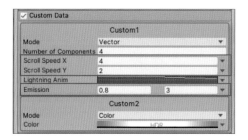

▶ Custom Data 모듈

파라미터	값		
Custom1	Scroll Speed X	4	
	Scroll Speed Y	2	
	Emission	0.8	3

7-6-7 빛의 입자와 플래시 추가

다음으로 이쪽도 충전 부분의 소재를 사용해 빛의 입자를 제작해 나갑니다. charge 오브젝트 바로 아래의 dust01을 복제해서 dust03으로 이름을 바꾸고 beam 오브젝트 바로 아래로 이동시킵니다. 머티리얼 등은 그대로 사용하므로 다음 그림을 참고해 파라미터를 변경합니다.

▶ dust03 파티클 설정

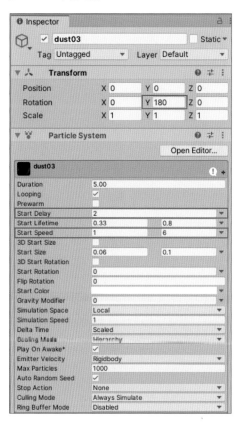

▶ Transform 컴포넌트

파라미터	값		
Rotation	X:0	Y:180	Z:0

▶ Main 모듈

파라미터	값	
Delay	2	
Start Speed	1	6

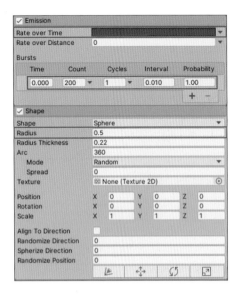

▶ Emission 모듈

파라미터	값			
Rate over Time	아래 그림 참조			
Bursts	Time	Count	Cycles	Interval
	0.000	200	1	0.010

▶ Emission 모듈의 Rate over Time 파라미터 설정

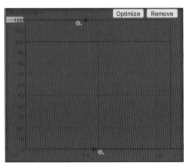

▶ Shape 모듈

파라미터	값
Radius	0.5

▶ Velocity over Lifetime 모듈

파라미터	값		
Linear	X:0	Y:0	Z:2
	X:0	Y:0	Z:4

▶ Limit Velocity over Lifetime 모듈

파라미터	값
Speed	1
Dampen	0.12

▶ Size over Lifetime 모듈

파라미터	값
Size	아래 그림 참조

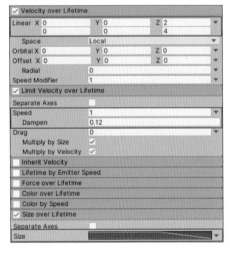

▶ Size over Lifetime 모듈의 Size 파라미터 설정

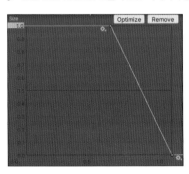

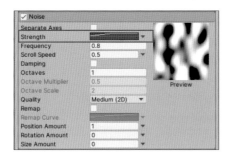

▶ Noise 모듈

파라미터	값
Strength	아래 그림 참조

▶ Noise 모듈의 Strength 파라미터 설정

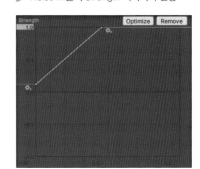

마지막으로 충전을 완료했을 때 발생하는 플래시 소재를 생성합니다. beam 오브젝트 바로 아래에 새로운 파티클을 flash02라는 이름으로 만들고 다음 그림과 같이 설정합니다.

▶ flash02 파티클 설정

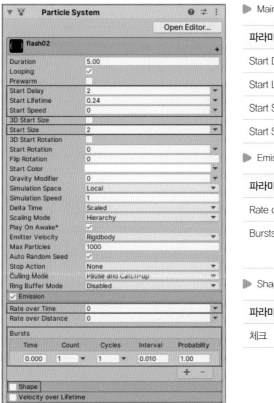

▶ Main 모듈

파라미터	값
Start Delay	2
Start Lifetime	0.24
Start Speed	0
Start Size	2

▶ Emission 모듈

파라미터	값			
Rate over Time	0			
Bursts	Time	Count	Cycles	Interval
	0.000	1	1	0.010

▶ Shape 모듈

파라미터	값
체크	없음

▶ Size over Lifetime 모듈

파라미터	값
Size	아래 그림 참조

▶ Size over Lifetime 모듈의 Size 파라미터 설정

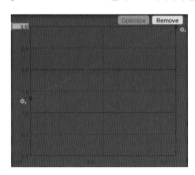

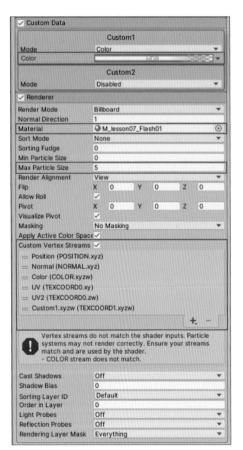

▶ Custom Data 모듈

파라미터	값	
Custom1	Color	아래 그림 참조

▶ Custom Data 모듈의 Color 설정

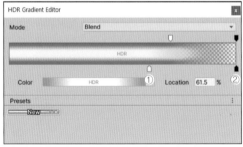

▶ Intensity 파라미터의 값

그림 안 번호	값
①	2
②	0

▶ Renderer 모듈

파라미터	값	
Material	M_lesson07_Flash01	
Max Particle Size	5	
Custom Vertex Streams	체크	있음
추가할 파라미터	UV2(TEXCOORD0.zw)	
	Custom1.xyzw(TEXCOORD1.xyzw)	

이상으로 모든 요소가 갖추어졌습니다. 이펙트를 재생해 결과를 확인해 봅시다.

▶ 최종 결과

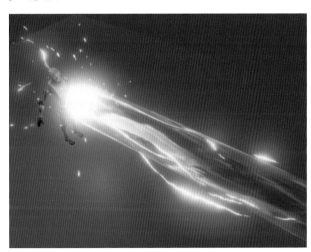

7-6-8 실무에서 이펙트를 제작할 때와의 차이점

이펙트의 제작 자체는 완료했지만, 실무에서 만들 때에는 적합하지 않은 2가지 부분이 있어서 이를 보충하고 7장을 마무리하겠습니다.

첫 번째 차이점입니다. 이번 장에서 만든 전기 충격 이펙트는 텍스처의 사용을 1장으로 최대한 억제한 점은 좋지만, 파티클마다 독자적인 셰이더를 구성했고 결과적으로 머티리얼이 늘어나서 효율적이라고 말할 수 없는 부분이 있습니다.

이 책에서는 셰이더 그래프에서 할 수 있는 것을 소개하기 위해 여러 셰이더를 만들고 있지만, 가능하면 1개의 셰이더에 UV 스크롤, 디스토션 등의 기능을 내포하고, 1개의 셰이더에서 많은 파티클의 모습을 커버하는 쪽이 바람직하다는 것입니다.

▶ 셰이더가 너무 많다

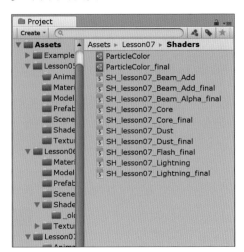

두 번째는 듀레이션(duration, 지속시간)입니다. 이번의 경우 모든 파티클 요소의 듀레이션을 5로 설정하고 있는데, 예를 들면 한 번만 나온 플래시 같은 소재의 경우 듀레이션을 0.5 정도로 설정하는 것이 좋습니다.

원래는 다음 그림과 같이 파티클이 표시되는 시간과 듀레이션이 비슷하게 설정돼 있는 것이 좋습니다 (다음 그림의 아래쪽).

▶ 듀레이션의 차이

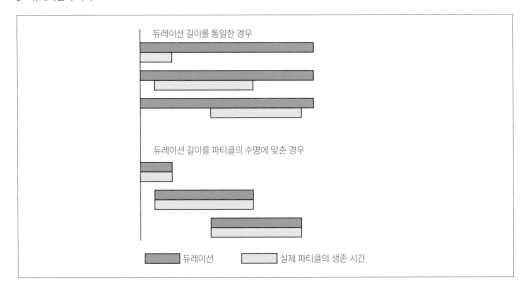

모든 파티클을 같은 듀레이션으로 설정한 이유는 이펙트를 루프로 설정해 놓으면 Restart 버튼 등을 누르지 않아도 반복해서 재생해 주기 때문입니다. 듀레이션의 길이에 차이가 있으면 루프로 설정해 반복 재생할 때 각 요소의 듀레이션이 다르기 때문에 반복하고 있는 사이에 어긋나 버려 올바른 타이밍으로 재생되지 않습니다. 참고로 Restart 버튼을 그때마다 누르면 올바른 타이밍에 재생됩니다.

▶ 재생을 반복하고 있는 사이에 어긋나기 시작한다

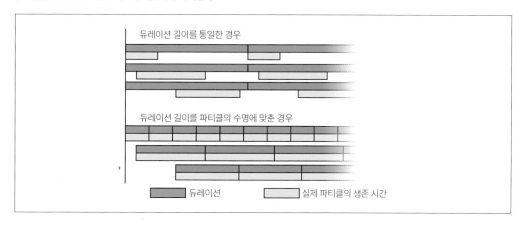

단, 퍼포먼스의 관점에서 말하면 듀레이션과 파티클의 라이프 사이클은 가능한 한 잘 어울리도록 하는 것이 바람직합니다.

참격 이펙트 제작

8-1

지면에 내리치는 참격 이펙트 제작

이번 절에서는 지면에 내리치는 참격 이펙트를 제작해 나갑니다. 이번에는 툰, 애니메이션 계열의 모습으로 만들어 갑니다. 툰 계열의 이펙트는 스마트폰 게임에서 수요가 많습니다.

8-1-1 이펙트 설정도 제작

이번에도 이펙트 설정도를 제작해 갑니다. 아래 두 가지 결정 사항을 염두에 두고 기술의 전개나 모습을 생각해 갑니다.

▶ 지면에 내리치는 참격 이펙트의 설정화

- 툰 계열의 모습

- 무기를 지면에 내리치는 공격

이번에 제작할 이펙트의 워크플로를 간단하게 설명하겠습니다.

8-2에서는 툰 계열의 셰이더를 제작해 갈 것입니다. 범용적으로 사용할 수 있는 셰이더를 만들고자 해서 설명할 내용이 많기 때문에 우선 8-2에서 툰 계열의 모습을 표현한 셰이더의 제작 방법을 설명하고 8-3에서 범용적인 셰이더로 개선해 갈 것입니다. 다음 사항을 설명합니다.

- Step 노드를 사용한 툰 계열의 모습 작성 방법

- Gradient 노드를 이용한 마스크 작성 방법

- Voronoi 노드를 이용한 불꽃의 찢겨 떨어진 모양 표현법

▶ 툰 계열의 불꽃의 모습을 만들어 나간다

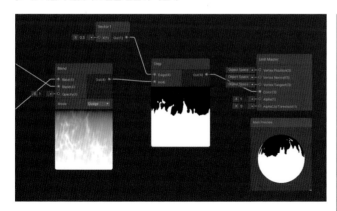 

8-3에서는 8-2에서 만든 셰이더를 기반으로 범용적으로 사용할 수 있게 개선하고 프로퍼티로 대체하
거나 Custom Vertex Streams를 적용합니다. 다음 사항을 설명합니다.

- 텍스처를 사용한 툰 계열의 모습 작성 방법

- 8-2에서 고정값으로 입력했던 값을 프로퍼티로 대체하는 작업

- UV 노드를 사용한 Custom Vertex Streams 값 읽어들이는 방법

- 파티클마다 UV를 랜덤으로 오프셋하는 방법

▶ 범용적으로 사용할 수 있는 셰이더로 개선해 나간다

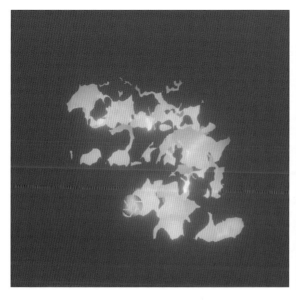 

8-4에서는 먼저 후디니를 사용해 참격 이펙트에 필요한 메시를 생성합니다. 데이터는 6장에서 만든 기둥 데이터를 재이용합니다. 완성된 메시를 사용해 참격 이펙트를 설정해 갑니다. 다음 사항을 설명합니다.

- 후디니에서의 서브네트워크와 파라미터 설정 방법

▶ 참격 메시를 작성하여 이펙트 설정

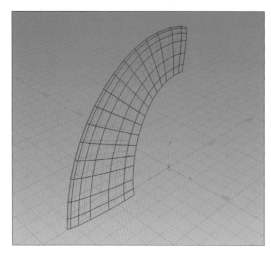 

8-5에서는 참격 이펙트가 지면에 충돌했을 때 발생하는 임팩트 부분을 만들어 나갑니다. 임팩트, 더스트, 플레어, 라이트 등의 소재를 추가해 갈 것입니다.

▶ 임팩트, 라이트, 플레어 등의 요소를 더해간다

8-6에서는 임팩트 시 발생하는 충격파를 만들어 나갑니다. 메시를 후디니로 만들고 유니티에 임포트해서 임팩트 부분을 완성합니다. 다음 사항을 설명합니다.

- 후디니의 디지털 에셋을 사용해 원하는 메시를 빠르게 생성한다.

▶ 충격파 이펙트 생성

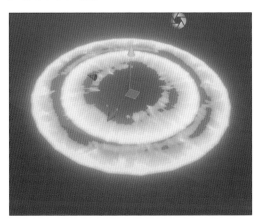
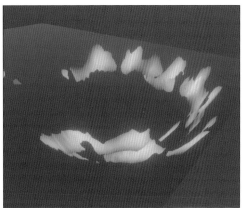

이상의 작업으로 이펙트가 완성됩니다. 완성된 모습은 다음과 같습니다.

▶ 이펙트 완성 이미지

8-1-2 셰이더 설계

7장의 이펙트 제작 시에는 필요한 요소(번개, 빔 등)나 모습에 대해서 그때마다 셰이더를 구성했지만 원래는 셰이더에 필요한 기능을 여럿 내포시키고 1개의 셰이더에서 다양한 모습을 만들어 내도록 구성하는 것이 이상적입니다. 더불어 7장에서는 셰이더의 다양한 구성 방법을 학습하게 하려는 의도로 군이 이펙트마다 그때그때 새로운 셰이더를 제작했습니다.

이펙트마다 셰이더를 만들면 관리가 복잡해져 퍼포먼스 관점에서도 별로 좋지 않습니다. 이번 장에서는 1개의 셰이더만을 사용해서 이펙트를 제작합니다.

▶ 이펙트마다 셰이더를 만드는 것은 효율적이지 못하다

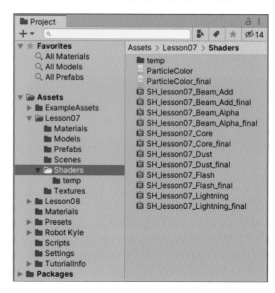

1개의 셰이더에 여러 가지 기능을 내포하고 다양한 이펙트를 제작하므로 사전에 셰이더의 설계를 생각하는 것이 중요합니다.

▶ 셰이더에 필요한 기능을 추가해 나간다

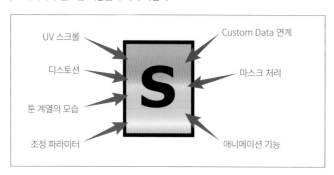

필요한 기능을 모두 찾아내고, 이를 사용하기 쉬운 형태로 구현할 필요가 있습니다.

여기서 이번 장의 이펙트에 필요한 요소들을 써 보겠습니다.

- 툰 계열의 모습

- UV 스크롤

- UV 디스토션

- 소실 시 애니메이션을 Custom Data 파라미터로 처리

대체로 위와 같은 기능이 필요하게 될 것입니다. 마구잡이로 기능을 추가해 가면 기능이 다양해지기는 하지만, 제어하는 파라미터가 너무 늘어나 다루기 어렵고 성능상으로도 무거운 셰이더가 되어 버리는 경우가 대부분입니다.

오른쪽 그림은 이번에 만들 셰이더를 적용한 머티리얼입니다. 머티리얼에서 설정할 수 있는 파라미터를 엄선했지만 그래도 상당한 양이 되어 버렸습니다.

사용 빈도가 낮은 기능을 버리거나 Custom Vertex Streams를 병용하는 경우 Custom Data에 넘길 파라미터도 엄선해야 합니다.

▶ 이번 장에서 만든 셰이더를 적용한 머티리얼

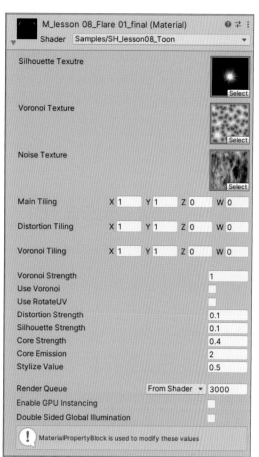

▶ 이번 장에서 만들 셰이더의 Custom Data 모듈 설정

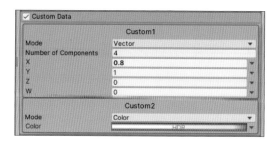

툰 계열 셰이더 제작

8-3에서 여러 기능을 내포하는 셰이더를 만든다고 했지만, 이를 처음부터 작성하려고 하면 설명할 분량이 많아지고 절차도 복잡해지기 때문에 먼저 불꽃의 툰 셰이더를 생성해서 기본 부분을 설명하고 8-3에서 통합형 툰 셰이더를 만들어 갑니다.

8-2-1 툰 계열의 불꽃 모습 작성

우선 사이트에서 내려받은 Lesson08_Data.unitypackage를 프로젝트에 가져 옵니다.

다음으로 불꽃의 툰 셰이더 제작을 시작하기 전에 셰이더의 완성도를 확인해 둡니다. Assets/Lesson08/Shaders/SH_lesson08_Fire_final를 엽니다. 도중에 잘 이해가 안 될 경우 이 완성된 셰이더를 참고해 주세요.

▶ 완성 셰이더와 씬에 배치했을 때의 모습

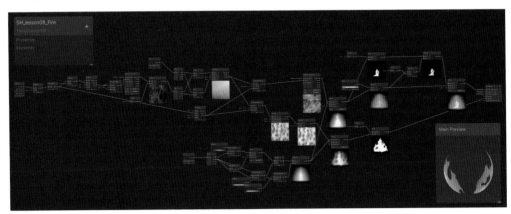

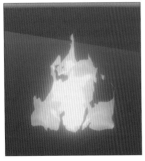

이제 제작을 시작하겠습니다. Assets/
Lesson08/Shaders 폴더에 새로운 셰이더
(Unlit Graph)를 생성합니다. 이름을 SH_
lesson08_Fire로 바꾸고 초기 설정을 변경
합니다. 블랙보드에는 Samples라고 입력해
둡시다.

▶ 설정 변경

▶ Unlit Master 노드

파라미터	값
Surface	Transparent
Blend	Alpha

먼저 불꽃의 실루엣을 만들어 봅시다. Project 뷰에서 텍스처(Assets/Lesson08/Shaders/T_
lesson08_noise01.png)를 셰이더 그래프 내에 드래그 앤 드롭합니다. 이어서 다음 페이지 그림을
참고하여 배치한 텍스처를 UV 스크롤시킵니다.

▶ 머티리얼 텍스처 셰이더 메시

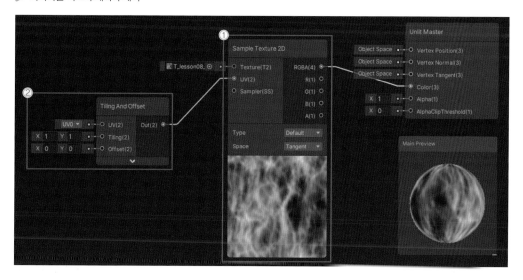

▶ 추가할 노드

그림 안 번호	내용
①	T_lesson08_noise01.png를 메인 에어리어에 드래그 앤 드롭하고 Sample Texture 2D 노드를 배치
②	Tiling And Offset 노드 추가. Sample Texture 2D 노드에 연결

▶ UV 스크롤의 처리를 추가(SH_8-2-1_01 참조)

▶ 추가할 노드

그림 안 번호	내용
①	Time 노드와 One Minus 노드 추가 · 배치
②	Combine 노드 추가. One Minus 노드와 연결해서 V 방향 UV 스크롤 처리. Combine 노드의 출력을 Tiling And Offset 노드의 Offset(2) 입력에 연결

이 UV 스크롤한 텍스처에 UV 노드에서 만든 그라데이션을 곱해 다음과 같은 결과를 만들겠습니다. Blend 노드의 Mode 파라미터는 Dodge로 설정해 주세요. 이것으로 사전 준비가 되었습니다. 이 그라데이션 부분은 잠시 후에 바꿔서 진행합니다.

▶ 텍스처에 UV 노드를 곱한다

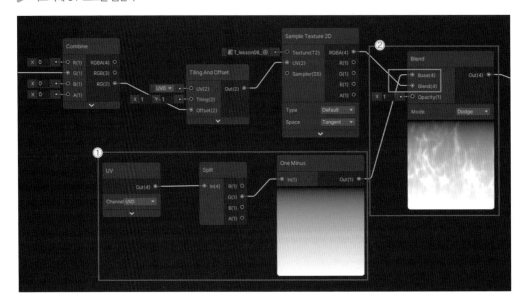

▶ 추가할 노드

그림 안 번호	내용
①	UV 노드, Split 노드, One Minus 노드 추가·배치
②	Blend 노드 추가. 텍스처와 그라데이션을 합성. Mode 파라미터는 Dodge를 선택하고 연결 순서에 주의. (초록색 테두리 부분) 출력은 Unlit Master 노드에 연결

여기에 Step 노드를 연결해 입력 화면을 흰색과 검은색으로 2진화합니다. 노이즈 텍스처가 UV 스크롤로 애니메이션하고 있으므로 2진화 결과 흰색과 검은색의 경계 부분이 이글거리는 불꽃의 실루엣으로 보일 것입니다. Step 노드의 Edge 파라미터 값을 기준으로 흰색과 검은색의 경계 부분이 변화할 것이므로 값을 바꿔서 결과를 확인합시다.

▶ Step 노드를 사용해서 불꽃의 실루엣을 작성(SH_8–2–1_02 참조)

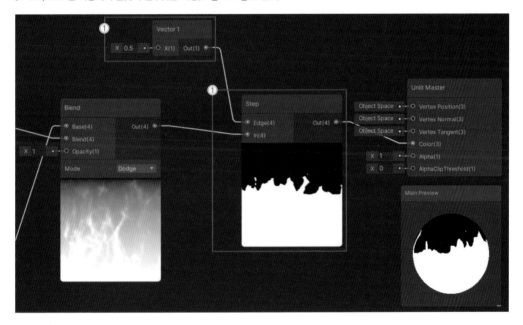

▶ 추가할 노드

그림 안 번호	내용
①	Step 노드와 Vector1 노드를 추가. Blend 노드를 Step 노드의 In(4) 입력에 연결하고 흑백으로 2진화. Vector1 노드에서 흑백의 경계 부분을 조정할 수 있지만 여기에서는 0.5를 설정

8-2-2 Gradient 노드로 불꽃의 실루엣 작성

8-2-1에서는 단순히 UV 노드 그라데이션을 노이즈 텍스처와 곱했는데 Step 노드의 사용법을 확인했으므로 다음에는 UV 노드 그라데이션을 모닥불과 같은 실루엣 마스크를 생성해서 대체하겠습니다. 다음 그림과 같이 새로운 마스크를 생성합니다. 가로 방향의 그라데이션과 세로 방향의 그라데이션을 각각 만들고 곱합니다.

▶ Gradient 노드를 사용해서 모닥불 같은 실루엣을 만든다(SH_8-2-2_01 참조)

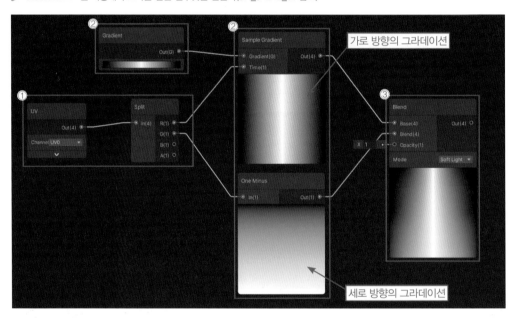

▶ 추가할 노드

그림 안 번호	내용
①	UV 노드와 Split 노드 추가. UV 좌표의 U와 V를 분리
②	Gradient 노드, Sample Gradient 노드, One Minus 노드 추가. U 방향에는 그라데이션을 설정. V 방향은 One Minus 노드로 좌표 반전
③	Blend 노드 추가. 2개의 그라데이션을 합성. Mode 파라미터는 SoftLight로 설정

▶ Gradient 노드의 Color 파라미터 설정

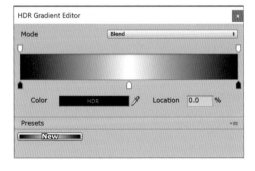

그리고 위아래를 검게 하기 위한 또 1개의 그라데이션을 만들고 Multiply 노드로 곱합니다.

▶ Gradient 노드를 만들어 위아래를 검게 잘라낸다(SH_8-2-2_02 참조)

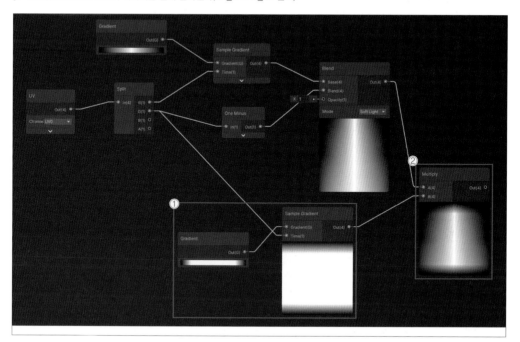

▶ 추가할 노드

그림 안 번호	내용
①	Gradient 노드와 Sample Gradient 노드 추가. 오른쪽 그림을 참조하여 Gradient 노드의 색상을 설정
②	Multiply 노드 추가. ①로 만든 그라데이션과 곱한다

▶ Gradient 노드의 Color 파라미터 설정

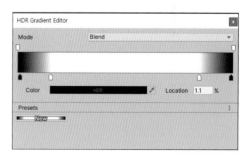

마지막으로 다시 위아래의 그라데이션을 작성하여 곱합니다. 이것으로 모닥불 모양의 마스크를 완성했습니다.

▶ 그라데이션을 곱하고 마스크를 완성시킨다(SH_8-2-2_03 참조)

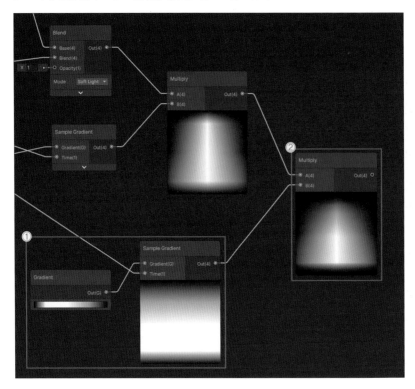

▶ 추가할 노드

그림 안 번호	내용
①	Gradient 노드와 Sample Gradient 노드 추가. Gradient 노드의 컬러를 다음 그림을 참조하여 설정. Split 노드의 G(1) 출력을 Sample Gradient 노드의 Time(1) 입력에 연결
②	Multiply 노드 추가. 앞의 결과와 그라데이션을 곱한다

▶ Gradient 노드의 Color 파라미터 설정

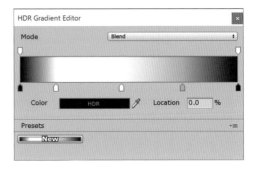

8-2-1에서 생성한 UV 그라데이션 부분을 삭제하고 완성된 마스크를 노이즈 텍스처와 곱합니다.

▶ 마스크와 노이즈 텍스처를 곱해서 모닥불의 실루엣을 완성시킨다(SH_8-2-2_04 참조)

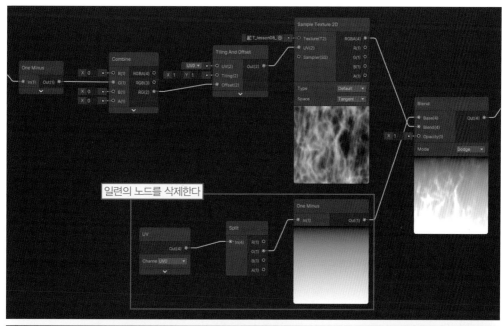

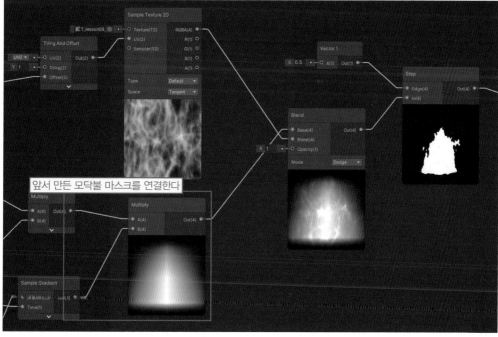

셰이더의 프리뷰 화면은 기본적으로는 구형이 사용이 되는데 이번 경우는 보기가 어려우므로 프리뷰화면 내에서 마우스 오른쪽 버튼을 클릭해서 Quad를 선택해 놓도록 하겠습니다.

이것으로 모닥불 모양의 불꽃의 실루엣을 완성했습니다. 8-2-3에서 세세한 조정을 더하여 좀 더 불꽃에 가까운 모습을 만들어 나가겠습니다.

▶ 프리뷰에서 사용하는 모양을 변경할 수 있다

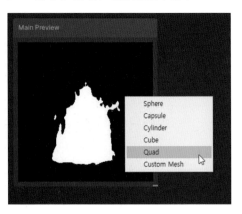

8-2-3 툰 계열의 불꽃 모습

8-2-2에서 모닥불의 실루엣을 완성했으므로 컬러와 기타 설정을 추가해 불꽃의 모습에 가깝게 만들어 갑니다. 먼저 Color 노드를 추가해서 색을 입힙니다. Blend 노드의 출력과 Color 노드를 곱합니다. Multiply 노드의 출력을 Unlit Master 노드의 Color(3) 입력에 연결하고 원래 연결된 Step 노드의 출력은 Alpha(1) 입력에 연결합니다.

▶ Color 노드를 사용하여 불꽃 색상 설정

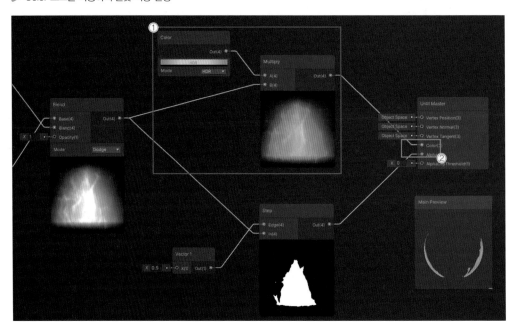

▶ 추가할 노드

그림 안 번호	내용
①	Color 노드와 Multiply 노드 추가. Multiply 노드의 출력을 Unlit Master 노드의 Color(3) 입력에 연결해서 이쪽을 컬러로 사용. Color 노드의 Mode 파라미터는 HDR로 설정해 둔다.
②	Step 노드의 연결할 곳을 Color(3) 입력에서 Alpha(1) 입력으로 바꿔서 연결한다

▶ Color 노드 설정

이어 불꽃의 중심에 온도가 높은 부분(코어 부분)을 생성합니다. 먼저 이미지 왼쪽 끝의 Blend 노드 출력에서 빨간색 테두리의 Step 노드에 연결하여 불꽃 코어 부분을 생성합니다. Edge 파라미터가 1로 설정돼 있어 방금 만든 알파 부분의 실루엣보다 조금 작은 실루엣이 되었습니다.

▶ 새로 Step 노드를 추가(SH_8-2-3_01 참조)

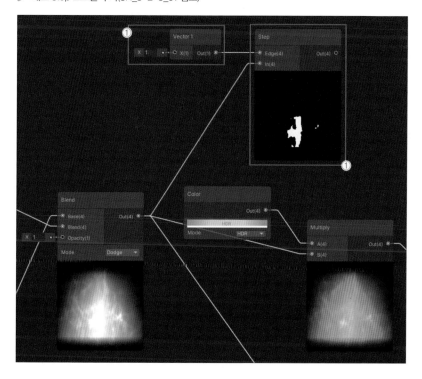

▶ 추가할 노드

그림 안 번호	내용
①	Step 노드와 Vector1 노드를 추가. Blend 노드로부터의 출력을 흑백으로 2진화

다음으로 컬러 성분을 2로 해서 밝게 합니다. 밝은 컬러와 실루엣을 Multiply 노드로 곱해서 밝은 색상을 입힌 핵심 부분을 완성합니다.

▶ 실루엣에 색을 입힌다

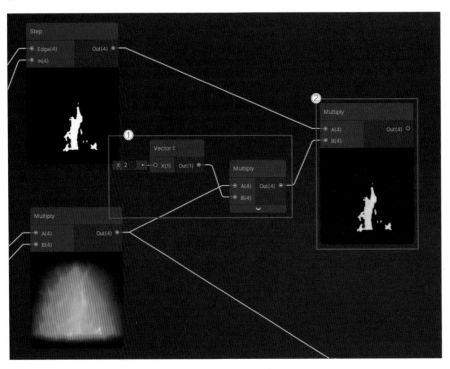

▶ 추가할 노드

그림 안 번호	내용
①	Vector1 노드와 Multiply 노드를 추가. 불꽃 색깔을 밝게 조정. Vector1 노드에는 2를 설정
②	Multiply 노드 추가. 밝게 조정한 컬러와 Step 노드로 만든 실루엣을 곱한다

마지막으로 Blend 노드를 사용해 핵심 부분과 그 주위의 불꽃 부분을 합성한 다음 Unlit Master 노드의 Color(3) 입력에 연결합니다.

▶ Blend 노드에서 불꽃의 요소를 합성(SH_8-2-3_02 참조)

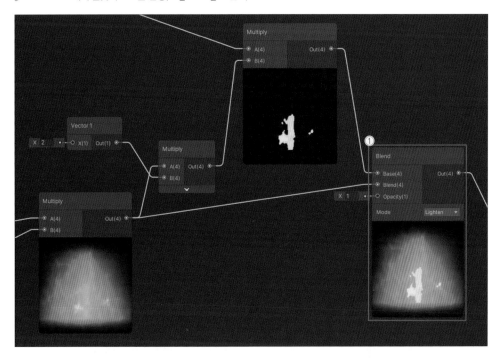

▶ 추가할 노드

그림 안 번호	내용
①	Blend 노드 추가. 불꽃의 코어(실루엣 부분)와 그 주위 부분을 합성. Mode 파라미터는 Lighten을 선택하고 출력을 Unlit Master 노드의 Color(3) 입력에 연결

▶ 불꽃이 코어 부분(노란색)과 그 주위 부분
(오렌지)으로 색이 분리된다

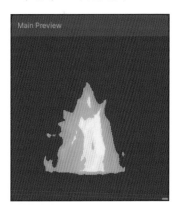

불꽃에 컬러를 설정했습니다. 여기에서 불꽃의 실루엣 가장자리 부분을 더 불꽃스럽게 보이도록 보완해 나갑니다.

먼저 노이즈 텍스처의 UV에 디스토션을 적용합니다. 이 방법은 7장에서 만든 번개 이펙트에서 빔 부분의 셰이더로 사용한 것과 기본적으로는 동일합니다. 참고로 7-6-4에서 설명하고 있습니다. 노드의 구성은 다소 다르지만 만드는 기능은 같습니다.

우선 다음 페이지의 그림 위치(One Minus 노드 앞쪽과 뒤쪽)에 Multiply 노드 2개를 추가합니다. 2배로 한 다음에 0.5배로 해서 원래의 값으로 돌려놓고자 하는 것인데, 2배로 설정한 Multiply 노드의 출력은 나중에 다른 노드에 연결합니다.

▶ 2개의 Multiply 노드 추가

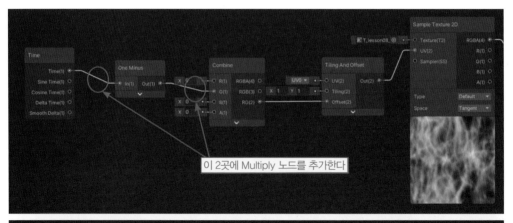

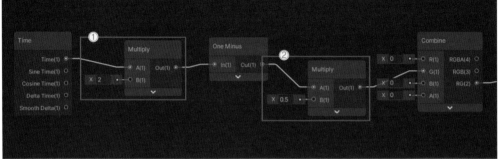

▶ 추가할 노드

그림 안 번호	내용
①	Multiply 노드를 추가. B(1) 입력에 2를 설정
②	Multiply 노드를 추가. B(1) 입력에 0.5를 설정

다음으로 오른쪽 페이지의 그림에서 빨간 동그라미로 둘러싼 Sample Texture 2D 노드와 Blend 노드 사이에 새로운 노드를 추가하고 UV 디스토션의 처리를 실시합니다.

▶ Sample Texture 2D 노드와 Blend 노드 사이에 노드를 추가한다

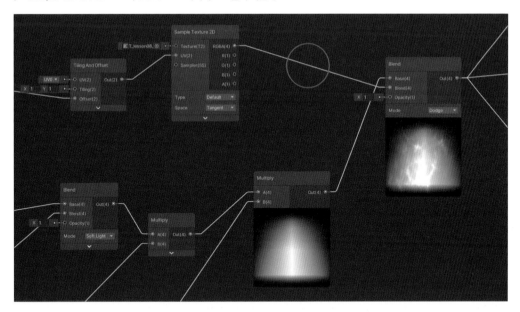

Sample Texture 2D 노드와 Blend 노드를 잇고 있는 라인을 삭제하고 다음 그림과 같이 Sample Texture 2D 노드의 앞과 Blend 노드의 뒤에 각각 새로운 노드를 추가합니다. 우선 Sample Texture 2D 노드의 출력에 0.2를 입력해서 밝기를 줄이고 있습니다. 밝은 부분일수록 디스토션이 강하게 걸리기 때문입니다. 이것을 나중에 UV 디스토션용 텍스처로 사용하겠습니다.

▶ Sample Texture 2D 노드 앞에 노드를 추가

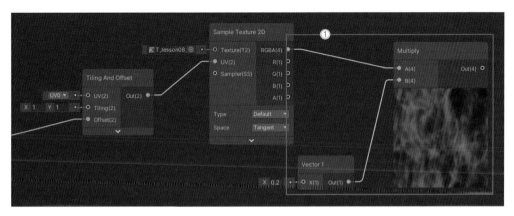

▶ 추가할 노드

그림 안 번호	내용
①	Multiply 노드와 Vector1 노드를 추가. Sample Texture 2D 노드의 출력의 밝기를 억제한다. Vector1 노드에는 0.2를 설정

▶ Blend 노드 뒤에 노드를 추가(SH_8-2-3_03 참조)

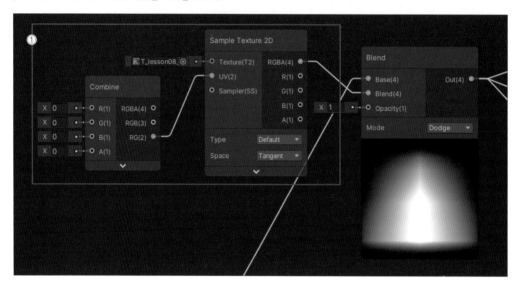

▶ 추가할 노드

그림 안 번호	내용
①	Sample Texture 2D 노드와 Combine 노드를 추가. 텍스처는 T_lesson08_noise01을 지정

이 두 개를 잇는 노드를 추가하여 UV디스토션 처리를 완성합니다.

▶ UV 디스토션의 처리를 완성시킨다(SH_8-2-3_04 참조)

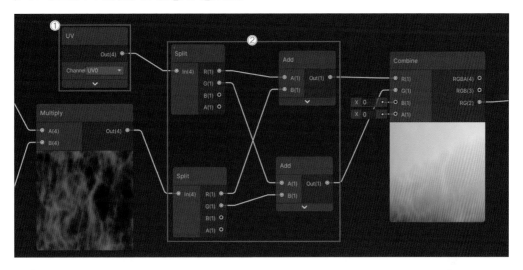

▶ 추가할 노드

그림 안 번호	내용
①	UV 노드 추가
②	Split 노드, Add 노드 각각 2개 추가. UV 노드와 Multiply 노드의 출력을 각각 분리한 후 가산. 마지막으로 Combine 노드에 각각 연결

UV 디스토션 기능을 추가했습니다. 다만 현재 상태에서는 디스토션에 사용하고 있는 텍스처는 스크롤하고 있지만 새롭게 추가한 쪽의 텍스처는 스크롤하고 있지 않습니다. 따라서 이쪽에도 스크롤 처리를 실시합니다. 새로 배치한 Combine 노드와 Sample Texture 2D 노드 사이에 다음 그림과 같이 빨간 테두리로 둘러싼 2개의 노드를 추가합니다.

또 녹색 테두리 부분의 G(1) 입력에는 One Minus 노드의 출력을 연결합니다. One Minus 노드의 출력 앞을 보면 한 쪽은 직접 Combine 노드에 연결되고 다른 쪽은 0.5배한 이후 Combine 노드에 연결됩니다. 이것으로 UV 디스토션용 텍스처와 새롭게 추가한 텍스처로 다른 스크롤 속도를 설정할 수 있습니다.

만약 도표를 이해하기 어렵다면 Assets/Lesson08/Shaders/temp 폴더에 있는 셰이더의 진행 과정 파일을 참조하세요.

▶ Combine 노드와 Sample Texture 2D 노드 사이에 노드를 추가(SH_8-2-3_05 참조)

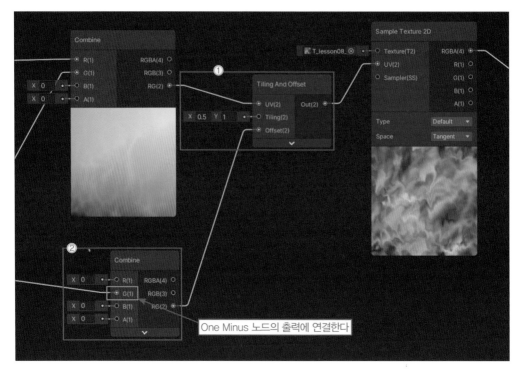

▶ 추가할 노드

그림 안 번호	내용
①	Tiling And Offset 노드 추가. Tiling(2) 입력을 'X:0.5', 'Y:1'로 설정
②	Combine 노드를 추가. G(1) 입력에 One Minus 노드(P.460의 하단 그림을 참조)의 출력을 연결한다

현재 상태의 결과가 다음 페이지 왼쪽 위의 그림입니다. 약간 주먹밥과 같은 모양이 되어 버렸지만 여기에서 최종적으로 다음 페이지의 위 그림과 같은 모습으로 완성해 갑니다.

불꽃의 내부에 빨간색 동그라미로 둘러친 것 같은 구멍 부분을 추가해 나갑니다. 불꽃의 실루엣 내부에 빈 부분을 만듦에 따라 불꽃이 중간중간 끊어지는 모습으로 표현돼 퀄리티가 향상됩니다.

▶ 현재 상태의 결과(왼쪽)와 최종적인 모습(오른쪽)

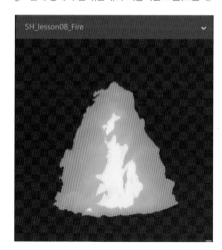
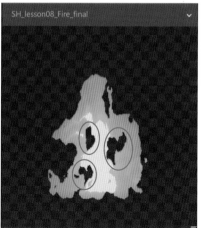

불꽃의 빈 공간을 만들기 위해 Voronoi 노드를 사용합니다. 다음 그림과 같이 3개의 노드를 추가해 갑니다. Voronoi 노드에도 UV 스크롤이 적용됩니다. 마지막으로 연결한 Multiply 노드로 값을 미세 조정하고 있습니다.

▶ Voronoi 노드에서 구멍 부분의 베이스를 작성(SH_8-2-3_06 참조)

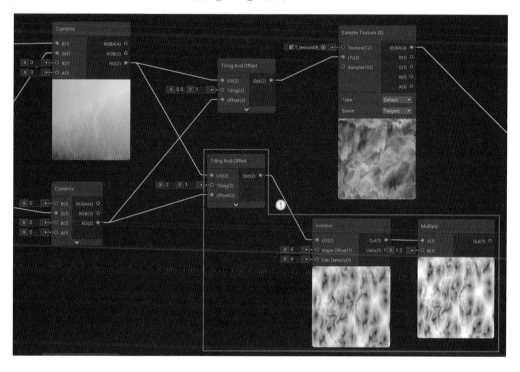

8

▶ 추가할 노드

그림 안 번호	내용
①	Tiling And Offset 노드, Voronoi 노드, Multiply 노드 추가. 불꽃의 안쪽 부분에 나타나는 미세한 구멍 부분의 베이스를 작성. 각 노드의 설정값은 아래 표를 참조

▶ Tiling And Offset 노드

파라미터	값	
Tiling(2)	X:2	Y:1

▶ Voronoi 노드

파라미터	값
Angle Offset(1)	4
Cell Density(1)	4

▶ Multiply 노드

파라미터	값
B(1)	1,2

다음으로 Unlit Master 노드의 알파에 연결돼 있는 Step 노드와 Blend 노드 사이의 라인을 삭제합니다.

▶ Blend 노드와 Step 노드 사이의 라인 삭제

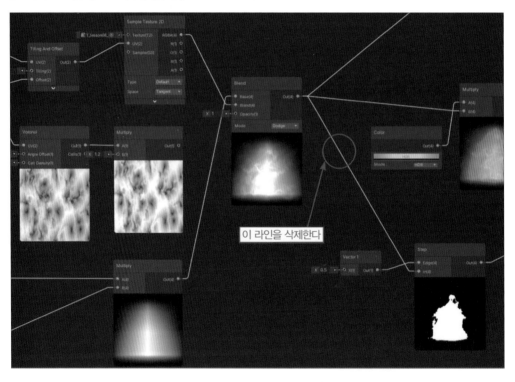

앞서 미세 조정한 Multiply 노드의 출력과 불꽃 마스크 출력을 새롭게 Blend 노드를 생성하여 합성합니다. Blend 노드의 Mode 파라미터에서 Multiply를 사용하고 있으므로 Multiply 노드를 사용해도 같은 결과가 됩니다. 여기에서는 Blend 노드를 사용하고 있습니다. 조금 다른 모습을 원할 때 Mode 파라미터를 다른 것으로 변경하면 손쉽게 결과를 바꿀 수 있기 때문입니다.

마지막으로 Blend 노드의 출력을 앞서 라인을 삭제한 Step 노드의 In(4) 입력에 연결합니다. 또 Step 노드의 Edge 파라미터에 연결된 Vector1 노드의 설정(다음의 그림 녹색 테두리)을 0.2로 변경했습니다. 알파 채널이 변경되어 불꽃 내부에 빈 공간 부분이 생겼습니다.

▶ 불꽃의 마스크와 Voronoi 노드를 합성해 Step 노드에 연결(SH_8-2-3_07 참조)

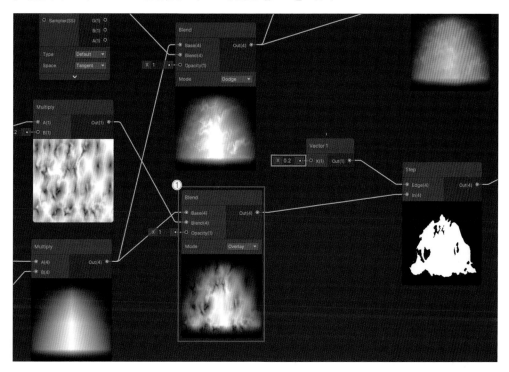

▶ 추가할 노드

그림 안 번호	내용
①	Blend 노드를 추가하여 불꽃 마스크와 Voronoi 노드를 합성. 출력을 Step 노드에 연결하여 불꽃 안쪽에 구멍 부분(불의 찢김)이 있는 알파를 완성시킨다.

▶ 최종 결과

SH_lesson08_Fire

이것으로 툰 계열 느낌의 불꽃 셰이더를 완성했습니다. 이번에 만든 셰이더는 툰 계열 느낌의 셰이더를 만드는 방법을 학습하는 의미에 맞게 만들었고, 8-3에서는 이 셰이더를 바탕으로 범용성 있는 셰이더로 만들어 갑니다.

8-3 셰이더 개선

8-2에서는 불꽃 셰이더를 제작했지만 조정이 가능하도록 만들지는 않았습니다. 이번 절에서는 툰 계열 느낌의 모습을 유지한 상태로 각종 파라미터를 추가하여 범용성 있는 셰이더가 되도록 바꿔갑니다.

8-3-1 텍스처 주위의 노드 변경

8-2에서 만든 불꽃 셰이더(SH_lesson08_Fire)를 복제하고 이름을 SH_lesson08_Toon으로 변경합니다. 이 SH_lesson08_Toon 셰이더를 개선해서 범용성이 있는 툰 셰이더로 만들어 갑니다.

▶ 셰이더를 복제해서 작업 시작

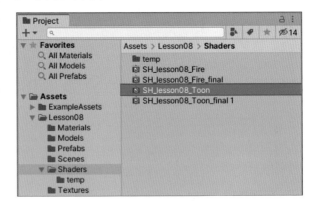

8-2에서는 불꽃의 실루엣을 여러 Gradient 노드를 곱해서 작성했는데, 이 경우 다른 실루엣이 필요할 때 대처할 수 없기 때문에 실루엣에 관해서는 텍스처로 대응하는 방법으로 변경하겠습니다. 다음 그림의 빨간색 테두리로 둘러싼 불꽃의 실루엣을 만들고 있는 부분을 통째로 삭제합니다.

▶ 불꽃의 실루엣 작성 처리 부분 삭제

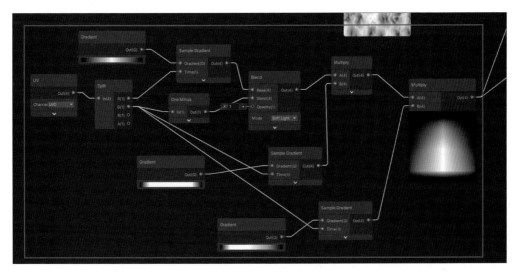

다음으로 새로운 Texture2D 프로퍼티를 Silhouette Texture 라는 이름으로 만들고 기본 텍스처에 T_lesson08_mask02를 설정합니다.

▶ Silhouette Texture프로퍼티

파라미터	값
Default	T_lesson08_mask02

▶ Texture2D 프로퍼티를 Silhouette Texture라는 이름으로 작성

만든 프로퍼티를 드래그 앤 드롭해서 배치하고 새롭게 추가한 Sample Texture 2D 노드에 연결합니다. Sample Texture 2D 노드의 출력은 2개의 Blend 노드에 연결합니다.

▶ 새로운 Sample Texture 2D 노드와 Texture2D 프로퍼티를 배치(SH_8-3-1_01 참조)

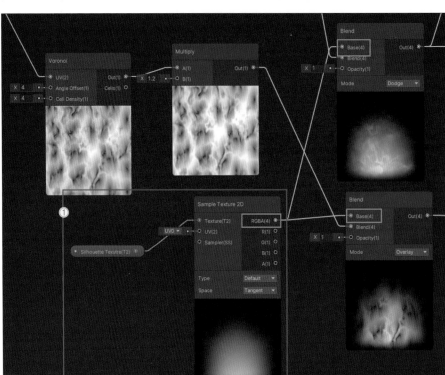

▶ 추가할 노드

그림 안 번호	내용
①	Sample Texture 2D 노드를 추가. 또 조금 전에 만든 Silhouette Texture 프로퍼티를 드래그 앤 드롭으로 배치하여 연결. Sample Texture 2D 노드의 출력을 2개의 Blend 노드의 Base(4) 입력에 연결

이것으로 실루엣을 텍스처로 지정할 수 있게 되었습니다. 다음으로 불꽃의 빈 공간 부분을 작성하기 위해 사용하던 Voronoi 노드를 변경합니다. Voronoi 노드는 8-2처럼 단순한 빌보드에서 불꽃의 실루엣에 사용하는 데에는 문제가 없지만 실린더 등의 메시에 적용하면 UV 심(seam) 부분에서 모양이 맞지 않게 되는 문제가 있습니다.

6장의 정점 애니메이션에서 사용한 것과 같은 3D 노이즈 유형의 사용 방법이면 심리스하게 사용할 수 있는데, 여기에서는 Voronoi 노드가 아닌 보로노이 모양의 심리스 텍스처로 대체하겠습니다. 먼저 기존 Voronoi 노드를 삭제합니다.

▶ Voronoi 노드 삭제

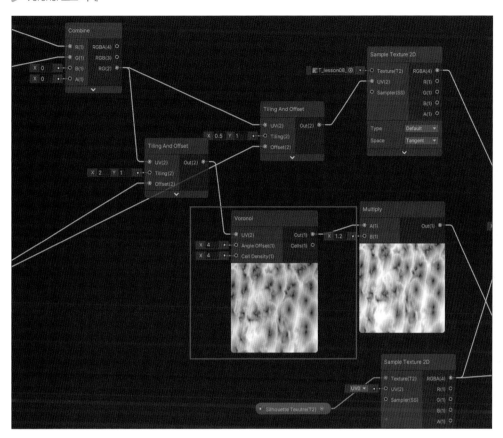

방금 전과 똑같이 Voronoi Texture라는 이름으로 Texture2D 프로퍼티를 만들고 디폴트 텍스처를 T_lesson08_voronoi01로 설정합니다.

▶ Voronoi Texture 프로퍼티

파라미터	값
Default	T_lesson08_voronoi01

Voronoi 노드가 있던 곳에 Sample Texture 2D 노드를 추가하고 Voronoi Texture 프로퍼티를 연결합니다.

▶ Texture2D 프로퍼티를 Voronoi Texture라는 이름으로 작성

▶ Sample Texture 2D 노드와 Voronoi Texture 프로퍼티를 추가(SH_8-3-1_02 참조)

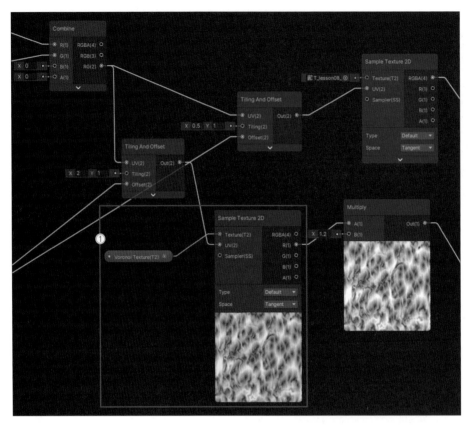

▶ 추가할 노드

▶ Texture2D 프로퍼티를 Noise Texture라는 이름으로 작성

그림 안 번호	내용
①	Sample Texture 2D 노드를 추가. 또 방금 만든 Voronoi Texture 프로퍼티를 드래그 앤 드롭으로 배치하고 연결

또 Noise Texture라는 이름으로 새로 Texture 2D 프로퍼티를 생성합니다.

기존 Sample Texture 2D 노드에서 직접 T_lesson08_noise01 텍스처를 설정하고 있는 2곳을 Noise Texture 프로퍼티로 대체합니다.

▶ 직접 텍스처를 지정한 부분을 프로퍼티로 대체

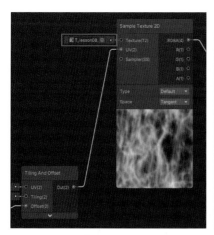 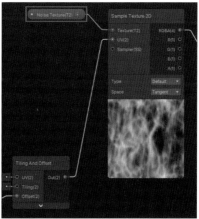

▶ 초록색 테두리로 표시한 2 곳을 치환한다(SH_8-3-1_03 참조)

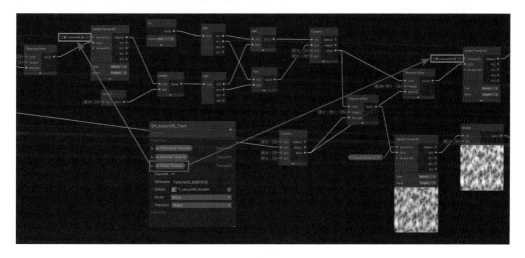

텍스처 프로퍼티 전환 작업을 완료하였습니다.

8-3-2 Custom Vertex Streams 설정

텍스처 프로퍼티로 변경을 완료하였으므로 씬 뷰에서 파티클을 재생하고 확인하면서 작업을 진행하겠습니다. 새 파티클을 만들고 각 모듈을 다음과 같이 설정합니다. 확인용 임시 파티클이므로 이름은 임의로 해도 무방합니다.

▶ 파티클을 씬에 배치하고 설정

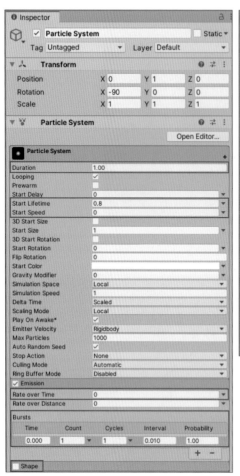

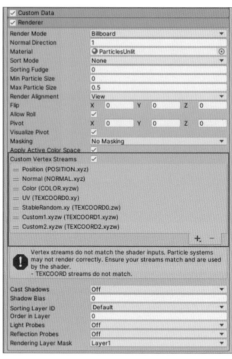

▶ Main 모듈

파라미터	값
Duration	1.00
Start Lifetime	0.8
Start Speed	0

▶ Emission 모듈

파라미터	값			
Rate over Time	0			
Bursts	Time	Count	Cycles	Interval
	0.000	1	1	0.010

▶ Shape 모듈

파라미터	값
체크	없음

▶ Renderer 모듈

파라미터	값
Custom Vertex Streams	체크
추가할 파라미터	StableRandom.xy(TEXCOORD0.zw)
	Custom1.xyzw(TEXCOORD1.xyzw)
	Custom2.xyzw(TEXCOORD2.xyzw)

또 Custom Data 모듈을 다음과 같이 설정하고 항목의 이름도 변경해 둡니다. Custom Data 모듈의 파라미터에는 파티클의 수명에 따라 애니메이션이 필요할 것 같은 파라미터를 선택해서 설정하고 있습니다.

▶ Custom Vertex Streams와 Custom Data 모듈 설정

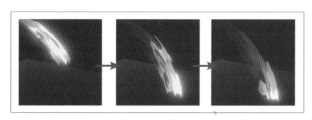

▶ Custom Data 모듈

파라미터	값	
Custom1	Mode	Vector
	X	Silhouette Anim으로 이름 변경
	Y	Silhouette Tiling으로 이름 변경
	Z	Silhouette Offset으로 이름 변경
	W	Scroll Speed으로 이름 변경
Custom2	Mode	Color

이번 경우에는 참격 이펙트의 검섬(검을 휘둘렀을 때 번쩍이는 빛) 부분에 애니메이션이 필요할 것 같다는 것을 사전에 알고 있었기 때문에 이에 유연하게 대응할 수 있도록 셰이더를 구성해 갑니다. 오른쪽 그림의 Custom Data 모듈은 설명을 위해서 기재하고 있는 것뿐이므로 여기에서는 설정하지 않아도 됩니다.

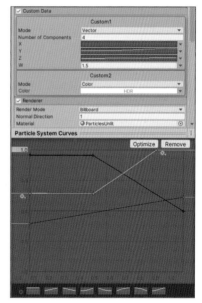

▶ 나중에 만들 참격 이펙트 애니메이션은 움직임을 Custom Data 모듈로 설정

Custom Vertex Streams와 Custom Data 모듈을 설정했으므로 실제로 기능하도록 셰이더 안에 변경을 가하겠습니다. 구체적으로는 실루엣 텍스처의 밝기, 타일링과 오프셋을 Custom Data 모듈에서 조정할 수 있도록 합니다.

우선 다음 그림과 같이 Silhouette Texture 프로퍼티를 연결하고 있는 Sample Texture 2D 노드의 UV 입력에 새로운 추가한 노드를 연결합니다.

이 변경으로 실루엣 텍스처의 타일링과 오프셋을 Custom Data 모듈의 Silhouette Tiling과 Silhouette Offset 파라미터에서 변경할 수 있게 됩니다.

▶ 실루엣 텍스처의 타일링과 오프셋을 변경할 수 있도록 설정(SH_8-3-2_01 참조)

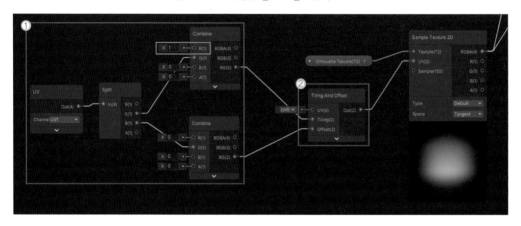

▶ 추가할 노드

그림 안 번호	내용
①	UV 노드, Split 노드, 2개의 Combine 노드를 추가하여 연결. UV 노드의 Channel 파라미터는 UV1로 설정해 Custom Data 모듈의 Custom1의 값을 취득할 수 있도록 한다. 위 그림 위쪽에 있는 Combine 노드의 R(1) 파라미터는 1로 설정
②	Tiling And Offset 노드 추가. ①에서 취득한 Custom1의 값을 Tiling(2) 입력과 Offset(2) 입력에 연결

여기까지의 변경을 Save Asset 버튼을 눌러서 반영하고 확인해 봅시다. Assets/Lesson08/Materials 폴더에 새로운 머티리얼을 M_lesson08_Test라는 이름으로 만들고 머티리얼에 적용합니다. 머티리얼의 셰이더를 SH_lesson08_Toon으로 변경하고 머티리얼의 텍스처와 Custom Data 모듈을 다음 그림과 같이 설정해 봅시다. 실루엣 텍스처가 위에서 아래로 이동하고 있는 것을 확인할 수 있습니다.

▶ Custom Data 모듈의 파라미터를 설정하고 움직임을 확인

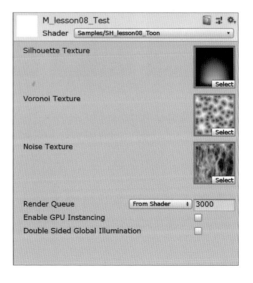

▶ Custom Data 모듈

파라미터	값	
Custom1	Silhouette Anim	1
	Silhouette Tiling	1
	Silhouette Offset	아래 그림 참조

▶ Renderer 모듈

파라미터	값
Material	M_lesson08_Test

▶ Custom Data 모듈의 Silhouette Offset 파라미터 설정

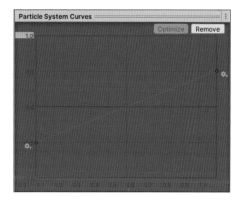

다음으로 Custom Data 모듈의 Custom1의 Silhouette Anim 파라미터로 텍스처의 밝기를 조정할 수 있도록 설정합시다. 아래 그림을 참고해 Silhouette Texture 파라미터를 연결한 Sample Texture 2D 노드의 출력 부분에 노드를 추가합니다. 추가한 Multiply 노드의 출력을 원래 연결하고 있던 2개의 Blend 노드에 다시 연결합니다.

▶ Silhouette Anim 파라미터로 조정할 수 있도록 노드 추가

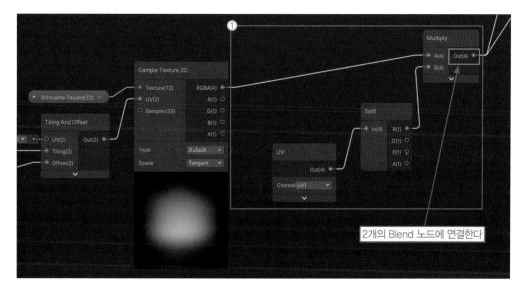

▶ 추가할 노드

그림 안 번호	내용
①	UV 노드, Split 노드, Multiply 노드 추가. UV 노드의 Channel 파라미터를 UV1로 설정. UV 노드에서 받은 Custom1(Shilhouette Anim 파라미터)의 값을 텍스처의 출력과 곱한다. 마지막으로 Multiply 노드 출력을 원래 연결돼 있던 2개의 Blend 노드 입력에 연결

마지막으로 Custom Data 모듈의 Scroll Speed 파라미터를 설정합니다. 노드들 중에서 가장 왼쪽 끝에 있는 Time 노드 근처에 다음 그림과 같이 새로운 노드를 추가합니다. 스크롤의 속도를 Custom Data 모듈에서 조작할 수 있게 됩니다.

▶ 스크롤 속도를 변경할 수 있도록 설정(SH_8-3-2_02 참조)

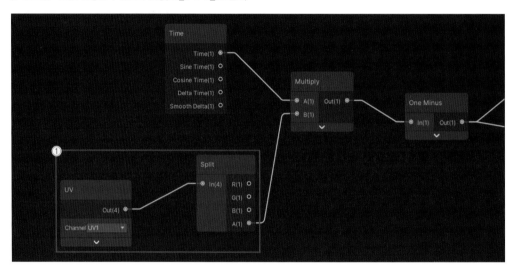

▶ 추가할 노드

그림 안 번호	내용
①	UV 노드와 Split 노드 추가. UV 노드의 Channel 파라미터를 UV1로 설정. Custom1(Scroll Speed 파라미터)의 값을 Time 노드와 곱한다

이것으로 Custom Data 모듈에 있는 4개의 파라미터에서 셰이더를 조작할 수 있게 되었습니다. 여러 가지 설정을 변경하고 결과의 차이를 확인해 봅시다.

8-3-3 Branch 노드 설정

8-3-2까지의 작업으로 Custom Data 모듈에서 실루엣 텍스처를 세세하게 조작할 수 있게 되었습니다. 다만 현재 설정에서는 세로 방향 오프셋이나 타일링을 조정할 수는 있지만 가로 방향으로는 조정할 수 없습니다.

물론 가로 방향을 조정하는 파라미터를 추가해도 좋지만 Custom Data 모듈의 Custom2의 부분은 컬러 설정용으로 사용하는 탓에 사용 가능한 파라미터의 빈 곳이 없습니다. 또 파라미터 1개로 float 값 1개를 설정하도록 돼 있어서 Color를 사용할 경우 R · G · B · A 모두 float 값 4개를 소비합니다.

▶ 이미 Custom Data 모듈의 파라미터를 모두 사용하고 있다

세로 방향과 가로 방향을 동시에 이동하는 장면은 이번 이펙트에서는 없으므로 Boolean 파라미터를 준비하고 체크 박스에 체크돼 있으면(True) UV를 90도 회전시킨 다음 가로 방향으로 스크롤하고 체크돼 있지 않으면(False) 회전하지 않도록 처리합니다.

▶ 분기 처리를 이용하여 UV를 회전시킨다

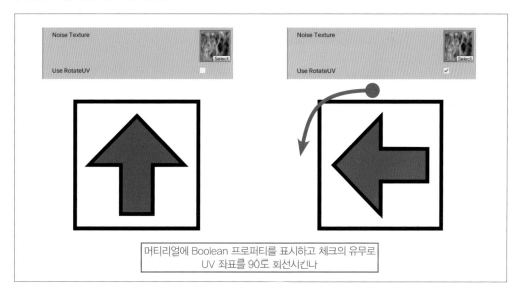

처리 자체는 그다지 복잡하지 않습니다. 먼저 Use Rotate UV 라는 이름으로 Boolean 프로퍼티를 생성합니다.

분기 처리에는 Branch 노드를 사용합니다. Branch 노드의 True 입력과 False 입력에 각각, 체크가 돼 있을 경우의 처리 (90도 회전)와 체크가 돼 있지 않은 경우의 처리를 연결합니다.

▶ Use RotateUV라는 이름으로 Boolean 프로퍼티 작성

▶ Branch 노드를 사용하여 분기 처리를 한다

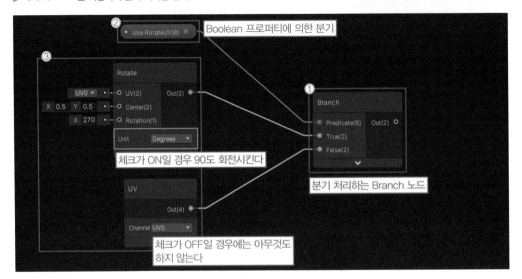

▶ 추가할 노드

그림 안 번호	내용
①	분기 처리할 Branch 노드 추가
②	방금 만든 Use RotateUV 프로퍼티를 연결
③	UV 노드와 Rotate 노드 추가. UV 노드의 출력을 Branch 노드의 False(2) 입력에 연결하고, Rotate 노드의 출력을 Branch 노드의 True(2) 입력에 각각 연결. Rotate 노드의 Rotation(1) 파라미터는 회전하는 방향 관계상 90이 아니라 270으로 설정. 또 Unit 파라미터를 Degrees로 변경해 둔다

마지막으로 Branch 노드의 출력을 실루엣 텍스처에 연결돼 있는 Tiling And Offset 노드의 UV 입력에 연결합니다.

▶ Tiling And Offset 노드의 UV 입력에 연결(SH_8-3-3_01 참조)

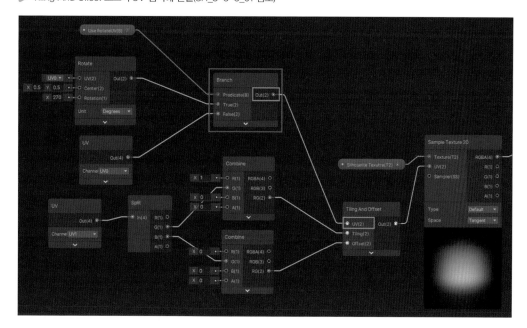

지금까지 완료했다면 Save Asset 버튼을 눌러서 변경을 반영하고 결과를 확인해 봅시다. 머티리얼에 표시된 Use RotateUV 체크박스를 ON/OFF하여 스크롤이 가로 방향과 세로 방향으로 변경되는 것을 확인합니다.

▶ Use RotateUV의 체크를 변경

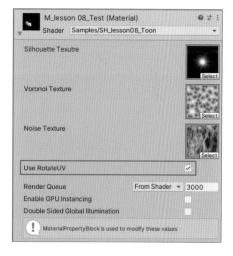

8

▶ 스크롤의 방향이 변화

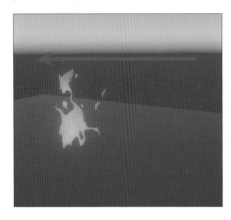 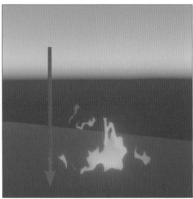

다만 가로 방향으로 변경을 했을 때 조금 위화감이 있을 것이라 생각합니다. 디스토션 텍스처의 UV 에는 이번에 설정한 회전 처리가 적용되지 않아 가로 방향으로 변경해도 세로 방향 그대로 유지됩니다.

같은 처리를 디스토션 텍스처 쪽에서도 진행하겠습니다. 조금 이해하기 어렵겠지만 앞 페이지의 Branch 노드에 의한 분기 처리 부분의 노드를 복사해서 아래 그림과 같이 붙여넣고 UV 디스토션용 텍스처에 연결돼 있는 Tiling And Offset 노드의 UV 입력에 연결합니다. UV 디스토션용 텍스처에 연결돼 있는 Tiling And Offset 노드가 2개 있지만 다음 페이지 위의 그림을 참고해서 연결해 주세요.

▶ 분기 처리를 다른 곳에도 연결(SH_8-3-3_02 참조)

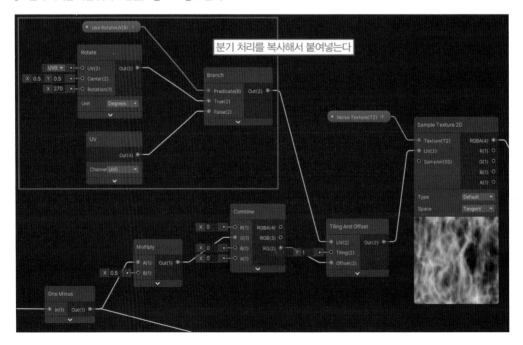

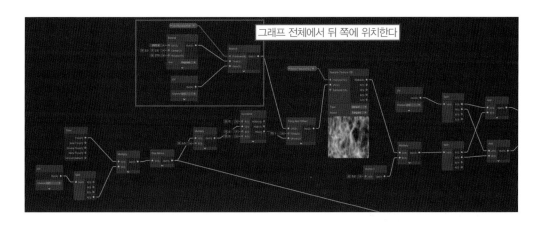

그래프 전체에서 뒤 쪽에 위치한다

다시 결과를 확인해 봅시다. 이제는 자연스럽게 흘러 가는 모습입니다.

▶ 가로 방향이 자연스런 흐름으로 바뀌었다

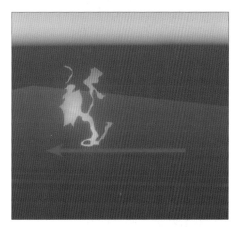

8-3-4 각종 프로퍼티 설정

8-3-3까지의 설정으로 상당히 유연한 파라미터 설정이 가능하게 됐는데, 이번에는 셰이더 내의 Vector1 노드 등에서 값이 설정된 부분을 프로퍼티로 바꿔서 머티리얼에서 좀 더 세세하게 조정할 수 있게 변경합니다.

현재 컬러의 설정을 셰이더 내에서 Color 노드를 사용해서 직접 지정하고 있으므로 이를 Custom Data 모듈의 Custom2 컬러에서 설정하도록 변경하고, 코어 부분의 범위와 밝기를 머티리얼에서 설정할 수 있도록 프로퍼티로 대체합니다. Vector1 프로퍼티를 2개 만들고 이름을 각각 Core Strength와 Core Emission으로 변경합니다.

▶ 2개의 Vector1 프로퍼티를 작성

▶ Core Strength

파라미터	값
Default	1

▶ Core Emission

파라미터	값
Default	2

아래 그림에서 빨간색으로 강조한 부분을 다음 페이지 위의 그림에서 빨간색으로 강조한 부분으로 바꿉니다.

▶ 컬러 설정과 코어 부분의 조정을 치환한다(SH_8-3-4_01 참조)

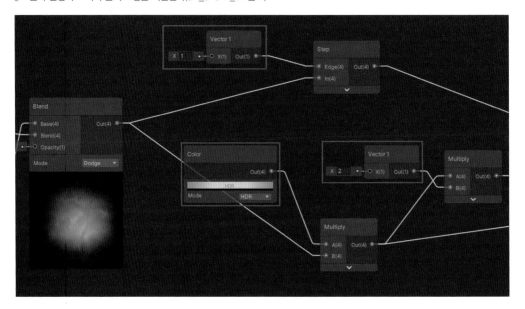

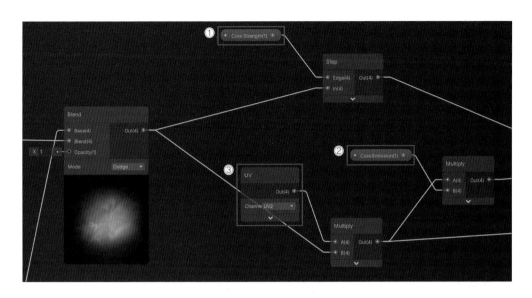

▶ 추가할 노드

그림 안 번호	내용
①	Core Strength 프로퍼티를 배치. Step 노드와 연결
②	Core Emission 프로퍼티를 배치. Multiply 노드에 연결
③	UV 노드를 추가해 Multiply 노드에 연결. Channel 파라미터는 2로 설정하고 Custom Data 모듈의 Custom2의 컬러를 받을 수 있도록 한다

컬러 설정을 Custom Data 모듈에서, 코어 부분의 범위를 Core Strength에서, 밝기를 Core Emission 프로퍼티에서 각각 조정할 수 있게 되었습니다.

다음으로 알파 설정 부분을 변경하겠습니다. Unlit Master 노드의 알파 입력에 연결돼 있는 Step 노드의 Edge 입력을 프로퍼티로 바꿉니다. Silhouette Strength라는 이름으로 Vector1 프로퍼티를 만들고 Step 노드의 Edge 입력에 연결합니다.

▶ Silhouette Strength

파라미터	값
Default	0.2

▶ Silhouette Strength이라는 이름으로 Vector1 프로퍼티를 작성

▶ 알파의 실루엣을 조정할 수 있도록 한다(SH_8-3-4_02 참조)

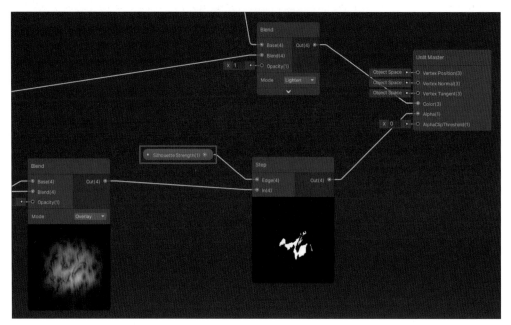

또 Custom Data 모듈에서 실루엣 텍스처의 오프셋 값 등을 변경한 경우 오른쪽 그림과 같이 끝 부분이 잘려서 표시될 수 있습니다.

이 문제에 대처하기 위해 방금 설정한 Step 노드 뒷 부분에 처리를 추가합니다. Blend 노드와 Step 노드 사이에 다음 페이지 위의 그림과 같이 노드를 추가합니다. 그라데이션으로 위아래 부분에 마스크를 생성해서 끊어진 부분이 눈에 띄는 문제를 해결하고 있습니다.

▶ 실루엣 텍스처가 끝 부분에서 끊어져 버린다

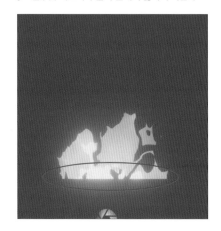

▶ 노드를 추가하고 텍스처의 위아래 부분에 마스크를 작성(SH_8-3-4_03 참조)

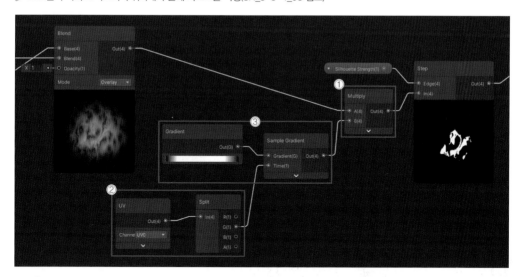

▶ 추가할 노드

그림 안 번호	내용
①	Blend 노드와 Step 노드 사이에 Multiply 노드 추가
②	UV 노드와 Split 노드 추가. V 방향의 요소만을 빼낸다
③	Gradient 노드, Sample Gradient 노드 추가. 그라데이션 마스크 작성. 컬러 설정은 아래 그림 참조

▶ Gradient 노드의 컬러 설정

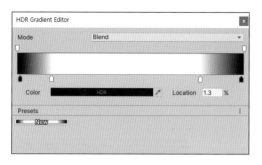

▶ 수정 결과

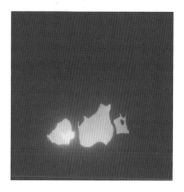

다만, 현재 상황에서는 머티리얼의 Use RotateUV에 체크가 돼 있을 때 그라데이션 부분이 회전하지 않기 때문에 또 같은 문제가 발생할 수 있습니다.

가로 방향일 때의 문제에도 대처하기 위해 앞서 추가한 그
라데이션 부분에도 아래 그림과 같이 Branch 노드로 분기
처리를 추가합니다. 복사해서 붙여넣는 형태도 무방합니
다. 기존 UV 노드를 삭제하고 대체해 주세요.

▶ 가로 방향으로 회전하면 똑같은 문제가 생긴다

▶ Branch 노드로 분기 처리를 추가(SH_8-3-4_04 참조)

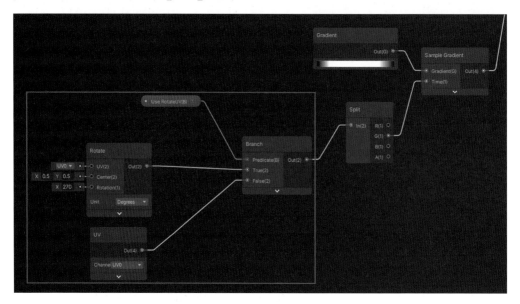

이것으로 가로 방향의 경우에도 그라데이션의 UV를 회전해
서 대처할 수 있게 되었습니다.

Branch 노드를 이용한 처리에 관해서는 복사해서 붙여넣기
로 끝냈지만 서브 그래프를 만들어도 문제 없습니다. 오히려
이 방법이 깔끔하다고 할 수 있습니다.

▶ 가로 방향으로 설정했을 경우에도 대처할
　수 있게 되었다

이에 더해 2군데 정도 알파 설정 부분을 변경하겠습니다. 우선 보로노이 텍스처를 사용할지 말지를, 머티리얼에서 선택할 수 있도록 합니다. 새로 Use Voronoi라는 이름으로 Boolean 프로퍼티를 생성합니다.

▶ Use Voronoi

파라미터	값
Default	체크

다음으로 아래 그림의 빨간색 동그라미 부분에 Branch 노드를 추가하고 다음 페이지 위의 그림과 같이 설정합니다. 이때 Branch 노드의 True 입력과 False 입력의 연결이 틀리지 않도록 주의해 주세요.

▶ Use Voronoi라는 이름으로 Boolean 프로퍼티를 작성

이 파라미터를 ON/OFF 하는 걸로 보로노이 텍스처의 실행에 따라 실루엣 내부를 비울 것인지 말 것인지를 선택할 수 있도록 하고 있습니다.

▶ 보로노이 텍스처를 사용할지 말지를 파라미터에서 선택할 수 있게 한다(SH_8-3-4_05 참조)

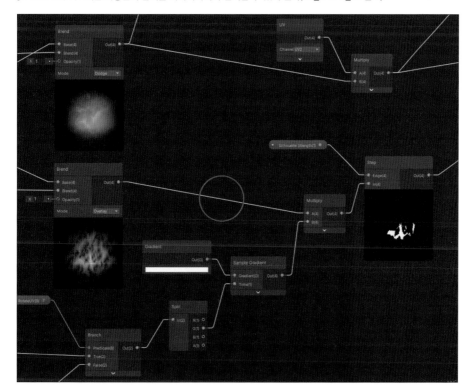

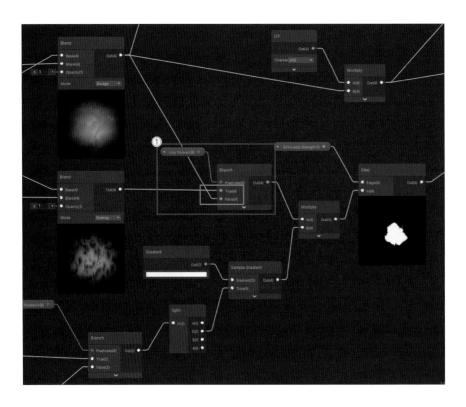

▶ 추가할 노드

그림 안 번호	내용
①	Branch 노드 추가. 조금 전에 만든 Use Voronoi 프로퍼티를 연결. 위 그림을 참조하여 2개의 Blend 노드 출력을 연결하고 Branch 노드 출력을 Multiply 노드에 연결

설정한 결과를 확인해 봅시다. 프로퍼티에서 보로노이 텍스처의 유무를 선택할 수 있게 되었습니다.

▶ Use Voronoi ON(왼쪽)과 Use Voronoi OFF(오른쪽)

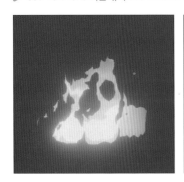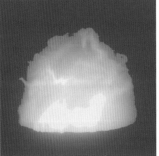

마지막으로 Unlit Master 노드와 Step 노드 사이에 Lerp 노드를 추가하여 툰의 모습을 얼마나 유지할 것인지 조정할 수 있는 파라미터를 마련합니다. 우선 Vector1 프로퍼티를 Stylize Value라는 이름으로 생성합니다.

▶ Vector1 프로퍼티를 Stylize Value라는 이름으로 작성

▶ Stylize Value

파라미터	값
Default	1

Lerp 노드를 새로 만들고 아래 그림과 같이 연결합니다.

▶ Lerp 노드를 추가(SH_8-3-4_06 참조)

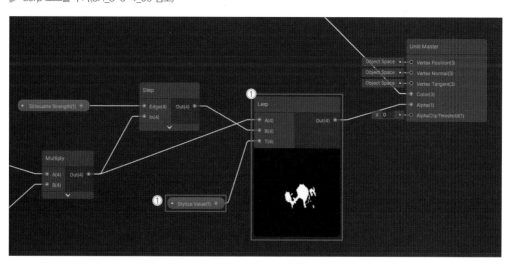

▶ 추가할 노드

그림 안 번호	내용
①	Lerp 노드 추가. Stylize Value 프로퍼티를 연결. B(4) 입력에 2진화한 후의 값을, A(4) 입력에 2진화하기 전(Step 노드를 적용하기 전)의 값을 연결

그 결과 Step 노드로 2진화하기 전의 값을 알파로 사용할 수 있습니다. 사용처가 조금 어려운 파라미터라고 생각하지만 8-4에서 만드는 참격 이펙트의 궤적 부분에서 이 파라미터를 사용하고 있습니다.

또 이번 처리에서 사용한 Leap 노드는 처음이지만 사용 빈도가 매우 높은 편리한 노드입니다.

▶ 참격 이펙트의 궤적 부분

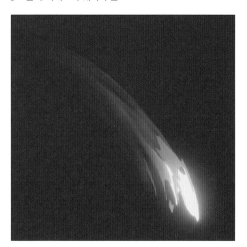

8-3-5 UV를 랜덤으로 오프셋

상당히 범용성 있는 셰이더가 된 것 같지만, 아직 개선해야 할 점이 남아 있습니다. 지금까지는 파티클을 1개만 생성해서 결과를 확인했는데, 여러 개 생성할 경우 현재의 작성 방법으로는 오른쪽 그림과 같은 모양으로 생성됩니다.

이 문제를 해결하려면 파티클마다 UV 좌표를 랜덤하게 오프셋해야 합니다. 파티클의 Custom Vertex Streams를 설정했을 때 StableRandom.xy(TEXCOORD0.zw)를 설정하고 있으므로 이를 사용해서 UV 좌표를 랜덤으로 오프셋해 갑니다. 또 StableRandom을 사용함으로써 0에서 1까지 범위

▶ 동일한 모양의 파티클이 여러 개 발생

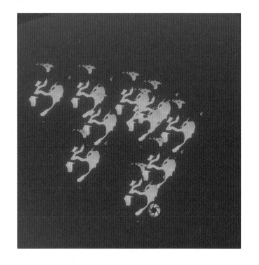

의 랜덤 값을 파티클마다 부여할 수 있습니다. 우선, 다음 페이지 그림의 UV 노드를 삭제합니다.

▶ UV 노드를 제거

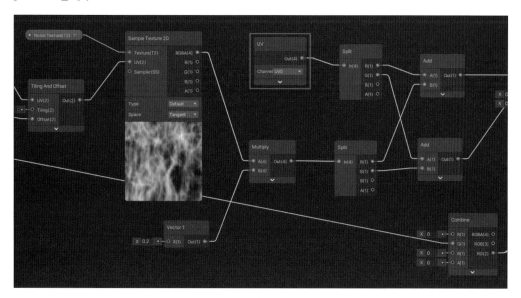

다음으로 아래 그림과 같이 노드를 추가하여 Custom Vertex Streams에서 설정한 StableRandom.xy(TEXCOORD0.zw)의 값을 가져옵니다. 취득한 값을 Tiling And Offset 노드의 Offset(2) 입력에 연결함으로써 파티클마다 오프셋에 다른 값이 설정됩니다.

▶ Custom Data 모듈의 StableRandom의 값을 취득(SH_8-3-5_01 참조)

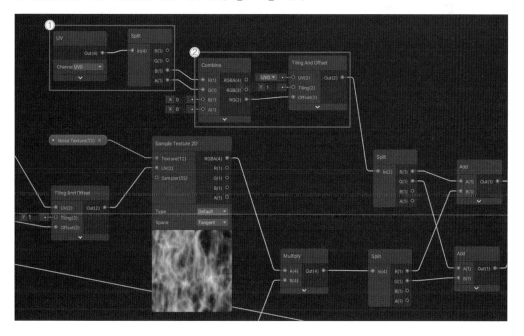

▶ 추가할 노드

그림 안 번호	내용
①	UV 노드와 Split 노드를 추가. B(1), A(1) 출력에서 StableRandom.xy(TEXCOORD0.zw)의 값을 취득
②	Combine 노드와 Tiling And Offset 노드 추가. Combine 노드에서 정리한 값을 Tiling And Offset 노드의 Offset(2) 입력에 연결

다음으로 만든 Tiling And Offset 노드의 UV(2) 입력에 8-3-4에서 만든 Branch 노드의 분기 처리를 연결합니다.

▶ 기존의 분기 처리를 연결(SH_8-3-5_02 참조)

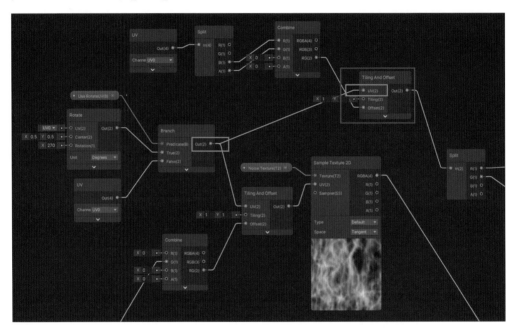

또 Vector2 프로퍼티를 2개 만들고 각각 Distortion Tiling, Voronoi Tiling이라는 이름으로 설정합니다.

▶ Vector2 프로퍼티 작성

▶ Distortion Tiling

파라미터	값
Default	X:1
	Y:1

▶ Voronoi Tiling

파라미터	값
Default	X:1
	Y:1

지금까지 만든 Distortion Tiling 프로퍼티를 조금 전에 만든 Tiling And Offset 노드와 기존 노이즈 텍스처에 연결돼 있는 Tiling And Offset 노드의 양쪽에 모두 연결합니다.

▶ Distortion Tiling 프로퍼티를 2곳에 연결

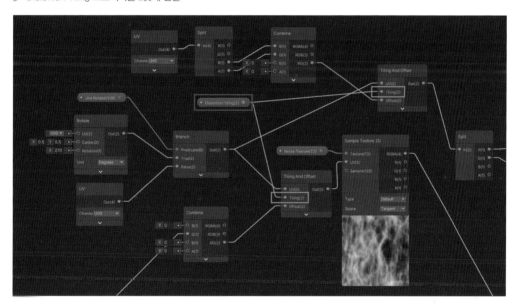

똑같은 처리를 보로노이 텍스처 부분에도 추가합니다. 만든 Voronoi Tiling 프로퍼티를 보로노이 텍스처의 뒤쪽에 있는 Tiling And Offset 노드에 연결합니다.

▶ Voronoi Tiling 프로퍼티를 연결(SH_8-3-5_03 참조)

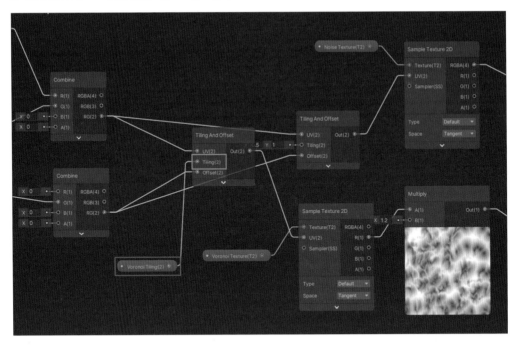

Voronoi Tiling 프로퍼티를 연결한 Tiling And Offset 노드에도 동일하게 랜덤으로 오프셋하는 처리를 추가합니다. 원래 Tiling And Offset 노드의 Offset(2) 입력에 연결된 Combine 노드의 출력과 가산하는 형태로 연결합니다.

▶ 마찬가지로 랜덤 처리를 추가(SH_8-3-5_04 참조)

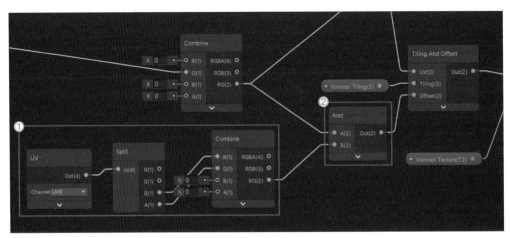

▶ 추가할 노드

그림 안 번호	내용
①	UV 노드, Split 노드, Combine 노드를 추가하여 StableRandom.xy 값을 취득. 일련의 노드(P.493의 아래 그림을 참조)를 복사해서 붙여넣기 하더라도 문제 없다
②	Add 노드 추가. StableRandom.xy에서 취득한 랜덤 값과 원래 TilingAndOffset 노드에 연결돼 있던 Combine 노드의 출력을 가산

지금까지의 작업을 반영하고 결과를 확인해 봅시다. 오른쪽 그림과 같이 파티클마다 결과가 다르게 나타나는 것을 확인할 수 있습니다.

여기까지 실행했다면 완성까지 얼마 남지 않았습니다. 계속해서 3개의 파라미터를 생성하고 고정값 파라미터로 변환을 진행합니다.

우선 보로노이 텍스처의 세기를 조정하는 Vector1 프로퍼티를 Voronoi Strength라는 이름으로 생성합니다. 다음으로 UV 디스토션용 텍스처의 세기를 조정하는 Vector1 프로퍼티를 Distortion Strength라는 이름으로 생성합니다. 마지막으로 노이즈 텍스처 부분에 타일링용 Vector2 프로퍼티를 Main Tiling이라는 이름으로 생성합니다.

▶ 처리 결과

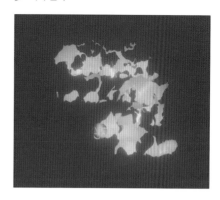

▶ 3개의 프로퍼티를 새로 작성

▶ Voronoi Strength

파라미터	값
Default	1

▶ Distortion Strength

파라미터	값
Default	0.2

▶ Main Tiling

파라미터	값
Default	X:0.5
	Y:1

우선 보로노이 텍스처의 출력과 연결된 Multiply 노드의 Vector1 노드를 Voronoi Strength 프로퍼티로 대체합니다.

▶ Vector1 노드와 Voronoi Strength 프로퍼티를 치환한다

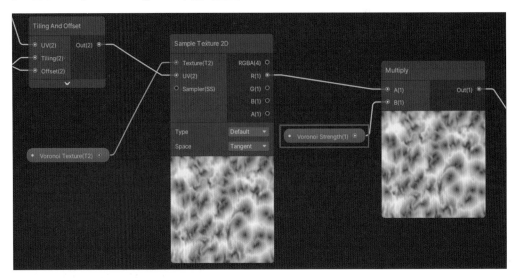

디스토션 텍스처의 부분도 마찬가지로 Multiply 노드에 연결돼 있는 Vector1 노드와 Distortion Strength 프로퍼티를 치환합니다.

▶ Vector1 노드와 Distortion Strength 프로퍼티를 치환한다

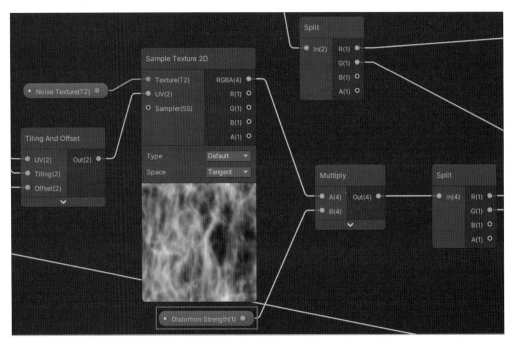

또 다음 그림에서 Tiling And Offset 노드의 Tiling(2) 입력에 Main Tiling 프로퍼티를 연결
합니다.

▶ 타일링용 프로퍼티를 작성(SH_8-3-5_05 참조)

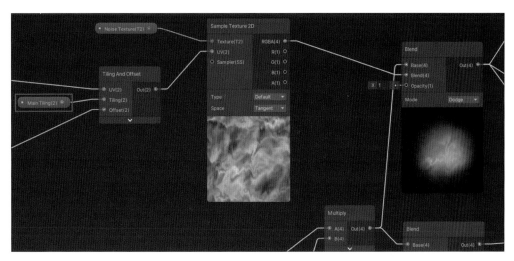

마지막으로 프로퍼티를 아래 그림과 같이 바꿔서 정렬해 놓겠습니다. 프로퍼티를 선택하고 드래그하
면 순서를 바꿔 넣을 수 있습니다. 최종적인 머티리얼 파라미터의 모습은 아래 그림과 같이 됩니다.

이상으로 모든 작업을 완료했습니다. 8-4부터는 개선한 셰
이더를 이용해 이펙트 요소를 생성하겠습니다.

▶ 프로퍼티 순서를 바꿔 넣는다

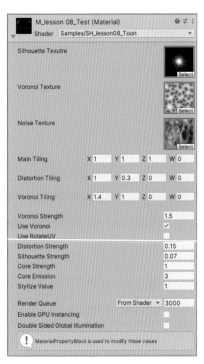

참격 이펙트 제작

8-3에서 범용성이 있는 툰 셰이더 제작을 완성했으므로 이를 사용해 툰 계열의 이펙트를 제작해 갈 것입니다. 먼저 참격 이펙트부터 작성을 시작해 나갑니다.

8-4-1 참격 메시 제작

참격 이펙트에 필요한 메시를 후디니로 생성합니다. 후디니로 만든다고 해도 작성 방법 자체는 6장에서 만든 기둥 메시와 거의 다르지 않습니다.

이번에는 이 씬 데이터를 기반으로 서브네트워크에 통합해 참격 메시를 작성하겠습니다.

▶ 6장에서 만든 기둥 메시

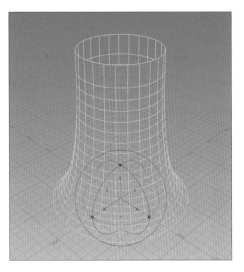

▶ 이번에 만들 참격 메시

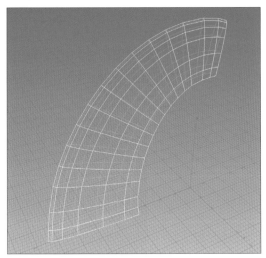

우선 6장에서 만든 기둥 메시의 hip 파일 (Lesson06_tube.hip)을 열고 임의의 이름으로 저장합니다. 지오메트리 노드의 이름도 SM_lesson08_slash01로 바꿔 둡시다.

▶ 이름을 변경

지오메트리 노드 안으로 들어가 노드 네트워크의 Sweep 노드 이하의 부분을 선택합니다. 맨 아래 Transform 노드만 선택에서 제외해 주세요.

노드를 선택한 상태로 네트워크 뷰의 (아래 오른쪽 그림에서 강조한) 아이콘 부분을 클릭합니다. 선택한 여러 개의 노드가 서브네트워크로서 1개로 통합됩니다.

▶ 노드를 선택

▶ 아이콘을 클릭하면 서브네트워크가 생성된다

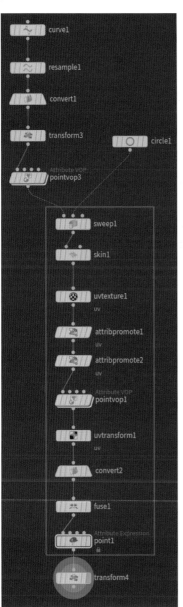

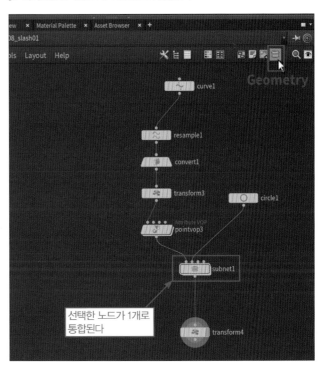

선택한 노드가 1개로 통합된다

서브네트워크 노드를 더블클릭하면 안으로 들어갈 수 있습니다. 조금 전에 선택한 노드군(群)이 서브네트워크 안에 저장된 것을 알 수 있습니다.

▶ 서브네트워크 내에 정리된 노드군

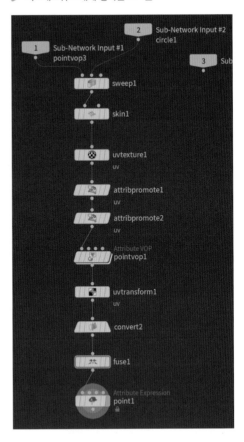

다음으로 서브네트워크 노드를 선택하고 파라미터를 추가합니다. 현재는 아래 그림과 같이 아무것도 없는 모습이지만 최종적으로 아래 오른쪽 그림과 같이 파라미터를 추가해 갑니다.

▶ 현재 상태의 모습(왼쪽)과 최종 모습(오른쪽)

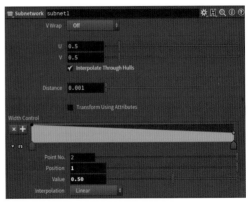

파라미터 뷰 상단에 있는 기어 모양의 아이콘을 클릭하고 Edit Parameter Interface를 선택합니다.

▶ Edit Parameter Interface 를 선택

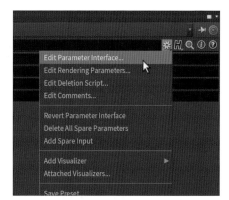

선택하면 아래 그림과 같은 창이 나타납니다. 창 가운데 빨간색 테두리로 둘러싼 부분에 파라미터를 추가해 나갑니다.

▶ 창이 표시된다

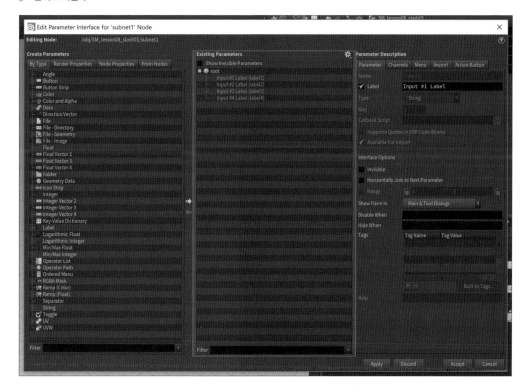

파라미터를 추가하는 방법은 창 왼쪽에 있는 파라미터 목록에서 추가하는 방법과 기존 노드의 파라미터를 추가하는 방법이 있는데, 우선 창 왼쪽부터 파라미터를 추가해 봅시다. 시험 삼아 다음 그림과 같이 Float 파라미터를 드래그 앤 드롭하고, 창 우측 하단에 있는 Apply 버튼을 클릭합니다.

▶ 파라미터 등록

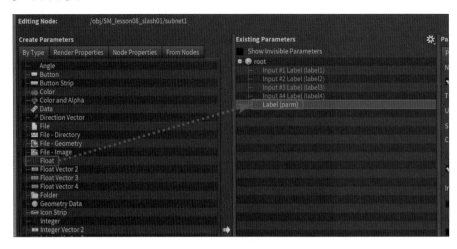

서브네트워크 노드를 보면 Label이라는 이름의 Float 파라미터가 표시되어 있는 것을 알 수 있습니다.

처음부터 표시돼 있는 4개의 InputLabel이라는 이름의 파라미터를 선택하고 오른쪽에 있는

▶ 서브네트워크 노드의 모습이 변화

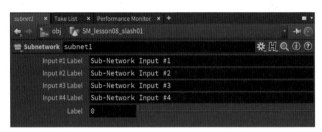

Invisible 파라미터에 체크를 합니다. 다시 Apply 버튼을 클릭하면 결과가 반영되고 4개의 Input Label 표시가 사라집니다.

▶ Input Label 파라미터를 비표시로 한다

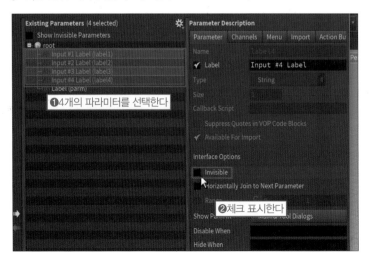

다음으로 기존의 노드에서 파라미터를 가져오는 방법을 실행합니다. 조금 전에 추가했던 Float 파라미터는 필요없으므로 선택한 다음 [Delete] 키를 눌러 삭제해 둡시다. 서브네트워크 노드 안의 노드 군 중에서 맨 위에 있는 Sweep 노드를 선택하고 Transform Using Attribute 체크박스를 드래그 앤 드롭합니다.

▶ 노드의 파라미터를 직접 드래그 앤 드롭으로 등록

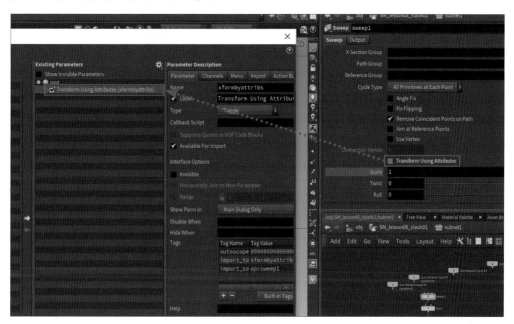

파라미터를 드래그 앤 드롭으로 직접 등록했습니다. 같은 요령으로 서브네트워크 내의 다른 노드의 파라미터도 등록합니다. 다음 그림을 참고해 등록해 주세요.

▶ 기타 노드의 파라미터를 드래그 앤 드롭으로 등록

이것으로 조정에 필요한 파라미터를 등록하였습니다. Apply 버튼을 눌러 결과를 반영해 주세요.

▶ 등록한 파라미터를 파라미터 뷰에 반영

 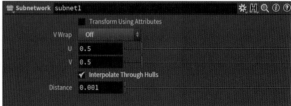

파라미터 뷰에 파라미터가 표시됐지만 단순히 나열만 한 상태라서 보기 어려운 UI 입니다. 창의 왼쪽
파라미터 목록에서 세퍼레이터를 드래그 앤 드롭해 봅시다. 또 다음 그림을 참고로 각 파라미터의 순
서를 바꿔보겠습니다.

▶ 세퍼레이터를 삽입하고 순서를 바꾼다

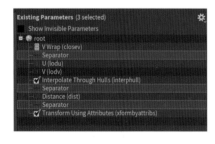 

세퍼레이터를 사이에 삽입해서 UI 모습을 정돈할 수 있습니다. 그 밖에도 탭을 사용해 파라미터를 정
리하거나, 값의 입력 방법을 슬라이더로 변경하거나, 여러 가지 커스터마이즈를 할 수 있습니다. 여
기서는 커스터마이즈에 대해서는 깊이 파고들지 않고 다음 작업으로 넘어갑니다.

8-4-2 서브네트워크 입력 조정

사전에 준비할 서브네트워크 설명과 파라미터 등록을
마쳤으므로 이제 본격적으로 참격 메시를 작성하겠습
니다. 우선 서브네트워크 노드의 입력에 연결되어 있
는 노드(다음 그림 테두리 부분)를 모두 삭제합니다.

서브네트워크 노드에 대한 입력 형태만 변경하면 UV
좌표를 0에서 1의 범위로 설정하는 귀찮은 작업은 서
브네트워크에서 완전히 해결합니다.

먼저 Circle 노드와 Transform 노드를 만들고 다음
그림을 참고로 설정해서 서브네트워크 노드의 두 번째
입력에 연결합니다.

▶ 노드를 삭제하고 입력을 변경해 나간다

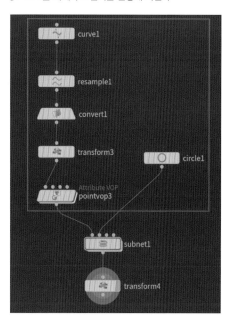

▶ 노드를 만들고 2번째 입력에 연결

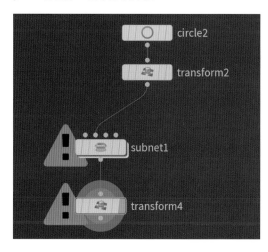

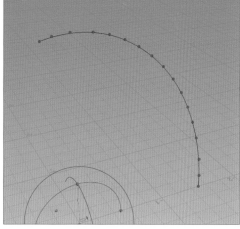

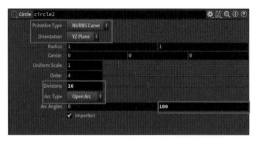

▶ Circle 노드

파라미터	값	
Primitive Type	NURBS Curve	
Orientation	YZ Plane	
Divisions	16	
Arc Type	Open Arc	
Arc Angles	0	100

▶ Transform 노드

파라미터	값		
Scale	X:1	Y:2	Z:1.5

이 반원형의 스플라인 각 포인트에 다른 스플라인을 배치해 나갑니다. 같은 요령으로 Circle 노드와
2개의 Transform 노드를 만들고 설정합니다. 설정을 완료했다면 서브네트워크 노드의 1번째 입력
에 연결해 주세요.

▶ 노드를 만들고 1번째 입력에 연결

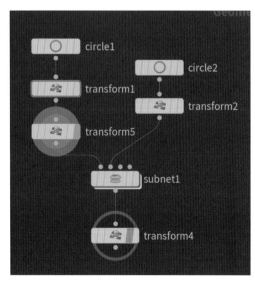

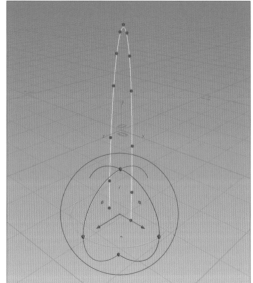

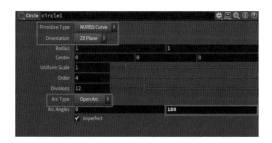

▶ Circle 노드

파라미터	값	
Primitive Type	NURBS Curve	
Orientation	ZX Plane	
Arc Type	Open Arc	
Arc Angles	0	180

▶ Transform 노드

파라미터	값		
Rotate	X:90	Y:0	Z:0
Scale	X:0.1	Y:1	Z:1

▶ Transform 노드

파라미터	값		
Translate	X:0	Y:-0.6	Z:0
Scale	X:1	Y:1.2	Z:1

여기서 디스플레이 플래그를 서브네트워크 노드의 출력에 연결되어 있는 맨 아래 Transform 노드로 옮기겠습니다. 다음 그림과 같은 모습으로 될 것입니다.

▶ 참격과 같은 메시가 생성됐다

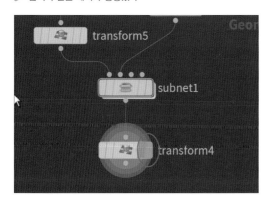

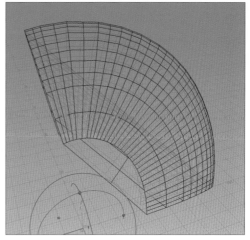

반원형의 메시가 생성되었는데 아직 불완전한 상태이므로 조금 전에 서브네트워크 노드에 등록한 파라미터를 조정해서 완성해 갑니다.

▶ 파라미터를 조정하여 완성해 나간다

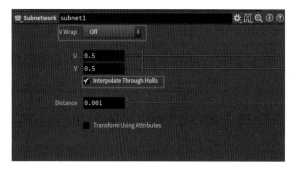

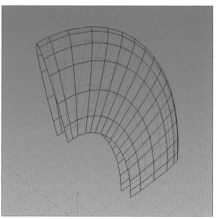

▶ Subnetwork 노드

파라미터	값
VWrap	Off
Interpolate Through Hulls	체크

거의 완성했지만 오른쪽 그림과 같이 메시의 형상이 지면에 가까워짐에 따라 커지도록 변경해 나갑니다.

▶ 메시의 완성 형태

서브네트워크 노드 내에 있는 Sweep 노드의 Scale 파라미터에 익스프레션을 입력함으로써 구현합니다. 먼저 $PCT를 입력해 봅시다. 결과는 다음과 같습니다.

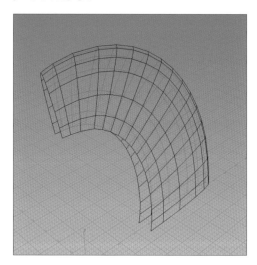

▶ Sweep 노드의 Scale 파라미터에 익스프레션을 입력

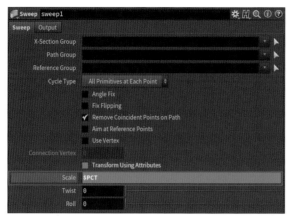 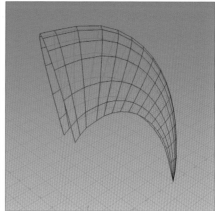

▶ Sweep 노드

파라미터	값
Scale	$PCT

$PCT는 로컬 변수라 불리는 것으로 고유의 노드 안에서만 사용할 수 있습니다(이번 경우는 Sweep 노드 내에서만 사용 가능). $PCT는 Sweep 노드 내에서만 사용할 수 있는 로컬 변수로, Sweep 노드의 2번째 입력 스플라인의 길이를 시점(0.0)에서 종점 (1.0)으로 나타냅니다.

$PCT에 의해 1번째 입력 형상이 0에서 1크기로 스케일링돼 있습니다.

여기에 램프 파라미터를 곱하면 유연하게 형상을 변화시킬 수 있습니다.

▶ $PCT 값의 분포

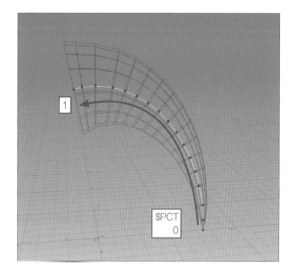

서브네트워크 노드를 선택한 후 다시 Edit Parameter Interface를 선택하여 창을 띄우고 왼쪽 파라미터군에서 Ramp(Float)를 드래그 앤 드롭합니다. 참고로 Ramp(Color)와 헷갈리지 않도록 합시다. 이름은 Width Control로 해 둡니다. 완료했다면 Accept 버튼을 눌러 변경을 반영하고 창을 닫습니다.

▶ Ramp(Float) 파라미터를 새롭게 추가

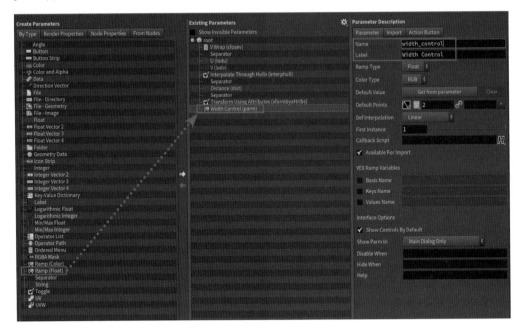

이 추가한 램프 파라미터를 Sweep 노드의 Scale 파라미터와 링크시킵니다. Sweep 노드의 Scale 파라미터에 익스프레션을 입력합니다.

chramp("…/width_control", $PCT, 1)라고 입력합시다.

▶ Sweep 노드의 Scale 파라미터에 익스프레션을 입력

여기서는 chramp라는 함수를 사용하고 있습니다. 구문은 다음과 같습니다.

- chramp(ramp_path, position, component_index)

- ramp_path   램프 파라미터의 패스

- position   램프의 범위, 여기에서는 $PCT로 하고 있으므로 램프의 범위가 스플라인 시작점에서 종점으로 매핑된다.

▶ Sweep 노드

파라미터	값
Scale	chramp("··/width_control",$PCT,1)

chramp 함수로 램프의 패스와 적용 범위를 지정함으로써 Sweep 노드의 2번째 스플라인에 따라 크기를 바꾸는 것이 가능해졌습니다. 램프 파라미터를 변경하고 결과를 확인합시다.

▶ 램프 파라미터 변경

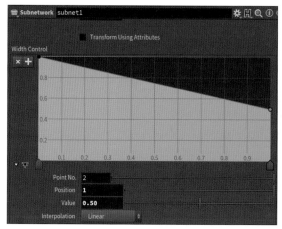
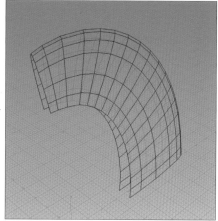

마지막으로 연결된 Transform 노드에서 180도 회전시키면 참격 메시가 완성됩니다.

▶ Transform 노드에서 회전시킨다

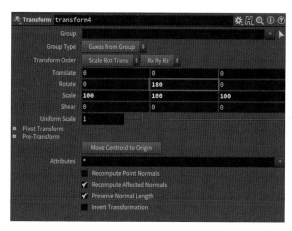
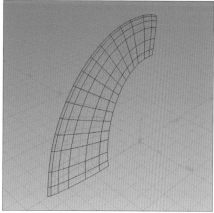

▶ Transform 노드

파라미터	값		
Rotate	X:0	Y:180	Z:0

파일 메뉴의 Export → Filmbox FBX를 선택해 메시를 Unity 프로젝트의 Asset/Lesson08/
Models 폴더에 SM_lesson08_slash01.fbx라는 이름으로 내보냅니다.

▶ 완성한 메시를 저장해서 내보낸다

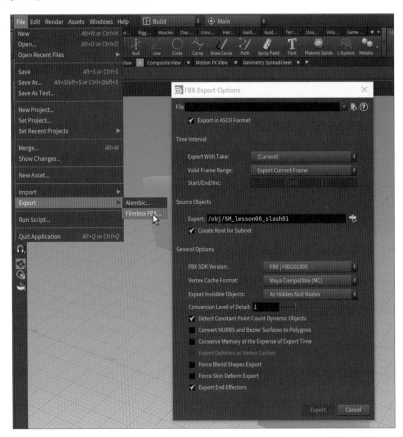

8-4-3 툰 셰이더를 사용한 참격 부분 이펙트 제작

8-4-2에서 참격에 사용하는 메시를 완성했으므로 메시 파티클에   ▶ 이펙트의 루트 부분 작성
서 참격 부분을 만들어 가겠습니다.

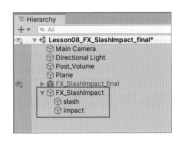

우선 오른쪽 그림과 같은 부모 자식 구성으로 이펙트의 루트 부분
을 생성합니다. 'FX_SlashImpact' 루트 객체의 자식 객체로서
'slash'와 'impact'를 생성합니다. 또 impact 객체의 Transform
컴포넌트의 z를 3.5로 변경해 주세요. 3가지 모두 Particle
System 컴포넌트를 추가하여 더미 파티클로 설정해 주세요.

▶ impact 오브젝트의 설정

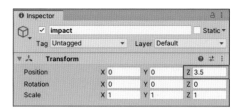

다음으로 새로운 파티클을 slash01이라는 이름으로 만들고 slash 오브젝트의 자식으로 배치합니다. 또 Assets/Lesson08/Materials 폴더에 M_lesson08_Slash01이라는 이름으로 새롭게 머티리얼을 만들고 파티클에 적용합니다. 아래 그림과 같이 설정해 나갑니다.

▶ slash01 파티클 설정

▶ Transform 컴포넌트

파라미터	값		
Position	X:0	Y:−0.5	Z:0

▶ Main 모듈

파라미터	값		
Duration	2.00		
Start Lifetime	0.4		
Start Speed	0		
3D Start Size	체크	있음	
	X:1.1	Y:1.9	Z:1.9

▶ Emission 모듈

파라미터	값			
Rate over Time	0			
Bursts	Time	Count	Cycles	Interval
	0.000	1	1	0.010

▶ Shape 모듈

파라미터	값
체크	없음

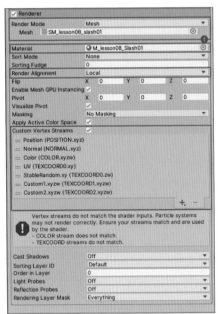

▶ Renderer 모듈

파라미터	값	
Render Mode	Mesh	
Mesh	SM_leson08_slash01	
Material	M_leson08_Slash01	
Render Alignment	Local	
Custom Vertex Streams	체크	있음
	추가할 파라미터	StableRandom.xy(TEXCOORD0. zw) Custom1.xyzw(TEXCOORD1.xyzw) Custom2.xyzw(TEXCOORD2. xyzw)

머티리얼의 텍스처와 파라미터를 오른쪽 그림과 같이 설정합니다.

▶ M_lesson08_Slash01 머티리얼

파라미터	값	
Shilhouette Texture	T_lesson08_mask02	
Main Tiling	X:1	Y:1
Distortion Tiling	X:1	Y:0.5
Voronoi Tiling	X:2	Y:1
Distortion Strength	0.05	
Shilhouette Strength	0.1	
Core Strength	0.4	

여기까지 설정해서는 아직 아무것도 표시되지 않을 것입니다. Custom Data 모듈에 체크를 하고 다음 그림과 같이 설정해 보겠습니다. 또 Custom1의 각 파라미터에도 이름을 지어 둡시다.

▶ M_lesson08_Slash01 머티리얼의 설정

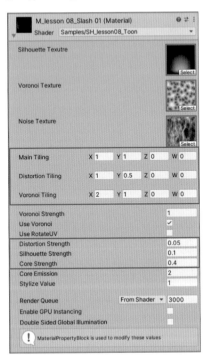

▶ Custom Data 모듈 설정

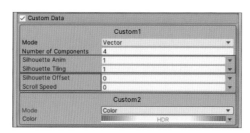

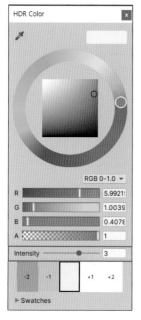

▶ Custom Data 모듈

파라미터	값	
Custom1	X	Silhouette Anim으로 이름을 변경, 값을 1로 설정
	Y	Silhouette Tiling으로 이름을 변경, 값을 1로 설정
	Z	Silhouette Offset으로 이름을 변경
	W	Scroll Speed로 이름을 변경
Custom2	Color	왼쪽 그림 참조

▶ 설정 결과

참격 이미지 표시가 되었습니다. 다만 아직 애니메이션을 붙이지 않은 상태이므로 Silhouette Offset 파라미터의 설정 방법을 Curve로 변경하고 오른쪽 그림과 같이 설정합니다. 실루엣 텍스처의 오프셋이 변경되어 움직임이 부가된 것을 확인할 수 있을 것입니다.

다른 파라미터도 조정해 나갑니다. Silhouette Tiling 파라미터를 1 이하의 값으로 설정해서 실루엣을 세로로 늘리고 있습니다. 또 Silhouette Anim을 후반에서 0에 근접하게 해서 실루엣이 점점 사라지게 하고 있습니다. Scroll Speed에 관해서는 실루엣 자체가 이동하고 있으므로 별로 필요가 없기 때문에 0.1로 설정했습니다.

▶ Silhouette Offset 파라미터 설정

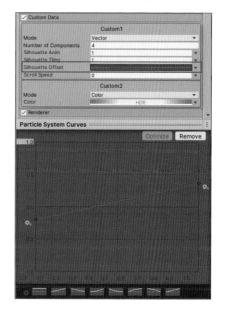

▶ 기타 파라미터도 조정

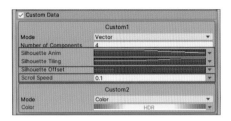

▶ 파라미터 조정

파라미터	값
Silhouette Anim	아래 왼쪽 그림 참조
Silhouette Tiling	아래 오른쪽 그림 참조
Scroll Speed	0.1

▶ Silhouette Anim 설정(왼쪽)과 Silhouette Tiling 설정(오른쪽)

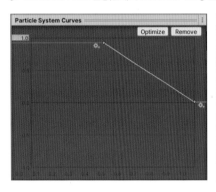 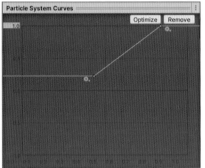

참격 애니메이션을 셰이더로만 표현할 수 있었습니다. 다만 좀 더 메시 자체로 움직이게 하고자 하므로 회전 애니메이션을 설정합니다. Main 모듈의 Start Rotation과 Rotation over Lifetime 모듈을 변경합니다.

▶ 설정 결과

▶ 회전 애니메이션 설정

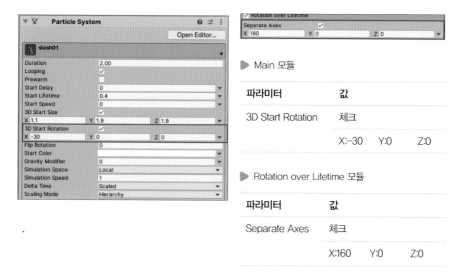

Main 모듈

파라미터	값		
3D Start Rotation	체크		
	X:-30	Y:0	Z:0

Rotation over Lifetime 모듈

파라미터	값		
Separate Axes	체크		
	X:160	Y:0	Z:0

이것으로 참격에 힘을 가하는 모습을 완성했습니다.

8-4-4 참격의 여운 부분 만들기

8-4-3에서 툰 계열 형태의 참격을 만들었는데, 이 요소만으로는 수명이 짧고 기술의 여운 부분을 표현하기 어렵습니다. 따라서 이를 복제한 다음 모습을 조정하여 참격의 여운이 되는 궤적 부분을 따로 생성합니다.

slash01을 복제해 slash02로 이름을 변경한 다음 일부 파라미터를 조정합니다. 머티리얼도 복제해 M_lesson08_Slash02라는 이름으로 만들고 각각 다음 그림과 같이 변경해 주세요.

▶ 복제해서 파라미터를 변경

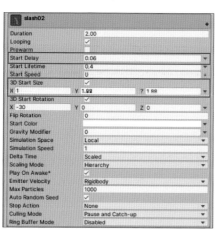

▶ Main 모듈

파라미터	값		
Start Delay	0.06		
3D Start Size	체크		
	X:1	Y:1.88	Z:1.88

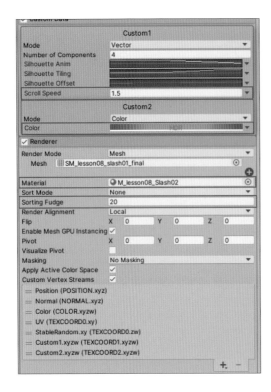

▶ Custom Data 모듈

| Custom1 | Scroll Speed | 1.5 |
| Custom2 | Color | 아래 그림 참조 |

▶ Cumstom2의 Color 파라미터의 설정

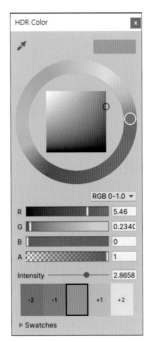

▶ Renderer 모듈

파라미터	값
Material	M_lesson08_Slash02
Sorting Fudge	20

slash01과 같은 타이밍에 재생하면 그다지 눈에 띄지 않으므로 Delay 파라미터를 설정해서 약간 늦게 재생되게 합니다. 또 머티리얼의 Stylize Value를 0으로 설정하는 것으로 Step 노드가 적용되기 전의 결과(흰색과 검은색으로 2진화되기 전의 결과)를 사용할 수 있습니다. 또 오른쪽 그림을 참고해서 머티리얼 파라미터의 일부를 변경해 주세요.

▶ M_lesson08_Slash02 머티리얼

파라미터	값
Core Emission	0
Stylize Value	0

▶ 복제해서 머티리얼 변경

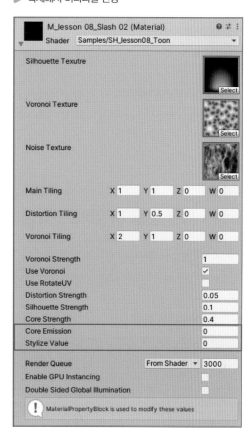

이것으로 참격의 여운 부분을 연출하는 요소를 완성했습니다. 아래 그림은 slash02를 단독으로 재생했을 때와 slash01과 slash02를 함께 재생했을 때의 화면입니다.

▶ 여운 부분만 재생한 모습(왼쪽)과 참격 전체를 재생한 모습(오른쪽)

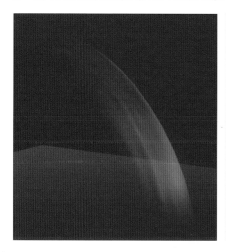
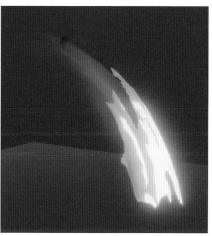

이상으로 참격 부분을 완성했습니다. 8-5에서는 참격이 땅에 충돌했을 때의 임팩트를 생성합니다.

임팩트 이펙트 제작

8-4에서 참격 부분을 완성했으므로 이번 절에서는 참격이 지면에 충돌했을 때의 임팩트 부분을 만들어 가겠습니다. 이번 절에서도 8장에서 처음에 만든 범용 툰 셰이더를 활용해 제작을 진행해 갑니다.

8-5-1 지면 충돌 시 임팩트 작성

8-4에서 만든 impact 오브젝트 바로 아래에 요소를 추가합니다. 여기에서는 2 종류의 임팩트 소재를 추가하여 아래 그림과 같은 모습을 생성합니다.

▶ 이번 절에서의 작업 결과

우선 새로운 파티클을 impact01라는 이름으로 만들고 다음의 그림을 참고해서 설정합니다. 하나하나의 파티클에 디테일한 면이 있어 그다지 많은 수를 생성하지 않아도 효과를 낼 수 있습니다. 또 새로운 머티리얼을 M_lesson08_Impact01이라는 이름으로 만들고 머티리얼에 적용해 주세요.

▶ impact01 파티클 설정

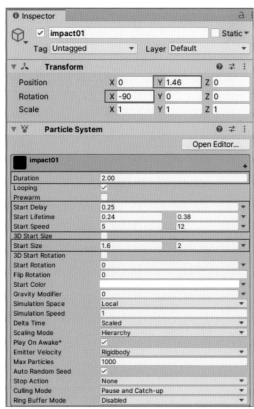

▶ Transform 컴포넌트

파라미터	값		
Position	X:0	Y:1.46	Z:0
Rotation	X:−90	Y:0	Z:0

▶ Main 모듈

파라미터	값	
Duration	2.00	
Start Delay	0.25	
Start Lifetime	0.24	0.38
Start Speed	5	12
Start Size	1.6	2

▶ Emission 모듈

파라미터	값			
Rate over Time	0			
Bursts	Time	Count	Cycles	Interval
	0.000	6	1	0.010

▶ Shape 모듈

파라미터	값
Angle	16
Radius	0.5
Radius Thickness	0

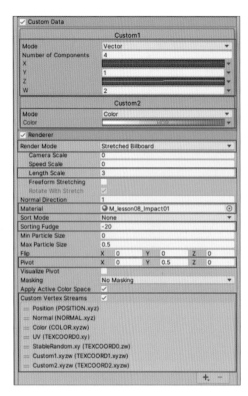

▶ Custom Data 모듈

파라미터	값	
Custom1	Mode	Vector
	X	아래 그림 참조
	Y	1
	Z	아래 그림 참조
	W	2
Custom2	Mode	Color
	Color	아래 그림 참조

▶ Renderer 모듈

파라미터	값		
Render Mode	Stretched Billboard		
Length Scale	3		
Material	M_lesson08_Impact01		
Sorting Fudge	−20		
Pivot	X:0	Y:0,5	Z:0
Custom Vertex Streams	체크		
추가할 파라미터	StableRandom.xy(TEXCOORD0.zw)		
	Custom1.xyzw(TEXCOORD1.xyzw)		
	Custom2.xyzw(TEXCOORD2.xyzw)		

▶ Custom Data 모듈의 설정

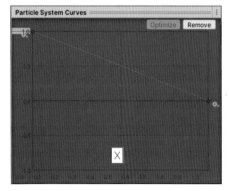

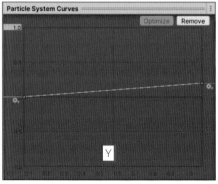

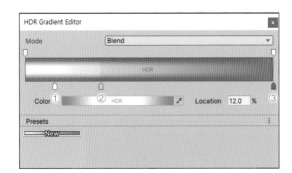

▶ Intensity 파라미터의 설정

그림 안 번호	값
①	4
②	3.1
③	0

다음으로 머티리얼 파라미터를 설정합니다. Renderer 모듈의 Render Mode 파라미터에서 Stretched Billboard를 지정하고 있기 때문에(텍스처의 왼쪽 방향이 진행 방향이 되기 때문에) Use RotateUV에 체크합니다.

▶ 머티리얼을 설정하고 적용

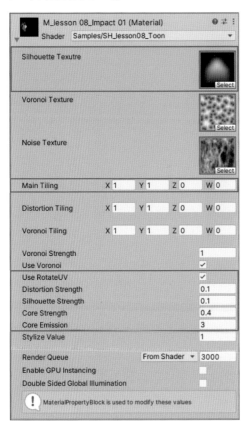

▶ M_lesson08_Impact01 머티리얼

파라미터	값	
Silhouette Texture	T_lesson08_mask03	
Main Tiling	X:1	Y:1
Use RotateUV	체크	
Distortion Strength	0.1	
Silhouette Strength	0.1	
Core Strength	0.4	
Core Emission	3	

마지막으로 Size over Lifetime 모듈을 아래와 같이 설정해 주세요.

▶ Size over Lifetime 모듈 설정

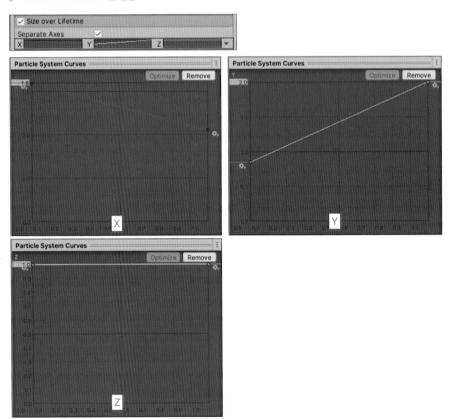

impact01을 복제해 impact02로 이름을 바꾸고 파라미터를 조정합니다. impact01은 Shape 모듈의 Angle과 Radius 파라미터를 조금 작게 설정해 임팩트의 '핵심' 부분이 되도록 합니다. impact02는 Angle과 Radius 파라미터를 크게 설정해 핵심 부분의 외측에 발생하는 서브 요소가 되도록 합니다.

▶ impact01을 복제해서 impact02를 만들고 설정을 변경

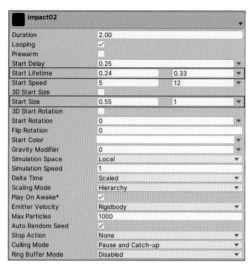

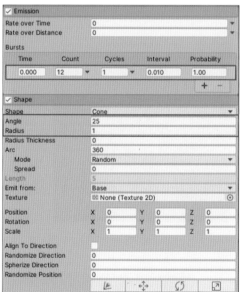

▶ Main 모듈

파라미터	값	
Start Lifetime	0.24	0.33
Start Size	0.55	1

▶ Emission 모듈

파라미터	값			
Bursts	Time	Count	Cycles	Interval
	0.000	12	1	0.010

▶ Shape 모듈

파라미터	값
Angle	25
Radius	1

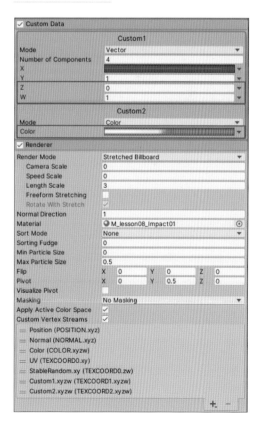

8

▶ Custom Data 모듈의 Color 파라미터 설정

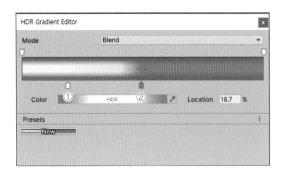

▶ Custom Data 모듈

파라미터	값	
Custom1	Z	0
	W	1
Custom2	Color	왼쪽 그림 참조

▶ Intensity 파라미터 설정

그림 안 번호	값
①	3.6
②	2

이어서 impact02에 대해서도 Size over Lifetime 모듈을 변경합니다.

▶ Size over Lifetime 모듈을 변경

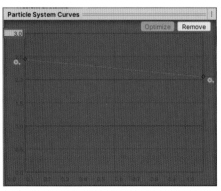

이것으로 충돌 시 임팩트를 완성했습니다. 값을 조금 변경하는 것만으로도 느낌이 확 바뀌므로 여러 가지 값을 조합해 보거나 다양한 설정 방법을 시도해 보면 좋을 것입니다.

▶ 지금까지의 설정 결과

8-5-2 충돌 시 더스트 및 플레어 작성

메인 임팩트 소재를 완성했으므로 요소를 점점 추가해 나가도록 하겠습니다. 우선 임팩트 직후부터 주위에 퍼지는 더스트 소재를 만들어 줍니다. 여기서도 2개의 더스트 소재를 생성합니다. 1개는 impact01과 함께 힘차게 발생한 다음 바로 사라지게 하고, 다른 1개는 수명을 길게 설정해서 그 자리에 머무는 듯한 느낌으로 제작합니다.

▶ 더스트 소재의 완성 이미지

우선 impact 게임 오브젝트 바로 아래에 새로운 파티클을 dust01이라는 이름으로 만들고 다음의 그림을 참고해서 파라미터를 설정해 주세요. 또 새로운 머티리얼을 M_lesson08_Dust01이라는 이름으로 만들고 적용해 주세요.

▶ dust01 파티클의 설정

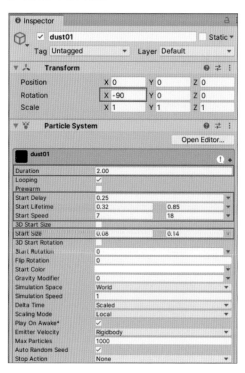

▶ Transform 컴포넌트

파라미터	값		
Rotation	X:−90	Y:0	Z:0

▶ Main 모듈

파라미터	값	
Duration	2.00	
Start Delay	0.25	
Start Lifetime	0.32	0.85
Start Speed	7	18
Start Size	0.08	0.14

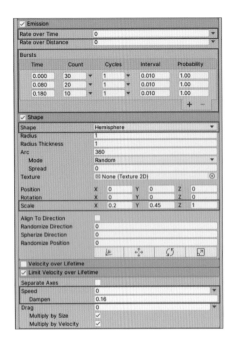

▶ Emission 모듈

파라미터	값				
Rate over Time	0				
Bursts		Time	Count	Cycles	Interval
		0.000	30	1	0.010
		0.080	20	1	0.010
		0.180	10	1	0.010

▶ Shape 모듈

파라미터	값		
Shape	Hemisphere		
Scale	X:0.2	Y:0.45	Z:1

▶ Limit Velocity over Lifetime 모듈

파라미터	값
Speed	0
Dampen	0.16

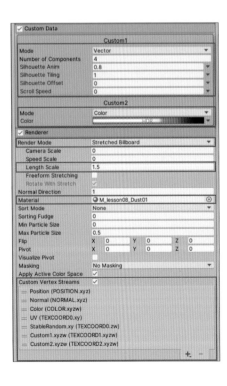

▶ Custom Data 모듈

파라미터	값	
Custom1	Mode	Vector
	Shilhouette Anim	0.8
	Shilhouette Tiling	1
	Shilhouette Offset	0
	Scroll Speed	0
Custom2	Mode	Color
	Color	다음 페이지 그림 참조

▶ Renderer 모듈

파라미터	값
Render Mode	Stretched Billboard
Length Scale	1.5
Material	M_lesson08_Dust01

▶ Custom Data 모듈의 Custom2 컬러 설정

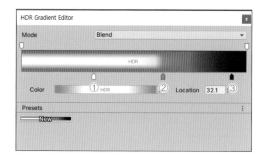

▶ Intensity 파라미터 설정

그림 안 번호	값
①	4.2
②	1
③	0

▶ M_lesson08_Dust01 머티리얼

파라미터	값	
Silhouette Texture	T_lesson08_mask01	
Voronoi Texture	없음	
Main Tiling	X:1	Y:1
Distortion Tiling	X:2	Y:2
Use Voronoi	체크 없음	
Distortion Strength	0.4	
Silhouette Strength	0.22	

지금까지 더스트 소재의 베이스를 설정했습니다. 다만 움직임이 단조로우므로 여기부터는 노이즈를 추가하거나 포스를 설정해 움직임을 조정해 갑니다. 먼저 Force over Lifetime 모듈을 설정합니다. 설정하는 값은 각 축마다 같기 때문에 우선 X축을 설정하고 복사해서 Y축과 Z축에 붙여넣기를 합니다.

▶ 머티리얼 설정

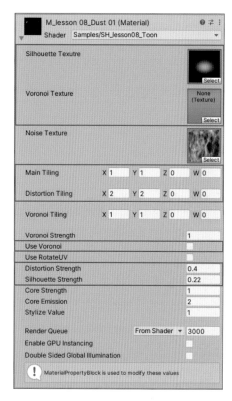

▶ Force over Lifetime 모듈을 설정

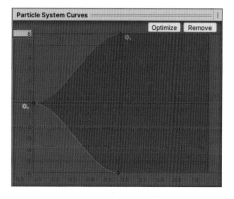

8

또 Noise 모듈도 설정하겠습니다.

▶ Noise 모듈

파라미터	값
Strength	0.4
Frequency	2
Scroll Speed	0.5
Quality	Medium(2D)

▶ Noise 모듈 설정

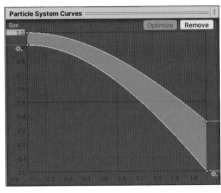

이것으로 움직임에 단조로움이 없어졌습니다. 그 다음에 사이즈를 조정해 갑니다. 수명에 따라 작아지는 움직임을 Size over Lifetime 모듈로 설정해 가면서 속도에 비례해 먼지가 늘어나도록 Size by Speed 모듈에서 조정합니다. Renderer 모듈의 Speed Scale 파라미터에서도 설정할 수 있지만 이번에는 Size by Speed 모듈을 사용하고 있습니다.

Size by Speed 모듈의 X축과 Z축은 동일한 설정이 됩니다. 이 설정으로 속도가 빠를수록 늘어나게 되었습니다. 초기 속도 부분에서 가장 빠른 속도로 임팩트 순간 가장 긴 시간이 됩니다.

▶ Size over Lifetime 모듈 설정

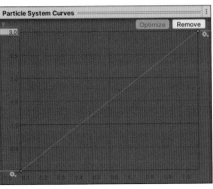

▶ Size by Speed 모듈 설정

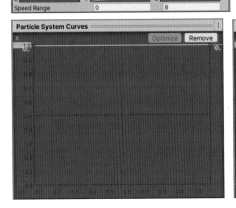

▶ Size by Speed 모듈

파라미터	값		
Separate Axes	체크	있음	
	X:앞 페이지 그림 참조	Y: 앞 페이지 그림 참조	Z: 앞 페이지 그림 참조
Speed Range	0	8	

강하게 발생하는 더스트 소재를 제작하였습니다. 이어서 dust01을 복제해 dust02라는 이름으로 변경하고 파라미터를 조정합니다. 변경하는 파라미터는 그리 많지 않습니다. Size by Speed 모듈이 ON이라면 속도가 떨어졌을 때 이에 대응해 크기가 작아지고, 별로 여운을 내지 못하기 때문에 dust02에서는 OFF로 하고 있습니다.

▶ dust02 파티클 설정

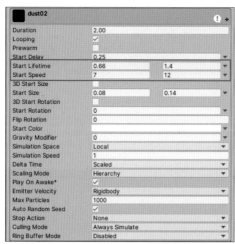

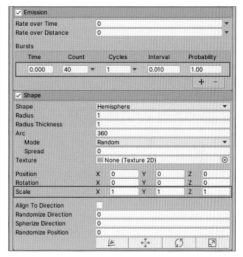

▶ Main 모듈

파라미터	값	
Start Lifetime	0.66	1.4
Start Speed	7	12

▶ Emission 모듈

파라미터	값			
Bursts	Time	Count	Cycles	Interval
	0.000	40	1	0.010

▶ Shape 모듈

파라미터	값		
Scale	X:1	Y:1	Z:1

▶ Size by Speed 모듈

파라미터	값
체크	없음

이것으로 2종류의 더스트 소재를 추가했습니다.

▶ 지금까지의 작업 결과

8-5-3 플레어와 라이트 추가

지금까지의 작업으로 임펙트와 더스트를 완성했습니다. 여기에 임팩트 순간에 발생하는 플레어 소재와 라이트를 추가해 갑니다.

▶ 플레어 소재의 완성 이미지

우선은 플레어 소재부터 작성하겠습니다. impact 게임 객체 바로 아래에 flare01이라는 이름으로 새로운 파티클을 제작하고, M_lesson08_Flare01이라는 이름으로 새로운 머티리얼을 만들고 적용합니다.

방금 생성한 flare01 파티클을 다음 페이지의 그림과 같이 설정합니다.

▶ flash01 파티클 설정

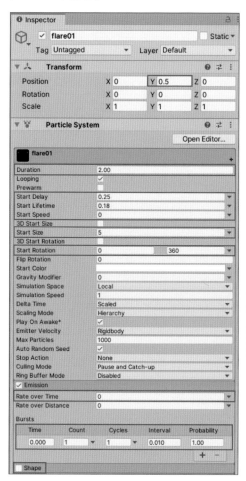

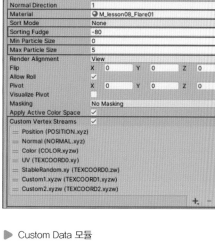

▶ Transform 컴포넌트

파라미터	값		
Position	X:0	Y:0.5	Z:0

▶ Main 모듈

파라미터	값	
Duration	2.00	
Start Delay	0.25	
Start Lifetime	0.18	
Start Speed	0	
Start Size	5	
Start Rotation	0	360

▶ Emission 모듈

파라미터	값			
Rate over Time	0			
Bursts	Time	Count	Cycles	Interval
	0.000	1	1	0.010

▶ Custom Data 모듈

파라미터	값	
Custom1	Mode	Vector
	X	다음 페이지의 그림 참조
	Y	1
	Z	0
	W	0
Custom2	Color	다음 페이지의 그림 참조

▶ Shape 모듈

파라미터	값
체크	없음

▶ Renderer 모듈

파라미터	값	
Material	M_lesson08_Flare01	
Sorting Fudge	−80	
Max Particle Size	5	
Custom Vertex Streams	체크	있음
	추가할 파일	StableRandom.xy(TEXCOORD0.zw)
		Custom1.xyzaw(TEXCOORD1.xyzw)
		Custom2.xyzaw(TEXCOORD2.xyzw)

▶ Custom Data 모듈의 설정

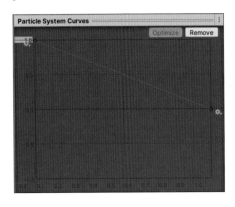

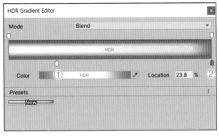

▶ Intensity 파라미터 설정

그림 안 번호	값
①	5
②	1

이어서 Size over Lifetime 모듈을 설정합니다.

▶ Size over Lifetime 모듈을 설정

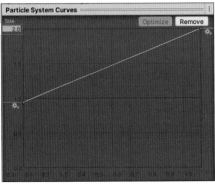

▶ 머티리얼 설정

M_lesson 08_Flare 01 (Material)	
Shader	Samples/SH_lesson08_Toon

Silhouette Texutre

Voronoi Texture — None (Texture)

Noise Texture

Main Tiling	X 1	Y 1	Z 0	W 0
Distortion Tiling	X 1	Y 1	Z 0	W 0
Voronoi Tiling	X 1	Y 1	Z 0	W 0

Voronoi Strength	1
Use Voronoi	
Use RotateUV	
Distortion Strength	0.1
Silhouette Strength	0.1
Core Strength	0.4
Core Emission	2
Stylize Value	0.5

Render Queue	From Shader ▼	3000
Enable GPU Instancing		
Double Sided Global Illumination		

⚠ MaterialPropertyBlock is used to modify these values

▶ M_lesson08_Flare01 머티리얼

파라미터	값	
Silhouette Texture	T_lesson08_flare01	
Voronoi Texture	없음	
Main Tiling	X:1	Y:1
Use Voronoi	체크 없음	
Distortion Strength	0.1	
Silhouette Strength	0.1	
Core Strength	0.4	
Stylize Value	0.5	

8

다만 1개의 플레어만 이용하면 오른쪽 그림처럼 지면과 교차하는 부분이 눈에 띄게 보입니다. 따라서 flare01를 복제해 플레어 소재를 1개 더 만들고 이름을 flare02로 설정합니다. 그 다음 Renderer 모듈의 Render Mode 파라미터를 Horizontal Billboard로 설정하고 지면과 평행하게 배치합니다.

▶ 땅과 교차하는 부분이 눈에 띄게 보인다

▶ Renderer 모듈 변경

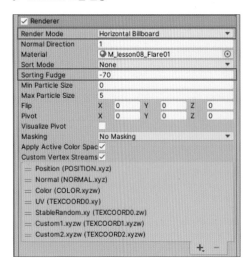

▶ Renderer 모듈

파라미터	값
Render Mode	Horizontal Billboard
Sorting Fudge	−70

▶ 2개의 플레어 소재를 합쳐서 교차 부분을 자연스럽게 보이게 한다

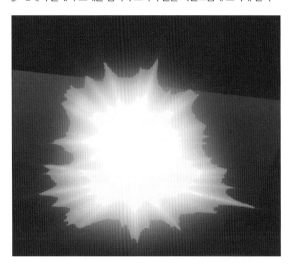

이것으로 교차 부분이 눈에 띄지 않게 되었습니다.

플레어 소재를 추가했으므로 다음으로 라이트를 추가하겠습니다. 새로운 파티클을 flash01이라는 이름으로 만들고 다음 페이지의 그림과 같이 설정합니다.

▶ flash01 파티클 설정

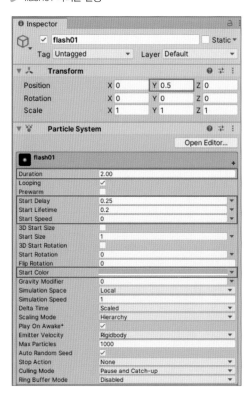

▶ Transform 컴포넌트

파라미터	값		
Position	X:0	Y:0.5	Z:0

▶ Main 모듈

파라미터	값
Duration	2.00
Start Delay	0.25
Start Lifetime	0.2
Start Speed	0
Start Color	아래 그림 참조

▶ Main 모듈의 Start Color 파라미터 설정

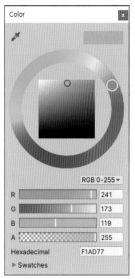

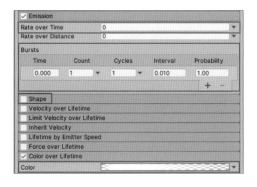

▶ Emission 모듈

파라미터	값			
Rate over Time	0			
Bursts	Time	Count	Cycles	Interval
	0.000	1	1	0.010

▶ Shape 모듈

파라미터	값
체크	없음

▶ Color over Lifetime 모듈

파라미터	값
Color	다음 페이지 그림 참조

▶ Color over Lifetime 모듈의 Color 설정

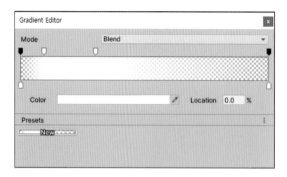

▶ Lights 모듈

파라미터	값
Light	FX_Point Light(Light)
Ratio	1
Range Multiplier	2
Intensity Multiplier	5
Maximum Lights	2

▶ Renderer 모듈

파라미터	값
Render Mode	None

Light 모듈을 설정하고 임팩트 순간에 라이트를 생성하여 주변 오브젝트를 비출 수 있게 되었습니다.

▶ 지금까지의 설정 결과

임팩트 이펙트에 요소 추가

8-5에서 작성한 임팩트 소재에 요소를 추가하여 완성 작업을 진행합니다. 마지막으로 충격파를 가해 완성을 시키는데 먼저 충격파 메시를 후디니로 만든 후 유니티에 임포트해서 설정합니다.

8-6-1 디지털 에셋을 사용한 충격파 메시 제작

참격 메시를 만들 때 서브네트워크를 이용해 메시를 작성했는데, 이번에는 서브네트워크를 디지털 에셋으로 변환해서 다른 씬에서도 사용할 수 있도록 하겠습니다. 우선 충격파 메시를 작성하겠습니다.

먼저 8-4-1에서 임의의 이름으로 저장한 참격의 메시 장면을 열어 봅시다. 서브네트워크 노드를 선택한 다음 마우스 오른쪽 버튼으로 클릭하고 메뉴에서 Create Digital Asset을 선택합니다.

아래 그림과 같은 창이 표시되므로 이름과 임의의 저장 위치를 지정하고 Accept 버튼을 누릅니다.

▶ 메뉴에서 Create Digital Asset 선택

▶ 이름과 저장할 장소 지정

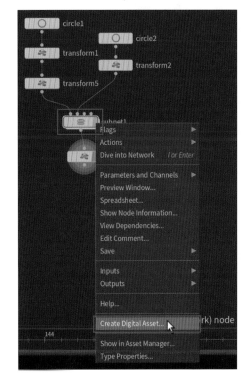

이어서 Edit Operator Type Properties 창이 뜨는데 여기에서는 특별히 변경하지 않고 Accept
버튼을 눌러 닫습니다.

▶ Edit Operator Type Properties 창

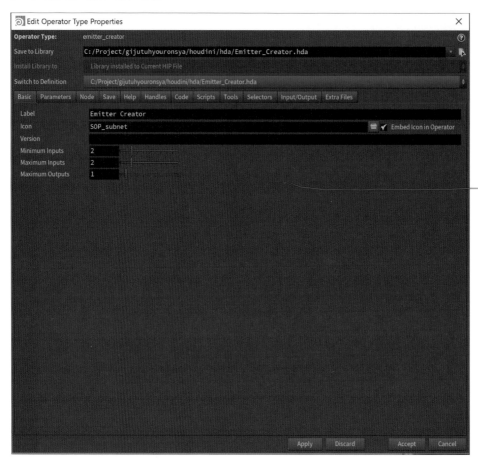

이것으로 디지털 에셋을 생성하였습니다. 씬을 저장하고 새로운 씬을 생성합니다. 조금 전에 만든 디
지털 에셋을 씬에 임포트합니다. File → Import → Houdini Digital Asset을 선택하고 표시된 창
에서 앞서 저장한 디지털 에셋을 지정합니다. Install 버튼을 누르고 창을 닫습니다.

▶ 파일 메뉴에서 디지털 에셋 임포트

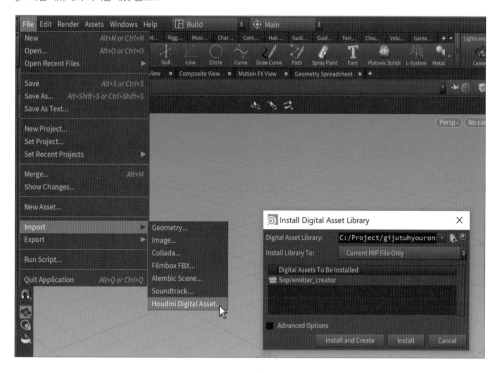

네트워크 뷰에서 Geometry 노드를 만든 후 이름을 'SM_lesson08_shockwave01'으로 변경하고 안으로 들어가 File 노드를 삭제합니다. Tab 키에서 표시되는 노드 검색란의 카테고리에 Digital Assets라는 항목이 늘어나 있을 것이므로 Emitter Creator를 선택합니다.

▶ Geometry 노드를 만들고 안에 디지털 에셋을 배치

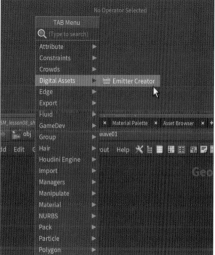

배치는 완성한 것의 입력이 아무것도 없는 상태여
서 2개의 입력 부분에 연결 데이터를 생성합니다.
1번째 입력부터 생성합니다. 다음 그림과 같이 노
드를 추가해 나갑니다.

▶ 노드를 추가해 간다

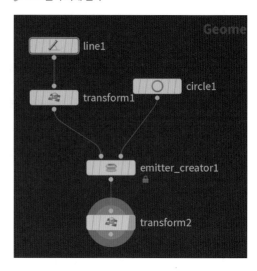

추가할 노드는 Line 노드, Transform 노드, Circle 노드가 됩니다. 또 디지털 에셋도 다음 그림을
참고해 파라미터를 설정해 주세요.

▶ 4개의 파라미터를 설정

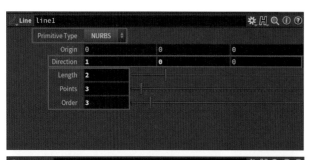

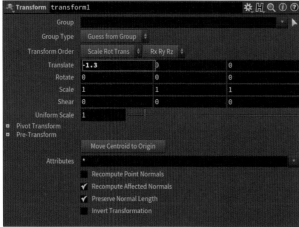

▶ Line 노드

파라미터	값		
Primitive Type	NURBS		
Direction	X:1	Y:0	Z:0
Length	2		
Points	3		
Order	3		

▶ Transform 노드

파라미터	값		
Translate	X:−1.3	Y:0	Z:0

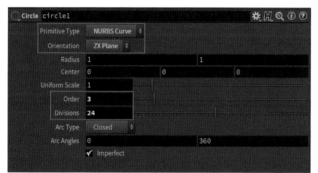

▶ Circle 노드

파라미터	값
Primitive Type	NURBS Curve
Orientation	ZX Plane
Order	3
Divisions	24

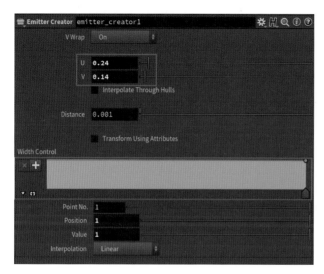

▶ Emitter Creator 노드

파라미터	값
U	0.24
V	0.14
Width Control	왼쪽 그림 참조

또 Emitter Creator 노드의 출력과
연결한 Transform 노드의 스케일
을 100으로 설정합니다.

▶ Transform 노드에서 스케일링을 설정

▶ Transform 노드

파라미터	값		
Scale	X:100	Y:100	Z:100

심플한 형상이지만 충격파용 메시를 하나 생
성하였습니다. 완성된 메시를 SM_lesson08_
shockwave01.fbx라는 이름으로 Unity 프
로젝트의 Assets/Lesson08/Models 폴더 안
에 저장해 내보냅시다.

▶ 완성한 메시

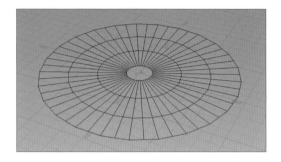

▶ 완성된 메시를 내보내다

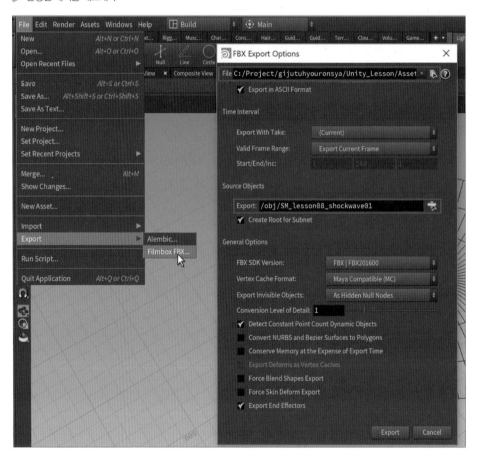

이어서 또 1개의 충격파 메시를 생성합니
다. SM_lesson08_shockwave01을 복제
합니다. 새로 복제된 것은 자동으로 이름이
SM_lesson08_shockwave02로 설정됩
니다.

▶ SM_lesson08_shockwave01을 복제

SM_lesson08_shockwave02 안으로 들어갑니다. 사용하는 노드는 그대로 두고, 파라미터만 다음과 같이 변경합니다.

▶ 각 노드의 파라미터를 변경

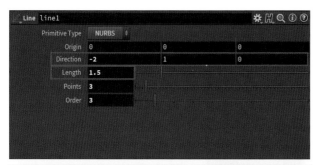

▶ Line 노드

파라미터	값		
Direction	X:-2	Y:1	Z:0
Length	1.5		

▶ Transform 노드

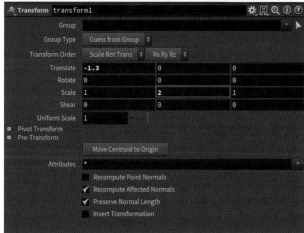

파리미터	값		
Scale	X:1	Y:2	Z:1

▶ Circle 노드

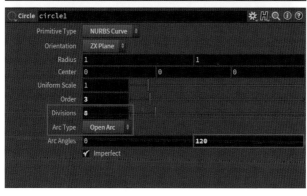

파라미터	값	
Divisions	8	
Arc Type	Open Arc	
Arc Angles	X:0	Y:120

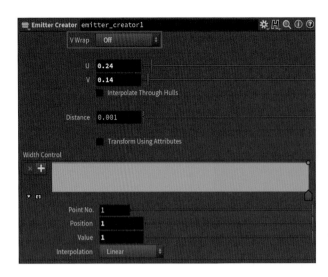

파라미터	값
V Wrap	Off

왼쪽 그림과 같은 반원형의 메시를 완성했습니다.

 완성된 메시

완성된 메시를 이전의 메시와 같이 SM_lesson08_shockwave02라는 이름으로 저장해 내보냅니다.

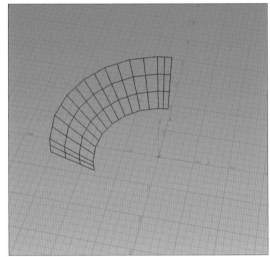

8-6-2 충격파 이펙트 제작

8-6-1에서 만든 2종류의 메시를 사용하여 2개의 충격파 이펙트를 만듭니다.

▶ 이번 절에서 만드는 2종류의 충격파 이펙트

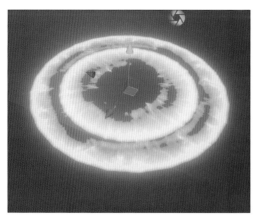 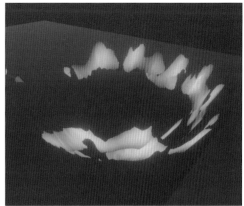

impact 게임 객체 바로 아래에 새로운 파티클을 shockwave01이라는 이름으로 만들고 다음 그림과 같이 Main 모듈과 Emission 모듈을 설정합니다.

▶ Main 모듈과 Emission 모듈 설정

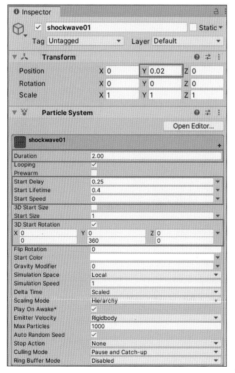

▶ Transform 컴포넌트

파라미터	값		
Position	X:0	Y:0.02	Z:0

▶ Main 모듈

파라미터	값		
Duration	2.00		
Start Delay	0.25		
Start Lifetime	0.4		
Start Speed	0		
3D Start Rotation	체크	있음	
	X:0	Y:0	Z:0
	X:0	Y:360	Z:0

▶ Emission 모듈

파라미터	값			
Rate over Time	0			
Bursts	Time	Count	Cycles	Interval
	0.000	1	2	0.060

▶ Shape 모듈

파라미터	값
체크	없음

다음으로 Render 모듈과 머티리얼을 설정하겠습니다. 머티리얼은 M_lesson08_Shockwave01이라는 이름으로 새로 생성해 주세요.

▶ Renderer 모듈과 머티리얼을 설정

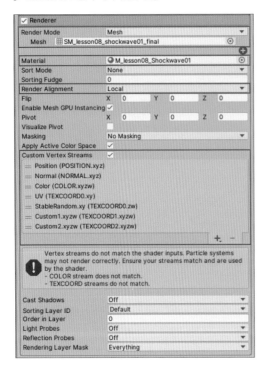

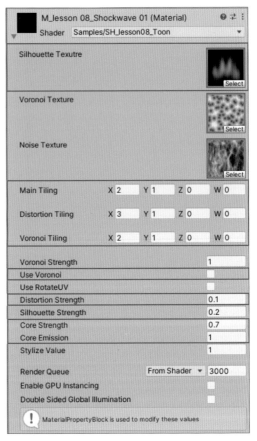

▶ Renderer 모듈

파라미터	값	
Render Mode	Mesh	
Mesh	SM_lesson08_shockwave01	
Material	M_lesson08_Shockwave01	
Render Alignment	Local	
Custom Vertex Streams	체크	있음
	추가할 파일	StableRandom.xy(TEXCOORD0.zw)
		Custom1.xyzw(TEXCOORD1.xyzw)
		Custom2.xyzw(TEXCOORD2.xyzw)

▶ M_lesson08_Shockwave01 머티리얼

파라미터	값	
Shilhouette Texture	T_lesson08_silhouette01	
Main Tiling	X:2	Y:1
Distortion Tiling	X:3	Y:1
Voronoi Tiling	X:2	Y:1
Use Voronoi	체크 없음	
Distortion Strength	1	
Core Strength	0.7	
Core Emission	1	

이 상태에서는 Custom Data 모듈이 설정돼 있지 않아 정상적으로 표시되지 않습니다. 따라서 다음 그림을 참고하여 Custom Data 모듈을 설정하겠습니다.

▶ Custom Data 모듈의 설정

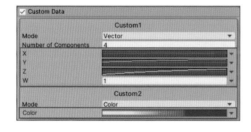

▶ Custom Data 모듈의 Custom1

파라미터	값	
Custom1	X	아래 왼쪽 그림을 참조
	Y	아래 오른쪽 그림 참고
	Z	다음 페이지 상단 왼쪽 그림 참고
	W	1

▶ Custom Data 모듈의 Custom1을 설정

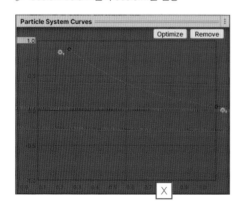

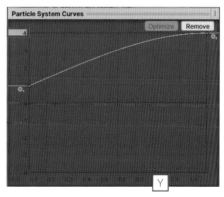

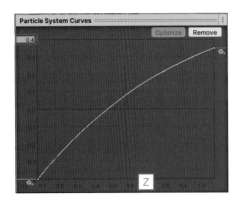

▶ Custom Data 모듈의 Custom2

파라미터	값	
Custom2	Color	아래 그림 참조

▶ Custom Data 모듈의 Custom2 컬러를 설정

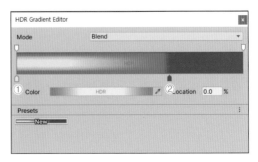

▶ Intensity 파라미터 설정

그리 안 번호	내용
①	3.2
②	0

마지막으로 Size over Lifetime 모듈을 설정합니다.

이것으로 1번째 충격파를 완성했습니다. 링 모양의
충격파가 빠르게 퍼짐으로써 지면으로의 충격 전달
을 표현할 수 있습니다.

▶ Size over Lifetime 모듈 설정

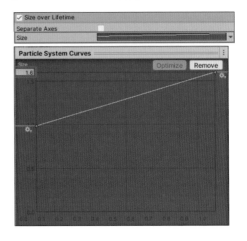

▶ 1번째 충격파 완성

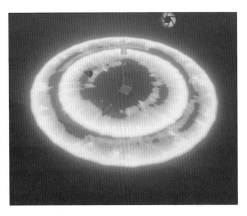

계속해서 2번째 충격파를 생성합니다. shockwave01을 복제해 shockwave02로 이름을 바꾸고
설정을 변경합니다. shockwave02도 마찬가지로 Main 모듈과 Emission 모듈에서 설정합니다.

▶ Main 모듈과 Emission 모듈 설정

▶ Main 모듈

그림 안 번호	내용	
Start Delay	0.37	
Start Lifetime	0.3	0.4
3D Start Size	체크	있음
	X:0.3 Y:0.8 Z:0.3	
	X:0.5 Y:1 Z:0.5	

▶ Emission 모듈

파라미터	값			
Bursts	Time	Count	Cycles	Interval
	0.000	5	1	0.060

이어서 Renderer 모듈과 머티리얼을 설정하겠습니다. M_lesson08_Shockwave02라는 이름의 머티리얼을 새로 만들어 주세요.

▶ Renderer 모듈과 머티리얼을 설정

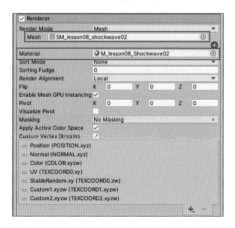

▶ Renderer 모듈

파라미터	값
Mesh	SM_lesson08_shockwave02
Material	M_lesson08_Shockwave02

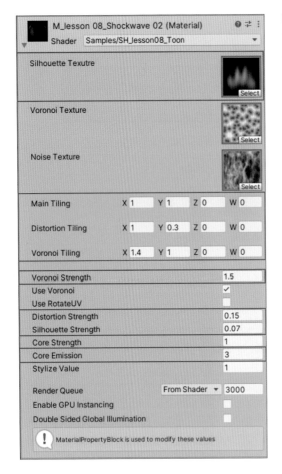

▶ M_lesson08_Shockwave02 머티리얼

파라미터	값	
Distortion Tiling	X:1	Y:0.3
Voronoi Tiling	X:1.4	Y:1
Voronoi Strength	1.5	
Distortion Strength	0.15	
Silhouette Strength	0.07	
Core Emission	3	

다음으로 아래 그림을 참고하여 Custom Data 모듈을 설정하겠습니다.

▶ Custom Data 모듈을 설정

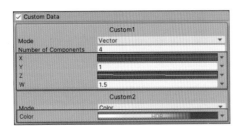

▶ Custom Data 모듈의 Custom1

파라미터	값	
Custom1	X	다음 페이지 상단의 왼쪽 그림 참조
	Y	1
	Z	다음 페이지 상단의 오른쪽 그림 참조
	W	1.5

▶ Custom Data 모듈의 Custom1을 설정

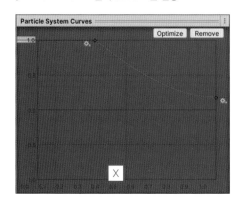

▶ Custom Data 모듈의 Custom2

파라미터		값
Custom2	Color	오른쪽 그림 참조

▶ Intensity 파라미터의 설정

그림 안 번호	값
①	5
②	3.4
③	0

▶ Custom Data 모듈의 Custom2를 설정

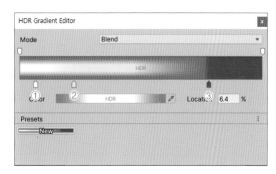

마지막으로 Size over Lifetime 모듈을 설정합니다. X축과 Z축은 동일한 설정이 됩니다.

▶ Size over Lifetime 모듈을 설정

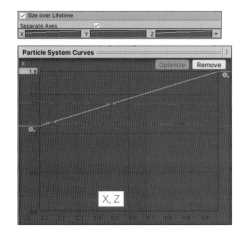

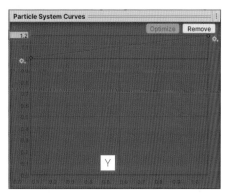

이것으로 2번째 충격파도 완성했습니다.

▶ 2번째 충격파 완성

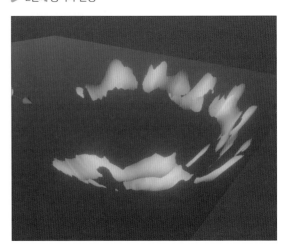

이것으로 모든 요소를 완성했습니다.

▶ 완성 결과

9장에서는 기본적인 텍스처의 작성 방법을 설명하므로 실제 제작은 8장에서 종료됩니다. 4장부터 실전 예제 제작을 학습해서 슈리켄, 셰이더 그래프, 후디니의 사용 방법을 익힐 수 있었습니다.

이 책에서 배운 기법을 사용하여 여러분이 스스로 생각하고 만들어 낸 이펙트를 SNS 등을 통해 발표한다면 저자로서 기쁠 것입니다.

텍스처 제작

서브스턴스 디자이너를 사용한 텍스처 제작

4장부터 8장까지 실제 제작을 통해서 이펙트의 제작 방법을 배웠지만 텍스처의 제작 방법에 대해서는 설명하지 않았습니다. 9장에서는 서브스턴스 디자이너를 이용해 이펙트 제작에서 사용 빈도가 높은 텍스처의 제작 방법에 대해서 학습합니다.

9-1-1 서브스턴스 디자이너의 UI와 기본 조작

텍스처의 제작을 시작하기 전에 서브스턴스 디자이너(Substance Designer)의 UI와 기본적인 조작 방법을 학습하겠습니다. 다음 그림은 서브스턴스 디자이너의 기본 레이아웃 화면입니다. 참고로 이 책에서는 서브스턴스 디자이너 2020.1.3 한국어판을 사용하고 있습니다.

▶ Substance Designer 기본 화면

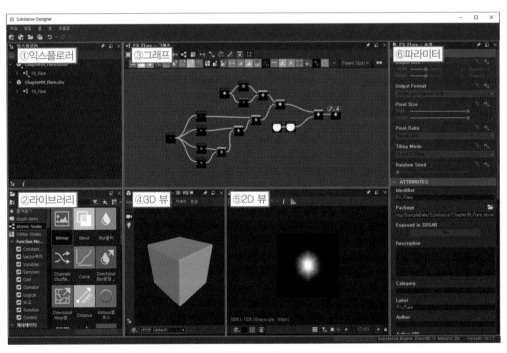

▶ Substance Designer 기본 화면 설명

그림 안 번호	명칭	내용
①	익스플로러	현재 열려 있는 sbs 파일이나 사용하고 있는 리소스의 텍스처 등이 표시된다
②	라이브러리	카테고리별로 표시된 노드 목록. 선택한 상태로 드래그 앤 드롭해서 그래프로 배치 가능
③	그래프	텍스처를 만들 때 노드를 배치하여 연결해 나가는 메인 부분. 위쪽에 사용 빈도가 높은 노드 목록이 나열된다
④	3D 뷰	그래프의 최종적인 모습을 3D로 표시. 적용하는 형상도 편집 가능
⑤	2D 뷰	그래프에서 노드를 더블클릭했을 때 노드 미리보기를 표시
⑥	파라미터	선택한 노드의 정보와 편집 가능한 파라미터를 표시

서브스턴스 디자이너도 셰이더 그래프와 마찬가지로 노드를 기반으로 텍스처를 작성합니다. 네트워크에 노드를 배치해 연결해 나가는 방식으로, 복잡하면서도 커스터마이즈 성향을 갖춘 텍스처를 만들 수 있습니다.

▶ 노드를 배치한 네트워크

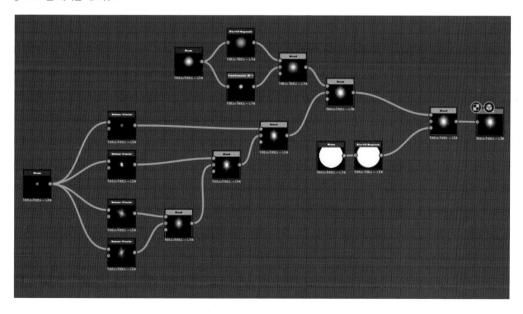

기본적으로는 그래프 뷰에서 노드를 배치 및 연결한 다음 파라미터를 변경하고, 2D 뷰와 3D 뷰에서 결과를 확인하면서 작업을 진행합니다.

초기 레이아웃에는 창이 많은데 작업할 때는
익스플로러와 라이브러리는 숨겨두어도 무방
합니다. 또 이번 이펙트용 텍스트 제작에서는
3D 뷰도 거의 사용하지 않으므로 3D 뷰도 보
이지 않게 표시해도 상관 없습니다.

그래프 뷰에서 스페이스바를 누르면 셰이더
그래프와 마찬가지로 노드의 검색란이 표시됩
니다. 예를 들어 blur를 입력하면 블러와 관
련된 노드 목록이 나타납니다.

▶ 노드 검색

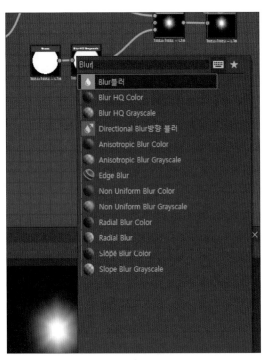

9-1-2 플레어 텍스처 제작

우선 다음 그림과 같은 플레어 텍스처를 만들겠습니다.

첫 번째로 서브스턴스 파일(sbsar)을 새로 생성합니다. 상단의 파일 메뉴에서 '신규 섭스텐...'을 선택
합니다.

▶ 완성 이미지

▶ 새로운 파일 작성

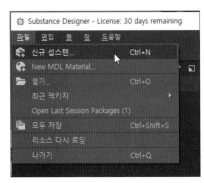

창이 열리면 다음 페이지의 그림과 같이 설정하고 OK 버튼을 눌러 주세요.

▶ 기본 설정을 실행한다

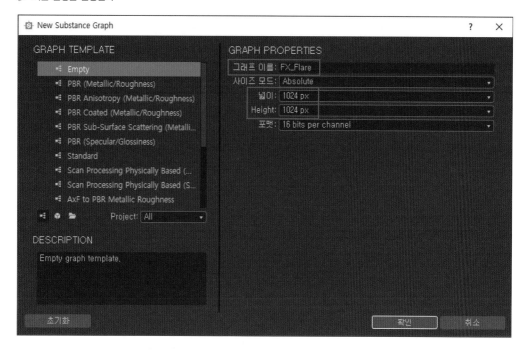

▶ 새로운 그래프 설정

파라미터	값
GRAPH TEMPLATE	Empty
그래프 이름	FX_Flare
넓이	1024 px
Height	1024 px

확인 버튼을 누르면 익스플로러에 새로 생성된 그래프가 나타납니다.

이제 제작을 시작해보겠습니다. 우선 1개의 라인을 만들고 각도를 변화시키면서 라인을 복제합니다. 그래프 뷰에서 스페이스바를 눌러 노드의 검색란을 표시하고 Shape라고 입력합니다.

▶ SBS 그래프가 새로 생성된다

Shape 노드가 검색 결과에 표시되면 이를 선택하고 그래프 뷰에 배치합니다. 앞으로는 이 방법을 사용하여 노드를 배치하겠습니다. 일부 사용 빈도가 높은 노드(Blend 노드 등)는 스페이스바를 누른 시점에 목록에 표시되므로 거기서 선택해도 무방합니다.

▶ Shape 노드를 배치

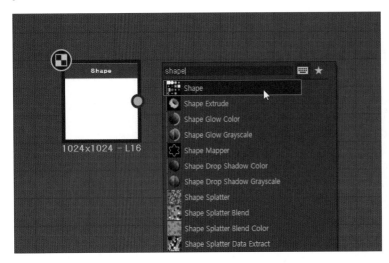

Shape 노드의 파라미터를 변경해서 다음 그림과 같은 라인을 생성합니다.

▶ Shape 노드를 조정

▶ Shape 노드

파라미터	값	
Pattern	Thorn토른	
Scale	0,37	
Size	X:3	Y:0,29

다음으로 만든 라인을 원형으로 복제하여 배치해 나갑니다. 이는 Splatter Circular 노드를 사용합니다. 검색란에 sp를 입력하면 해당하는 노드가 표시됩니다. 노드를 배치했다면 다음 그림과 같이 Shape 노드와 연결합니다.

▶ Splatter Circular 노드를 배치하고 연결

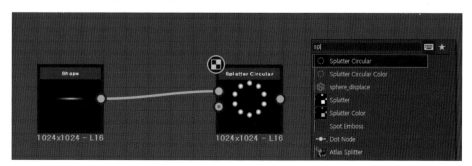

Splatter Circular의 파라미터는 상당히 많은데 그만큼 다양한 설정이 가능한 노드입니다. 다음 그림과 같이 설정하면 빛의 줄기가 여러 개의 원형으로 배치됩니다. Pattern 파라미터에서 Image Input을 선택하면 조금 전에 연결했던 Shape 모양을 사용할 수 있습니다.

파라미터의 수치에 관해서는 엄밀히 맞추지 않아도 문제 없지만 파라미터를 변경함으로써 어떻게 변화하는지는 확인하면서 작업해 보기 바랍니다.

▶ Splatter Circular 노드를 설정

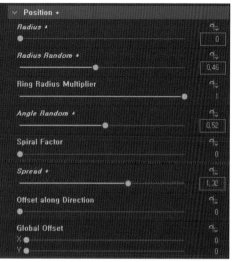

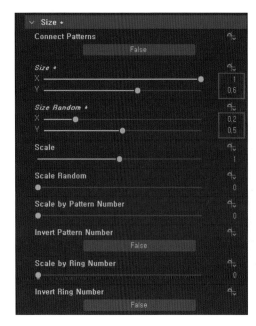

▶ Pattern(Splatter Circular 노드　패턴A)

파라미터	값
Pattern	Image Input

▶ Position(Splatter Circular 노드　패턴A)

파라미터	값
Radius	0
Radius Random	0.46
Angle Random	0.52
Spread	1.32

▶ Size(Splatter Circular 노드　패턴A)

파라미터	값	
Size	X:1	Y:0.6
Size Random	X:0.2	Y:0.5

▶ 조정 결과

9-1-3 빛의 줄기 패턴의 제작

9-1-2에서 만든 Splatter Circular 노드를 복제해서 총 4종류의 패턴을 생성합니다. 참고로 현재의
노드를 패턴 A라고 부르고, 작성하는 순서대로 패턴 B, C, D라고 하겠습니다.

▶ Splatter Circular 노드를 복제

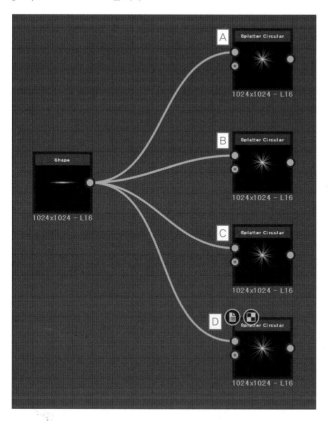

▶ 패턴B를 작성

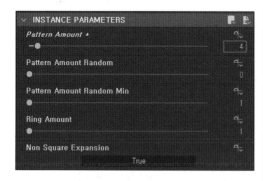

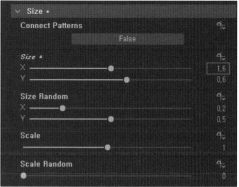

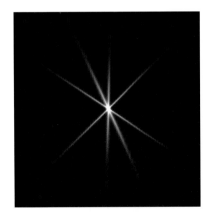

▶ INSTANCE PARAMETERS(Splatter Circular 노드 패턴B)

파라미터	값
Pattern Amount	4

▶ Size(Splatter Circular 노드 패턴B)

파라미터	값	
Size	X:1,6	Y:0,6

▶ 패턴 C 작성

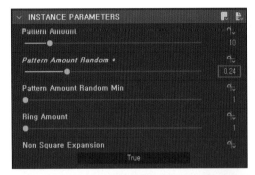

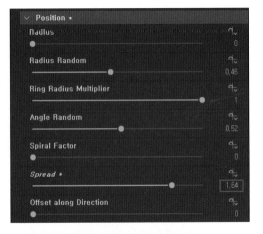

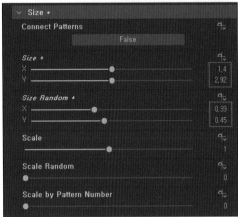

▶ INSTANCE PARAMETERS(Splatter Circular 노드　패턴C)

파라미터	값
Pattern Amount Random	0.24

▶ Size(Splatter Circular 노드　패턴C)

파라미터	값	
Size	X:1.4	Y:2.92
Size Random	X:0.39	Y:0.45

▶ Position(Splatter Circular 노드　패턴C)

파라미터	값
Spread	1.64

▶ 패턴 D 작성

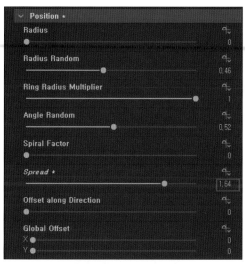

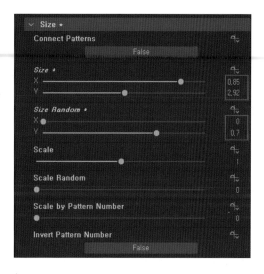

▶ Position(Splatter Circular 노드　패턴D)

파라미터	값
Spread	1.64

▶ Size(Splatter Circular 노드　패턴D)

파라미터	값	
Size	X:0.85	Y:2.92
Size Random	X:0	Y:0.7

4종류의 빛의 줄기 패턴을 완성했으므로 Blend 노드를 사용해서 빛의 줄기 패턴을 합성합니다. Blend 노드는 매우 사용 빈도가 높은 노드이므로 스페이스바를 눌렀을 때 목록에 표시돼 있습니다.

한꺼번에 전부는 합성되지 않으므로 다음 그림과 같이 여러 개의 Blend 노드를 배치하고 1개로 합칠 것입니다.

▶ 사용 빈도가 높은 노드는 처음부터 목록에 준비돼 있다

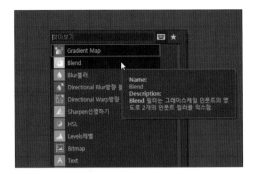

▶ 여러 개의 Blend 노드 배치

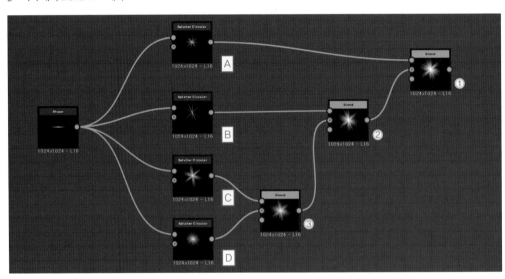

Blend 노드의 설정은 ①과 ②는 같고, ③만 미묘하게 다릅니다. 다음 그림에서 설정을 설명합니다.

▶ Blend 노드의 설정 ①, ②(좌측) ③(우측)

▶ Blend 노드(그림 안 번호①과 ②)

파라미터	값
Blending Mode	Screen

▶ Blend 노드(그림 안 번호③)

파라미터	값
Opacity	0.65
Blending Mode	Screen

오른쪽 그림은 4가지 패턴을 Blend 노드로 합성한 결과입니다.

▶ 설정 결과

9-1-4 코어 부분의 합성

이에 더해 중앙 부분을 밝게 하고자 함으로 코어 부분을 만들고 합성해 나가겠습니다. 이것도 Shape 노드를 사용해 작성하겠습니다. Shape 노드를 배치하고 오른쪽 그림과 같이 설정합니다.

▶ Shape 노드의 설정

▶ Shape 노드

파라미터	값
Pattern	Bell벨
Scale	0.62

설정한 원형의 코어에 변경을 더해 갑니다. Blur HQ Grayscale 노드와 Transform2D 노드를 배치하고 다음 그림과 같이 연결합니다. 한 쪽은 코어를 흐리게 하고 다른 한쪽은 코어 부분을 스케일링해서 축소하고 있습니다. 마지막으로 Blend 노드로 2개를 합성합니다.

▶ 코어 부분의 노드 구성

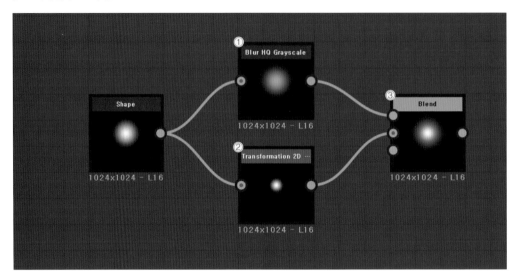

우선 ①의 Blur HQ Grayscale 노드를 다음 그림과 같이 설정합니다.

▶ Blur HQ Grayscale 노드 설정

▶ Blur HQ Grayscale 노드

파라미터	값
Intensity강도	32

다음으로 ②의 Transform2D 노드를 설정하는데 스케일링해서 축소한 것만으로는 다음 그림과 같이 코어 부분의 원형 모양이 반복돼 버립니다.

▶ Transform2D 노드의 설정

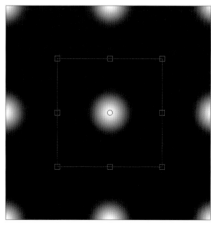

▶ Transform2D 노드

파라미터	값
스트레치	넓이: 50.00% 높이: 50.00%

이를 해결하기 위해 타일링하지 않도록 설정합니다. 타일링 설정은 BASE PARAMETERS의 Tiling Mode로 하지만 글자색이 검게 되어 있어 변경이 불가능한 상태입니다.

먼저 Tiling Mode 파라미터 옆에 있는 아이콘을 클릭하고 'Relative to Input'에서 'Absolute'로 변경합니다. 그러면 파라미터를 변경할 수 있으므로 리스트에서 No Tiling을 선택합니다.

▶ 파라미터의 변경이 불가능하다

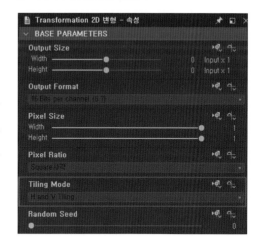

▶ Tiling Mode를 No Tiling으로

▶ BASE PARAMETERS

파라미터	값
Tiling Mode	No Tiling

타일링의 반복이 사라지고 의도한 결과가 되었습니다.

▶ 설정 결과

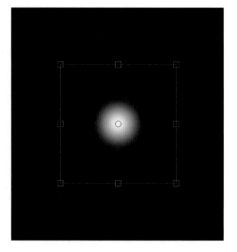

마무리로 Blur HQ Grayscale 노드의 결과와 Transform2D 노드의 결과를 ③의 Blend 노드로 합성합니다.

▶ 합성 결과

▶ Blend 노드

파라미터	값
Blending Mode	Screen

9-1-5 플레어 텍스처의 완성

중앙의 밝은 코어 부분과 빛의 줄기 부분을 합성하여 플레어 텍스처를 완성해 갑니다. Blend 노드를 추가하여 코어 부분과 빛의 힘줄 부분을 연결합니다. 입력의 위쪽이 코어 부분, 아래쪽이 빛의 줄기 부분이 됩니다. Opacity 파라미터로 코어 부분의 투명도를 변경할 수 있습니다.

▶ 코어 부분과 빛의 줄기 부분을 합성

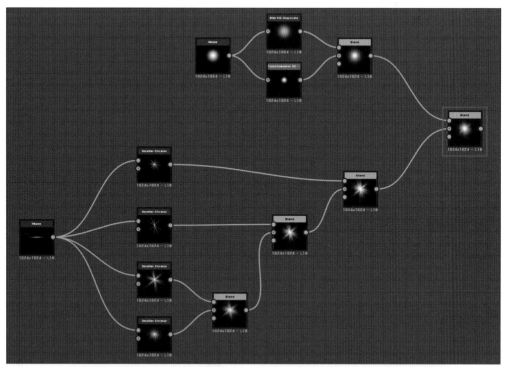

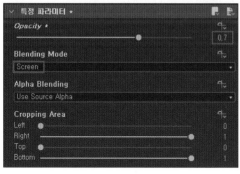

▶ Blend 노드

파라미터	값
Opacity	0.7
Blending Mode	Screen

이것으로 플레어 텍스처 이미지 부분은 완성하였습니다. 마지막으로 테두리 부분에 마스크 처리를 합니다. 예를 들면 오른쪽 그림에서 빨간색 동그라미로 표시한 부분은 빛 줄기가 이미지의 끝부분까지 닿아 버렸을지도 모릅니다. 이것은 이펙트용 텍스처에서 실수나 실책으로 간주되므로 끝 부분이 완전한 검은색(RGB 0,0,0)이나 알파값이 0이 되도록 마스크 처리를 합니다. 참고로 오른쪽 그림에서는 보기 쉽게 하기 위해서 어두운 부분을 조정해 밝게 하고 있습니다.

▶ 이러한 경우 텍스처 가장자리에 빛의 줄기가 걸리는 것은 금지할 사항이다

오른쪽 그림과 같은 원형 마스크용 소재를 준비하고 플레어 소재와 합성합니다. 검은 부분은 완전한 검은색(RGB 0,0,0)이 되므로, 결과적으로 빛 줄기의 끝 부분이 마스크 처리되고 화면의 구석까지 닿지 않게 됩니다.

▶ 마스크용 소재

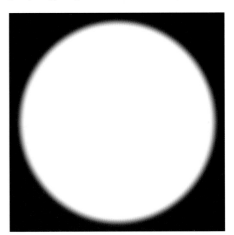

마스크용 소재는 Shape 노드로 원형을 만들고 Blur HQ Grayscale 노드에서 색의 경계 부분에 농담을 주어 희미하게 처리하였습니다.

▶ Shape 노드 설정(왼쪽)과 Blur HQ Grayscale 노드 설정(오른쪽)

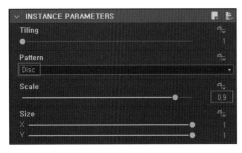

▶ Shape 노드

파라미터	값
Pattern	Disc
Scale	0.9

▶ Blur HQ Grayscale 노드

파라미터	값
Intensity강도	5

마스크용 소재가 완성되었다면 플레어 소재와 합성합니다. 아래 그림과 같이 Blend 노드를 사용하는데, 마스크용 소재가 세 번째 입력()에 연결돼 있는 점에 주의해 주세요. Blend 노드 설정은 초기 설정인 채로도 괜찮습니다. 마지막으로 Output 노드를 추가한 후 연결하면 완성됩니다.

▶ 마스크 소재와 플레어 소재를 합성

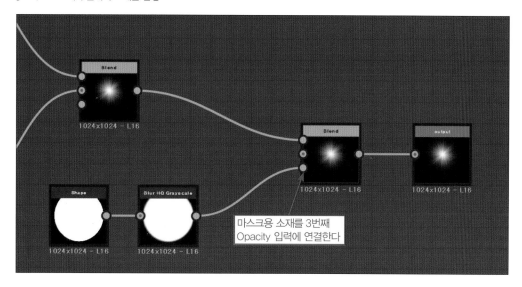

9-2에서는 완성한 플레어 소재에 조절할 수 있는 파라미터 설정을 하고, 유니티로 임포트하는 방법을 살펴봅니다. Output 노드 설정은 9-2의 마지막 부분에서 설명합니다.

유니티로 서브스턴스 텍스처 임포트

9-1에서 만든 플레어 텍스처에 대해 파라미터 익스포즈(expose)를 실시하고 서브스턴스의 파일을 유니티에 임포트 했을 때 파라미터로 서브스턴스 머티리얼을 조정할 수 있도록 만드는 과정을 설명합니다.

9-2-1 파라미터 익스포즈

9-1에서 만든 플레어 텍스처에 파라미터 익스포즈를 설정해 나갑니다. 익스포즈는 공개한다는 의미 인데 익스포즈 함으로써 유니티와 같은 외부 툴에서 임포트한 후에 파라미터를 조정할 수 있습니다. 우선 익스포즈해야 할 파라미터에 대해 생각해 보겠습니다.

- 빛의 줄기 부분 전체의 크기

- 각 플레어 빛의 줄기 수

- 코어 부분 크기, 투명도

위와 같은 항목이 있으면 밸류에이션을 작성하는데 도움이 됩니다. 이밖에도 조정할 수 있다면 편리 해질 항목이 더 있지만, 이것 저것 추가해 가면 파라미터 수가 증가해 결과적으로 번잡해지므로 추가 할 파라미터는 신중하게 선택합니다.

그러면 순서대로 파라미터를 익스포즈해 나갑시다. 먼저 빛의 줄기 부분 전체 크기에 대해서 진행하 겠습니다. 처음 만든 Shape 노드의 Scale 파라미터를 익스포즈합니다. 이 Shape 노드에서 만든 라 인 소재를 기준으로 다음 Splatter Circular 노드에서 복제를 하고 있으므로 Shape 노드의 스케일 이 바뀌면 빛의 줄기 부분 전체 크기에 영향을 줍니다. 각 파라미터 옆에 있는 그래프 모양 아이콘에 서 익스포즈를 선택할 수 있습니다.

▶ Shape 노드의 Scale 파라미터를 익스포즈

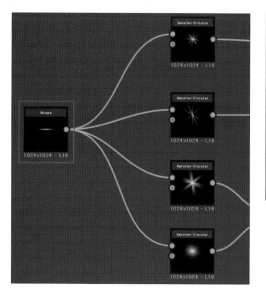
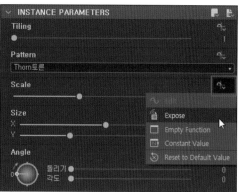

익스포즈를 선택하면 다음의 왼쪽 그림과 같은 창이 나타나며, 목록에서 New를 선택합니다. 그러면 다음의 오른쪽 그림과 같은 창이 나오며 알기 쉬운 이름을 붙여 둡니다. 여기에서는 Ray Line Scale 로 해 두겠습니다.

9

▶ 파라미터에 이름을 붙여 익스포즈

확인 버튼을 누르고 창을 닫은 다음 Scale 파라미 터를 살펴보면 오른쪽 그림과 같이 슬라이더 표시 가 사라진 모습을 볼 수 있습니다.

이것은 사라진 것이 아니라 익스포즈(공개)되었기 때문에 다른 곳으로 이동했을 뿐입니다. 익스플로 러에서 FX_Flare를 더블클릭해 주세요. 파라미터 뷰 부분의 표시가 변화합니다. 입력 파라미터 부분 에서 앞서 익스포즈한 Ray Line Scale 파라미터 를 확인할 수 있습니다

▶ 사라져버린 파라미터

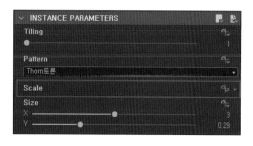

▶ 익스포즈된 파라미터를 확인

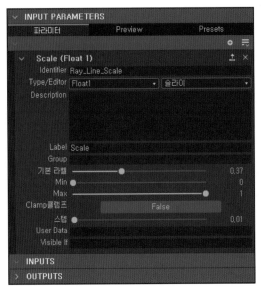

파라미터는 익스포즈되었으나 현재 식별자는 Ray_Line_Scale로 되었고 가장 위의 표시는 Scale(Float 1)으로 돼 있습니다. 이대로 퍼블리싱 해버리면 유니티에서 읽어 들였을 때 파라미터가 Scale로 표시되고 맙니다. 따라서 레이블 부분을 수정하여 아무것도 입력되지 않은 상태로 만듭니다. 결과를 보면 식별자가 그대로 사용되고 이름이 변경됩니다.

▶ 레이블 부분에 아무것도 입력하지 않은 상태로 설정

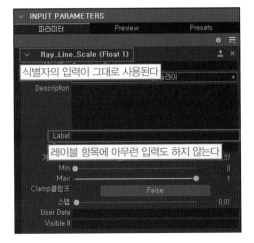

이와 같이 파라미터를 익스포즈함으로써 최종적으로 유
니티 등에서 읽어들였을 때 오른쪽 그림과 같이 편집이
가능한 상태로 표시됩니다.

▶ 익스포즈된 파라미터의 유니티상에서의 모습

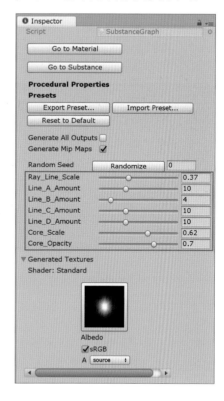

다음으로 4개인 플레어 소재의 빛의 줄
기 수를 조정할 수 있도록 설정합니다.
오른쪽 그림의 4개의 노드를 똑같이 설정
합니다.

▶ 4개의 Splatter Circular 노드에서 파라미터를 익스포즈

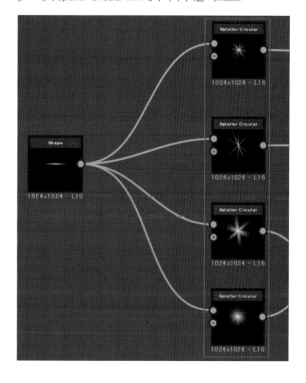

우선 맨 위의 노드를 선택하고 Pattern Amount 파라미터를 Line_A Amount라는 이름으로 익스
포즈 합니다.

▶ Line_A Amount라는 이름으로 익스포즈

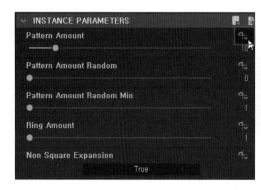 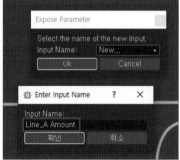

이 작업을 마쳤다면 나머지 3개의 Splatter Circular 노드에 대해 동일한 작업을 실행합니다. 파라미
터명은 각각 Line_B Amount, Line_C Amount, Line_D Amount로 해 주세요.

작업을 완료했다면 다시 익스플로러 뷰에서 FX_Flare를 선택하고 방금 익스포즈한 4개의 Pattern
Amount 파라미터를 확인해 주세요. 파라미터를 설정할 수 있는 최솟값과 최댓값을 변경할 수 있습
니다. 최댓값의 초기 설정값 64는 너무 크므로 30 정도로 변경해 놓고 최솟값은 1이 아니라 0으로 해
두세요. 0으로 해 두면 요소 자체를 표시하지 않게 설정할 수 있습니다.

또 레이블의 입력란을 비워 둡니다. 4개의 Pattern Amount 파라미터에 동일하게 설정합니다.

▶ 4개 파라미터의 최솟값, 최댓값을 설정   ▶ Line_A_Amount

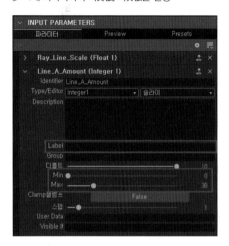

파라미터	값
Label	아무것도 입력하지 않음
Min	0
Max	30

마지막으로 코어 부분의 크기, 투명도에 관해서도 조정할 수 있도록 설정해 갑니다. 우선 다음 그림에서 빨간색 테두리로 표시한 Shape 노드의 Scale 파라미터를 Core Scale라는 이름으로 익스포즈합니다.

▶ Shape 노드의 Scale 파라미터를 익스포즈

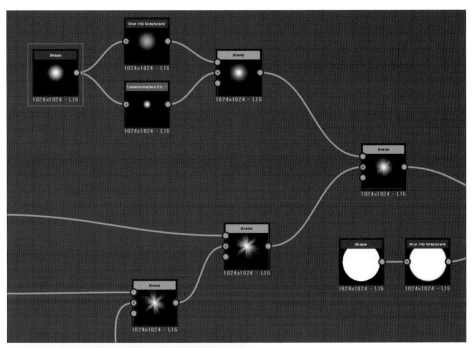

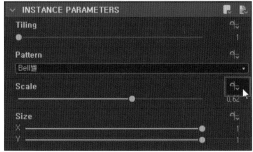

그 다음으로 Blend 노드의 Opacity 파라미터를 Core Opacity라는 이름으로 이스포즈합니다. 이것으로 코어 부분의 투명도를 조정할 수 있게 됐습니다.

▶ Blend 노드의 Opacity 파라미터를 익스포즈

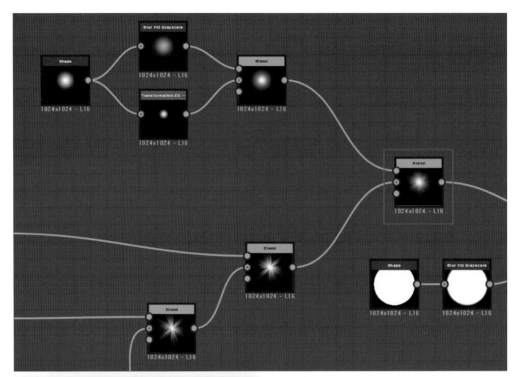

이것으로 파라미터 익스포즈의 처리를 완료했습니다. 입력 파라미터 부분은 최종적으로 오른쪽 그림과 같은 모습이 됩니다.

▶ 입력 파라미터의 최종적인 모습

INPUT PARAMETERS		
파라미터	Preview	Presets

> Ray_Line_Scale (Float 1)

> Line_A_Amount (Integer 1)

> Line_B_Amount (Integer 1)

> Line_C_Amount (Integer 1)

> Line_D_Amount (Integer 1)

> Core_Scale (Float 1)

> Core_Opacity (Float 1)

9-2-2 sbsar 파일의 임포트

마지막으로 출력을 위한 설정을 하겠습니다. output 노드를 선택한 다음 Usage 아래에 있는 아이템 추가 버튼을 클릭해 아이템을 추가하고 다음 그림과 같이 설정합니다.

▶ Ouput 노드 – Usage

파라미터	값
Components	RGBA
Usage	diffuse
Color Space	sRGB

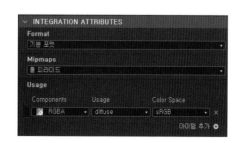

파라미터 익스포즈의 설정을 완료했으므로 이것을 유니티에서 불러들일 수 있는 형식으로 변환합니다. Substance Designer에서는 sbs 파일로 작업을 하는데, 이 형식은 유니티에서는 읽어들일 수 없기 때문에 sbsar 형태의 파일로 변환해야 합니다. 변환 방법은 간단한데 익스플로러 뷰에서 sbs 파일을 마우스 오른쪽 버튼으로 클릭한 다음 'Publish.sbsar file…'을 선택하면 됩니다.

▶ Publish .sbsar file…을 선택하고 sbsar 형식으로 내보낸다

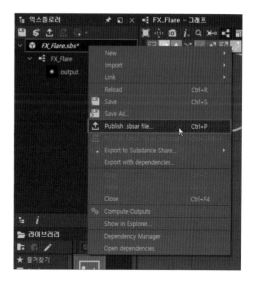

임의의 장소에 FX Flare라는 이름으로 저장합니다.

▶ 파일 저장

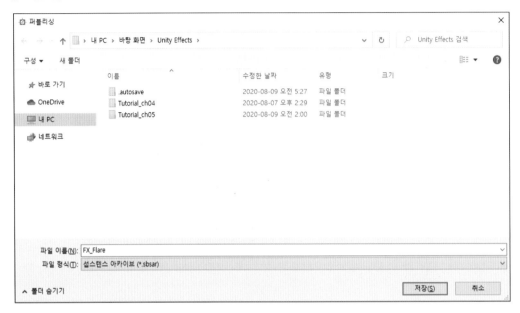

다음으로 오른쪽 그림과 같은 창이 뜨면 OK
버튼을 클릭합니다.

퍼블리싱을 완료했다면 유니티로 이동하겠
습니다. 이전 버전에서는 유니티에 그대로
임포트하면 sbsar 파일을 사용할 수 있었는
데 현행 버전(Unity 2020.1)에서는 처음에
Substance의 플러그인을 임포트한 상태에
서 sbsar 파일을 가져와야 합니다. 에셋 스
토어에서 Substance라고 검색하면 다음 플
러그인을 찾을 수 있습니다.

▶ 퍼블리싱 창이 뜬다

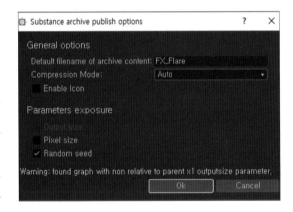

▶ 에셋 스토어에서 내려받을 수 있는 Substance 플러그인

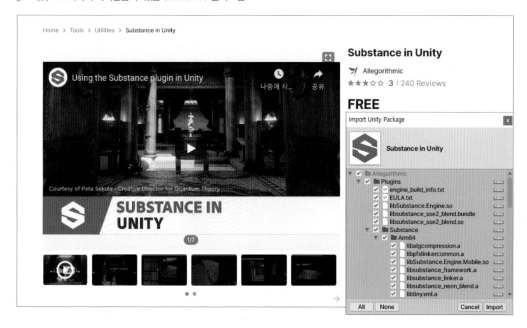

이 플러그인을 다운로드해서 프로젝트에 임포트합니다. 다음으로 조금 전에 퍼블리싱한 sbsar 파일을 유니티에 임포트합니다. 익스플로러에서 직접 프로젝트 뷰로 드래그 앤 드롭하면 임포트됩니다.

▶ 임포트된 sbsar 파일

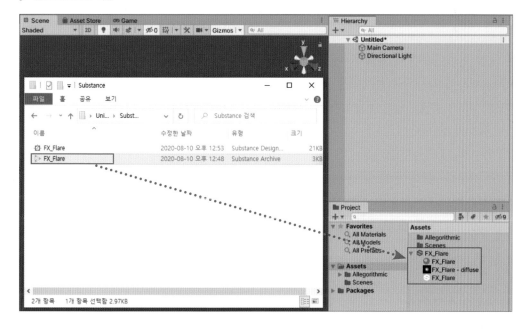

씬에 평면을 만들고 임포트한 플레어 머티리얼을 적용해 봅시다.

▶ Plane에 머티리얼을 드래그해서 적용

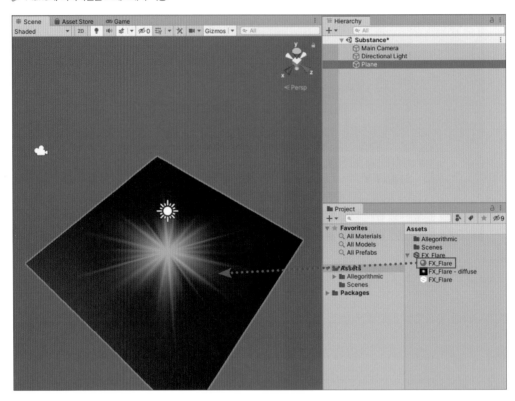

또 앞서 만든 파라미터가 올바르게 동작하는지도 확인해 둡시다. 먼저 머티리얼에서 Go to Substance Graph(다음 장의 왼쪽 그림에서 빨간색 테두리 부분)를 클릭합니다. 표시가 다음 장의 오른쪽 그림과 같이 바뀌면 빨간색 테두리 부분의 슬라이더를 변경하여 씬 뷰의 플레어 소재가 변화하는 것을 확인합니다.

▶ 파라미터를 변경하여 화면에 반영되는 것을 확인

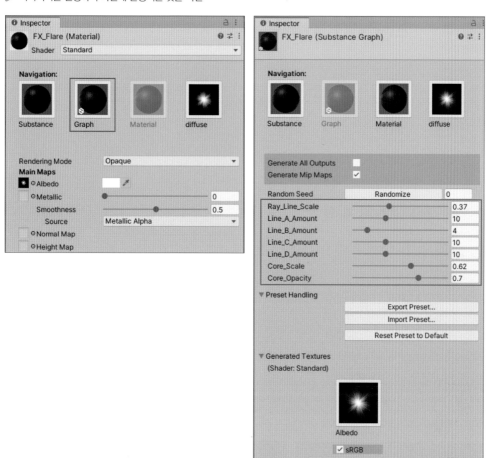

이와 같이 sbsar 형식으로 유니티에 임포트함으로써 머티리얼 조정이 가능하게 되었습니다.

9-3 에프터 이펙트를 사용한 텍스처 제작

이번 절에서는 에프터 이펙트를 사용하여 충격파 텍스처를 제작하고 패턴을 만드는 방법을 설명합니다.

9-3-1 충격파 텍스처 제작

9장의 첫 부분에서는 서브스턴스 디자이너를 사용해 플레어 텍스처를 만들어 봤습니다. 이번 절에서는 이펙트에서 사용 빈도가 높은 충격파 텍스처를 에프터 이펙트를 이용해 제작하는 방법을 설명합니다. 참고로 완성 AEP는 Chapter09_shockwave.aep입니다.

같은 충격파 텍스처라도 서브스턴스 디자이너에서는 커스터마이즈 해서 재사용할 수 있는 텍스처를 만들 수 있고, 에프터 이펙트에서는 대상의 이펙트로만 사용할 수 있다는 점을 고려해서 제작 툴을 구분해 사용하면 좋을 것입니다.

▶ 에프터 이펙트를 사용한 충격파 완성 이미지

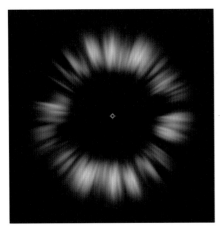 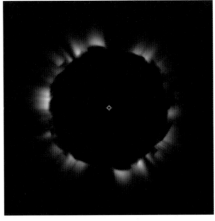

후디니나 서브스턴스 디자이너에 대해서는 기초 부분에 대한 설명을 했지만 에프터 이펙트에 관해서는 작성 절차에 대한 설명만 진행합니다. 또 단축키를 많이 사용하는데 단축키 사용 예는 다음과 같이 기재해 갈 것입니다.

- 새로운 컴포지션 작성([Ctrl] + [N])

▶ 에프터 이펙트 기본 레이아웃

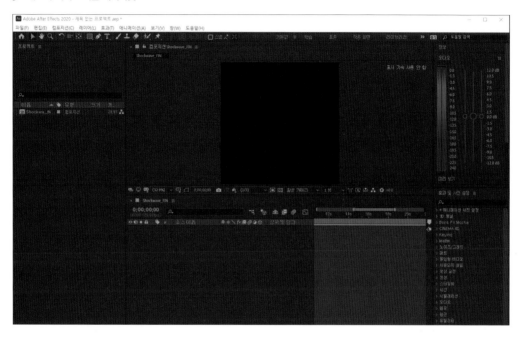

그럼 충격파 텍스처의 제작을 진행하겠습니다. 우선 새로운 컴포지션을 만들고([Ctrl]+[N]) 컴포지션 이름은 Shockwave_FIN, 해상도는 1024×1024로 설정합니다.

▶ 새로운 컴포지션을 만들고 설정

▶ 컴포지션 설정

파라미터	값
컴포지션 이름	Shockwave_FIN
폭	1024
높이	1024
배경색	검은색

작성했다면 컴포지션 내에서 새로운 평면
([Ctrl] + [Y])을 생성합니다. 색상은 검
은색으로 설정해 두세요. 그 외는 초기 설
정인 상태로 문제 없습니다. 또 나중에 설
정을 변경하고자 하는 경우 컴포지션이면
[Ctrl] + [K], 평면의 경우 [Ctrl] + [Shift]
+ [Y]를 누르면 설정창이 나타납니다.

다음으로 만든 평면에 이펙트를 적용해 나
갑니다. 상단 메뉴에서 효과 – 노이즈/그
레인 – 프랙탈 노이즈를 선택해 이펙트를
적용하고 다음과 같이 설정합니다.

▶ 새로운 평면 작성

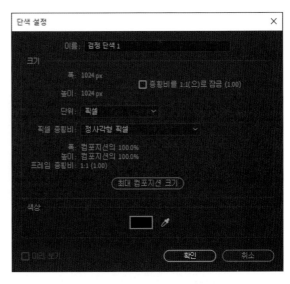

▶ 프랙탈 노이즈 설정 및 적용 결과

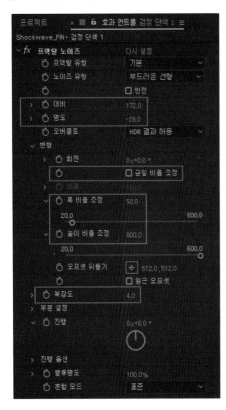

▶ 프랙탈 노이즈

파라미터	값	
대비(contrast)	172	
명도	−29	
변형(transform)	균일 비율 조정	체크 해제한다
	폭 비율 조정	50
	높이 비율 조정	800
복잡도	4	

다음으로 평면의 마스크 처리를 실시합니다. 직사각형 툴을 선택하고 아래 그림과 같이 마스크를 생성합니다. 또 만든 마스크의 설정을 그림과 같이 변경해 주세요. 마스크의 세로 방향으로만 페더를 적용하고 있습니다.

▶ 직사각형 툴 선택

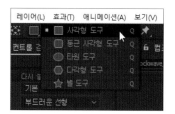

▶ 마스크를 그려서 설정 변경

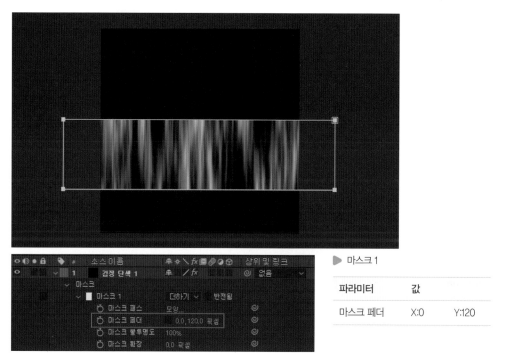

▶ 마스크 1

파라미터	값	
마스크 페더	X:0	Y:120

만약 마스크가 표시되지 않는 경우 다음 그림에서 빨간색으로 강조한 마스크 표시 아이콘을 클릭해 주세요.

▶ 마스크 표시 비표시를 전환하다

프랙탈 설정을 완료했으므로 다음으로 사전 구성(프리 컴포지션)을 사용하여 레이어를 정리하겠습니다. 검정 단색 1레이어를 선택하고 [Ctrl] + [Shift] + [C]를 누르면 사전 구성 설정창이 나타나므로 오른쪽 그림과 같이 설정합니다.

사전 구성을 완료했다면 Shockwave_comp 컴포지션을 선택하고 왜곡/극좌표 이펙트를 적용합니다. 셰이더 그래프나 서브스턴스 디자이너에서 말하는 Polar Coordinates와 동등한 기능입니다.

▶ 프리컴포지션의 설정

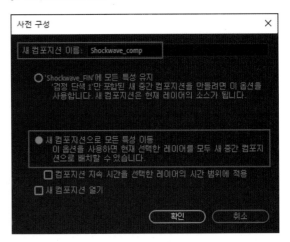

▶ 극좌표 이펙트 적용

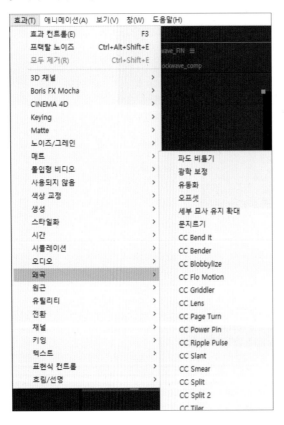

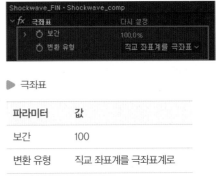

▶ 극좌표

파라미터	값
보간	100
변환 유형	직교 좌표계를 극좌표계로

하지만 극좌표 이펙트를 적용해보면 심리스
하게 설정돼 있지 않기 때문에 이음새 부분
(오른쪽 그림의 빨간색 동그라미 부분)이 눈
에 띄게 됩니다.

▶ 이음매 부분이 눈에 띄게 되었다

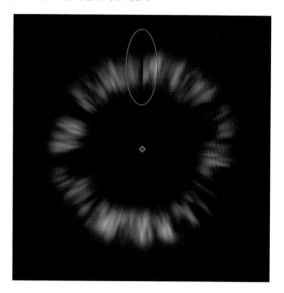

이를 수정하기 위해 Shockwave_Comp 컴포지션 안으로 들어가서 조정 레이어를 사용합니다. 조
정 레이어는 [Ctrl] + [Alt] + [Y]로 만들 수 있습니다.

▶ 조정 레이어 작성

이 이음매 부분은 컴포지션의 양 끝부분이 매끄럽게 처리되지 않아 발생합니다. 조정 레이어에 스타
일화/동작 타일 이펙트를 적용하면 레이어를 확인할 수 있습니다. 이펙트를 적용하고 다음 그림과 같
이 설정합니다. 이음매 부분이 중앙에 표시되므로 결과를 알기 쉽습니다. 참고로 다음의 그림은 이음
매를 보기 쉽게 프랙탈과 마스크의 설정을 일부 변경했습니다.

▶ 모션타일 이펙트를 적용하여 이음매 확인

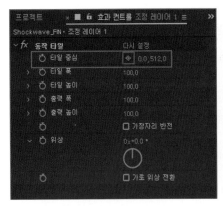

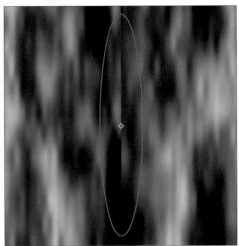

▶ 모션타일

파라미터	값	
타일의 중심	X:0	Y:512

만든 조정 레이어에 직사각형 툴로 마스크를 그려줍니다. 마스크 설정을 다음의 그림과 같이 설정하면 이음매를 감출 수 있을 것입니다.

▶ 마스크를 그려서 이음매를 감춘다

▶ 마스크 1

파라미터	값	
마스크의 경계 를 보카시	X:60	Y:0

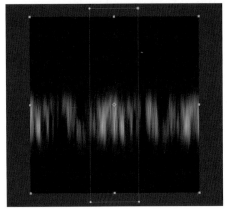

다시 Shockwave_FIN 컴포지션으로 돌아가서 결과를 확인해 보겠습니다. 이번에는 이음매가 보이지 않는 것을 알 수 있습니다. 이러한 이음매는 실제 업무에서는 완전한 에러로 취급이 됩니다. 반드시 처리를 하여 눈에 띄지 않도록 유의합시다.

또 이 이음매의 수정 방법은 렌즈 플레어 플러그인 'Optical Flares' 등으로 유명한 VIDEO COPILOT의 동영상 튜토리얼을 참고했습니다. 영상 형태의 튜토리얼이 대부분이지만 모두 참고할 만한 것이므로 살펴보면 좋을 것입니다.

▶ 조정 결과

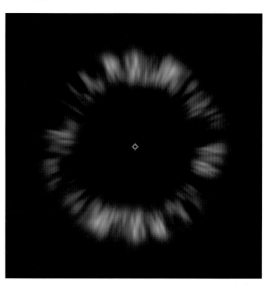

9-3-2 다른 패턴의 작성

충격파의 베이스를 완성했으므로 이어서 여러 가지 이펙트를 추가하여 여러 가지 다른 패턴을 작성하겠습니다. 먼저 이펙트를 추가하기 전에 알파 채널을 확인해 둡시다. 오른쪽 그림 부분을 클릭하여 알파 부분(투명 부분)의 표시를 변경할 수 있습니다.

배경색이 검은색이었기 때문에 몰랐는데 프랙탈 노이즈의 검은 부분이 남아 있는 것을 확인할 수 있습니다. 이것을 Knoll/Unmult 이펙트를 사용하여 수정합니다.

▶ 알파 부분의 표시를 투명 그리드 모양으로 변경

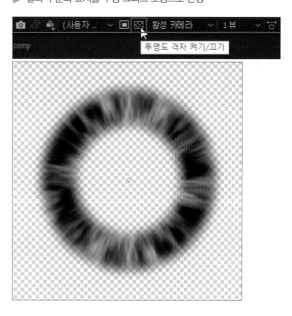

참고로 Unmult는 표준 플러그인이 아니므로 RED GIANT 사의 웹 페이지에서 내려받아 설치해야 합니다. 다음 URL에서 무료로 다운로드할 수 있습니다. 다운로드할 플러그인은 Knoll Light Factory Unmult입니다. 플러그인을 내려받기 위해서는 회원가입이 필요합니다.

https://www.redgiant.com/support/legacy-installers/

프랙탈 노이즈를 적용한 평면 레이어를 선택하여 Unmult를 적용합니다. Unmult 적용으로 화상의 밝기를 참조하여 검은 부분을 알파로 변환해 줍니다. [Alt] + [4]를 누르면 알파 채널 표시로 전환하므로 결과를 확인합시다.

또 [Alt] + [1]에서 빨간색 채널, [Alt] + [2]에서 초록색 채널, [Alt] + [3]에서 파란색 채널, [Alt] + [4]에서 알파 채널을 각각 표시합니다.

▶ Unmult 적용 전(왼쪽), Unmult 적용 후(오른쪽)의 알파 채널 변화

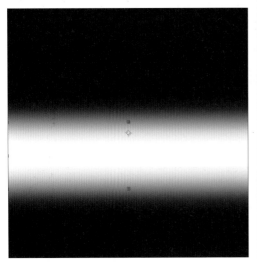 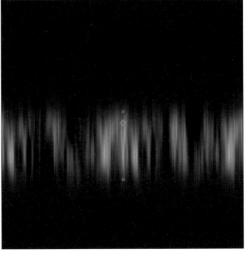

알파 채널 설정을 완료했습니다. 이번에는 알파 설정을 했지만 만약 텍스처를 블렌드 모드의 Additive(가산)로만 사용할 경우 알파 채널이 필요하지 않습니다. 그러므로 컴포지션 맨 아래에 검은 평면 레이어를 작성하면 문제가 없습니다.

Shockwave_FIN 컴포지션으로 돌아가서 이펙트를 추가합니다. 방금 적용한 극좌표 이펙트 아래에 흐림&선명/방사형 흐림 이펙트를 추가합니다. 중심에서 방사형으로 이펙트가 적용되면서 충격파의 모습이 되었습니다.

▶ 방사형 흐림 이펙트 추가

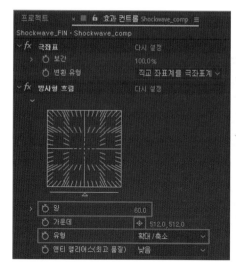

▶ 블러(방사형)

파라미터	값
양	60
유형	확대/축소

이걸로 완성해도 되지만 여기에 흐림&선명/CC Vector Blur 이펙트를 적용해 보겠습니다. 조금 다르게 변경할 수 있습니다. Type 파라미터를 변경하면 조금 더 다른 모습으로 조정할 수도 있으므로 시도해 보세요.

▶ CC Vector Blur 이펙트 추가

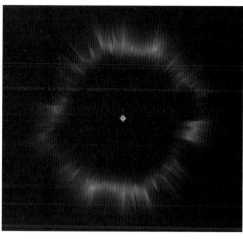

▶ CC Vector Blur

파라미터	값
Amount	60

또한 왜곡/돌리기 이펙트를 추가하면 소용돌이처럼 보이게 할 수 있습니다.

▶ 회전 이펙트 추가

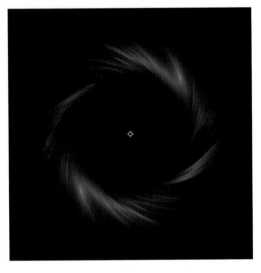

▶ 회전

파라미터	값
각도	0 x 120

프랙탈 노이즈를 적용한 레이어를 복제([Ctrl] + [D])하여 값을 조정하고, 이번에는 파동과 같은 모습으로 변경하겠습니다. Shockwave_comp 내의 평면 레이어를 복제합니다. 복제 원본의 평면 레이어는 숨기기로 해 둡시다.

▶ 프랙탈 노이즈 적용 레이어 복제

다음 페이지 그림을 참고하여 복제한 평면 레이어의 파라미터를 변경합니다. 프랙탈 노이즈 이펙트의 파라미터와 마스크의 형상, 마스크 페더를 변경합니다.

▶ 프랙탈 노이즈 이펙트 파라미터 변경

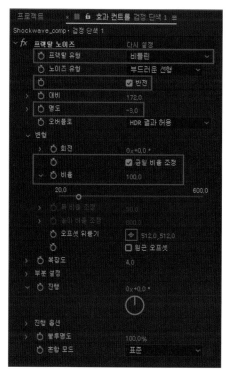

▶ 프랙탈 노이즈

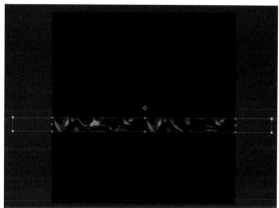

파라미터	값	
프렉탈 유형	비틀린	
반전	체크	
명도	-3	
변형	균일 비율 조정	체크
	비율	100

▶ 마스크 형상 및 파라미터 수정

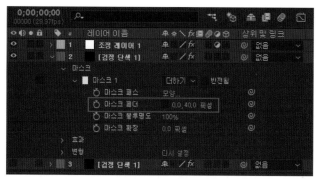

▶ 마스크 1

파라미터	값	
마스크 페더	X:0	Y:40

Shockwave_FIN 컴포지션으로 돌아와 Shockwave_comp 컴포지션을 선택하고 다음 페이지 그림과 같이 방사형 흐림 이펙트의 파라미터를 변경한 후 CCVector Blur와 회전 이펙트를 OFF로 설정합니다. 충격파를 파동과 같은 모양으로 변경할 수 있었습니다.

▶ 충격파를 파동과 같은 모양으로 변경

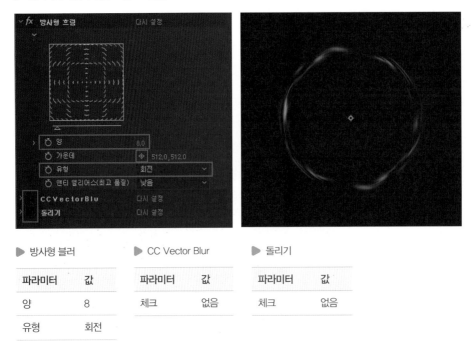

▶ 방사형 블러

파라미터	값
양	8
유형	회전

▶ CC Vector Blur

파라미터	값
체크	없음

▶ 돌리기

파라미터	값
체크	없음

이어서 흐림&선명/CC Radial Fast Blur 이펙트를 추가하고 다시 파라미터를 변경해 봅시다. 태양의 플레어 같은 모습으로 변경되었습니다.

▶ CC Radial Fast Blur 이펙트 추가

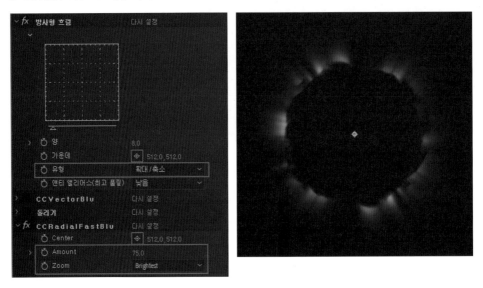

이처럼 이펙트의 종류를 조금 바꾸거나 파라미터를 조정함으로써 같은 충격파의 텍스처라도 다양한 종류를 만들 수 있습니다.

마지막으로 한 가지 주의 사항이 있습니다. 마지막 작업 예제처럼 방사형으로 비추는 빛과 같은 텍스처는 화상의 끝 부분까지 빛의 선이 다다르는 경우가 있습니다. 이와 같은 텍스처를 그대로 사용하면 빛의 끝 부분이 끊어진 상태로 표시되므로 화상의 구석 부분의 알파 값이 0(완전 투명)이 되게 설정해야 합니다.

▶ 커서를 화상의 끝부분에 맞춘다

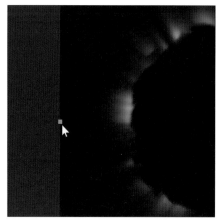

정보 패널에는 현재 커서 위치의 색상 정보가 표시되므로 커서를 끝부분에 맞추고 알파가 0으로 되어 있는지 확인해야 합니다.

아래 왼쪽 그림처럼 알파 값이 0이면 문제 없지만 아래 오른쪽 그림처럼 알파 값이 1 이상이라면 수정해야 합니다.

▶ 알파 값 확인

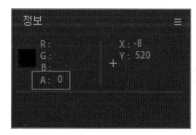
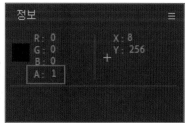

9-4 특수한 방법을 사용한 텍스처 제작

여기에서는 CC Kaleida(만화경) 이펙트를 사용한 텍스처를 만드는 방법과 특수한 렌즈를 사용해 실제로 촬영한 소재를 심리스한 텍스처로 변환하는 방법에 대해 설명합니다.

9-4-1 문양의 작성

여기에서는 CC Kaleida(만화경) 이펙트를 사용해 마법진 등에서 사용할 것 같은 문양 텍스처를 만드는 방법을 설명합니다. 파라미터를 변경함으로써 전혀 다른 문양을 순식간에 생성할 수 있으므로 손쉽게 패턴을 양산할 수 있습니다.

▶ 사용할 텍스처 소재

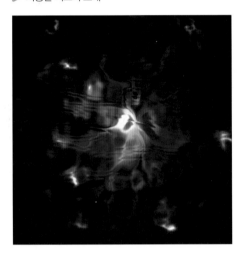

에프터 이펙트를 사용하여 문양의 텍스처를 생성합니다. 먼저 사용할 텍스처와 완성 이미지를 여러 가지 소개합니다. 참고로 완성 AEP 파일은 Chapter09_kaleida.aep입니다.

▶ 완성 이미지의 예

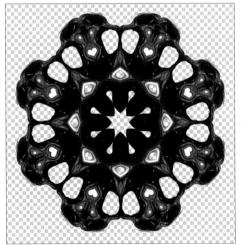

그러면 실제 제작을 시작해 보겠습니다. 우선 내려받은 Lesson09의 데이터에서 Lesson09_SampleTex.png를 프로젝트로 읽어들입니다. 다음으로 새로운 컴포지션([Ctrl] + [N])을 다음 그림과 같은 설정으로 생성합니다.

▶ 새로운 컴포지션 작성

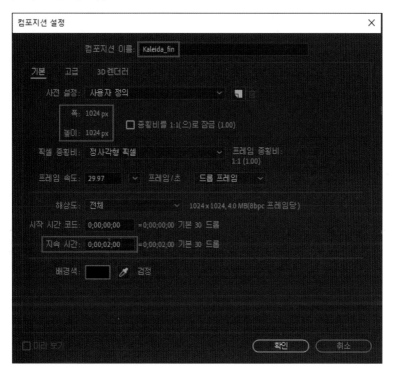

▶ 새로운 컴포지션 설정

파라미터	값
컴포지션 이름	Kaleida_fin
폭	1024px
높이	1024px
지속 시간	60

작성했다면 컴포지션 내에 Lesson09_SampleTex.png를 배치하고 스타일화/CC Kaleida 이펙트를 적용합니다. 설정은 다음 페이지의 그림을 참고해 주세요. Center, Rotation 파라미터를 변경함으로써 모습을 전혀 다르게 변경할 수 있습니다.

▶ CC Kaleida 이펙트 적용

▶ CC Kaleida 이펙트

파라미터	값
Center	자유롭게 설정
Size	100
Mirroring	Flower
Rotation	자유롭게 설정

현재 상황에서는 모양만 있을 뿐 완성 이미지와 같은 알파 부분이 없습니다. 따라서 왜곡/뒤틀기 변위 이펙트를 적용하고 왜곡을 강하게 가해 알파 부분을 만들어 냅니다. 왜곡을 가한 후 CC Kaleida 이펙트를 적용하므로 뒤틀기 변위 이펙트를 다음 그림과 같이 맨 위에 배치해 주세요.

모양에 관해서는 아래 예시와 같이 할 필요는 없으므로 직접 파라미터를 독자적으로 설정해 보세요.

▶ 터뷸런트 디스플레이스 이펙트 적용

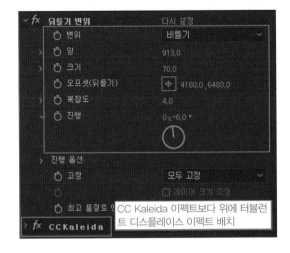

▶ 뒤틀기 변위

파라미터	값
변위	비틀기
양	자유롭게 설정 (되도록 큰 값)
크기	70
오프셋(뒤틀기)	자유롭게 설정
복잡도	4
진행	자유롭게 설정

뒤틀기 변위 이펙트의 파라미터 중 오프셋과 진행 파라미터가 모양의 형상, 복잡도 파라미터가 실루엣의 디테일, 양 파라미터가 실루엣을 줄이는 정도에 각각 작용합니다. 굳이 설정 값을 표 형식으로 게재하지 않았으므로 파라미터를 조정하면서 다양한 모양으로 변화하는 모습을 확인해 봅시다.

또 왜곡/극좌표 이펙트를 적용합니다. 이쪽도 맨 위에 이펙트를 배치하면 모양의 실루엣 디테일이 조금 가늘어집니다.

▶ 극좌표 이펙트 적용

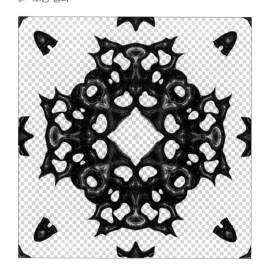

▶ 조정 결과

▶ 극좌표 이펙트

파라미터	값
보간	100%

마지막으로 불필요한 부분을 마스크 처리로 제거합니다. 이펙트 처리 확정 후 마스크 처리를 해야 하므로 레이어를 선택하고 사전 구성([Ctrl] + [Shift] + [C])을 수행합니다.

▶ 사전 구성 실시

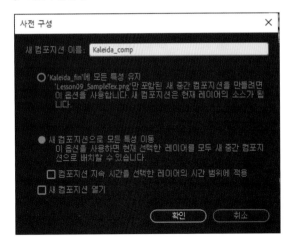

프리컴포지션을 수행한 후 Kaleida_comp 컴포지션을 선택하고 다음과 같이 마스크를 그립니다. 이
것으로 주위의 불필요한 부분이 삭제되었습니다.

▶ 마스크 처리를 한다

이펙트 파라미터를 변경하면 다양한 패턴을 만들 수도 있고, 사용하고 있는 텍스처를 교체하면 색감
을 변경할 수도 있습니다. 단, 마스크 처리는 그때그때 해야 합니다.

▶ 필자가 만든 마법진의 라이브러리

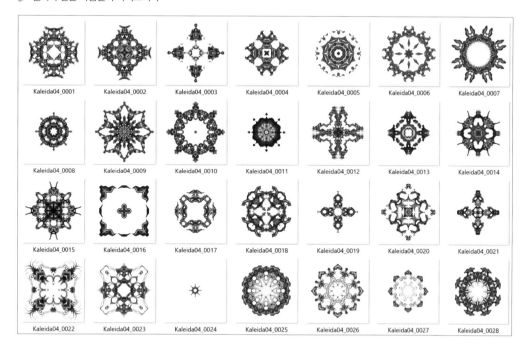

9-4-2 **특수 렌즈를 사용한 이펙트용 텍스처의 촬영**

이펙트에도 다양한 종류가 있으며 모닥불, 폭포, 눈 등 실제로 존재하는 것과 아우라, 마법진, 참격 등 실제로는 존재하지 않는 것이 있습니다.

이 책에서 만든 이펙트는 대부분이 후자와 같은 현실 세계에는 존재하지 않는 이펙트였는데, 여기에서는 현실 세계에 존재하지 않는 이펙트로 사용할 수 있는 텍스처를 촬영 소재로부터 만들어 갑니다.

조금 모순이 있는 듯한 표현이지만 여기에서는 야스라하 사에서 판매하고 있는 초메그로렌즈 '니노하(NANOHA)'를 사용해 이펙트용의 소재를 촬영합니다. 참고로 렌즈 마운트는 마이크로포서즈입니다.[1]

▶ 매크로렌즈 'NANOHA'

1 http://www.yasuhara.co.jp/nanoha/use-e.html

USB로 전원을 공급해서 라이트를 켤 수 있으며 기본은 라이트를 켠 상태로 촬영하므로 빛의 양에 대한 염려도 없습니다.

▶ 카메라 자체에 조명이 장착돼 있다

2개 정도 작업 사례를 보여드리겠습니다. NANOHA를 사용하여 촬영하면 현미경 수준의 고배율 촬영을 할 수 있습니다. 다음 그림이 무엇을 촬영했는지 알 수 있나요?

▶ NANOHA 렌즈를 사용한 촬영 사진

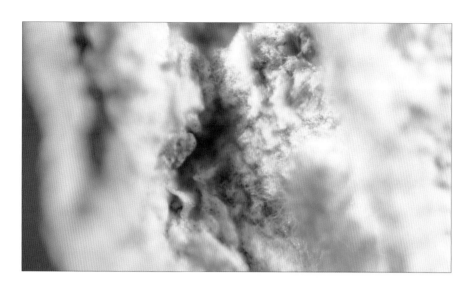

앞 페이지의 사진은 필자의 집에 있던 워터 서버의 병을 촬영한 것이고 위의 사진은 마른 잎에 붙어 있던 고치 같은 것을 촬영한 것입니다. 자신의 주변에 있는 물건으로부터 생각지도 못한 공들인 디테일을 얻을 수 있으므로 촬영 자체도 매우 즐겁습니다. 이 렌즈로 필드 작업을 실시해서 텍스처 소재를 모으는 것도 좋은 방법입니다.

단, 이대로는 심리스한 텍스처가 되지 않기 때문에 서브스턴스 디자이너를 사용하여 심리스한 텍스처로 가공합니다.

촬영한 텍스처를 익스플로러 뷰에 읽어들입니다. 먼저 익스플로러 뷰에서 마우스 오른쪽 버튼을 클릭하여 새로운 패키지를 만듭니다. 그다음 생성된 패키지를 선택하고 마우스 오른쪽 버튼으로 클릭한 후 Import → Bitmap을 선택하여 소재를 읽습니다. 단, 서브스턴스 디자이너로 읽기 전에 최적의 크기로 축소, 트리밍하여 정사각형으로 가공한 후 읽어들이면 처리도 가벼워지므로 추천합니다.

▶ 촬영한 소재를 읽어들인다

새로 그래프도 만들고 그래프 안에 가져온 텍스처를 드래그 & 드롭합니다.

▶ 그래프 내에 텍스처 배치

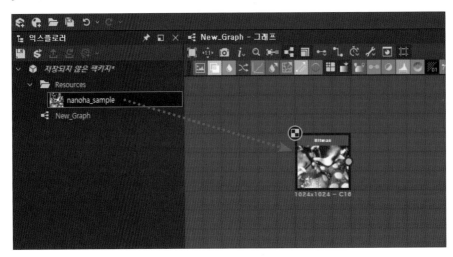

텍스처를 심리스화하기 위해서는 Make It Tile Photo 노드를 사용합니다.

▶ Make It Tile Photo 노드를 연결

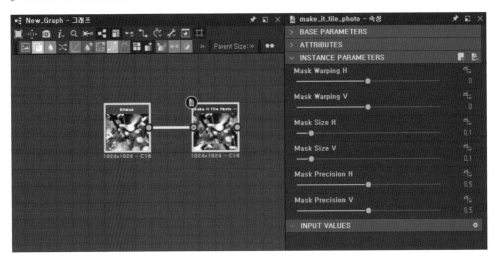

▶ Make It Tile Photo 노드 적용 전(왼쪽)과 적용 후(오른쪽)

Make It Tile Photo 노드를 사용하면 촬영 소재를 이펙트로 사용하기 쉬운, 타일링 가능한 텍스처로 변환할 수 있습니다.

9

600페이지가 넘는 엄청난 양에도 불구하고 지금까지 함께 해주셔서 정말 감사했습니다!

지금까지의 실전 제작을 모두 학습했다면 훌륭한 게임 이펙트를 작성하기 위한 기초를 닦은 것입니다.

오리지널 게임 이펙트를 만들어 SNS에 올려 보세요. 아니면 실무에 활용해서 고품질의 이펙트를 게임에 적용해 보세요.

갑자기 오리지널의 이펙트를 만드는 것이 어렵다면, 유튜브의 게임 동영상 등을 참고로 이펙트를 따라 만들어 보거나 핀터레스트 등에서 영감을 얻어 보는 것도 좋은 방법이라고 생각합니다.

또 게임뿐 아니라 실제의 자연 현상 등을 참고해서 한결같은 움직임이나 질감에 관심을 가져보는 것도 좋은 연습법의 하나입니다.

'인풋', '아웃풋', '업데이트'의 사이클을 계속해 반복하다 보면 여러분의 이펙트 기술은 앞으로도 계속 성장해 갈 것입니다.

또, 최근 멘토로서 맨투맨으로 이펙트 교육도 시작했는데 더 자세하게 학습하시길 원하시는 분, 업무로서 이펙트 제작 기술을 최대한 향상시키고 싶은 분들이라면 꼭 방문해 보시기 바랍니다.

- 개인이 가르치거나 배울 수 있는 서비스 : MENTA(멘타)

  https://menta.work/plan/1087

마지막으로 만약 당신이 프리랜서로서 게임 이펙트 제작에 관심이 있다면 꼭 당사로 연락해 주세요. 꼭 함께 일해요!

합동회사 Flypot(플라이포트) 대표 **아카야마 다카히로**

합동회사 Flypot(플라이포트) H P
http://flypot.jp
대표이사 아카야먀의 개인 Twitter
https://twitter.com/frontakk